글로벌 클래스

글로벌 클래스 (Global Class)

초판 1쇄 발행 2023년 9월 15일

지은이 에런 맥대니얼, 클라우스 베하게 / **옮긴이** 유정식

펴낸이 조기흠
책임편집 이지은 / **기획편집** 박의성, 유지윤, 전세정
마케팅 정재훈, 박태규, 김선영, 홍태형, 임은희, 김예인 / **제작** 박성우, 김정우 / **교정교열** 조민영 / **디자인** 박정현

펴낸곳 한빛비즈(주) / **주소** 서울시 서대문구 연희로2길 62 4층
전화 02-325-5506 / **팩스** 02-326-1566
등록 2008년 1월 14일 제 25100-2017-000062호

ISBN 979-11-5784-695-5 03320

이 책에 대한 의견이나 오탈자 및 잘못된 내용에 대한 수정 정보는 한빛비즈의 홈페이지나
이메일(hanbitbiz@hanbit.co.kr)로 알려주십시오. 잘못된 책은 구입하신 서점에서 교환해드립니다.
책값은 뒤표지에 표시되어 있습니다.

🏠 hanbitbiz.com 🅵 facebook.com/hanbitbiz 🅽 post.naver.com/hanbit_biz
▶ youtube.com/한빛비즈 🅾 instagram.com/hanbitbiz

지금 하지 않으면 할 수 없는 일이 있습니다.
책으로 펴내고 싶은 아이디어나 원고를 메일(hanbitbiz@hanbit.co.kr)로 보내주세요.
한빛비즈는 여러분의 소중한 경험과 지식을 기다리고 있습니다.

세계에서 가장 빠르게 성장한
유니콘 기업들의 로컬라이징 전략

GLOBAL CLASS

글로벌 클래스

에런 맥대니얼, 클라우스 베하게 지음 | 유정식 옮김

한빛비즈
Hanbit Biz, Inc.

일러두기
- 본문 중 원서에서 강조한 부분은 굵은 고딕체 글씨로 표시했습니다.
- 원문 표기는 외래어 표기법을 따랐으나 굳어진 표현의 경우 익숙한 표기를 따랐습니다.
- 본문에 기업명의 영문 표기가 포함된 경우 '한국어판에 대한 찬사'에서는 기업의 한국어명만
  표기했습니다.

아내 리오나와, 두 딸 퀸과 셰이에게
우리가 각자의 세계에 따로 살고 있지 않음을,
함께하는 세계에 살고 있음을 항상 기억하기를.

- 에런 맥대니얼

사랑하는 동생 앤더스에게
네가 세상을 떠나기 일주일 전 너는 이렇게 말했지.
"난 형이 덴마크를 떠나 위대한 일을 할 거라고 믿어."
난 너의 자랑이 되기 위해 노력 중이야.

사랑해.

- 클라우스 베하게

글로벌 최고 경영진

"에런과 클라우스는 말 그대로 글로벌 시장 진출에 관한 책을 집필했다. 그들의 관찰과 글은 우리 비즈니스에 매우 강력한 영향을 미친다. 15년 전에 이 책이 있었으면 좋았겠다는 아쉬움이 남는다."

– 에이브 스미스Abe Smith, 줌Zoom 글로벌 부문 책임자

"신뢰는 비즈니스를 글로벌로 확장할 때 가장 중요한 가치다. 그것은 고객 성공과 밀접한 관련이 있다. 이 책은 신뢰와 고객 성공 모두를 달성하고 비즈니스가 진출한 모든 시장과 커뮤니티에서 변화를 위한 플랫폼(촉매)이 되는 방법에 관해 청사진을 제시한다."

– 폴리 섬너Polly Sumner, 세일즈포스Salesforce 최고 채용 책임자

"에런과 클라우스는 미스터리와 복잡성만 존재하던 곳에 구조, 프로세스, 명확성을 제공한다. 이 책은 글로벌 확장의 어려움을 헤쳐나가기 위한 완벽한 가이드북이다."

– 존 브랜든John Brandon, 전 애플 글로벌 부문 부사장

"이 책은 오늘날의 치열한 경쟁과 역동적인 비즈니스 환경에서 글로벌화와 글로벌 진출이라는 퍼즐을 푸는 데 도움이 된다."

– 엘리스 루빈Elise Rubin, 구글네스트Google Nest 프로그램 관리,
국제화 및 제품 출시 부문 글로벌 책임자

6

"이 책은 나와 같은 비즈니스 리더에게 글로벌 성장 이니셔티브를 중심으로 조직을 효과적으로 조정할 수 있는 어휘를 제공한다."

- 트로이 멀론Troy Malone, 드라타Drata 글로벌 운영 담당 부사장
(전 에버노트Evernote 글로벌 확장 담당 총괄 관리자)

"비즈니스를 현지화하는 것은 어려운 일이다. 컴퓨터 언어학자인 내가 보기에 에런과 클라우스는 이 책을 통해 세계 최고의 성공 사례를 소개하고, 글로벌 규모의 성공에 필수적인 언어와 문화 같은 중요한 요소에 집중하여 그 방법을 제시한다."

- 캐스린 하임즈Kathryn Hymes, 전 슬랙Slack 글로벌 제품 확장 책임자

"글로벌 비즈니스를 구축하려면 집중력과 노력이 필요하다. 이 책의 통찰은 글로벌 확장을 위한 목표와 전략을 세우는 데 도움이 될 것이다."

- 스콧 콜먼Scott Coleman, 전 핀터레스트Pinterest 성장 및 글로벌 제품 책임자

"사람은 모든 조직의 중추이며, 인터프리너 개념은 패트리온에서 찾는 인재의 유형을 완벽하게 포착한다. 이 책은 모든 유형의 기업이 동급 최고의 글로벌 팀을 구축하는 데 도움이 되는 실용적인 프레임워크와 글로벌 비즈니스 구축에 대한 새로운 접근 방식을 제공한다."

- 티파니 스티븐슨Tiffany Stevenson, 패트리온Patreon 최고 인사 책임자

"유로모니터는 고객을 위해 내일의 세계를 만들어가는 사업을 하고 있다. 이 책의 아이디어와 프레임워크는 우리의 모범 사례를 재확인하고, 우리가 개선을 위해 노력하는 분야에 계속 도전할 수 있게 해준다."

- 팀 키친Tim Kitchin, 유로모니터 인터내셔널Euromonitor International 최고 경영자

"오늘날과 같이 경쟁이 치열한 환경에서 글로벌 비즈니스로 성공하려면 신속하게 대규모로 대응해야 한다. 이 책은 이런 환경에서 성공하는 데 필요한 속도와 추진력을 창출하는 방법을 보여준다."

- 에밀 마이클Emil Michael, 전 우버Uber 최고 비즈니스 책임자

"에린과 클라우스는 새로운 지역에서 비즈니스를 확장하는 데 따르는 어려움을 성공적으로 헤쳐나가는 방법에 대한 완벽한 그림을 그려준다."

- 얀 반 카스테렌Jan van Casteren, 전 플렉스포트Flexport 유럽 책임자

"이 책은 세계 문화의 고유성과 그 차이를 어떻게 연결하여 비즈니스가 선한 영향력을 발휘할 수 있는지 이야기한다."

- 제니퍼 위엔Jennifer Yuen, 전 에어비앤비Airbnb 미주 마케팅 책임자

"플래드는 집중을 중요하게 생각한다. 핵심 제품과 비즈니스 모델에서 벗어나는 것을 경계한다. 고객 검증과 제품-시장 최적화 달성을 강조하는 이 책은 글로벌 확장에서 매우 중요한 존재다."

- 폴 윌리엄슨Paul Williamson, 플래드Plaid 수익 책임자

"이 책이 글로벌 시장에 진출하는 로드맵을 제공하는 방식은 매력적이다. 에린과 클라우스는 신규 시장으로 비즈니스를 확장하는 복잡한 과정을 간단하고 직관적으로 만들어준다."

- 제니퍼 코닐리어스Jennifer Cornelius, 리추얼Ritual 최고 인사 책임자

"이 책은 선구자들의 지혜가 담긴 실용적인 가이드이며, 글로벌 진출을 담당하는 모든 경영진이 반드시 읽어야 하는 핸드북이다."

- 크리스티나 리Christina Lee, 체그Chegg 글로벌 성장 부문 부사장

"이 책은 최고의 기업들이 비즈니스를 전 세계로 확장해온 장대한 이야기와, 누구나 자신의 비즈니스를 성장시킬 수 있는 실용적인 프레임워크로 가득 찬 필독서다. 글로벌 진출을 원하는 모든 사람에게 이 책을 추천한다."

- 로빈 대니얼스Robin Daniels, 전 세일즈포스, 박스Box, 링크드인LinkedIn, 위워크WeWork,
매터포트Matterport 마케팅 임원

"링크드인은 세계 경제를 변화시키기 위해 지적·재무적·인적 자본이 가장 필요한 곳으로 흘러가도록 장려한다. 이 책이 제공하는 도구와 비전은 글로벌 시장 확장을 모색하는 차세대 비즈니스 리더에게 촉매가 될 것이다."

- 샹카르 벤카트라만Sankar Venkatraman,
링크드인 고객 지원 및 영업 혁신 부문 수석 에반젤리스트

"이 책은 스타트업부터 다국적 기업에 이르기까지 모든 규모의 회사에서 국경을 넘나드는 비즈니스를 관리하는 경영진이 반드시 읽어야 한다."

- 무하메드 일디림Muhammed Yildirim, 탈라바트Talabat 전 임원

"간단하고 실용적이며 실행 가능한 이 책의 내용은 비즈니스 규모, 산업 또는 지역에 관계없이 모든 비즈니스 확장에 유용하다. 이 책은 오늘날의 비즈니스 세계에서 글로벌 규모의 회사를 구축하는 방법에 대한 대표적인 플레이북이다."

- 강현빈, 라인플러스Lineplus 이사

"글로벌 입지를 구축한 비즈니스에 종사하거나 글로벌 확장을 꿈꾸는 모든 사람이 반드시 읽어야 할 책이다."

- 클라우디아 마카드리스토Claudia Makadristo,
메타맵MetaMap 아프리카 지역 글로벌 확장 및 데이터 액세스 책임자

"어떻게 이제야 이 책이 나왔을까? 이 책은 글로벌 조직을 구축하는 데 필요한 포괄적이고 접근하기 쉬운 궁극의 가이드다."

— 케이시 암스트롱Casey Armstrong, 십밥ShipBob 최고 마케팅 책임자

"지금까지 이런 책은 없었다. 글로벌 비즈니스의 성공 비결을 완벽하게 정리한 이 책은 글로벌 성장 전략, 구조, 팀 역학 등을 위한 다양한 요소들을 공유한다."

— 이스라엘 빔페Israel Bimpe, 집라인Zipline 아프리카 시장 진출 담당 이사

"이 책은 글로벌 비즈니스 성공에 필요한 귀중한 도구를 공유할 뿐 아니라 새로운 국가로 비즈니스를 확장할 때 종종 간과하고 과소평가하는 요소를 강조한다."

— 크리스 머피Chris Murphy, 쏘트웍스ThoughtWorks 북미 지역 최고 경영자

스타트업 창업자

"에런과 클라우스가 설명하는 글로벌 클래스 기업은 문화에 호기심이 많고 현지화돼 있으며 핵심 가치에 강한 플렉스포트가 지향하는 모델과 정확히 일치한다."

— 라이언 피터슨Ryan Petersen, 플렉스포트 창립자 겸 최고 경영자

"세계에서 가장 성공적인 기업들이 어떻게 비즈니스를 전 세계로 확장했는지 궁금한가? 이 기업들이 어떻게 성공했고 또 귀사가 어떻게 성공할 수 있을지 이 책이 보여준다."

— 하이니 자카리아슨Heini Zachariassen, 비비노Vivino 창립자 겸 전 최고 경영자

"현지 고객과 직원 모두에게 배우며 글로벌 클래스라는 초심자 마인드를 채택하기 전까지, 라쿠텐의 초기 전략은 기업 문화를 표준화하고 중앙 집중화하여 현지화보다 통일성을 우선시하는 것이었다. 그래서 우리는 현지 문화가 자국 시장과 어떻게 다른지 간과하고 말았다. 비즈니스에서는 통제할 수 있는 요소가 많지만 현지 문화는 그럴 수 없다."

      – 세이추 마사타다 고바야시, 라쿠텐Rakuten 공동 창립자 겸 최고 웰빙 책임자

"나는 에런과 클라우스가 설명한 모든 것을 현장에서 직접 배워야 했다. 나는 블라블라카를 설립하면서 이 책에서 읽을 수 있는 글로벌 진출 모범 사례를 수집하기 위해 직원들과 최고의 회사들을 직접 '체험'했다. 이 책은 글로벌 기업을 구축하려는 사람들의 시간을 대폭 절약해줄 것이다."

      – 프레데리크 마젤라Frédéric Mazzella, 블라블라카BlaBlaCar 창립자 겸 최고 경영자

"이 책은 사회에서 기업의 역할과 세계의 영향력 있는 차세대 기업가를 준비시켜 경제 성장의 촉매가 되고자 하는 우리의 미션을 어떻게 일치시키는지 잘 보여준다. 이 책의 내용을 습득하여 글로벌 비즈니스 확장을 시도하는 데 드는 시간과 비용을 절약하기 바란다."

      – 프레디 베가Freddy Vega, 플라치Platzi 창립자 겸 최고 경영자

"이 책은 많은 비즈니스 소유자가 신규 시장으로 확장할 때 필요한 훌륭한 도구를 제공해 어려운 질문에 답할 수 있게 도와준다. 이로써 우리는 비즈니스의 성패를 좌우하는 '간과하거나 과소평가하는 요소'에 초점을 맞출 수 있다."

      – 창 웬 라이Chang Wen Lai, 닌자밴Ninja Van 공동 창립자 겸 최고 경영자

"이 책이 이상적으로 조합하여 보여주는 사례 연구, 관련 인사이트, 공감할 수 있는 일화, 강력한 프레임워크는 비즈니스를 전 세계로 확장할 때 필요한 청사진을 제시한다."

- 미켈 브룬Mikkel Brun, 트레이드시프트Tradeshift 공동 창립자 겸 APAC 수석 부사장

"우리는 유럽 시장으로 확장을 모색하면서 글로벌 클래스 팀과 협력하여 현지화 프리미엄을 분석했다. 이들의 지원 덕분에 신규 시장의 비즈니스를 현지화하면서 모멘텀을 구축하고 복잡성을 관리하는 데 큰 도움이 되었다."

- 지브코 보지노프Jivko Bojinov, 십밥 공동 창립자

"오늘날 기업들은 처음부터 글로벌하게 생각하기 때문에 이 책은 그런 생각을 행동으로 옮기는 데 필수적이다. 이 책이 소개하는 글로벌 클래스 마인드셋은 우리 같은 기업이 성공적인 분산형 기업을 구축하는 데 유용하다."

- 가브리엘 엥겔Gabriel Engel, 로켓닷챗Rocket.Chat 공동 창립자 겸 최고 경영자

베스트셀러 저자

"글로벌 규모를 달성하려면 복잡성을 관리하면서 반복을 거듭해야 한다. 이 책은 이런 변화를 탐색하고 글로벌 규모에 도달하는 데 필요한 플레이북을 제공한다."

- 에릭 리스Eric Ries, 《린 스타트업》 저자

"이 책은 글로벌 시장을 염두에 둔 모든 비즈니스 리더가 반드시 읽어야 할 필독서다."

- 스티브 블랭크Steve Blank, 현대 기업가 정신의 아버지이자 《기업 창업가 매뉴얼》 저자

"새로운 글로벌 시장에 진출하는 것은 어려운 일이다. 이 책은 현지 시장에서의 성공과 글로벌-시장 최적화 사이의 간극을 메울 수 있도록 도와준다."

- 알렉산더 오스터왈더Alexander Osterwalder, 스트래티저Strategyzer 최고 경영자, '비즈니스 모델 캔버스' 발명가

"이 책은 효과적인 글로벌 비즈니스 성장을 위한 집중 과정이다. 200개가 넘는 최고의 글로벌 기업의 렌즈를 통해 에런과 클라우스는 모든 비즈니스를 글로벌로 확장할 수 있는 방법을 알려준다."

- 패트릭 블라스코비츠Patrick Vlaskovits, 〈뉴욕타임스〉 베스트셀러 작가, 《린 기업가The Lean Entrepreneur》와 《허슬, 멈추지 않는 추진력의 비밀》 저자

"훌륭하다! 변화하는 시장, 문화, 법률에 민첩하게 대응하는 글로벌 기업이 되는 법을 배우는 것은 가슴 벅찬 일이다. 이 책은 우선순위에 집중하고 회사를 다음 단계로 끌어올릴 수 있는 방법론을 단계별로 안내한다."

- 마셜 골드스미스Marshall Goldsmith, 'Thinkers 50' 1위 경영 코치이자 〈뉴욕타임스〉 베스트셀러 《트리거》, 《모조》, 《일 잘하는 당신이 성공을 못하는 20가지 비밀》 저자

최고의 투자자

"애자일agile이 혁신의 잠금을 해제했듯이, 이 책에 담긴 전략과 전술은 성공적인 글로벌 확장의 비밀을 열어준다. 이 책을 활용하는 기업들은 미래에 최고의 글로벌 기업이 될 것이다."

- 휘트니 벅Whitney Bouck, 인사이트파트너스Insight Partners 매니징 디렉터

"나는 수백 개의 스타트업이 글로벌 성장의 고통을 겪는 것을 보았다. 이제 모든 창업자에게 이 책을 권하고 싶다! 개인적으로 야후!에서 글로벌 확장을 할 때 이 책이 있었다면 많은 시간과 고통을 절약할 수 있었을 것이다."

- 마빈 리아오Marvin Liao, 500스타트업500 Startups 전 파트너

"빠르게 성장하는 스타트업의 투자자로서 나는 항상 스타트업에 외부 자원과 조언을 제공할 수 있는 방법을 찾고 있다. 이 책의 저자들은 스타트업이 글로벌 규모로 성공할 수 있도록 지원하는 놀라운 플랫폼을 구축했다."

- 바타라 에토Batara Eto, 이스트벤처스East Ventures 창립자 겸 매니징 파트너

"글로벌 기업을 키우고 싶다면 의지가 핵심이다. 이 책에서 에런과 클라우스가 제시하는 인터프리너 마인드셋은 차세대 유니콘/글로벌 창업자로 성장할 수 있는 가이드를 제공한다."

— 김동신, 센드버드 공동 창립자 겸 최고 경영자

"우리는 새로운 비즈니스 시대에 접어들고 있다. 클라우드와 협업 플랫폼의 부상은 기업이 조직을 구축하고 확장하는 방식에 변화를 가져왔다. 이 책은 한국 스타트업의 글로벌 확장을 지원하는 프레임워크를 제공한다."

— 안익진, 몰로코 공동 창립자 겸 대표

"성공적인 글로벌 기업을 만들기 위해서는 창업자의 자기 인식이 필요하다. 에런과 클라우스는 이 책을 통해 맹점을 인정하고 비즈니스에서 직면할 수 있는 격차와 함정을 극복할 수 있도록 도와준다."

— 김겸, 블라인드 공동 창립자 겸 최고 비즈니스 책임자

"이 책은 마침내 비즈니스를 세계로 확장하는 방법론을 구축했다. 이제 기업이 글로벌 진출을 위해 처음부터 다시 시작해야 하는 시대는 지났다."

— 음재훈, GFT 벤처스 매니징 파트너

"에릭 리스가 《린 스타트업》을 통해 애자일과 린 혁명을 일으킨 것처럼, 에런과 클라우스는 이 책을 통해 글로벌 확장의 혁명을 일으키고 있다."

— 손재권, 더밀크The Milk 창립자 겸 최고 경영자

"에런과 클라우스는 글로벌 기업을 꿈꾸는 모든 한국 창업자들에게 꼭 필요한 방법론을 구축했다. 이 책은 한국 창업자들이 반드시 읽어야 할 프레임워크다!"

- 조성문, 차트메트릭 창립자 겸 최고 경영자

"초기부터 글로벌하게 생각하는 것이 중요하며, 한국 창업자에겐 글로벌 고객층을 대상으로 회사를 구축할 수 있는 기회가 있다. 이 책은 글로벌 포부를 가진 기업이 글로벌 규모로 성장할 수 있도록 올바른 프레임워크와 도구를 제공한다."

- 김한, 알토스벤처스Altos Ventures 제너럴 파트너

"한국 경제를 위해 스타트업이 글로벌 시장을 목표로 성장하는 것은 매우 중요하다. 이 책을 통해 국내 스타트업이 신규 시장에서 성공적으로 성장할 수 있는 확장 프레임워크를 갖추게 되었다."

- 임정욱, 중소벤처기업부 창업벤처혁신실장

"현지 시장의 니즈에 적응하려는 기업의 의지가 글로벌 진출 성공의 핵심이다. 에런과 클라우스의 이 책은 확장 리스크를 줄일 뿐만 아니라 시장 진입과 확장을 가속화할 수 있는 프레임워크를 제공한다!"

- 김종갑, 본투글로벌센터Born2Global Centre 센터장

"글로벌 마인드를 가진 인재가 국내에 없다면 우리 스타트업의 글로벌 성공 가능성은 낮아질 것이다. 다행히도 이 책은 이러한 변화를 가져오고 차세대 비즈니스 리더들에게 기업이 한국을 넘어 세계로 성장하는 데 필요한 도구를 제공한다."

- 전성민, 가천대학교 경영학부 교수, 전 한국벤처창업학회장

"이 책은 창업가는 물론 한국의 기업 리더들이 반드시 읽어야 할 필독서다.
기존 비즈니스를 진정으로 혁신하기 위해서는 마인드셋 전환이 필요한데,
이 책은 그러한 변화를 이끌어낼 수 있는 도구와 인사이트를 제공한다!"

- 김도현, 스타트업얼라이언스Startup Alliance 의장

차례

이 책에 쏟아진 찬사 _ 6

한국어판에 대한 찬사 _ 15

용어 설명 _ 20

프롤로그 _ 글로벌 클래스 탄생기 _ 26

진화 - 글로벌 클래스

1장 **전환** - 세계가 바뀌었다 _ 50

2장 **리드** - 글로벌 클래스 기업 _ 75

3장 **개척자** - 인터프리너 _ 120

규모 확장 - 효과적인 글로벌 성장

4장 **정렬** - 성공적 글로벌 성장을 위한 4가지 약속 _ 146

5장 **현지화** - 글로벌 애자일 1단계: 발견과 가설 개발 _ 184

6장 **복잡성** - 글로벌 애자일 2단계: 준비, 검증, 구현 _ 228

7장 **모멘텀** - 글로벌 클래스 기업이 빠른 성장을 촉진하는 방법 _ 293

3부 역량 – 글로벌 규모 달성을 위한 3개의 기둥

8장 사람 - 글로벌 클래스 팀 구축하기 _ 335

9장 관리 - 글로벌 클래스 관리 모델 _ 365

10장 문화 - 문화와 지역사회 연결하기 _ 401

11장 결론 - 글로벌 클래스 기업, 인터프리너 그리고 당신 _ 439

에필로그 _ 영향 : 사회에서 글로벌 클래스의 역할 _ 444

감사의 말 _ 452

옮긴이의 말 _ 460

용어 설명

고투마켓 전략 Go-to-Market Strategy : 현지 시장에 진입할 때 견인력을 확보하고 규모를 확장하기 위해 조정해야 하는 비즈니스 모델의 고객 대면 요소를 말한다. 영업, 제품, 마케팅 프리미엄이 여기에 속한다.

구조(& 프로세스) Structures(& Processes) : 성장을 돕고 조직이 글로벌 규모에 도달하도록 지원하기 위해 만들어진 프로세스 및 조직 프로그램이다.

국제화Internationalization : 현지 팀들이 각 시장에 맞게 맞춤화 또는 현지화할 수 있도록 회사 모델의 중앙 집중화된 프로세스/요소를 설계하는 과정이다.

글로벌 규모 달성을 위한 3개의 기둥 : 개별 현지 시장과 전 세계에 걸쳐 회사-시장 최적화를 달성하는 데 핵심적인 촉진제가 되는 조직 역량이다. 여기에는 올바른 팀 구성, 조직 관리, 글로벌 규모를 지원하기 위한 다양한 문화 간의 균형이 포함된다.

글로벌 성장 플레이북 Global Growth Playbook : 신규 시장에 성공적으로 진출하고 성장하는 데 필요한 모든 단계를 설명하는 자료로서, 시장 진입 및 시장 성장을 위한 모범 사례를 담고 있다.

글로벌 애자일 방법론 Global Agile Methodology : 새로운 글로벌 시장에 진출하기 위해 반복적인 방식으로 현지화를 진행하고 이런 변화를 구현하는 데 수반되는 복잡성을 관리하는 과정이다. 이 방법론의 궁극적 목표는 신규 시장에서 회사-시장 최적화를 달성하는 것이다.

글로벌 클래스 관리 모델 Global Class Management Model, GCM Model : 본사와 현지 팀이 서로 연결돼 협업함으로써 회사-시장 최적화에 도달할 수 있도록 지원하는 관리 모델. 일관된 기업 문화, 확립된 신뢰 지점, 효과적인 피드백 루프 및 양방향 혁신, 확립된 프로세스/구조, 글로벌 애자일을 토대로 기업은 신규 시장의 성공적인 현지화와 글로벌 규모에 도달하는 데 따른 복잡성을 관리할 수 있다.

글로벌 클래스 기업 Global Class Company : 현지화와 복잡성 간의 균형, 문화를 고려한 애자일 팀 구축, 분산 조직을 지원하는 구조 및 관리 모델 구축, 회사와 현지 문화의 균형 등을 통해 글로벌 규모 달성을 추구하는 조직이다.

글로벌 클래스 마인드셋 Global Class Mindset : 글로벌 클래스 기업이 채택한 마인드셋으로, 이 마인드셋을 갖춘 사람은 처음부터 글로벌하게 생각하고, 분산 인재 전략을 활용하며, 본사를 현지 시장의 조력자이자 지원자로 포지셔닝하고, 현지에 적합한 비즈니스 운영 방식을 찾는다는 비전을 갖는다. 기존의 마인드셋과는 정반대다.

글로벌 클래스 팀 구축 프레임워크 Global Class Team Building Framework : 글로벌 클래스 기업이 신규 시장에 성공적으로 진출하고 확장하는 데 적합한 팀을 확보하기 위한 채용 및 팀 구축 모델. 직능의 범주에는 인터프리너 마인드셋, 현지 시장 지식, 회사 지식, 분산 조직을 위한 리더십 스킬이 포함된다.

기업 문화 Company Culture : 직원들이 소통하고 의사결정을 내리며 전략을 수립 및 실행하는 방법을 가이드하는 조직의 공유 신념, 행동, 규범이다.

모멘텀 빌더 Momentum Builders : 커뮤니케이션, 자원 할당, 복잡성 관리를 통해 현지화 및 확장 노력을 지원하는 구조와 프로세스이다. 본사는 전략 개발, 구현 지원, 추적을 통해 현지화를 촉진하는 프로세스와 구조를 만든다.

본사Headquarter, HQ : 회사의 목표와 문화를 관리하고 의사결정을 촉진하는 역할을 수행하며 현지 시장에서 회사의 입지를 강화하는 것이 목적인 지원 메커니즘과 그 조직을 말한다.

비즈니스 모델 현지화 캔버스 Business Model Localization Canvas, BMLC : 글로벌 애자일 방법론의 1단계에서 사용되는 프레임워크로서, 기업이 기존 시장에서 검증된 모델을 정부 규제 및 문화 필터를 통해 현재 모델을 필터링하여 신규 시장에서의 비즈니스 운영 방법에 대한 가설로 전환하는 데 도움을 준다.

성공적인 글로벌 성장을 위한 4가지 약속 : 시장 진입, 시장 성장, 글로벌 규모를 달성하는 데 성공한 기업이 준수하는 4가지 약속으로, '자원 정렬', '신뢰와 자율성', '소통과 명확성', '글로벌 애자일 방법론'을 가리킨다.

시장 진입 Market Entry : 글로벌 확장의 첫 번째 단계로, 신규 시장에서 제품-시장 최적화가 달성될 때까지의 발굴 단계와 준비 단계를 포함한다. 현지화된 고투마켓 및 운영 전략을 현지에서 검증하여 비즈니스 모델의 수익성과 확장성을 입증한다.

시장 성장 Market Growth : 글로벌 확장의 두 번째 단계로, 글로벌 입지를 구축하고 너무 복잡하지 않게 비즈니스를 운영할 수 있는 모멘텀과 규모를 구축하는 데 중점을 둔다. 이 단계에서 기업은 회사-시장 최적화 달성에 주력한다.

시장 성숙 Market Maturity : 글로벌 확장의 세 번째 단계로, 기업이 기존의 현지 시장을 심도 있게 공략하는 데 중점을 둔다. 시장 진입 및 시장 성장 단계에서는 기업이 시장에 깊숙이 침투하지 못하거나 시장 잠재력을 충분히 활용하지 못하는 경우가 많다. 시장 성숙 단계의 목표는 추가적인 현지화를 통해 보다 지배적인 수준으로 시장점유율을 높이는 것이다.

신뢰 지점 Trust Points : 신뢰가 구축된 분산 조직 내 관계로서, 다방향 소통과 혁신을 촉진한다.

연계 시장 Linked Markets : 한 시장에서 견인력을 얻기 위해 변경한 운영 또는 고투마켓 전략을 다른 시장에 진출할 때 재사용할 수 있는 시장이다. 연계 시장으로 확장을 꾀하면 신규 시장에서 발생하는 추가적인 복잡성을 제한할 수 있고 모멘텀과 규모를 확보할 수 있다.

운영 전략 Operational Strategy : 현지 시장에서 비즈니스를 적절히 운영하기 위해 조정해야 하는 회사 비즈니스 모델의 백엔드 요소. 관리, 인프라, 조직 프리미엄이 여기에 속한다.

의사결정 권한 Decision Rights : 본사와 현지 팀 간에 의사결성 권한을 나누는 프로세스

인터프리너Interpreneur : 문화를 해석할 수 있는 글로벌 마인드셋 창의적인 솔루션으로 장애물을 탄력적으로 극복할 수 있는 애자일 마인드셋, 일을 완수하기 위해 지속적인 지원과 동의를 이끌어내는 회사 마인드셋을 갖춘 사람으로, 자신의 비전 또는 타인의 비전을 세상에 실현할 수 있는 사람을 일컫는다.

자율성 곡선 Autonomy Curve : 시장 확장의 각 단계에서 현지 팀에 부여할 수 있는 자율성의 정도를 설명하는 프레임워크

제품 - 시장 최적화 Product-Market Fit : 고객의 니즈를 파악하여 제품 또는 서비스가 확장 가능하고 수익성 있는 방식으로 그 니즈를 충족하는지 확인하는 프로세스

직무 기능 추 Job Function Pendulum : 글로벌 시장으로 확장하는 조직 내에서 비즈니스 기능, 가용 재무 자원, 인적 자원, 제품, 산업 유형에 따라 현지화, 지역화, 중앙 집중화 사이에서 이동하는 책임의 변화

초기 시장 Initial Market : 기업이 운영 전략, 시장 진출 전략 및 확장성을 검증하는 첫 번째 시장이다. 회사가 처음 설립된 '자국'일 수도 있고 아닐 수도 있다.

친숙성 편향 Familiarity Bias : 초기 시장과 지리적으로 인접하거나 동일한 언어 또는 유사한 문화를 가진 시장이 진출에 유리한 시장이라고 여김으로써, 회사 - 시장 최적화를 달성하기 위해 변경할 사항이 거의 없을 것으로 가정하는 편향

커뮤니티 문화 Community Culture : 국경을 초월하여 비슷한 관심사와 신념을 가진 사람들을 연결하는 새로운 유형의 문화

피드백 루프 Feedback Loops : 조직이 보다 빠르게 움직이고 모멘텀을 얻을 수 있도록 아이디어와 정보를 투명하게 여러 방향으로 교환할 수 있는 커뮤니케이션 라인이다.

피드백 루프는 본사와 현지 시장 간 그리고 팀 내에 존재할 수 있다.

현지 비즈니스 문화 Local Business Culture : 현지 팀의 비즈니스 수행 및 운영 방식에 영향을 미치는 특정 국가 또는 지역의 공유 신념, 행동, 규범. 현지 비즈니스 문화는 '현지 시장 문화' 내 하위 집합들 중 하나다.

현지 시장 문화 Local Market Culture : 특정 국가 또는 지역의 현지인들이 공유하는 신념, 행동, 규범

현지 시장 팀 Local Market Team : 현지 시장에서 운영 및 고투마켓 활동을 관리하는 팀

현지 시장 Local Market : 회사가 확장하고 규모를 확대하고자 하는, 초기 시장 외의 글로벌 시장

현지화 리소스 팀 Localization Resource Team, LRT : 다양한 직무와 부서를 대표하는 다기능 팀으로서, 현지 팀의 장애물 제거, 모범 사례 공유 및 구현, 현지 팀과 본사 간의 통로 역할 수행, 현지화로 인한 복잡성을 적극 관리함으로써 모멘텀을 창출하는 것이 이 팀의 목표다.

현지화 요소 발견 Localization Discovery : 글로벌 애자일 프로세스의 1단계에서 수행되는 프로세스로, 현지를 방문하여 주요 이해 관계자와 직접 대화함으로써 시장의 고유 특성을 파악하고 견인력을 확보하기 위해 필요한 현지화 범위를 정하는 데 중점을 둔다.

현지화 프리미엄 분석 Localization Premium Analysis, LPA : 글로벌 클래스 기업이 글로벌 애자일 프로세스의 2단계를 완료하는 데 사용하는 주요 도구이다. 새로운 글로벌 시장에 진입하고 확장할 때 발생하는 복잡성(현지화 프리미엄)을 매핑, 추적, 관리하고 회사-시장 최적화를 달성하는 데 주된 촉진제가 된다.

현지화 프리미엄 Localization Premium : 신규 시장에서 회사-시장 최적화를 달성하기 위해 운영 전략과 고투마켓 전략을 현지화하는 과정에서 발생하는 복잡성의 정도를

말한다. 프리미엄은 '영업, 마케팅, 제품, 인프라, 관리, 조직 프리미엄'의 6가지 범주로
나뉜다.

현지화 Localization : 신규 시장에서 회사-시장 최적화를 달성하기 위해 운영 전략 또는
고투마켓 전략의 요소를 변경하고 조정하는 프로세스를 가리킨다.

회사-시장 최적화 Company-Market Fit : 현지 시장의 요구 사항을 충족하기 위해서는
올바른 고투마켓, 운영, 조직 및 문화 모델이 필요하다. 기업은 비즈니스의 이런 측면을
현지화하는 동시에 변경에 따른 복잡성을 성공적으로 관리하여 회사-시장 최적화를
달성한다.

지훈의 사례

지훈의 속은 바짝 타들어갔다. 이사회 멤버들과 C레벨 임원들로 가득 찬 회의실에서 회사의 글로벌 확장 계획에 관한 최신 정보를 발표하는 동안 그의 손은 땀으로 흥건했다. 애석하게도 발표는 매끄럽지 못했다. 세 군데 신규 시장 진출에 필요한 자금을 확보하고 회사의 글로벌 입지와 관련한 문제들을 해결하고자 경영진 구성을 손보려던 그의 목표가 눈앞에서 멀어지고 있었다.

지훈이 급성장하는 D2C^{direct-to-customer}(제조업체가 가격경쟁력을 위해 유통 단계를 제거하고 소비자에게 직접 판매하는 방식-옮긴이) 건강 및 웰빙 제품 기업에 글로벌 팀 리더로 합류할 무렵, 회사는 이미 몇 군데 글로벌 시장에 진출했고 더 많은 지역으로 사업 확장을 계획한 상태였다. 국내 시장에서 성공한 경험에 힘입어 회사는 세 군데 글로벌 시장으로 급속히 확장할 수 있었다. 경영진은 최초의 글로벌 시장을 영국과 호주(웹사이트를 바로 이용할 수 있는 영어권 국가라서), 스페인(임원 한 명이 스페인 유학 경험자라서)으로 설정했다. 시장 진입을 위한 모든 조사는 본사 차원에서 시행했고, 그 후 일부 중간 관리자들이 각 시장으로 파견돼 시장 진입을 주도했다.

안타깝게도 이 시장에 진입하는 과정에서 수많은 장애에 부딪혔다. 현지 규제 당국이 제품 판매 승인에 까다롭게 굴거나, 공급망 및 유통 문제가 제품 품질에 심각한 악영향을 미치는 등 여러 어려움에 봉착했다. 각 지사장은 파트너십을 구축하고 현지에서 마케팅 팀을 꾸리는 대신, 현지 요구 사항에 맞게 제품 포장을 변경하는 방법을 알아내느라 시간을 허비했다. 회사는 초기 시장에서처럼 '속도 우선 전략speed-at-all-costs strategy'을 구사했기 때문에 이런 글로벌 시장에서 제품-시장 최적화Product-Market Fit를 달성하지 못한 것은 당연한 일이었다.

그간 경영진은 글로벌 계획에 무심했고 현지 시장의 요구에 발맞춰 비즈니스를 변화시키는 데 열의가 없었다. 그런 탓에 지훈은 이 회의가 순조롭지 않을 것임을 이미 예감했다. 경영진은 기존의 비즈니스 모델이 지금껏 회사를 성공으로 이끈 주요 원동력이라고 믿어왔기 때문에 현지 팀이 신규 시장의 관심을 끌고 비즈니스를 현지화하는 데 반드시 필요한 재량권을 용납하지 않았다. 그저 현재의 방식을 고수하려고만 했다.

압박을 가하기 위해, 회사는 최근 자금 조달에 성공했고 그중 대부분을 글로벌 성장 이니셔티브에 배정했다. 이것이 이사회와 경영진의 참여를 이끌었지만, 지훈은 철저한 전략 없이 추가적인 확장에만 맹목적으로 더 많은 자금을 투입하는 것은 시간과 돈 낭비임을 잘 알고 있었다.

그는 회사의 글로벌 전략을 재수립해야 한다고 주장했다. 현지 팀에 더 많은 자율성을 부여하고, 여러 시장을 동시에 지원할 수 있는 프로세스를 구축하며, 본사 방식을 고집하는 대신 현지 시장의 현실에 맞는 방식으로 운영하게 하는 것이 그가 주장한 수정 전략의 골자였다. 경영진의 반응은 어땠을까? 그들은 회의적인 반응을 보였고, 지훈에게 회사의 글로벌 확장을 위한 더 좋은 계획안을 몇 주 안에 제출하라고 지시했다.

회의실을 떠나던 지훈은 경영진이 선호하는 전략과 자신이 효과적이라고 보는 전략 사이의 간극이 쉽사리 좁혀지지 않을 거라고 느꼈다.

이런 상황에서는 어떻게 해야 할까?

문제: 이 회사는 이미 몇몇 시장에 진출해 있고 더 많은 시장으로 확장해
야 하는 성장 단계에 있다. 그러나 경영진은 회사 운영의 복잡성을
등한시하고, 철저한 글로벌 확장 전략 수립에 관심이 부족하며, 본
사 방식을 우선시하느라 글로벌 시장에서 제품-시장 최적화를 달
성하려면 현지화가 필수라는 점을 외면한다.

해결책: 다음에 제시하는 방안들이 문제 해결에 도움을 줄 수 있다.

- 여러 글로벌 시장에서 동시에 견인력을 확보하고 규모를 확장하는
  방법을 구조적으로 다루는 포괄적 플레이북

- 경영진이 현지 팀에 자율성을 부여하여 비즈니스 모델을 현지화하
  는 전략(성공적인 글로벌 성장을 위한 4가지 약속)

- 신규 글로벌 시장에서 제품-시장 최적화를 달성하기 위한 민첩한
  프로세스(비즈니스 모델 현지화 캔버스)

- 기존 시장의 추가 진출 및 신규 시장 진입 전략을 설명해주는 통합
  포맷(글로벌 성장을 위한 피치 덱Pitch Deck)

- 기존 시장과 신규 시장에서 규모 확장에 필요한 모든 비즈니스 모델
  의 변화를 추적·관리하는 분석 도구(현지화 프리미엄 분석): 경영진이
  목표 시장의 우선순위와 여러 국가로 확장 가능한 현지화 우선순위
  를 정하는 데 유용한 방안

수진의 사례

수진은 변화를 수용할 준비가 돼 있었다.

금융 서비스 회사의 마케팅 부서에서 다년간 재직했던 수진은 새로운 일을 갈망했다. 수진은 이 회사에 들어오기 전에 몇 년간 경영 컨설턴트로 일하면서 여러 산업과 실무 분야를 경험했는데, 특히 인도네시아 에너지 부문의 고객사를 대상으로 한 장기 프로젝트에 열정적으로 참여했다. 그곳에서 그녀는 인구와 경제가 동반 성장하는 국가에서 어떤 기회가 창출되는지 직접 목격했다.

수진의 글로벌 경험은 이것만이 아니다. 그녀는 대학에서 정치경제학을 공부하며 부전공으로 프랑스어를 배웠고, 졸업 후에는 라틴아메리카 곳곳을 여행했다. 수진은 어린 시절을 보냈던 지역과는 전혀 다른 세상을 이 여행에서 비로소 처음으로 이해하기 시작했다.

최근에 수진은 대학 때 들었던 서아프리카 개발도상국의 경제 강의를 기억해냈다. 이와 관련해 몇 가지 조사를 진행하면서, 지역 경제 성장을 가속화하는 데 기술이 어떤 도움을 줄 수 있는지 깨닫고 열정이 끓어올랐다. 수진은 오랫동안 글로벌 경력을 꿈꿨고 마침내 열정을 발휘할 분야를 찾았다. 그러나 이 열정을 어떤 직업으로 실현해야 할지 막연했다.

그러던 중 나이지리아와 가나로 비즈니스를 확장하는 기업들의 채용 공고를 검색하다, 개발도상국의 금융 시스템을 개선하겠다는 비전을 설정한 어느 핀테크fintech 회사에서 마침내 꼭 맞는 일자리를 발견했다. 그러나 그런 글로벌 일자리에 지원하기에는 경험이 부족하다는 생각이 들자 자신이 없어졌다. 글로벌 비즈니스의 '일반 상식'이 부족했던 그녀에겐 무언가 지침이 필요했다.

그 회사에 지원하고 싶은 마음이 간절하다. 그렇다면 면접에는 어떻게 대처해야 할까? 실제로 그 회사에 입사를 하게 된다면 어떻게 해야 할까?

문제: 수진은 글로벌 마인드가 잘 갖춰져 있고 글로벌 비즈니스에서 경력을 쌓으려는 열정도 충만하지만, 자신이 하고 싶은 역할을 설명하는 방법이나 성공적인 업무 수행에 필요한 스킬이 부족하다.

해결책: 다음 방안들이 수진의 경력 전환에 도움을 줄 수 있다.

- 글로벌 역할의 성공적인 수행에 필수적이고 이를 위해 계속 연마해야 하는 스킬과 마인드를 제시한다(인터프리너Interpeneur).
- 건전한 마인드로 글로벌 규모에 도달하려는 기업의 채용 공고를 필터링할 때 고려해야 할 점을 프레임워크를 통해 자세히 설명한다(글로벌 클래스 마인드셋Global Class Mindset).
- 면접에서 제안할 수 있는 아이디어를 제공하여 다른 지원자들보다 돋보이게 한다.
- 조직에 영향을 미치고 조직이 글로벌 시장에서 성공하도록 가이드하기 위해 따라야 할 플레이북을 제공한다.

지영의 사례

지영은 벌써 수차례, 마케팅 팀과 영업 팀에 자신의 관점을 수용하라고 간청하다시피 했다. 하지만 그들은 여전히 이해하지 못했다. 침체에 빠진 글로벌 시장의 성과를 개선한답시고 내놓은 방법은 근시안적이었고, 지영이 분명하게 인식한 가장 큰 문제를 조금도 고려하지 않았다.

지영은 생산성 및 영업 지원 분야의 여러 제품 라인을 보유한 기업용 소프트웨어 회사에서 제품 사업부를 이끌고 있다. 10년 넘게 12개 이상 국가에서 비즈니스를 해오던 이 회사는 당시 강력한 시장으로 부상하던 일본과 독일로 확장을 모색했다.

과거 지영이 이 시장들에서 겪었던 경험은 기존 고객 기반에서 벗어나 새로운 시장으로 침투하기 위한 전략을 수립하는 데 도움이 되었다. 그럼에도 지영은 매번 저항에 부딪혔다. 회사는 이들 시장에 진입하기 전, 이곳에 글로벌 직원을 보유한 기존 고객사들로부터 현지 시장의 성장 가능성을 파악했고, 이를 시장 진입의 주요 지표로 채택했다.

회사는 비즈니스를 현지화하지 않았고 예산에 제약을 두었다. 따라서 지영은 빠르게 성장하는 미드마켓 비즈니스 부문mid-market business segment (기존 시장에서 다루지 않은 기회 -옮긴이)에 대한 현지의 요구 사항을 충족시키려면 어떤 기능들을 우선해야 하는지 감을 잡기 어려웠다. 게다가 본사는 혁신이 본국에서만 일어날 수 있다는 식의 지시 및 통제 관리 스타일 고수했다. 이런 이유로 현지 시장의 팀들은 추가 성장을 위한 올바른 모델을 찾을 준비를 하지 못했다. 본사는 일본 현지 시장에 대한 지식이 거의 없는 사람들을 계속 보내 운영을 맡겼다. 본사는 글로벌 시장에 제대로 집중하지 못하고 주가와 분기별 수익을 목표로 한 차기 대규모 계획에만 관심을 쏟았기에 현지 팀의 이직률도 높았다.

영업부는 일본 시장에 직접 판매를 고집했지만, 지영은 현지의 시스템

통합 업체가 필수적이라고 생각했다. 마케팅 부서는 독일 시장에 대한 가치 제안value proposition과 마케팅 메시지를 변경해야 한다는 요구를 매번 무시했다. 마케팅의 모든 기능이 본사에 집중돼 있었기 때문이다. 지영의 호소는 묵살되었고, '인터내셔널'이란 단어는 회사 조직도의 어디에서도 발붙일 곳이 없어 보였다. 그러나 지영은 단념하지 않고 경영진의 일치된 지지를 얻으려면 어느 조직에서 자신의 통찰을 구현할지, 다음 단계로 무엇을 해야 할지 생각했다.

어떻게 하면 지영은 기존의 비효율적인 전략을 개선하고, 보다 협력적이고 구조적인 계획을 중심으로 글로벌 비즈니스 담당 팀들을 결집하여 좋은 기회를 지닌 시장에 우선순위를 부여할 수 있을까?

문제: 지영은 글로벌 입지는 확립되었지만 현지 시장 침투력이 낮은 성숙한 기업의 부문 리더로서, 기존 시장에서 규모를 확장하고 글로벌 운영의 고질적 문제를 해결하는 데 필요한 자원과 부서의 협조를 얻어내는 일에 어려움을 겪고 있다.

해결책: 이 책은 다음과 같은 전략 구축에 도움을 줄 수 있다.

- 글로벌 시장에서 시장 진입 및 운영 모델의 변화로 인한 복잡성을 시각화하고 관리하는 총괄적인 방법(현지화 프리미엄 분석)
- 강력한 지역 및 회사 지식을 갖춘 분산 팀 구성법에 관한 지침(글로벌 클래스 팀 구축 프레임워크)
- 양방향 혁신을 촉진하고 피드백 및 의사소통 구조를 통해 소규모 시

장에 효과를 발휘하는 모범 사례를 포착하는 동적 관리 모델(글로벌 클래스 관리 모델)

- 확장 노력의 가속도를 생성하기 위한 효과적인 프로세스와 구조(현지화 자원 팀)
- 자금 조달과 본사의 관심을 동시에 확보하기 위해 비즈니스를 현지화하는 데 필요한 자원(총 진입비용 공식)

많은 사람들이 지훈, 수진, 지영이 직면한 것과 유사한 문제를 겪고 있다. 이 책은 글로벌 비즈니스를 구축할 때 간과하는 여러 측면을 실제 사례, 프레임워크, 사례 연구 등으로 풍성하게 제공한다. 또한 이 개념들을 적용하여 이런 문제를 겪는 모든 이들이 글로벌 경력을 탄탄하게 쌓아나가고, 회사가 글로벌 성장과 규모 확대를 이뤄낼 수 있도록 도울 것이다.

지훈, 수진, 지영이 직면한 문제는 다양한 레벨에서 글로벌 확장 중인 50개 이상의 국가, 200개 이상 기업의 300명 넘는 비즈니스 리더를 상대로 실시한 인터뷰에서 도출한 것이다. 이 책을 쓰기 위해 이들 리더가 공유하는 통찰, 성공 사례, 실패 사례를 취합하고 분석했다.

비즈니스 리더들과 이야기를 나누면서 우리는 기업들이 글로벌 조직을 구축하는 과정에서 여러 문제에 직면했다는 사실을 알게 됐다. 또한 이런 문제는 '분산 업무distributed work'처럼 팬데믹으로 가속화된 트렌드에 의해 더욱 심각해졌다는 것도 알게 됐다.

우리는 거의 모든 사람들이 글로벌로 확장할 때 '맨땅에 헤딩하듯' 한다는 걸 발견했다. 글로벌 시장으로 확장하는 일은 까다로웠지만 마땅

히 참고할 만한 플레이북이 없었다. 《린 스타트업》의 저자 에릭 리스^{Eric}
^{Ries}는 자신의 경험에 비춰 볼 때, 대부분의 글로벌 성장 결정은 제대로
된 프레임워크가 아니라 지시 및 통제 전략이 좌우한다고 말한 바 있다.
우리는 이 책을 통해 기업이 자원을 더 효과적으로 활용하고 시간과 비
용을 절약하면서 더 빠르게 글로벌 규모에 도달하는 데 도움이 되는 플
레이북을 제공하고자 한다.

비즈니스를 글로벌로 확장하는 일은 복잡한 프로세스다. 측정하고 추
적하기가 까다로울뿐더러 정확히 해내기도 어렵다. 에릭 리스는 글로벌
비즈니스 성장의 진실에 대해 이렇게 말한다. "초기 시장에서 제품-시장
최적화를 달성하는 것과, 글로벌 확장 과정에서 그것에 도달하는 것은 아
주 다른 일이다. 초기 시장에서 실패하면 회사는 여러 선택지(전환, 유지,
포기)를 놓고 고민할 수 있다. 일반적으로, 회사가 글로벌 확장을 시도하
기만 하면 확장은 어떻게든 된다. 하지만 변수는 그 일을 잘못했을 때의
기회비용, 즉 그 과정에서 낭비되는 시간과 돈이다." 대부분의 회사는 여
러 실수를 범하느라 소중한 자원을 필요 이상으로 너무 많이 사용한다.

글로벌 성장 이니셔티브와 관련해 조직 내부에서 조정을 이뤄내기는
쉽지 않다. 이런 점에서 공통 용어, 프레임워크, 원칙을 공유하는 것은
구성원들의 합심을 제고하는 데 매우 유용할 수 있다.

우리는 연구 과정 끝에 단순한 결론에 도달했다. "글로벌은 새로운 애
자일^{agile}이다." 이게 무슨 뜻일까? 애자일 방법론의 핵심 원칙 중 몇 가지
를 글로벌로 확장하는 데 적용해야 한다는 말이다. 기업의 리더는 애자
일해야 할 뿐 아니라 글로벌 확장 프로세스에 반드시 직접 관여해야 하

며(아웃소싱은 안 된다), 조직 전체가 이를 위한 방법론과 마인드셋을 수용해야 한다. 이것이 바로 글로벌 성장에서 '글로벌 클래스 마인드셋'이다. 이 책에서 글로벌 확장 사례에 맞춰 수정한 버전으로 소개하는 애자일 방법론 역시 기업이 새로운 글로벌 시장에서 제품-시장 최적화에 도달하는 데 매우 효과적일 것이다. 더욱이 대부분의 기업들이 적용 수준과 성공 정도는 각기 다르지만 애자일 원칙을 이미 이해하고 있다. 또한 많은 기업들이 경쟁 우위를 점하기 위해 무언가를 모색 중이다.

이 책은 스티브 블랭크, 알렉산더 오스터왈더, 에릭 리스가 애자일 방법론으로 수행했던 근본적이고 중요한 작업에서 한 단계 진화한 것이다. 세 사람이 창안한 개념과 도구를 우리가 새로운 목적을 위해 변화시켰기 때문이다. 회사가 애자일을 위한 글로벌 계층 구조를 정립할 때 이 책이 도움이 되길 바란다.

이 책을 읽는 독자는 글로벌로 확장하는 데 성공한 기업의 마인드셋, 팀 구축 시 유의 사항, 복잡성을 관리하면서 신규 시장에 맞게 비즈니스를 현지화하는 법, 올바른 조직 구조 및 프로세스를 구축하는 법, 성공을 위해 모든 기업이 지켜야 할 약속, 글로벌 입지를 지지하는 조직의 핵심 기둥 등 비즈니스에 적용하는 데 유용한 프레임워크를 배울 것이다.

글로벌 클래스를 꿈꾸는 한국의 독자들에게

이 책의 한국어판을 출간하게 되어 매우 기쁘다. 우리는 글로벌 클래스 비즈니스를 통해 한국의 많은 창업자들과 함께 일해왔고, 창업진흥원KISED, 한국투자공사KIC, 대한무역투자진흥공사KOTRA 등의 기관이 후원하는 스타트업 액셀러레이터 프로그램을 지원해왔다. 기술, 생명공학, 전통 산업 등 여러 분야에서 한국의 기업들은 믿을 수 없을 정도로 뛰어난 제품과 첨단 기술, 훌륭한 인재를 보유한 팀을 구축하고 있다. 우리는 한국 기업들이 글로벌 문제를 해결하고 글로벌 비즈니스를 구축할 잠재력이 충분하다고 믿는다.

엄청난 기회를 발견한 우리는 한국의 리더들을 돕기 위해, 또한 글로벌 성장을 혼자만의 경험이 아닌 함께하는 경험으로 만들기 위해 노력하고 있다. 동시에 한국 기업들이 이러한 잠재력을 발휘하는 데 걸림돌이 되는 장애물이 무엇인지도 잘 인식하고 있다.

지금까지 국내에서의 성공을 글로벌 성공으로 이어간 한국 기업들은 많지 않았다. 우리는 한국 기업들이 한국 시장만을 위한 제품과 조직을 만드는 데 집중하는 경향이 있음을 목격했다. 글로벌 규모로 성장할 비즈니스를 확실히 구축하려면 경영진은 새로운 접근 방식으로 글로벌 기회를 잡아야 한다. 한국 기업들은 기존의 기업 구축 마인드셋에서 벗어나야 한다. 그러려면 이 책에서 소개하는 글로벌 클래스 마인드셋과 같은 새로운 마인드셋을 채택하고, 한국 시장과 한국 고객뿐 아니라 여러 글로벌 시장의 고객을 이해하는 다양한 인재로 팀을 구축해야 한다.

한국 생태계를 창업의 발전소로 전환한다면 전통 산업의 관행에 도전하고 신규 시장에서 경쟁할 수 있는 차세대 글로벌 기업을 창출할 기회가 마련될 것이다. 그렇다면 어떻게 해야 할까? 한국의 유망한 스타트업과 기존 기업이 글로벌한 민첩성을 발휘해 세계로 확장할 수 있는 보편적이고 매력적인 제품과 기업 문화를 구축하도록 지원해야 한다.

이 책의 가장 큰 주제는 '현지화'이고, 현지화는 글로벌을 지향하는 기업의 성공에서 필수적인 요소다. 따라서 글로벌 시장에서 성공적으로 확장한 한국 기업, 외국에서 창업한 한국 기업 등 다양한 이야기를 이 책에 포함했다.

또한 몰로코Moloco 안익진 대표의 추천사를 싣게 되어 영광이다. 안익진 대표는 글로벌 선도 기업의 경영진이 인구가 많은 국가 출신만은 아니라는 점을 확인시켜준 장본인이다. 이 책에서 소개할 한국 기업들처럼, 작은 시장에서도 얼마든지 최고의 글로벌 기업이 탄생할 수 있고, 한국 기업도 글로벌 마인드를 가진 새로운 세대의 리더들과 함께 시장을 선도할 기회가 있다.

이 책은 글로벌 비즈니스 구축을 위한 플레이북으로, 당신과 당신의 조직이 글로벌 성장을 논의할 때 필요한 공통의 언어를 제공한다. 많은 한국 기업이 글로벌 기업으로 성장하는 데 이 책이 도움이 되길 바란다.

국내 고객 기반은 탄탄하지만 다른 국가에서는 큰 시장점유율을 확보하지 못한 스타트업 기업이나, 카카오톡과 네이버처럼 기존 시장의 선도 기업들에게도 이 책은 유용한 플레이북이 될 것이다.

머지않아 한국은 인구 고령화로 경제가 위축될 위험이 있으므로 한국의 기업은 새로운 성장 기회를 찾아 글로벌 시장으로 눈을 돌려야 한다.

이 책이 나오기까지

에런 맥대니얼은 실리콘밸리에서 태어났다. 그의 아버지는 임원들의 운전기사로 일했는데, 아버지는 스티브 잡스와 주간회의를 하러 가는 샤이

엇데이$^{Chiat/Day}$ 임원들을 태우기도 했다. 그런가 하면 에런은 UC버클리에 입학해 비즈니스 사례 경진대회에서 시스코 같은 기업의 임원들을 대상으로 전략 프레젠테이션을 한 바 있다. 이처럼 사소한 것에서 아주 밀접한 부분까지, 에런은 자신이 성장 과정에서 기술 커뮤니티와 이미 연결고리가 있다고 느꼈다. 그의 어머니는 여행사를 운영하며 지역 전문대에서 인문지리와 여행학을 가르쳤는데, 이런 어머니 덕에 그는 베이 지역 너머의 세계를 잘 알았다(어머니는 당시 10살이었던 에런에게 학생들의 과제 채점을 시켰는데, 학생들 점수가 좋지 않으면 아들이 채점한 사실을 학생들에게 일부러 알려주기도 했다고 한다). 풍부한 글로벌 경험을 토대로 성장한 그는 대학 졸업 후 반년 동안 여러 국가를 여행하며 문화적 호기심을 한껏 충족시켰고, 이 글을 쓰는 시점에는 거의 40개국 이상을 방문했다.

에런은 AT&T의 대표적 리더십 개발 프로그램의 일환으로 그곳에 입사하여, 처음으로 기업가 정신을 쌓을 수 있었다. 그는 거의 10년간 대규모 팀을 관리하고 AT&T의 파운드리^{Foundry} 혁신 센터, 중국의 AT&T 합작 파트너와 협력하는 등 여러 부서를 오가며 일했다. 이런 경험을 하면서 그는 규모에 맞게 비즈니스를 운영하는 것이 얼마나 복잡하고 혼란스러운지 직접 목격했다.

에런에게는 입사 첫날부터 한 가지 비밀이 생겼다. AT&T에서 일하는 동안 다양한 부업을 병행하면서 어린 시절에 품었던 '기업가'란 씨앗을 싹틔운 것이다. 그는 맞춤형 청첩장과 휴대용 탁구대를 판매했고, 우버^{Uber}와 비슷한 시기에 택시 앱을 출시하기도 했다. 또한 타인을 가르치겠다는 열정으로 강의 사업을 시작했고, 이를 밑천 삼아 훗날 두 권의 책을 출간했다. 이런 경험을 쌓은 덕에 그는 AT&T를 퇴사한 후 연쇄 창업가라는 좋은 평판을 얻었고, 벤처기업 세 곳을 인수할 수 있었다.

현재 에런은 UC버클리의 하스Haas 경영대학원에서 기업가 정신을 가르치며 학생들이 경력 성공의 올바른 기반을 구축하도록 열정적으로 돕고 있다. 캠퍼스에서 그는 글로벌 마인드를 갖춘 차세대 비즈니스 리더를 양성한다는 개인적 사명을 추구한다.

2006년, 클라우스 베하게는 칠레의 산티아고 거리를 아무 생각 없이 걷다가 신흥경제국의 가혹한 현실을 직면했다. 외다리에 외눈을 한 무기력한 노숙자가 구걸하는 모습을 보고 그는 가슴이 찢어질 듯 아팠다. 포괄적인 사회 복지 시스템을 갖춘 덴마크의 안락한 집과는 너무나 다른 세상이었던 것이다. 바로 그때, 경제 발전과 빈곤 퇴치에 대한 그의 열정이 깨어났다. 이 경험을 계기로 그는 25세에 직장을 그만두고 자신의 사명을 추구하기 위해 학교로 돌아왔다. 경력을 180도 전환한 것이었다.

클라우스는 수년간의 글로벌 비즈니스 공부가 막바지에 이르자 글로벌 시장에서 일하는 경험을 쌓고 싶어졌다. 몇 개월간 덴마크의 유명 기업들을 탐색하던 그는 칼스버그Carlsberg의 글로벌 프로젝트에 합류했다. 그는 이 프로젝트에서 칼스버그 신제품의 베트남 출시 전략을 개발하는 데 열정을 쏟았고 지역 최고 경영자로부터 높은 평가를 받았다.

베트남에서 돌아온 클라우스는 자신이 겉돈다는 느낌을 받았다(역문화 충격reverse culture shock이라 할 수 있다). 뱃속에서 사라지지 않을 것 같은 공허함이 감돌았다. 그는 덴마크가 더 이상 자신의 집처럼 느껴지지 않는다는 것과 자신의 진정한 뿌리는 세계 어딘가에 있다는 것을 깨달았다. 자신이 덴마크 국민이 아닌 세계 시민이라 느낀 그는 글로벌 비즈니스와 그 확장이 자신의 소명이라 생각했다. 실리콘밸리가 혁신과 기업가 정신의 교차점을 탐색하는 데 가장 좋은 곳이라고 판단한 그는 헐트Hult 국제경영대학원에서 MBA를 취득하기 위해 샌프란시스코로 이주했다. 그곳에서 그는 보스턴에서 태어나고 자란 대만계 미국인 제시카를 만났다. 두 사람은 샌프란시스코에 정착했고 지금은 '덤플링스Dumplings(만두)'라는 애칭으로 부르는 두 아들과 살고 있다.

헐트를 졸업한 후 클라우스는 혁신과 기업가 정신을 장려하는 가장 권위 있는 조직인 실리콘밸리 포럼Silicon Valley Forum에서 글로벌 담당 리더를 맡게 되었다. 이 역할 덕에 그는 파트너십을 쌓고 세계적으로 포럼의 영향력을 행사할 수 있는 플랫폼을 구축하여 자신의 진정한 소명을 추구할 수 있었다. 그는 세계 곳곳의 장관, 통치자, 입법권자들에게 기업가 정신을 통해 경제적 영향력을 발휘하는 방법을 조언했다. 파트너들은 종종 농담 삼아 클라우스를 '실리콘밸리 대사'라고 불렀다.

클라우스는 글로벌 기업과 혁신 생태계를 지원하고 구축할 수 있는 더 나은 방법을 궁리하면서 기업가로서 자신만의 여정을 준비하던 차에 '10X 이노베이션 랩10X Innovation Lab'이라는 아이디어가 떠올랐다. 10X를 설립하면서 클라우스는 한 친구에게 조언을 구했는데, 그가 바로 에런이다. 성공한 공동 창립자들이 지인들을 통해 만나듯이, 클라우스와 에런도 절친 사이인 두 사람의 장모님들을 통해 서로를 알게 됐다. 처음에 클라우스는 에런에게 자문 역을 부탁했고, 몇 달 뒤에는 10X의 기업가 정신 책임자가 돼달라고 요청했다가, 또 얼마 뒤에는 공동 창립자가 돼달라고 제안했다.

몇 해에 걸쳐 우리는 여러 대륙에서 합류한 멋진 팀원들과 1년 내내 많은 나라를 누비며 수천 명의 기업 경영진에게 실리콘밸리 최고의 기업들이 대규모 혁신을 추진하는 방법을 가르쳤고, 전 세계 수천 명의 기업가가 실리콘밸리의 생태계와 연결되도록 가이드했다. 우리 둘 다 흥미로운 기업들과의 비즈니스뿐 아니라 현지 문화 경험을 좋아했다.

그러다 코로나19가 발생했고 모든 이동 기회가 막혀버렸다.

팬데믹 동안 많은 비즈니스 리더들이 그랬듯이, 우리는 반성과 재고의 시간을 가지며 미국 시장 진출을 모색할 때 많은 고객사가 대개 어떤 실수를 저지르는지 규명했다. 제대로 된 현지 시장 발굴 과정을 거치지 않은 것부터, 실리콘밸리를 방문하는 기업가가 샌프란시스코 국제공항에 도착해 수하물 찾는 곳에서 바로 벤처 투자자로부터 수표를 받을 거라고 비현실적인 기대를 하는 것까지, 실수들은 그들의 글로벌 확장 계획을 실패의 길로 인도했다.

에런은 성공적인 기업들이 어떻게 일을 올바르게 수행하는지 더 자세히 탐구하는 책을 쓰겠다는 계획을 철회했다. 반면 클라우스는 코로나 시국이 세계를 탐구할 좋은 기회임을 깨달았다. 우리는 목표를 수립했다. 클라우스는 30명과 이야기를 나누고 책을 쓸 가치가 있는 주제를 찾아보라고 에런에게 제안했다. 에런은 그 주제를 논의할 의향이 있는 사람이 10명도 안 될 거라며 회의적으로 답했다.

하지만 이런 염려는 기우일 뿐이었다.

한 달도 안 되어 우리는 인상적인 글로벌 비즈니스 리더들과 50번 넘게 만났다. 그 과정에서 비즈니스의 시대정신에 진정으로 도달한 글로벌 비즈니스 성장을 주제로 한 책이 없음을 알게 됐다. 또한 비즈니스 리더가 손에 피를 묻히며 스스로 알아내야 하는 문제가 많다는 사실도 깨달았다. 인터뷰 후에 우리는 여러 가지를 연구하여 그 결과를 리더들과 공유했다. 반응은 열광적이었고 모두가 이런 주제의 책이 절실히 필요하다는 데 입을 모았다. 줌Zoom의 글로벌 사업 책임자인 에이브 스미스Abe Smith는 이렇게 말했다. "이 책은 15년 전에 나왔어야 했다!"

이 인터뷰를 마무리한 뒤 우리는 개발 중인 프레임워크와 개념을 세계적으로 적용하려면 이것이 모든 나라에서 통해야 한다고 생각했다. 그래서 다양한 회사를 도울 수 있도록 프레임워크를 보편화하기로 했다.

우리는 1,000억 달러 이상의 손익 책임을 지는 최고 경영진부터 글로벌 시장에 첫발을 내디딘 사업가에 이르기까지, 50개국 이상의 비즈니스 리더 수백 명과 이야기를 나눴다. 대부분이 미국 기반의 기업이었으나, 유럽, 아시아, 라틴아메리카, 중동, 아프리카, 호주에 본사를 둔 회사 출신도 있었다. 우리는 의도적으로 B2CBusiness-to-Customer 및 B2BBusiness-to-Business 기업, 소프트웨어나 물리적 제품을 생산하는 기업 등 다양한 산업의 회사들과 이야기를 나눴다. 또한 빠르게 성장하는 신생 기업과 글로벌 입지를 탄탄히 한 기업들과도 이야기를 나눴다. 우리는 각각의 상황은 서로 다르지만 많은 주제가 동일하다는 점을 발견했다.

연구가 끝난 뒤에도 우리는 애자일 프로세스에 대한 확고한 신봉자로서 이 작업을 멈추지 않았다. 돌이켜 생각해보니, 리드 호프만Reid Hoffman

이 우리의 초창기 작업 내용을 봤다면 손발이 오글거린다고 말했을 것 같다. 하지만 우리는 배운 것을 계속 적용했고 무엇에 집중할지(조직 안에서 쉽게 적용할 수 있는 포괄적인 플레이북과 프레임워크) 또 무엇에 집중하지 않을지(각 회사가 고유의 기준을 가지고 있을 법한 '시장 선정'과 같은 주제) 결정했다. 그 결과가 바로 여러분이 손에 쥐고 있는 이 책이다.

예상치 못한 흥미로운 발견

우리 연구에서 인터뷰 대상자들은 여러 가지 공통적인 주제와 통찰을 언급했지만, 수백 시간의 대화에서 한 번도 거론되지 않은 것은 '외국foreign'이라는 단어였다. 특히 글로벌 시장에서 실제 창업한 경험이 있는 사람이라면 당연히 그렇겠지만, 언뜻 생각해도 이런 마인드셋이 시사하는 바는 꽤 심오하다.

'외국'이라는 단어는 부정적인 의미로 가득 차 있고 때로는 오해를 불러일으키기도 한다. 큰 소리로 '다름'을 강조하고 두려움과 의심의 냄새를 풍기며 뭔가 복잡할 거라는 생각을 하게 만든다. '집'에 있는 당신과 국경 너머에 존재하는 것 사이의 정신적 장벽을 상징한다. 당신이 접근하려는 고객에게 정체를 알 수 없는 태도와 문화적 차이에 대한 폐쇄적 태도를 취하게 만든다. 연구를 위해 우리가 이야기를 나눈 모든 사람들은 굉장히 다른 관점으로 글로벌 시장을 바라봤다. 그들은 글로벌 시장을 해결해야 할 퍼즐로 보기도 하지만 사람들을 연결하고 참여시키며 가치를 제공할 수 있는 기회로 보기도 한다.

에어비앤비Airbnb의 미주 및 아시아 태평양 마케팅 책임자였던 제니퍼 위엔Jenniffer Yuen은 인터뷰에서 왜 '외국'이라는 단어를 쓰지 않느냐는 질문을 받았을 때 이렇게 답했다. "'외국'이라는 단어를 말하고 생각하는 것만으로도 저절로 장벽이 생겨요. 연결성과 공통점을 찾는 게 차라리 더 효과적이죠. 한 가지만 말하면, 글로벌로 확장하는 것이 제품을 전반적으로 개선하는 데 도움이 되거든요."

이런 마인드셋의 중요성을 강조하는 차원에서 이 'F' 단어The F Word(원래 욕설을 뜻하나, 여기서는 F로 시작하는 foreign을 쓰지 않겠다는 의미의 '금기어'를 말한다 - 옮긴이)는 이곳과 이 책의 맨 끝에 첨부한 '용어 설명'에서만 사용했다.

이 책을 읽는 법

이 책에는 많은 개념과 프레임워크가 들어 있는데, 글로벌 비즈니스가 워낙 방대한 주제라서 때로는 받아들이기 어려운 부분도 있을 것이다. 하지만 우리는 간단히 설명할 수 있는 내용을 길게 늘여 서술하는 장황한 비즈니스 서적이 아니라, 지나치다는 느낌이 들더라도 유용하다면 되도록 많은 정보를 제공하려고 애썼다. 이 책을 단숨에 독파할 수 있는 독자도 있겠지만, 한 번에 한 장章씩 읽으며 중간중간 소화할 시간을 가지고 싶은 독자도 있을 것이다.

독자의 이해를 돕기 위해 각 장 끝에 요점을 정리했다. 핵심 개념과 프레임워크를 현재 상황에 어떻게 적용할 수 있을지 파악하도록 '반성과 실천을 위한 질문'도 정리해두었다. 책 앞부분에는 자주 사용하는 용어에 대한 해설, 핵심 개념에 대한 정의를 수록하여 책을 읽는 동안 쉽고 빠르게 참조 가능하도록 했다. www.GlobalClassBook.com에서 디지털 파일로 된 프레임워크를 다운로드할 수 있으니 방문해보기 바란다.

이 책을 읽을 때 염두에 둘 사항

이 책을 읽는 동안 다음 사항들을 유념하기 바란다.

1. 이 책에 소개된 기업들 중 많은 수가 이미 글로벌 기업으로서 성숙한 회사라고 생각하겠지만, 우리는 그들이 글로벌 성장의 초기 단계에 있을 때 글로벌 진출 팀의 일원이었던 임원들과 이야기를 나눴다. 예를 들어 애플Apple은 창립된 지 40년이 넘었는데, 6장에 소개한 '브라질 시장으로 유통망 확장'은 지난 8년 동안 행한 일이다. 이 책에서 설명하는 프레임워크와 개념은 모든 유형, 모든 규모, 모든 단계의 기업에 적용할 수 있다.

2. 기업 대상 기업B2B과 소비자 대상 기업B2C은 사고방식, 행동, 운영 방식 등이 매우 다르기 때문에 이 책의 프레임워크들을 다른 방식으로 적용해야 한다. 소프트웨어나 서비스 기반 기업과 물리적 제품을 판매하는 기업도 마찬가지다. 물리적 제품을 판매하는 기업이 신규 글로벌 시장으로 확장하려 한다면 공급망, 재고, 제품 포장의 변화를 걱정할 필요가 없는 소프트웨어 기업과는 매우 다른 사항을 고려해야 한다. 우리의 목표는 모든 유형의 비즈니스에 적용할 수 있도록 충분히 광범위한 원칙과 유연한 도구를 제공하는 것이다. 이 책에서 우리는 특정 상황에만 필요한 특정 조치를 언급하지 않을 것이고, 글로벌 성장을 위한 단계별 프로세스도 제공하지 않을 것이다. 특정 비즈니스 고유의 고려 사항이 전 세계 수백

개 국가의 고유한 문화 및 규제 환경과 맞물리면 효과적이고 일률적인 프로세스를 갖추기는 불가능에 가깝다. 대신 우리는 다양한 비즈니스에 맞게 조정할 수 있는 사고방식, 원칙, 유연한 프레임워크를 제공할 것이다. 일반적인 상황에서 생각할 수 있는 맥락을 제공하여 비즈니스의 특정 상황에 적용할 최상의 결론을 내도록 도울 것이다.

3. 동일한 이유로, 글로벌 성장 이니셔티브 및 실행 프로세스 중에서 이 책이 직접적으로 다루지 않는 부분이 있는데, 바로 '시장 선정'이다. 이 주제를 다루지 않는 이유는 기업이 진입 시장을 선정할 때 적용하는 기준이 특정 산업에 고도로 맞춰진 측면도 있지만, 이미 자연스러운 성장이 이뤄지고 있는 시장이라거나, 우연한 경우(투자자가 있거나, 경영진이 대학 시절에 유학을 한 경우나 혹은 예전에 방문한 적이 있는 등의 이유) 등 기준이 다양하다는 사실을 연구를 통해 확인했기 때문이다. 모든 기업은 핵심 경제 지표, 현지 시장의 역동성 등을 평가하여 목표 시장의 범위를 좁혀야 한다. 마인드셋과 전략의 기본 요소가 구축된 다음, 글로벌 시장으로 확장하기로 결정하고 탐색할 목표 시장 후보가 정해지고 나면 이 책에서 제시하는 도구와 프레임워크를 적용하기 바란다.

4. 우리는 보편적인 호소력과 적용 가능성을 추구하는 책을 쓸 때의 위험을 잘 알고 있다. 책을 읽을 때 다음 사항을 고려하기 바란다. 우리는 미국 중심의 접근 방식을 취하지 않을 것이고, 소규모의 내수 기업은 글로벌 시장을 대기업과 아주 다른 시각으로 본다

는 점 역시 고려하지 않을 것이다. 우리는 이 책에 나오는 몇몇 시장과 지역이 과대포장되었고 또 다른 지역은 과소포장되었다는 점을 잘 알고 있다. 그렇기에 우리는 이 책에 담긴 통찰이 모든 글로벌 시장에 적합하고 적용 가능한지 검증하기 위해 전 세계 모든 대륙의 비즈니스 리더들과 대화를 나누려고 노력했다. 이 책의 여러 지점에서 특정 국가와 문화가 굉장히 많이 언급돼 있는데, 그 사례가 모두를 대표한다고 주장하려는 의도는 아니다. 또한 해당 국가와 문화에 대한 고정관념이나 부정확한 일반화를 심어주려는 생각도 아니다. 우리는 문화적 다양성을 지지한다.

서로 연결되자

기업가 커뮤니티는 상당히 잘 연결돼 있지만, 글로벌 진출에 관심이 많은 사람들의 커뮤니티는 그렇지 않다. 역사적으로 새로운 국가로 비즈니스를 진출시키는 작업이 회사 대표 혼자 먼 타국에서 수행하는 고독한 작업이었기 때문이기도 하다. 우리는 글로벌 조직을 구축한 경험을 많은 이들과 공유하고자 한다.

우리의 목표는 사람, 팀, 조직이 전 세계 커뮤니티와 활발하게 연결되도록 돕는 것이다. 세계 모든 국가의 현직 및 예비 비즈니스 리더가 이 책과 '인터프리너 마인드셋'을 공유하여 개인과 사회 차원의 긍정적인 변화, 경제 성장, 삶의 질 향상 등의 촉매가 되게 돕는 것이 우리의 사명이다.

당신과 언제든 소통하길 원한다. hello@globalclasscompany.com 으로 이메일을 보내주기 바란다.

GLOBAL
CLASS

진화
글로벌 클래스

글로벌 비즈니스에 새로운 **전환**이 일어나고 있다.
새로운 마인드셋을 가진 새로운 유형의 기업이 **주도권**을 잡는다.
새로운 브랜드의 리더도 부상하고 있는데, 선도 기업들에 의해
육성된 글로벌 성장과 규모 확장의 촉매 역할을 하는 **선구자**다.
이들 회사와 리더들은 글로벌 성장 주도권의
성공과 실패를 좌우하는 핵심 책무에 **헌신**한다.

1장

전환
세계가 바뀌었다

독일 성공의 열쇠는 '소시지'

미국 소매 시장을 정복하며 엄청난 성공을 거둔 거대 유통기업 월마트는 글로벌 시장으로 눈을 돌렸다. 아칸소주 벤턴빌에 위치한 본사 회의실에서 경영진과 직원들은 비즈니스 성장을 위한 새로운 길을 논의했다. 국내 시장에서 실적과 지배력을 입증한 월마트가 국내에서의 성공을 글로벌 성공으로 변환할 수 있다는 자신감과 믿음을 갖는 건 당연해 보였다. 저렴한 가격과 친절한 인사말로 대표되는 완벽한 고객 서비스를 원하지 않을 사람이 누가 있겠는가? 그리고 미국과 미국 제품을 좋아하지 않을 사람이 어디 있겠는가? 이들은 한때 이런 마인드셋에 젖어 오만한 태도를 보였다.

'저렴한 가격'이라는 가치 제안은 미국 시장에서는 놀라운 효과를 발휘했지만, 이미 유럽에서 가장 가격이 낮은 식료품을 구매하는 독일인들에게는 큰 반향을 일으키지 못했다. 월마트는 미국에서 규모의 경제를 달성했지만, 독일 최대 유통 체인인 베르트카우프Wertkauf와 인터스파Interspar를 인수했음에도 경쟁사의 강력한 공급망을 극복할 수 없었던 탓에 그 어떤 경쟁 우위도 만들어낼 수 없었다.

또한 월마트는 제품과 기업 문화를 시장에 맞게 현지화는 데 신경 쓰지 않았다. 포장육은 미국 소비자들에게는 불멸의 베스트셀러였지만, 독일인들은 포장육을 매우 질 낮은 고기로 여겨 별로 좋아하지 않았다. 그들은 동네 정육점에서 구매하는 신선한 고기를 선호했다. 또한 독일 소비자들은 월마트가 매장에서 홍보하는 '월마트 브랜드' 제품에도 비호의적이었다.

독일인들은 매장 직원이 적극적으로 다가오는 것을 좋아하지 않는다. 그들은 도움이 필요할 때만 매장 직원과 소통하길 원한다. 그래서 문 앞에 서서 한껏 미소를 짓는 직원이나 친절이 과한 계산원은 미국처럼 공동체 의식을 형성하기보다 고객에게 불편함을 주는 존재일 뿐이었다.

국내에서의 성공과 그 성공을 바탕으로 한 가정이 반드시 글로벌 성공으로 이어지는 것은 아니다. 한 시장에서 통하는 전략이 다른 시장에서도 항상 통하지는 않는다. 월마트의 독일 진출은 글로벌 조직을 구축할 때 접근 전략을 어떻게 달리해야 하는지 보여주는 교과서적인 사례다.

이 사례는 월마트가 '미국의 방식'을 새로운 곳에 도입해서 성공했다는 이야기가 아니다. 독일 문화, 현지 고객의 구매 행동, 현지 시장의 경쟁 양상 등 여러 가지 고유 특성을 간과한 데서 비롯된 실패담이다. 만약 월마트가 이런 요소들에 신경 썼다면 비즈니스 모델을 현지에 맞게 조정했거나 아예 시장에 진출하지 않기로 결정했을지 모른다. 하지만 그들은 그렇게 하지 않았고, 본사의 방식을 고집하는 것이 어떻게 실패로 이어지는지 보여주는 완벽한 예를 남겼다. 이 때문에 월마트는 약 10억 달러의 손실을 감수하며 85개의 매장을 현지 경쟁업체인 메트로Metro에 매각하고 말았다.

결국 월마트는 시장에 안착하려면 비즈니스를 조정하는 것 외에는 다른 방법이 없음을 깨달았다. 쇼피파이Shopify의 글로벌 성장 및 마케팅 리더인 로빈 라르센Robyn Larsen은 독일 파트너의 말을 인용해 이렇게 말했다. "독일 소시지처럼 생기고 맛있고 냄새가 나야 성공할 수 있다."

결론적으로 월마트가 직면한 여러 가지 문제는 글로벌로 규모를 확장하겠다면서 현지 문화에 둔감했고, 월마트의 원래 방식을 고집했으며, 현지 직원과 소비자에게 회사 가치를 강요하고자 했던 마인드셋에서 비롯되었다. 이것은 분명히 치명적 실수였다. 월마트는 성공의 표시로 성조기를 걸기는커녕 독일 시장 진출에 실패했음을 인정하는 패배의 백기를 들어야 했다. 이렇게 월마트는 막대한 손실과 사기 저하는 물론이고, 과연 월마트의 비즈니스 모델이 미국 외의 시장으로 확장될 수 있을지 강한 의문을 남겼다.

월마트가 독일에서 직면한 문제는 직원 규모가 200만 명을 넘든 얼마 되지 않든 동일하게 발생할 수 있다. 월마트가 저지른 여러 실수 중 하나라도 범한다면 상당수 기업들은 실패할 것이다. 분명한 것은 국내 시장과 글로벌 시장에서 똑같이 작동하는 모델을 기대하는 것 자체가 실패를 예고하는 마인드셋이라는 점이다.

여러 대륙에 흩어져 있고 문화적으로 차이가 있는 다양한 시장으로의 진출 전략을 하나의 통에 담아낼 수는 없다. 모든 곳에서 시장 지배력을 확보하겠다는 일률적인 프로세스로 효과적인 글로벌 성장을 기대해서는 안 된다. 개별 현지 시장의 분위기에 신경 써야 한다.

디즈니의 회장이었던 앤디 버드Andy Bird는 "글로벌로 가는 비행기는 없다"라고 정확하게 지적했다. '글로벌 시장'은 하나로 묶을 수 있는 곳이 아니다. 일률적인 전략으로는 대응할 수 없는, 각기 독특한 문화 속에서 운영되는 여러 경제들이 얽혀 있는 곳이다.

글로벌 진출은 목적지가 아니라 여정이다. 많은 기업과 경영진이 성공으로 가기 위한 길에서 스스로 발견한 과정이다. 우리 연구에서 흥미로운 사실은 이들 기업과 리더들이 그 여정을 우연히 발견했거나, 혹은 본능적으로 알고 있었거나, 아니면 엄청난 돈과 시간을 들여 성공과 실패를 반복 학습하면서 글로벌 성장 모델을 개발했다는 점이다.

링크드인LinkedIn의 공동 창립자 리드 호프만Reid Hoffman은 "창업은 절벽에서 뛰어내리면서 비행기를 조립하는 것과 같다"라고 말했다. 국경 너머에 비즈니스를 구축하는 것 역시 그렇다. 지금까지 차세대 글로벌 성장 전략에 관한 명확한 플레이북이 없었기 때문에 우리는 이 책을 썼다. 세계로 비즈니스를 확장하려는 기업에 이 책의 프레임워크는 나침반과 지도, 내비게이션 시스템이 될 것이다.

많은 리더가 글로벌 진출을 국내에서 시장 리더십을 확보한 후에 설정해야 할 먼 미래의 목표로 생각한다. 하지만 비즈니스 리더들 중에는 간혹 처음부터 글로벌 진출에 초점을 맞추는 이들도 있다. 둘 중 어느 경우든, 오늘날의 비즈니스 성공은 단순히 회사가 설립된 국가 내로 국한되지 않는다는 생각은 일치한다. 기술 도입과 이를 지원하고 유동시키기 위한 인프라 개선이 거의 모든 국가에 걸쳐 확산됨에 따라 이런 인식은 더욱 두드러지게 나타난다.

비즈니스의 대전환이 일어나고 있다

팬데믹으로 기업이 고객 및 직원과 가상 환경에서 상호작용하는 방법을 학습하면서 글로벌 시장으로 연결할 수 있는 새로운 기회가 열렸다. 과거에 기업이 글로벌 비즈니스를 성공적으로 구축하고 관리했던 방식은 분산 업무가 가속화되고 글로벌 시장 경쟁이 심화되는 오늘날의 글로벌 경제에서는 더 이상 효과적이지 않다.

비즈니스 세계는 기존 모델에 도전하고 새로운 모범 사례로 이어질 또 다른 변곡점을 눈앞에 두고 있다. 팬데믹이 진행되는 동안 그리고 그 후에 탄생한 기업들은 이전에 설립된 기업들과는 다른 모습과 운영 방식을 취할 것이다.

과거에도 유사한 사례가 있었다. 닷컴 붐 이후에 탄생한 기업들은 그전에 설립된 기업들과는 크게 다른 방식으로 운영되었다. 새로운 기업들은 인터넷을 가상 유통 채널로 활용하면서 오프라인의 한계를 초월할 수 있었고, 기업 구조와 구성원에게 요구되는 바람직한 특성과 전문성은 모두 바뀌었다. 모바일 기술, 특히 스마트폰이 급속하게 도입되면서 클라우드와 소셜 미디어가 광범위하게 채택되었고 동시에 기업의 운영 방식에도 변화가 일어났다. 물론 소셜 미디어를 활용한 마케팅·영업·고객 서비스, 클라우드를 통한 소프트웨어 개발 및 기업 IT 서비스, 닷컴 붐으로 인한 유통 혁신(웹과 물리적 제품), 모바일에 기반한 제품 개발 등의 트렌드는 게임의 룰을 바꾸는 경우도 있었지만, 대부분은 기업의 일부 기능에만 영향을 끼쳤다. 그러나 글로벌 확장은 모든 비즈니스 기능에 영향을 미친다.

오늘날의 비즈니스 리더들은 닷컴 붐 이전을 되돌아보며 인터넷 없이 비즈니스를 운영하는 것이 있을 수 없는 일이라고 생각할 것이다. 마찬가지로, 그들은 여기저기 흩어져 존재하는 글로벌 인력과 고객 기반을 유지하지 않는 기업을 같은 시각으로 바라볼 것이다.

최근에 설립된 기업은 변화에 적응하지 못한 기업에 비해 선천적인 이점을 갖고 있다. 다양한 인재로 구성된 대규모 인력 풀을 활용할 수 있을 뿐 아니라, 직원들이 상주하는 각각의 독특한 시장에서 비즈니스를 확장하기 위한 현장 지식을 갖출 수 있다.

가상 인력의 가속화는 조직의 모든 기능에 영향을 미친다. 기업이 발전 초기부터 글로벌로 확장할 수 있는 능력은 기업 구조에 변화를 일으키지만, 글로벌 입지를 지원하는 데 필요한 새로운 기술의 증가는 회사 전체에 영향을 미친다.

수용 곡선adoption curve(새로운 기술이나 상품이 시간이 지남에 따라 얼마나 많은 사람에게 수용되는지를 나타낸 그래프 - 옮긴이)이 상승하고 신규 진입자(현지 혹은 타 국가의 진입자)가 현지 시장에서 더 쉽게 견인력을 확보할 수 있게 되면서 속도가 중요해졌다. 자국 시장에서 강력한 영향력을 발휘하는 기업이 글로벌하게 성장하기 위한 노력을 시작하지 않는다면, 그 시장에 모방

기업이 등장하여 세계적으로 영향력을 확보하기가 더 어려워질 것이다.

신흥 시장은 보다 성숙한 시장들이 인프라를 구축하기 위해 거쳤던 단계를 건너뛰는 등 몇 가지 측면에서 앞서가고 있다. 예를 들어 아프리카의 많은 국가들은 강력한 유선 네트워크를 구축하지 않고도 즉시 모바일 네트워크를 시작하여 바로 모바일 상거래를 열었다. 여러 지역에서 스마트폰을 인터넷 접속 도구로 사용할 수 있기 때문에 데스크톱이나 노트북 컴퓨터가 필요 없다.

이 책에서 소개한 대부분의 기업보다 2~3배나 나이가 많은 아마존 Amazon은 닷컴 이후의 기업들과는 그 구조가 확연히 다르다. 온라인 소매업은 재고와 공급망을 염려해야 하는 물리적 특성이 있기 때문에 아마존은 국가별로 핵심 온라인 유통 비즈니스를 성장시켰고, 그 결과 지역별 고유 운영 모델들이 여럿 생겨났다. 또한 물류 및 컴플라이언스(규정 준수)와 관련해 지역적 차이가 생기면서 복잡성이 가중되었다. 이렇듯 국가별 현지화가 필수적이었기 때문에 회사의 운영 인프라는 하나로 통합된 소프트웨어로 작동될 수 없었다.

또한 팬데믹은 이미 출현한 많은 트렌드를 가속시켰다. 예를 들어 비즈니스를 시작하고 확장하는 비용의 절감으로 시장 진입 장벽이 낮아졌고, 소프트웨어 제품의 배포가 용이해졌으며(앱스토어), 물리적 제품의 글로벌 공급망 노후화 문제를 해결하기 위한 노력이 이어졌다(화물 운송 및 물류 플랫폼인 플렉스포트Flexport). 또한 프리랜서 근로자 커뮤니티에 접근성이 높아졌고, 효과적인 협업 및 생산성 소프트웨어가 널리 활용되었으며, 비즈니스 운영 플랫폼이 확대되었다(아마존 웹서비스Amazon Web

Service 같은 일반적인 플랫폼부터 이커머스용 쇼피파이, 결제용 스트라이프Stripe 등의 산업 혹은 기능 특화의 플랫폼).

이런 상황은 스타트업 기술 기업에만 영향을 미치는 것이 아니다. 세계적으로 입지를 단단히 굳힌 대기업부터 이제 막 시장에 진출한 소규모 신생 기업까지 모든 기업에 해당하는 문제다. 운영 모델이 도전을 받자 아마존과 구글뿐 아니라 작은 기업들도 인력 전략, 부동산 계획, 직원 정책을 재검토해야 했고, 빠르게 변화하는 고객 기반에 다가갈 방법을 찾아야 했다.

몰로코의 공동 창립자이자 최고 경영자인 안익진이 지적하듯이, 새로운 비즈니스 시대는 한국에서 탄탄한 입지를 구축하면서도 동시에 글로벌 기업으로 성장하고 확장할 수 있음을 보여준다. 작은 시장에서 출발한 기업에도 장점이 있는 것은 사실이지만, 글로벌 마인드셋을 갖고 글로벌 기회를 포착하도록 비즈니스를 구축할 때만 그렇다. 안익진은 "성공하려면 글로벌 관점을 이해해야 한다"라고 말한다.

기업들은 글로벌 기회를 더 일찍 발견하고 더 빠르게 가속화함으로써 새로운 비즈니스 역학에 정면으로 대응하고 있다. 이런 기업은 더 이상 특정 지역에만 국한되지 않고 세계 어디에나 존재한다. 하지만 리스크가 없는 것은 아니다. 신규 시장으로 진입하는 것은 초기 시장에서 견인력을 찾는 것만큼이나 어렵다. 게다가 몇몇 국가에서는 민족주의가 고조되면서 모멘텀을 구축하기가 어려워진 탓에 리스크를 극복하기 위한 플레이북을 요구하는 목소리가 더 커졌다.

이런 도전에도 불구하고 이들 트렌드의 대부분은 기업이 글로벌로 확장하기 더 쉽게 만들어주고 새로운 유형의 회사 구조 및 운영 모델에 자리를 내줄 것이다.

또한 주목할 만한 점은 이런 비즈니스 전환에 대응하지 않을 때 발생할 수 있는 리스크다. 직원과 고객이 일상생활의 격변 속에서 새로운 업무 방식을 모색하는 데 별로 거부감을 보이지 않았으므로 기존의 기업들에게는 팬데믹이 기회의 창이 되었다. 글로벌 비즈니스 시장의 새로운 역학 관계에 맞게 운영 모델과 마인드셋을 바꿀 수 있기 때문이다. 이런 변화에 적응하지 못하는 기업은 위기에 처할 수 있다.

기술, 새로운 애자일 마인드셋, 새로운 아이디어를 위한 충분한 자본은 지난 수십 년 이상 단단하게 뿌리박고 있던 여러 산업을 파괴했다. 예를 들어 우버Uber는 2013년에 초기 시장인 샌프란시스코에서 성공을 거두기 시작했다. 그해 샌프란시스코의 택시 회사들은 1년 만에 매출의 65%(이익이 아니라 매출)를 잃었다. 그런데 이제는 기업이 성공하려면 기술과 비즈니스 모델의 혁신뿐 아니라 시장의 미묘한 문화적 특성도 고려해야 한다. 우버는 막대한 자금력을 갖추고 있었으면서도 중국 시장에서 디디Didi를 상대로 지배적인 시장점유율을 확보하는 데 실패하고 나서야 이를 절감했다. 디디는 중국 시장의 현지 문화에 맞는 전략과 기업 문화를 채택함으로써 경쟁에서 이길 수 있었다.

글로벌 진출, 새로울 건 없지만 이제는 달라져야 한다

오랫동안 '글로벌 진출'은 '아웃소싱Outsourcing'의 다른 말이었다. 값싸고 숙련된 노동력(IT 지원 또는 제조 분야)이 있거나 고유의 특성이 강하지 않은 지역(고객 서비스 분야)을 찾는 것 등이 글로벌 진출의 의미였다. 주로 시장 임금의 큰 차이를 활용하는 비용 절감 전략의 일환이었다. 하지만 최근 수십 년 동안 세계 경제가 지속적으로 빠르게 성장함에 따라, 특히 임금 격차가 감소함에 따라 잠재 노동력보다는 목표 고객으로 초점을 전환할 수 있는 훨씬 큰 기회가 형성되었다. 예를 들어 GDP가 1970년 사하라 사막 이남 아프리카의 1인당 GDP의 절반에 불과했던 중국은 지난 40년간 대규모 산업 및 제조 혁신을 이뤄냄으로써 기술 선도국이자 세계 2위의 경제대국으로 변신했다. 2020년에는 사하라 사막 이남 아프리카의 7배에 달하는 GDP를 기록했다.

기회의 규모는 엄청난 수준이다. 예를 들어 아프리카 인구 12억 명 중 대다수가 19세 미만이고, 2040년에 이르면 전체 인구가 20억 명을 넘어설 것으로 예상된다. 아프리카 대륙은 문화적으로 동일한 지역이 아니라 2,000개에 가까운 언어를 사용하는 54개국의 다양성을 지닌 지역이다. 따라서 이런 사실을 잘 파악하고 있는 비즈니스 리더라면 빠르게 성장하는 아프리카 경제의 미래가 될 6억 명 이상의 인구를 대상으로 제품을 판매하고 인재 풀을 활용할 유리한 위치를 선점할 것이다.

이렇게 글로벌 확장을 추진하는 비즈니스 리더의 모습도 달라졌다. 전통적으로 글로벌 비즈니스맨은 새로운 고객 풀에 접근하기 위해 파트너십을 구축하느라 모국과 현지 국가 간의 해석과 문화적 차이를 극복해야 하는 '주재원'의 모습으로 묘사되었다. 주재원의 라이프스타일은 섬 같은 곳(홍콩이나 싱가포르라면 말 그대로 섬)에서 대표 역할을 하며 혼자 업무를 수행하는 모습으로 그려졌으나, 최근 몇 년 동안 새롭고 시장 파괴적인 모델이 등장하여 글로벌 성장 이니셔티브의 규모가 크게 확대되었다. 현재, 문화에 수의를 기울이는 기업들은 현지 팀을 구성하여 본사의 요구와 현지 시장의 요구 사이에서 효율적으로 균형을 맞추고 있다.

마인드셋 역시 바뀌었다. 신흥 경제국이 부상하고 현지 상황에 대한 이해가 중요하다는 인식(우버가 디디와 직접 경쟁하면서 깨달은 점)이 커짐에 따라 경쟁이 치열해졌다. 실리콘밸리 기업들은 신규 진입자가 기존 기업들과 정면으로 경쟁할 수 있음을 인식하는 등, 카피캣copycat(모방기업)과 신규 비즈니스 모델의 부상을 눈으로 직접 목격했다. 인터넷으로 말미암아 경쟁의 운동장은 평평해졌고, 기업들은 20~30년 전보다 훨씬 빠르게 규모를 확장할 수 있었다. 인터넷처럼 전 지구적 차원의 분산 근무와 경제 발전은 글로벌 시장에 대한 접근성을 평준화시킬 것이다. 또한 여러 지역에서 경제가 부흥하고 빠른 속도로 성장하면서, 미국이 더 이상 지배적인 시장이 아니라는 것도 더 명확해졌다.

우리는 더 많은 사람이 교육 받고 자국에서 비즈니스를 일궈 글로벌로 규모를 확장하는 글로벌 시대에 살고 있다. 회사를 글로벌 규모로 성장시키는 데 집중하는 사람들은 아직 적지만 점점 늘고 있고, 비슷한 소명의식을 가진 사람들은 최근에야 점점 더 많이 연결되기 시작했다. 글로벌 규모를 열망하는 기업들은 2장에서 다룰 그들의 독특한 마인드셋을 점점 더 많이 요구하고 있다.

캔바Canva, 젠데스크Zendest, 링크드인, 플렉스포트 같은 기업들은 당신의 조직도 충분히 글로벌 진출과 빠른 규모로 확장이 가능함을 증명했다. 이들 기업과 동시대 기업들은 글로벌 확장으로 향하는 길을 닦아주었다. 이들 기업의 현지 팀들은 성공을 거두었다. 그러나 그 성공은 글로벌 시장이란 험지에서 숱한 실수를 거듭하고 난 뒤에 얻은 결과였다. 이 책은 성공 사례는 물론이고, 쉽게 빠지기 쉬운 함정과 실패 사례, 삼가야 할 일들을 짚어줌으로써 동일한 실수를 피하게 해줄 것이다.

물리적 상호작용이 디지털 상호작용으로 대체됨에 따라 비즈니스의 많은 측면이 가상화되었다. 한때는 직원들이 도시 전역에 퍼져 원격근무를 하는 것이 대단한 뉴스거리였으나, 오늘날에는 동료들이 전 세계에서 원격근무를 하는 것이 그리 놀랄 일은 아니다.

에어비앤비의 아시아 태평양 지역APAC 브랜드 마케팅 부서를 설립하고 미주 지역 마케팅을 이끈 제니퍼 위엔은 본사의 역할과 개념이 어떻게 바뀌었는지 이렇게 설명한다. "본사는 더 이상 채용 및 인력 이동을 책임지는 유일한 장소가 아니다. 이제는 어디서든 최고의 인재를 찾을 수 있다. 본사를 가상으로 만들면 '우리 VS. 그들'이라는 장벽이 낮아질 뿐 아니라 글로벌 입지를 구축하기 위해 기능적 전문성과 현지 지식을 더 잘 활용할 기회도 생긴다."

이제는 더 넓은 범위에서 인재를 구할 수 있게 됐다. 현명한 기업이라면 이를 활용해 글로벌 입지를 구축할 수 있다. 이런 기업은 원격 팀을 비용 센터가 아니라 혁신을 가능케 하는 현지의 창조 조직으로 바라본다.

글로벌 확장에 성공한 기업은 팀의 다양성을 추구한다. 500명 이상의 직원을 보유하고 한국에서 높은 시장점유율을 차지한 어느 한국 기업의 직원들은 고작 3개 국어를 사용한다. 이렇게 다양성이 부족하면 한국 시장만을 기준으로 의사결정을 내리고 그에 따라 조직이 굳어질 가능성이 훨씬 높다. 다른 나라에 있는 지사에 대해, 예를 들어 현지 리더가 엔지니어링 팀, 인사 팀 등 본사 부서의 지원이 필요하다고 판단했다면 현지 리더의 아이디어는 얼마나 높은 우선순위를 확보하게 될까? 십중팔구 현지보다는 한국 시장을 우선시할 것이다.

반면 유럽의 스마트 기업 결제 플랫폼인 플레오Pleo는 직원이 21명뿐인데도 사용 언어가 18개나 된다. 덕분에 글로벌 기회를 이해하고 활용하는 데 훨씬 유리한 위치에 있다. 두 회사의 관점과 시각은 크게 다르다. 앞서 말한 한국 기업은 국지적인 기회만 바라보지만, 플레오는 글로벌 문제에 관한 솔루션 구축에 집중한다.

기업들은 전통적으로 확장 후보지 목록에서 맨 위에 있던 시장 외에, 더 많은 글로벌 시장에서 잠재적 고객 기반을 발견하기 시작했다. 10년 전만 해도 인도네시아 같은 국가는 우선적인 목표 시장으로 고려되지 않았지만, 2억 7,000만 명이 넘는 인구의 구매력이 빠른 속도로 증가함에 따라 상황이 바뀌고 있다.

글로벌 시장 기회는 다음과 같은 4가지 핵심 요인 덕분에 증가했다.

1. 신흥 시장의 인프라 개선(인터넷 속도와 이동성 향상), 인도네시아 같은 국가는 모바일 우선주의를 채택하여 더 성숙한 시장으로 도약
2. 인력 개발에 투자를 확대하여 인재 접근성이 높아지면서 기업이 신규 시장으로 확장할 때 적합한 인재를 확보할 수 있음
3. 기업가 정신과 창업을 촉진하기 위한 정부의 투자 증대
4. 경제가 안정화됨에 따라 중산층이 증가하고 소비 시장이 발전

이것이 글로벌 비즈니스의 새로운 시대를 열었다.

문화를 의식하는 새로운 글로벌 비즈니스 시대가 온다

우리는 중요한 변곡점 위에 있다. 글로벌 시민의식과 연결성이 점점 중요해지고, 세일즈포스Salesforce의 공동 창립자이자 공동 최고 경영자인 마크 베니오프Marc Benioff가 강조하듯 "비즈니스는 변화의 촉매"가 되고 있다. 기업은 비즈니스가 환경뿐만 아니라 인간에게 미치는 영향을 좀 더 고려하도록 재조정할 수 있는 기회를 갖게 되었다. 이런 개념은 비즈니스 상호작용과 직장 및 커뮤니티에 큰 영향을 미치고 있다.

기업이 성공하려면 세계적 규모로 운영되는 효과적인 기업 모델을 따르고 적응해야 한다. 새로운 마인드셋은 장점이 있어서라기보다 반드시 갖춰야 하는 요소이기에 중요하다.

패러다임의 전환이 일어났다. 서로 다른 건물과 도시에서 원격으로 일하는 기업이라면 국경을 넘어 일하는 것이 과거에 비해 힘든 일이 아님을 잘 안다. 필요에 따라 가상 협업 도구가 채택되고 이러한 도구의 이점과 과제는 팀의 기능 방식에 근본적인 변화를 불러와 조직의 유연성이 향상되고 보다 민첩한 업무 방식이 가능해졌다.

몇몇 기업은 영구적으로 바뀌었다. 트위터처럼 완전히 가상 조직으로 변모한 기업도 몇몇 있지만, 많은 기업이 팬데믹 이전의 업무 모델에 가까운 형태로 되돌아갔다. 변화의 정도와 상관없이, 살아남은 기업들은 기술을 활용하여 이전보다 더 효율적인 방식으로 가상 운영이 가능함을 깨달았다.

본사는 더 이상 모든 권한과 영향력이 지리적으로 중앙에 집중된 물리적 장소가 아니다. 완전한 가상 회사만 그런 것이 아니다. 팬데믹은 직장인들의 라이프스타일을 변화시켰고, 직장인들은 더 이상 사무실 건물에 묶여 있을 필요가 없다. 기업들은 어떻게 하면 이 새로운 역할을 지원할 수 있는 구조를 만들 수 있을지 그 방법을 모색하고 있다.

기존 기업들은 가장 유망한 고객 기반이 선진국에 존재한다고 믿는다. 그러나 새로운 유형의 기업(2장에서 설명할 '글로벌 클래스' 기업)은 개발도상국이든 성숙 시장이든 시장 기회를 발견할 뿐 아니라 기존 기업을 돕는 역할을 한다.

기업이 최고의 인재를 유치하려면 글로벌하게 생각해야 한다. 본사나 주요 지사 주변 지역에서만 인재를 찾는 것은 너무나 제한적이다. 경쟁사가 어디서든 인재를 확보할 방법을 터득한다면 당신의 회사는 궁극적으로 불리한 입장에 처할 것이다.

가상으로 비즈니스를 수행하는 새로운 방법은 그 효과가 입증되었을 만큼 충분히 테스트를 거쳤다. 과거에는 전 세계를 물리적으로 커버하려면 경영진이 비행기를 타고 이동해야 했다. 하지만 이제는 본사 근처에 있는 직원이나 외국에서 일하는 직원이나 동일한 플랫폼에서 일하기 때문에 매일 가상 방문virtual visit이 가능하다.

플랫폼은 빠른 글로벌 성장을 촉진하고 기업이 국경을 넘어 비즈니스를 운영하도록 지원하기도 한다. 이제 점점 더 많은 산업의 기업들이 반드시 비즈니스의 모든 측면을 현지화해야만 전 세계 수백만 명의 고객에게 접근할 수 있는 것은 아니다. 전 세계에 도달할 수 있는 플랫폼에 연결하기만 하면 된다. 기술은 장벽을 낮출 뿐 아니라 파괴적 혁신을 가속화한다. 기술은 국가를 넘나들며 사람들을 더 가깝게 만든다. 쇼피파이나 아마존 같은 플랫폼은 신흥 기업이 글로벌 시장에 보다 용이하게 접근할 수 있는 국경 위의 '자국 시장'이 되었다.

클리넥스Kleenex가 미용 티슈를, 큐팁Q-tip이 면봉을 뜻하듯, 줌 비디오 커뮤니케이션스Zoom Video Communications는 회사 이름이 일반명사가 된 최신 기업이다. 이제는 '가상회의'보다 '줌 미팅'이란 말이 더 익숙하다. 이 기업은 팬데믹이 본격화되면서 놀라운 성장세를 보였다. 2020년 1월, 줌은 매일 1,000만 명의 고객이 이용하고 월간회의 건수가 1억 회에 달하는 서비스로 거듭났다. 불과 3개월 후인 4월에는 일일 이용자가 3억 명, 연간 회의 건수는 3조 회에 이르렀다. 각각 30배, 2,500배의 성장이었다.

흥미로운 점은 줌의 성장 대부분이 자국 국경 밖에서 이루어졌다는 것이다. 더 놀라운 사실은, 서비스 채택이 가속화되고 글로벌화가 확대된 것은 팬데믹 덕분이었지만 단순히 그것 때문만은 아니었다는 점이다. 성공의 토대는 이미 마련돼 있었다.

──────── 사례 연구 ────────

휴렛팩커드, 가상 국경 간 협업

가상 인력을 지원하고 글로벌 입지를 구축하는 장벽을 낮춰주는 도구들은 팬데믹이 몰고 온 문제를 해결하는 데 도움이 되었다. 바르셀로나의 한 의사는 휴렛팩커드HP에서 일하는 친구에게 병원이 개인 보호 장비personal protective equipment: PPE를 확보하기가 너무 힘들다고 하소연했다. 병원은 먼 대륙의 공장에서 생산하는 마스크와 안면 보호대를 마냥 기다려야 하는 상황이었는데, 그 공장은 글로벌 공급망의 수십 개 접점을 커버하느라 정신이 없었다. HP 친구는 팀원들과 협력하여 3D 프린터로 제작 가능한 최초 디자인을 만들었고, 병원에서 의사들과 함께 테스트를 거듭하며 디자인을 수정해나갔다. 일주일 동안 10번에 가까운 시행착오 끝에 효과적인 안면 보호대 디자인이 탄생했다. 그 후 HP는 3D 프린터 파일을 전 세계 커뮤니티와 공유하여, 3D 프린터만 있으면 누구나 해당 지역에 필요한 개인 보호 장비를 생산할 수 있도록 했다. 분산된 현지 생산 네트워크를 구축한 셈이었다.

이처럼 국경을 초월한 협업과 인류의 이익 증진을 위한 노력이 혁신을 주도하는 데 어느 때보다 중요한 역할을 하고 있다. 이 사례는 글로벌 비즈니스의 새로운 잠재력을 보여주는 흥미로운 이야기다.

기업들은 지시와 통제에 집착하는 과거의 방식 대신 현지에서 의사결정을 내리는 방식의 장점을 깨닫고 있다. 특히 다양한 현지 시장에 진출한 기업들은 더 그렇다. 이것은 본사가 주도하는 하향식 혁신이 아니라, 어디서든 모범 사례를 글로벌하게 구현할 수 있는 분산형 혁신과 밀접하게 연결된다.

최근 글로벌 컨설팅 기업 액센추어가 발간한 '비즈니스 퓨처스Accenture Business Futures' 보고서에 따르면, "경영진의 71%는 이미 일부 비즈니스를 대상으로 의사결정을 분산화했거나 분산화할 계획"이며, 82%는 "점점 더 파편화되는" 비즈니스 환경을 고려할 때 자신들의 비즈니스가 "광범위한 기업 연합"처럼 운영될 것으로 예상한다고 답했다. 간단히 말해, 비즈니스 운영의 초점이 하향식 중앙 집권적 본사 모델에서 분산화된 성공과 현지화된 사명 및 초점을 추구하는 '팀 기반 모델'로 이동하고 있다는 뜻이다.

시장도 다르고 고객도 다르며, 기업과 그들이 제공하는 제품과 서비스도 본질적으로 다르다. 따라서 모든 기업이 채택할 수 있는 일률적인 솔루션이나 정확한 단계별 가이드는 존재하지 않는다. 일과 개인 생활의 균형을 중시하는 유럽에 비해, 대다수 아시아 국가 사람들은 오랜 시간 일하는 경향이 있다. 이런 문화적 차이 때문에 현지의 비즈니스 문화, 관습, 행동, 구매 기준 등이 달라진다. 일의 역할과 사회적 안전망의 존재 여부로 인해 현지 문화에 따라 고용의 안정성을 다른 맥락으로 바라보게 된다. 글로벌 성장과 관련된 마인드셋도 변화했다. 과거에는 새로운 시장을 평가하고 시장 진출 계획을 수립하는 일을 경영 컨설턴트에게 아웃소싱했다. 이제는 규모를 키우려고 하는 기업에 자신의 스킬과 글로벌 마인드셋을 제공하는 비즈니스 전문가 계층이 부상하고 있다.

글로벌 시장은 잠재 고객 기반이자, 새로운 아이디어와 제품을 초기 시장initial market(창업할 때 목표로 삼은 시장. 보통은 자국 시장 - 옮긴이)에 출시하기 전에 검증할 수 있는 '테스트 베드'다. 슬랙Slack은 전 세계에 서비스를 출시하기 전에 아시아 시장을 대상으로 테스트를 진행했다. 자사 플랫폼에 '보내기' 버튼의 추가 여부를 시험한 것이다. 현지 업체와의 경쟁이 치열하기 때문에 현지 고객의 참여를 유도하려면 문화적 고려와 현지화가 필수다. 수많은 정보가 경쟁하며 고객의 관심을 끌고 있는 상황에서, 기업은 어떻게든 눈에 띄어야 하고 차별화해야 한다.

분화는 글로벌 비즈니스의 모든 측면에 스며들어 있다. 고객이 의사 결정을 내리는 방식, 현지에서 비즈니스를 수행하는 방식, 새로운 시장에서 기업 문화와 핵심 가치를 해석하고 유지하는 방식에서 문화적 차이를 마주하게 될 것이다. 신규 시장에 진출할 때 알아야 하고 적응해야 할 차이점은 숱하게 많다. 그러나 분산된 직원 기반이 회사 전체에 제공하는 다양성을 존중하고 활용하면 가치 있는 방법을 마련할 수 있다.

이런 모든 변화는 하나같이, 새로운 글로벌 비즈니스 세계에서 성공하는 법을 제시하는 새로운 플레이북의 도입을 가리킨다.

왜 글로벌 성장 이니셔티브는 실패할까?

글로벌 성장 이니셔티브가 실패하는 이유는 개별 실패 사례만큼이나 다양하다. 그러나 계획의 실패를 초래하거나 기업의 시간과 비용을 낭비하게 만드는 실수는 다음과 같이 10가지로 요약할 수 있다

1. **'날 때부터 글로벌 기업'이 되려고 시도한다.** 글로벌 시장에서 성장을 모색하는 것은 국내 시장에서 제품-시장 최적화에 도달하지 못했을 때의 해결책이거나 대안이 돼서는 안 된다. 초기 시장에서 제품-시장 최적화에 도달하기도 전에 한꺼번에 여러 시장에 진출하려 시도한다면 결코 성공할 수 없다. 글로벌 시장에서 성공하려면 초기 시장에서 기반을 다져야 한다. 기업은 초기 시장에서 적합한 고객이 누구인지, 고객이 무엇을 원하는지, 왜 구매하는지, 해결책은

성공 가능한지 등 모든 가정을 검증하고 비즈니스의 확장성을 입증해야 하기 때문이다.

2. **경영진이 적극적으로 참여하지 않는다.** 조직의 모든 구성원이 글로벌 성장에 동참해야 한다. 최고 경영진의 지원과 부서 간 협력이 부실하다면 글로벌 확장 계획은 실패할 수밖에 없다.

3. **팀이 잘못 구성되었다.** 조사에 참여한 임원들은 글로벌 비즈니스를 구축하는 데 적합한 인재를 찾는 것이 가장 중요하면서도 가장 어려운 일이라고 강조했다. 어떤 마인드셋과 스킬을 찾아야 할까? 팁을 제안하자면, 회사의 지식과 현지 지식(8장 참고)을 모두 갖춘 '인터프리너(3장 참고)'를 찾아라.

4. **본사와 현지 팀이 '우리 VS. 그들'이라는 사고방식을 고수한다.** 분산 팀을 통합하려는 의지가 없는 기업은 조직의 인재를 최대한 활용하지 못하고 신규 시장에서 강력한 견인력을 구축하기 어렵다. 본사와 현지 팀이 각각 자기 방식만 고집할 때 양측의 분열이 발생한다.

5. **현지화할 때 고객 개발 및 애자일 방법론을 재검토하지 않는다.** 현재의 비즈니스와 운영 모델을 신규 시장에 반복적으로 적용만 하고 현지에 맞는 애자일 방법론을 채택하지 않는 기업이 세계적으로 상당한 시장점유율을 확보하기란 매우 어렵다. 현지화는 반드시 필요하다. 그렇다고 단순히 언어 문제만을 해결하는 것이 현지화는 아니다. 비즈니스 리더가 회사와 운영 모델의 모든 측면을 재평가하는 것이 현지화다. 독일에서 월마트가 겪었던 쓰라린 경험에서 알 수 있듯이 '본사 방식'이 세계 어느 시장에서도 성공할 것이라고 가

정하면 실패하고 말 것이다.

6. **복잡성을 관리하지 않는다.** 유능한 기업이라면 신속하고 결단력 있게 움직이는 것은 물론이고, 글로벌 시장에서 항상 발생하는 복잡성을 이해하는 한편 이에 대한 계획을 세워야 한다. 이 점을 간과하면 위험에 처할 수 있다(6장 참고).

7. **분산된 인력에 맞게 의사소통 방식을 조정하지 않는다.** 지속적인 의사소통을 촉진하는 피드백 루프Feedback Loop는 현지 시장의 통찰과 본사의 핵심 가치를 주고받는 데 매우 중요하다. 효과적인 의사소통 라인을 구축하지 않고 현지 시장에서 나올 수 있는 양방향 혁신을 활용하지 않는 기업은 분산된 인력과 가상 인력을 늘리고자 할 때 문제에 맞닥뜨릴 것이다.

8. **글로벌 성장에 시간과 자원을 적절히 투자하지 않는다.** 수익을 추구하는 모든 투자가 그렇듯 글로벌 입지를 구축할 때도 시간과 비용이 든다. 너무 쉽게 포기하거나, 계획에 충분한 자원을 투입하지 않거나, 현지 팀이 견인력을 구축하는 데 충분한 시간을 허용하지 않은 채 다른 시장이나 계획에 눈을 돌리는 많은 기업이 실패를 맛본다. 6~12개월이란 시간은 신규 시장에서 고객의 관심을 받는 데 여유 있는 시간이 아니다. 보통은 2~3년이 걸리기 때문이다.

9. **모멘텀을 창출하기 위한 구조를 구축하지 않는다.** 방향 설정만으로는 부족하다. 글로벌 확장을 지원하는 올바른 조직 구조와 프로세스를 개발하지 않는 기업은 글로벌 입지를 확보할 수 없다(7장 참고).

10. **핵심 가치와 기업 문화를 보편화하지 않는다.** 비즈니스 문화는 각 나라

마다 독특하기 때문에 맞춤형 접근 방식이 필요하다. 자국 시장의 비즈니스 문화에만 공감하거나 현지 문화와 상충되는 핵심 가치를 강요한다면, 현지 직원 또는 고객의 참여와 공감을 얻지 못할 것이다. 공통적인 핵심 가치를 찾아야 한다(10장 참고).

이 10가지 실수는 대표적인 글로벌 확장의 실패 이유다. 그렇다면 어떻게 해야 글로벌 규모의 비즈니스를 성공적으로 운영할 수 있을까? 그 비결은 바로 글로벌 클래스 마인드셋이다(2장 참고).

향후 글로벌 클래스의 여정

이 책은 50여 개국의 글로벌 시장 진출 및 성장의 모범 사례를 한데 모은 책으로, 이제까지 이런 책은 없었다.

글로벌 비즈니스 구축에 성공한 기업들은 각기 산업, 제품, 목표 고객, 핵심 비즈니스 동력이 다르지만 몇 가지 공통점이 있다. 이런 공통점을 특징 짓기 위해 우리는 '글로벌 클래스 기업'이라는 개념을 만들었다.

이 책은 글로벌 성장을 꾀하는 기업이 다음의 핵심 질문에 답하는 데 도움을 줄 것이다.

- 글로벌 조직을 구축하는 데 가장 적합한 인재는 누구인가?
- 신규 시장에 적응하려면 비즈니스의 어떤 부분을 바꿔야 하는가?
- 글로벌 클래스 전략을 구현하고 비즈니스를 확장하려면 어떻게 해야 하는가?

이 책에서 제시한 여러 통찰과 도구는 반드시 준수해야 하는 단계별 가이드가 아니라, 다양한 비즈니스에 적용하고 조정할 수 있는 마인드셋과 프레임워크다. 이 책에 담긴 통찰은 글로벌 시장 진출과 관련된 리스크를 줄이고 차세대 글로벌 비즈니스에 쓰일 공통 어휘를 제시한다.

특히 이 책에서 소개한 기업들은 세계에서 가장 빠르게 성장하고 있다. 그들은 이 책에 담긴 몇 가지 조언과 자신만의 방식을 통해 비즈니스를 세계로 확장할 수 있었다.

핵심 개념을 여러 가지로 적용할 수 있겠지만, 이 책을 읽으면 다음과 같은 이점을 얻을 수 있다.

- 글로벌 조직을 개발하고 관리하기 위해 필요한 것들을 좀 더 깊이 이해할 수 있다.
- 전략의 중요한 부분을 공유하고 핵심 집중 분야를 강조하는 데 도움이 되는, 글로벌 성장과 관련된 일반 어휘를 습득할 수 있다.
- 확장을 위한 경로를 제공하고, 문제 발생 시 해결 도구로 사용할 수 있는 실용적인 프레임워크를 제시한다.
- 글로벌 성장 프로세스 전반에 걸쳐 고려해야 할 개념과 요소를 총괄적으로 습득할 수 있다.
- 최고의 기업들이 글로벌 확장 과정에서 겪은 경험을 담은 사례 연구, 시나리오, 스토리 등을 계획 수립과 의사결정에 활용할 수 있다.

계획 수립은 흔히 범하는 실수를 피하는 핵심 요건이다. 이 책 전반에 걸쳐 소개하고 있는 실패하거나 성공한 확장 사례, 실용적인 프레임워크, 성공의 길로 안내하는 실무적 단계 등을 통해 실수를 피하는 방법에 대한 통찰을 얻을 수 있다.

현재 상황에 가장 적합한 시나리오가 무엇이든, 이 책의 목적은 비즈니스에 적용할 수 있는 가치 있고 실용적인 통찰을 제공하는 것이다. 비즈니스를 전 세계에 성공적으로 확장하는 데 필요한 지식을 갖추려면, 세계에서 가장 성공한 기업들의 마인드셋을 살펴보고 무엇이 그들을 글로벌 클래스로 만들었는지 알아보는 게 가장 먼저 해야 할 일일 것이다.

1장 | 요약

- 세상이 바뀌었다. 우리는 글로벌 규모의 조직을 구축할 때 문화를 고려한 새로운 접근 방식을 제공해야 하는 글로벌 비즈니스의 새로운 시대에 이미 진입했다.
- 글로벌 확장을 꾀할 때 가장 많이 하는, 시간과 비용을 낭비하게 되는 실수를 피해야 한다.
- 세계로 비즈니스를 확장한 기업들은 맨땅에 헤딩하듯 시작해야 했다. 지금까지 시장 진입과 시장 성장을 위한 플레이북이 없었기 때문이다.

1장 | 반성과 실천을 위한 질문

- 최근에 글로벌에 대한 관점은 어떻게 바뀌었는가?
- 분산 업무의 가속화에 대응하기 위해 경영 및 관리 방식을 어떻게 조정했

는가?

- 글로벌 확장 계획이 실패하는 10가지 이유 중 우리 회사에 해당하는 것은

무엇인가?

2장

리드
글로벌 클래스 기업

멜라니 퍼킨스Melanie Perkins는 호주의 그래픽디자인 플랫폼 캔바의 최고 경영자이자 공동 창립자다. 멜라니는 엔지니어링 팀을 구성하고 서호주 퍼스에서 시드니로 본사를 이전하는 과정에서 실리콘밸리를 여러 번 방문하여 투자자들을 설득했다. 그녀는 진정한 글로벌 제품과 글로벌 기업을 만들겠다는 목표를 확실히 밝혔다. 또한 "세계의 모든 사람이 디자인 역량을 갖추게 한다"는 사명에 따라 회사를 이끌었다. 이런 사명은 세계 곳곳의 모든 사람이 직관적으로 자신의 아이디어를 보편적으로 소통할 수 있는 플랫폼으로 구체화되었다.

멜라니는 호주 태생의 교사와 스리랑카-필리핀 혈통의 말레이시아 엔지니어의 자녀라는 다양한 배경을 지닌 덕분에 자연스럽게 글로벌 마인드셋을 갖출 수 있었다. 그녀의 마인드셋은 회사의 문화, 팀, 제품, 운영에서 명확하게 드러난다.

몇몇 기업에서 글로벌 진출은 현재의 비즈니스 방식을 어렵게 전환해야 하는 문제가 된다. 반면에 최근에 설립된 기업들은 처음부터 글로벌한 사고방식을 가진 경우가 많다.

캔바 역시 그렇다. 이 회사는 애초에 글로벌 성장을 목표로 설립되었기에 글로벌 규모에 도달하려는 목표가 비즈니스 수행 방식의 모든 측면에 스며들어 있다. 커뮤니케이션부터 채용, 제품에 이르기까지 회사 전체가 창업 1일 차부터 글로벌을 염두에 두었다.

캔바는 특정 팀들을 같은 물리적 공간에 모아두지 않고 한 팀의 팀원들을 서로 다른 지역에 분산시키는 분산형 조직을 구축했다. 예를 들어 엔지니어링 팀 전체를 한 사무실에 배치하지 않았다. 이런 시도는 아이디어와 모범 사례를 여러 곳으로 확산시키고 글로벌 상호작용과 협업을 촉진하기 위한 특별한 노력의 일환이다.

팀원들은 원래부터 글로벌한 마인드를 갖췄고 문화적으로 깨어 있었다. 시드니 본사의 팀들은 70개 이상의 언어를 구사할 수 있어서 글로벌한 시각과 집중력을 유지할 수 있다. 경영진은 창업 첫날부터 글로벌하게 채용을 진행하면 신규 시장에 진출할 때 핵심 가치가 충돌할 가능성이 적다고 믿는다. 또한 각 현지 시장에서 공감할 만한 맞춤형 템플릿과 이미지 세트를 제공한 덕에 이 회사의 제품은 처음부터 현지화가 용이하도록 설계되었다.

캔바는 현지 시장 전문가를 활용하여 번역과 콘텐츠 제작을 현지에서 진행했다. 또한 외부에서 리더를 영입하려는 시도가 실패하자 현지에서 리더를 선발하고 육성하는 데 노력을 기울였다. 이런 노력 덕에 캔바는 필리핀 현지 팀을 성공적으로 구축할 수 있었다.

캔바는 빠른 속도로 확장했다. 회사는 1년 안에 제품과 플랫폼을 맞춤형 템플릿과 함께 100개 언어로 번역한다는 대담한 목표를 수립했다. 이 목표를 달성하기까지 2년이 채 걸리지 않았다. 캔바는 글로벌 규모로 계획을 추진했고, 다국어 플랫폼을 지원하는 데 공을 들였다. 이것이 글로벌 고객 기반을 구축하고, 구성원들이 글로벌 마인드셋으로 회사를 운영하도록 집중시키는 데 큰 힘이 되었다.

모멘텀을 유지하기 위해 회사는 속도(분산된 힘)와 효율(중앙 집중된 힘) 사이의 균형을 유지하면서 복잡성을 효과적으로 관리하여, 궁극적으로 발전 속도를 늦추지 않으면서도 복잡성을 줄일 방법을 찾아냈다.

마지막으로, 캔바는 장벽을 허물기 위한 노력의 일환으로 '본사'를 새롭게 정의했고, 본사와 현지 시장 간의 독특한 상호작용 모델을 개발했다. 예를 들어, 여러 슬랙Slack(구성원들 간의 협업을 촉진시키고 지원하기 위한 플랫폼 – 옮긴이) 채널의 이름에 '본사'라는 말을 썼는데, 회사의 포용 문화에 부합하지 않는다고 판단하여 사용을 금지했다. 재택 및 원격근무가 많아지는 등 팀의 분산화가 확산돼 본사 개념이 무의미해졌다는 이유도 있었다.

또한 캔바는 마케팅 부분이 시드니와 샌프란시스코에 분산돼 있는데, 이처럼 중추적인 기능이 여러 국가에 퍼져 있기 때문에 회사는 본사 대신 허브hub라는 새로운 개념을 도입했다. 이 모델은 빠르게 발전 중이고 회사는 앞으로도 전 세계에 여러 지사를 운영할 계획이다. 하지만 포용성을 촉진하고 피드백 루프(모범 사례를 공유하고 혁신을 촉진하기 위한 회사 전체의 다방향 커뮤니케이션 라인)를 구축하기 위해 구성원들을 보통은 가상의 클러스터로 묶어 둔다.

전 세계 모든 사람이 디자인 역량을 갖추도록 지원한다는 캔바의 사명은 회사 자체의 디자인에 반영돼 직원, 고객, 이해관계자 등 모두에게 힘을 실어주었다.

자본에 대한 접근성이 높아지면서 전 세계에 걸쳐 캔바 같은 기업이 등장하고 있다. 어디서나 인재를 구할 수 있고 점점 다양한 인력을 확보하게 되면 글로벌화를 향한 움직임은 어느 때보다 빠르게 진행될 것이다. 멜라니가 이끄는 캔바가 대표적인 사례다.

캔바는 다양한 인력 풀을 활용하고, 분산 팀을 지원하기 위해 본사의 역할을 변화시키며, 현지 시장에서 견인력과 규모의 경제를 확보하도록 현지 고유의 전략을 수립하여 대담한 글로벌 비전을 실행할 수 있었다.

글로벌 클래스 기업이란 무엇인가?

글로벌 조직을 구축하기 위해 이런 접근 방식을 취하는 기업이 캔바만은 아니다. 새로운 계층의 글로벌 선도 기업이 등장하고 있다. 글로벌 시장에서 기회를 찾는 이들 기업은 비즈니스의 모든 측면을 현지화해야 신규 시장에 진출할 수 있음을 잘 알고 있다. 이들 중 몇몇 기업은 새로운 지역에 처음 진출하는 고속 성장의 스타트업이지만, 이미 여러 시장에서 시행착오를 겪으면서 이런 공식을 터득한 기성 기업도 있다.

창업 지역, 산업, 대상 고객과 상관없이 이들 기업은 모두 글로벌 클래스에 속한다. 우리는 글로벌 클래스 기업을 이렇게 정의한다. '현지화와 복잡성 간의 균형 유지, 문화를 고려한 애자일 팀 구축, 회사와 현지 문

화의 균형 잡기 등의 노력으로 글로벌 규모에 도달한 조직'

무엇이 기업을 글로벌 클래스로 만드는가?

여러 가지로 설명할 수 있지만, 핵심은 바로 '실천action'이다. 쇼피파이의 경영진인 대니얼 설리반Daniel Sullivan은 글로벌 클래스 기업에는 "모든 것과 모든 사람에게 글로벌이 내재돼 있다"라고 말한다. 이는 글로벌 비즈니스의 새로운 시대에 대한 인식이다. 비즈니스 스웨덴Business Sweden의 실리콘밸리 책임자인 토마스 칸들Thomas Kandl은 "제품에는 국경이 없다. 사람들은 올바른 솔루션을 어디에서든 찾아낼 것이다"라고 말한다. 가장 중요한 것은 마인드셋과 비즈니스 방식이다. 모든 기업은 이제 글로벌한 잠재력을 가지고 있다.

산업과 제품 유형(물리적 제품 VS. 소프트웨어)의 고유 특성에 따라 글로벌 클래스는 여러 양상을 보이지만, '누구who', '무엇what', '어떻게how'라는 핵심 원칙은 매우 유사하다.

글로벌 클래스 기업은 누구를 채용하는가?

글로벌 클래스 기업은 모든 직급에서 글로벌 마인드셋과 문화적 의식을 함양한 인재를 채용한다. 이 인재는 삶의 경험과 공감을 통해 문화적 차이에는 민감성을, 아직 이해되지 않은 새로운 것에는 개방성을 보인다.

글로벌 클래스 기업은 이런 인재 파이프라인을 구축하여 현지 시장 지식을 중시하고 현지 팀의 모든 구성원에게 기업 문화와 핵심 가치를 불어넣는다. 글로벌 클래스 기업이 추구하고 육성하는 애자일 마인드셋을 기반으로 구축된 스킬셋은 매우 뚜렷하다.

최근 몇 년간 빠르게 성장하는 기업들이 애자일 관련 특성을 지닌 지원자를 점점 많이 찾고 있는 반면, 글로벌 클래스 기업은 한 걸음 더 나아가 문화적 호기심을 가진 지원자를 찾고 있다. 기업이 성장 초기부터 글로벌 시장을 고려한다면 문화적 호기심과 글로벌 마인드셋은 조직의 모든 직급에서 필수적으로 요구되는 특성이 될 것이다.

글로벌 비즈니스의 새 시대가 계속된다면, 그리고 글로벌 입지를 확보하기 위한 역할들이 좀 더 많아진다면, 이 스킬은 채용의 필터링 기준으로 자리 잡을 것이다. 시간이 흐름에 따라 이런 마인드셋이 보편화되어, 미래에는 이 '글로벌 네이티브Global Native('인터프리너'라고도 하며, 3장에서 자세히 설명하겠다)'가 인터넷과 모바일 기술이 없는 세상을 경험해본 적 없는 오늘날의 '디지털 네이티브Digital Native'와 같은 위상을 점할 것이다.

또한 이미 글로벌 경력을 쌓았거나 쌓고자 하는 문화적 의식을 지닌 전문가들이 지금보다 더 긴밀한 네트워크를 형성할 것으로 예상된다. 그들은 서로를 연결할 방법을 찾을 것이고, 비즈니스를 구축할 때 글로벌한 호기심과 문화적 고려가 얼마나 중요한지 다른 이들에게 설명할 것이다. 그들의 이러한 마인드셋은 최고의 글로벌 기업들의 DNA로 점차 강화될 것이다. 자세한 내용은 4장에서 살펴볼 것이다.

글로벌 클래스 기업은 무엇을 하는가?

글로벌 클래스 기업은 신규 시장에서 견인력을 구축하고 글로벌 규모에 도달하기 위해 무엇을 할까? 이 질문에 간단명료하게 대답한다면 바로

'현지화'다. 현지화는 그저 언어를 번역하고 문화를 고려한 마케팅 캠페인을 하는 것에 국한되지 않는다. 현지화는 비즈니스의 모든 측면을 현지에 맞추는, 생존 방법이다. 성장 트렌드와 기술은 이런 현지화 노력의 촉매가 된다.

현지화 프로세스를 용이하게 하는 플랫폼 외에 현지화에 대한 새로운 접근 방식이 떠오르고 있다. 기술은 전 세계 고객과 비즈니스를 실시간으로 연결하는 데 도움이 된다. 커스터마이제이션Customization은 글로벌 클래스 기업의 도구로 사용돼 왔기 때문에, 고객 참여를 유도하는 '맞춤형 경험customized experience'이 계속해서 등장하고 있다.

가장 중요한 것은 글로벌 클래스 기업들이 현지화 프로세스의 복잡성을 관리한다는 점이다. 다양한 글로벌 영역에서 전략 계획을 수립하고 규모 확대를 지원한다는 점에서 특히 그렇다. 글로벌 클래스 기업은 이런 복잡성을 사후에 해결하기보다 처음부터 복잡성 최소화를 계획하고 우선순위를 선정한다. 그들은 신규 시장에서 제품 - 시장 최적화를 달성하는 데 필요한 운영 모델을 각 국가마다 조정해야 한다는 것을 잘 알고 있다.

글로벌 클래스 기업은 현지화와 복잡성 간의 균형 잡기를 최우선으로 생각한다. 그들은 이런 균형 잡기나 그에 따른 어려운 협의 및 결정 과정을 회피하지 않는다. 이와 관련해서는 5장에서 좀 더 자세히 살펴보자.

'회사 - 시장 최적화'를 중시하라

제품 - 시장 최적화는 신규 시장에 진출하는 기업의 성공을 가늠하는 주요한 마일스톤이자 측정 지표다. 제품-시장 최적화에 대한 정의는 다양하나, 그 개념은 많이들 알고 있다. 그럼에도 우리는 이것이 새로운 글로벌 시장에 진출하려는 기업에 요구되는 적합도를 완벽하게 포착하지는 못한다고 생각한다. 앞으로 이 책에서 계속 논하겠지만, 신규 시장에서 견인력을 확보하고 규모를 확장하기 위해서는 제품 외에도 기업의 여러 측면을 조정해야 한다. 제품은 그중 일부에 지나지 않는다.

우리는 '회사-시장 최적화Company-Market Fit'를 이렇게 정의한다. '현지 시장의 요구 사항을 충족하는 데 필요한 올바른 고투마켓go-to-market(시장 진출) 모델, 조직 운영 및 문화 모델' 기업은 비즈니스의 이런 측면들을 현지화하는 동시에 변화에 따른 복잡성을 성공적으로 관리하여 회사-시장 최적화를 달성할 수 있다. 앞으로 논의할 텐데, 개별 시장의 독특한 요소와 국가마다 다른 프로세스를 관리해야 한다는 부담이 엄청나게 크지만 이 과정은 꼭 필요하다.

제품-시장 최적화와 회사-시장 최적화

제품-시장 최적화는 고객의 니즈를 파악하고, 제품이나 서비스가 확장 가능하고 수익성 있는 방식으로 그 니즈를 충족시키는지 확인하는 데 중점을 둔다. 제품-시장 최적화는 현지화 프로세스에서 중요한 마일스톤이지만, 규모를 확장하려는 기업은 적절한 조직 역량과 문화적 적합도를 구축하여 글로벌 시장에서 한 걸음 앞서 나가야 한다. 이 책에서는 제품-시장 최적화와 회사-시장 최적화를 둘 다 논할 것이다.

제품-시장 최적화라는 용어는 기업이 초기 시장에서 비즈니스를 검증할 때 사용하는데, 신규 시장에 진출한 직후 초기 견인력을 확보하려는 시작 단계를 뜻한다. 반면 회사-시장 최적화는 장기적 목표로, 새로운 국가에서 시장 진출 및 운영 모델을 검증하기 위한 마일스톤을 의미한다. 회사-시장 최적화에는 신규 시장에서 규모를 확장하도록 조직 구조를 구축하는 동시에 회사와 현지 문화 간에 적절한 균형을 잡는 것도 포함된다.

이 책은 회사-시장 최적화를 달성하는 데 필요한 사항을 자세히 설명하고, 기업이 이 목표를 달성하는 데 유용한 프레임워크와 도구를 제공하는 데 중점을 두고 있다.

글로벌 클래스 기업은 어떻게 일하는가?

적합한 팀에 권한을 부여하고 올바른 현지화 전략을 수립하는 것으로는 충분하지 않다. 글로벌 클래스 기업은 일련의 전술과 모범 사례를 활용하여 글로벌 규모의 비즈니스를 구축한다. 그들은 글로벌화된 애자일 방법론을 사용하여 현지화 프로세스를 구성하고 신규 시장에 적합한 모델을 발굴한다. 그들은 초기 출시와 확장 과정의 장애물을 극복하기 위한 문제 해결 매커니즘으로 다단계 프로세스를 따른다. 이런 마인드셋은 시간과 노력을 기울여야 형성되는 근육과 같다.

이 책의 대부분은 글로벌 클래스 기업이 세계로 확장된 비즈니스를 지원하는 동시에 글로벌 비즈니스를 성공으로 이끄는 데 사용하는 애자일 도구, 조직 구조, 프로세스를 개괄적으로 설명한다. 적절한 계획 수립부터 장애물 세거, 시장 진입부터 시장 성장, 문화적 고려 사항부터 조직 관리의 독특한 스타일에 이르기까지 글로벌 클래스 기업의 접근 방식은 총체적이고 종합적이지만, 각 비즈니스 고유의 현실에 맞게 유연하게 조정할 수 있다.

이런 특성들은 어디에서 비롯될까? 새로운 기술을 개발하거나 계획을 추진할 때처럼 올바른 마인드셋에서 출발한다.

글로벌 클래스 마인드셋

패트리온Patreon의 최고 인사 책임자 티파니 스티븐슨Tiffany Stevenson은 "국제적international이라는 말과 글로벌global이라는 말에는 차이가 있다. 글로벌은 마인드셋을 의미한다"라고 말한다.

글로벌한 야망을 갖는 것은 글로벌 비즈니스를 구축하는 데 중요한 요소이지만, 야망만으로는 충분치 않다. 현지 경쟁이라는 위험에 직면하지 않고서 글로벌화에 진정으로 성공한 기업은 거의 없다. 제품이 정교하고 규모가 있는데도 젠데스크는 인도 현지 고객의 마음을 얻지 못했다. 프레시데스크Freshdesk가 지닌 홈그라운드의 이점과 인도 현지에서의 브랜드 인지도 때문이었다. 무한에 가까운 자원이 있는데도 우버는 중국에서 디디를 꺾지 못했다. 비록 우버가 디디 주식의 20%를 인수한다는 거래 조건을 조율함으로써 우버 주주들에겐 커다란 금전적 이득을 선사했지만 말이다.

충분한 자원, 유능한 팀, 강력한 전략을 실행할 수 있는 능력도 중요하지만, 글로벌 클래스 마인드셋이야말로 차별화 요소다. 우버 팀은 중국 경험을 통해 현지 관점이 얼마나 중요한지를 깨달았고 중동에 진출할 때는 다른 접근 방식을 취하기로 했다. 카림Careem을 인수하되 브랜드를 그대로 유지했고 별도의 법인으로 운영하여 해당 지역을 장악할 수 있었다. 이런 도전 과제를 해결하고 성공하려면, 기업은 새로운 리더십 모델과 마인드셋을 갖춰야 한다.

이 독특한 마인드셋은 계획 수립과 실행 단계 모두에서 요구된다. 이 마인드셋은 글로벌 확장을 위해서는 본사 직원뿐 아니라 모두가 리더가 돼야 한다는 개념에서 출발한다. 본사는 현지 팀을 신뢰하고 권한을 부여하여 리더십을 발휘해야 하고, 세계 곳곳에 분산된 팀과 협력하도록 설계된 통합 관리 모델(9장 참고)을 통해 이 마인드셋을 구현해야 한다. 회사가 한 국가로 확장하든 100개국으로 확장하든, 글로벌 성장에 올바르게 접근하느냐 아니냐가 관건이다. 마인드셋의 구성요소는 다양하지만 크게 4가지로 분류할 수 있다.

- 비전
- 인재와 문화
- 본사의 역할
- 전략

[표 1] 글로벌 클래스 마인드셋과 기존의 마인드셋

	글로벌 클래스 마인드셋	기존의 마인드셋
비전	창업 1일 차부터 글로벌을 생각	자국 시장에 집중
인재	분산화된 전략	중앙 집중적이고 파편화된 전략
본사의 역할	촉진자 & 지원자	지시 & 통제
전략	현지 방식	본사 방식

비전

글로벌 클래스 기업은 초점이 명확한 비전을 수립한다. 마이크로소프트의 리더였던 지안카를로 코치Giancarlo Cozzi가 말한 것처럼 글로벌 클래스 기업은 '해야 할 것만큼이나 하지 말아야 할 것을 선택'한다. 글로벌 클래스 기업은 자원이 한정돼 있음을 잘 알기 때문에 화려한 목표에 현혹되기보다 초점을 명확히 맞춘다. 그들은 제한된 자원으로는 전 세계 고객에게 동시에 다가갈 수 없음을 잘 안다. 그리고 신규 시장에 진출할 때 모멘텀을 창출하기 위해 특정 방식으로 회사를 구축한다. 글로벌 클래스 기업은 시장에 진출할 때 자신들이 미치는 영향력의 크기는 물론이고, 성공적으로 견인력을 확보하고 규모를 확장하기 위한 올바른 전략이 무엇인지 잘 알고 있다.

글로벌 클래스 기업의 비전은 수동적이지 않고 능동적이라는 사실에 주목하라. 비즈니스캔버스Business Canvas의 공동 창립자이자 비즈니스 총괄 책임자인 유민승(클린트 유Clint Yoo)은 "기업이 성공하려면 언젠가 글로벌 기업이 되자는 '열망'을 갖기보다, 처음부터 글로벌을 생각하고 글로벌 기회를 잡을 수 있도록 회사를 만들어야 한다"고 정확히 지적한다. 그는 이렇게 덧붙인다. "글로벌 진출은 로드맵에 추가할 성질의 것이 아니다. 글로벌 진출은 회사의 DNA가 돼야 한다."

글로벌 클래스 기업은 창업 1일 차부터 글로벌을 생각한다

이런 마인드셋에서 가장 중요하고 가장 미묘한 부분은 '생각하다think'라는 단어에서 분명하게 드러난다. 우리는 연구를 진행하면서 '날 때부터 글로벌born global'이라는 말을 종종 들었다. 비록 작은 국가의 많은 기업이 사업 초기부터 국경 밖의 시장에 접근하지만, 글로벌 규모로 성공한 기업들이 처음부터 글로벌 기업은 아니었다는 사실을 우리는 분명하게 인식했다. '타고난 글로벌 기업'이라는 말은 미신이다. 자원은 매우 한정적이고 현지 시장의 문화, 규제, 선호도는 너무나 다르고 파편화돼 있다. 따라서 기업이 처음부터 글로벌 규모로 확장할 만큼 준비를 갖추기는 불가능에 가깝다. 게다가 초기 시장, 즉 자국 시장에서 검증을 받는 것은 나중에 글로벌 시장에서 규모를 확장하는 데 올바른 기반을 마련하기 위한 중요한 첫 단계다.

글로벌 클래스 기업은 창업 1일 차부터, 제품에서 팀, 문화, 운영 등 비즈니스의 모든 측면을 여러 시장에 맞게 현지화하겠다고 생각한다. 그들은 처음부터 글로벌 시장으로 확장할 계획을 수립한다. 글로벌 클래스 기업은 현지 문화에 어필할 수 있도록 제품이나 서비스를 최적화한다. 그들은 다양한 다국적 인재로 구성된 다국적 팀을 구성하고, 분산된 지원 구조를 구축하여 현지 팀에 힘을 실어준다.

글로벌 규모를 달성하려면 프로세스를 신중하게 진행해야 한다. 트레이드시프트Tradeshift 공동 창립자이자 아시아 태평양 지역 수석 부사장인 미켈 브룬Mikkel Brun은 "당신이 날 때부터 글로벌이라면, 비합리적으로 확장을 추진하게 될 수도 있다. 글로벌 클래스 마인드셋은 구성원들이 이미 올바른 문화적 마인드를 지니고 있더라도, 합리적인 태도를 되찾게 해준다"라고 말한다.

글로벌 클래스 기업은 처음부터 경영진의 참여를 확보하는 것이 중요하다는 점을 잘 알고 있다. 그래서 글로벌 성장을 위해 구성원들을 정렬시키고 적절한 자원과 경영진의 지지를 확보하려고 노력한다. 이들 기업의 리더들은 글로벌 진출이 초기 시장에서 제품-시장 최적화를 달성하는 것만큼이나 비즈니스의 미래를 좌우한다는 점을 잘 알고 있다. 초기 시장에서 검증을 받는 것은 중요한 전제조건이다.

오늘날, 온라인에서 존재감을 드러내지 않은 상태에서 새로운 비즈니스를 구축하겠다는 말은 어리석게 들린다. 글로벌 클래스 기업이 '글로벌 진출'을 해야 하는지 말아야 하는지 결정하는 일도 마찬가지다. 물론 거의 모든 기업이 2개 이상의 국가에서 비즈니스를 한다. 한때는 소규모 시장에서 출발한 기업가들이 창업 1일 차부터 글로벌을 생각하는 마인드셋을 갖고 있었는데, 이제 이런 마인드셋은 세계 최대 시장에서 탄생한 기업들에게 더욱 보편화될 것이다.

우버는 처음부터 글로벌을 염두에 두었다. 캐나다에서 창업한 슬랙은 일찍이 밴쿠버, 더블린, 샌프란시스코, 뉴욕에 진출했다. 젠데스크는 걸음마 단계일 때부터 덴마크 국경 너머로 진출했다. 한편 로쿠Roku 같은 기업은 확장 전략을 실행하기 전에 적합한 제품을 준비하기까지 몇 년이 걸렸지만, 글로벌 비전과 장기적 관점을 가지고 전략을 추진한 것은 더 일찍부터였다.

초기 시장

글로벌 비즈니스의 새 시대가 확산되면서, 대규모 시장의 기업과 소규모 시장의 기업이 글로벌 비즈니스를 생각하는 방식이 계속해서 하나로 수렴되고 있다. 소규모 시장에서 창업한 기업은 필요에 의해서 창업 초기부터 글로벌 시장을 고려하기 시작한다. 예를 들어 이스라엘의 비즈니스 리더들은 이스라엘 시장 규모가 너무 작아, 초기 시장이 비즈니스를 대규모로 확장시킬 만큼 충분히 크지 않다는 것을 잘 알고 있다.

미국, 중국, 브라질 같은 대규모 시장의 기업들은 자국 내 기회가 워낙 거대하기에 글로벌 성장을 훨씬 늦게 생각하기 시작한다. 이들 시장에는 세계에서 가장 강력한 구매력을 보유한 수억 명(중국은 10억 명 이상)의 사람들이 살고 있다. 이는 새로운 시장을 굳이 찾지 않아도 수십억 달러 규모의 비즈니스를 유지할 수 있는 시장이라는 의미다.

이런 역학관계에 대처하기 위해 소규모 시장의 기업들은 비즈니스와 규모를 검증할 수 있는 더 큰 시장으로 눈을 돌린다. 예를 들어 젠데스크는 모국인 덴마크가 아니라 미국을 초기 시장으로 선택함으로써 자국에서는 불가능한 방식으로 비즈니스 모델을 검증하고 규모를 증명할 수 있었다.

우리는 소규모 시장에서 출발한 기업들로부터 이런 사례를 여러 번 경험했기 때문에 이것이 성공의 패턴이라고 믿게 되었다. 또한 비즈니스가 처음 검증되는 시장에는 새로운 이름을 붙이는 것이 합당하다고 생각한다. 우리는 글로벌 클래스 기업이 처음 진출하는 시장이 자국에서 멀리 떨어진 곳인 경우도 있기 때문에 '홈 마켓home market', 즉 국내 시장이 아니라 '초기 시장initial market'이라고 부를 것이다.

동시에 글로벌 클래스 마인드셋의 이런 측면은 대규모 시장에서 창업한 기업에 강력한 힘이 될 수 있다. 세계를 '국내'와 '글로벌'로 나누면 1장에서 글로벌 확장의 실패 요인 중 하나로 언급한 '우리 VS. 그들'의 역학 관계가 형성될 뿐 아니라, 견인력을 구축하는 첫 번째 모델에 대한 편견으로 이어진다. '국내' 시장을 위해 구축된 비즈니스는 현지화에 필요한 유연성을 고려하지 않는다. 글로벌 클래스 기업은 '국내' 시장이 아니라 현지화할 '초기' 시장의 관점에서 생각한다.

시간이 지남에 따라, 대규모 시장의 글로벌 클래스 기업은 글로벌 성장을 향한 여정에서 신규 시장에 더 빨리 진출하기 시작할 것이다. 또한 '국내' 시장(본사의 일하는 방식)보다 '초기' 시장에 관해 좀 더 민첩한 아이디어를 통한 기회를 얻을 것이다.

또한 글로벌 클래스 기업은 초기 시장이 반드시 가장 큰 시장일 필요는 없다는 점을 잘 알고 있다. 스포티파이Spotify의 신규 시장 책임자인 니클라스 룬드스버그Niklas Lundsberg는 음악 스트리밍 산업 초창기에 모든 경쟁사가 미국을 초기 시장으로 선택했지만 스포티파이는 일부러 미국 시장에 먼저 진출하지 않았고, 이런 결정이 부분적으로는 장기적 성장에 기여했다고 말한다. 모국인 스웨덴은 음악 불법 복제와 관련된 현지 문화 등 여러 가지 이유 때문에 스포티파이에 완벽한 초기 시장이었다. 아이튠즈iTunes는 미국에 출시된 지 수년이 지나서야 스웨덴 시장에 진입했다. 따라서 그전까지 스웨덴 사람들은 음악을 불법 복제해왔고, 이런 분위기 속에서 음악은 무료여야 한다는 문화적 규범이 형성돼 있었다. 이런 문화가 스웨덴에 얼마나 뿌리 깊게 자리를 잡았는지, 지식재산권 관련법 개혁을 주요 목표로 하는 해적당Pirate Party이라는 정당까지 생겨날 정도였다. 그런데 이런 문화는 오히려 무료 음악 스트리밍 서비스가 번창할 수 있는 기반이 되었다. 당시 미국에서는 스트리밍 음악 판권을 확보하기 어려워 시장점유율을 놓고 싸우는 전략, 즉 경쟁자끼리 서로를 지치게 만드는 전략이 성행했다. 스포티파이는 이런 전략 대신 모국인 스웨덴에서 모델을 검증한 다음 글로벌 시장으로 확장했다.

여러 신생 스타트업들도 같은 개념을 따랐다. 드론을 통해 의료용품을 배달하는 집라인Zipline이나 온라인 결제 등의 서비스를 제공하는 핀테크 기업 요코Yoco 등은 기존 인프라(집라인은 항공 교통 관제, 요코는 금융 시스템)의 방해가 적어 새로운 시스템을 자유롭게 구현할 수 있는 아프리카를 초기 시장으로 선택했고, 이 시장에서 자신들의 비즈니스 모델을 검증했다. 집라인은 본사가 실리콘밸리에 있지만, 우선 아프리카 국가에서 사업을 검증하는 것이 유리하다고 생각했다.

차트메트릭Chartmetric의 최고 경영자이자 창립자인 조성문(성 조Sung Cho)은 반직관적인 회사의 성공 경로를 이야기하며 이 점을 강조한다. 많은 한국 경영진들은 보통 국내 시장을 우선한 다음 미국 시장에 집중하지만, 조성문은 유럽에서 기회를 찾았다. 한국 대기업과 캘리포니아에 본사를 둔 미국 음악 기업들은 모두가 새로운 기술 플랫폼을 회의적으로 생각했고 성공 사례를 요구했다. 하지만 프랑스와 독일의 유니버설 뮤직 그룹Universal Music Group 사업부는 훨씬 개방적이어서 플랫폼을 충분히 테스트할 수 있었다. 그는 이 기회를 통해 미국과 한국 등의 지역에서 회사의 성장을 촉진하는 검증 포인트와 기반을 마련할 수 있었다.

<hr />

사례 연구

두 곳 이상의 시장에서 비즈니스를 구축한 블라블라카

글로벌 클래스 마인드셋에서 '초기 시장'이란 개념은 다소 추상적으로 보일지 모른다. 그러나 도약을 이뤄내는 매우 구체적이고 간단한 방법이 있다. 바로 '두 시장에서 비즈니스를 구축하는 것'이다.

하나의 시장을 가정하고 비즈니스를 시작하면 그 기반이 한쪽으로 편향될 수 있다. 의도적으로 두 곳 이상의 시장을 염두에 두고 비즈니스를 구축하면 현지화 요소의 고유 특성을 고려해서 보다 보편적으로 공감을 일으킬 수 있는 제품, 절차, 문화를 설계할 수 있다. 이런 마인드셋은 별것 아닌 것 같지만 강력한 결과를 만들어낸다. 두 곳 이상의 시장 진출을 의식하고 비즈니스를 구축하면 특정 시장 한 곳의 편견과 독특한 상황에 얽매이지 않는 결정을 내릴 수 있다. 또한 비즈니스가 한 가지 방식에 얽매이지 않으면 현지화 프로세스에서 골치 아픈 부분이 줄어들기 때문에 신규 시장에 진출하여 더 빨리 비즈니스를 확장할 수 있다. 두 곳의 시장에 비즈니스를 구축하면 리스크를 분산시킬 수 있다. 따라서 단일 시장에서의 성공 여부에 회사의 미래가 좌우되지 않는다.

'두 곳 이상의 시장에 비즈니스를 구축한다'는 프레임워크는 블라블라카

BlaBlaCar의 창립자이자 사장인 프레데리크 마젤라Frédéric Mazzella가 창안했다. 초기 시장을 프랑스로 설정한 세계 최대의 카풀carpool 플랫폼 블라블라카는 처음부터 두 시장을 가정하고 비즈니스의 모든 측면을 구축했다. 바로 프랑스와 스페인이었다.

블라블라카는 다양한 국가에서 온 사람들로 팀을 구성했는데, 모두가 영어에 능통해서 잠재적인 소통 문제를 극복하는 데 도움이 되었다. 또한 시장에 대한 깊은 이해를 바탕으로 시장에 진출하기 위해서, 향후에 진출할 예정인 시장에서 직원을 채용하는 노력도 기울였다.

회사의 원래 브랜드는 카풀을 뜻하는 프랑스어 '코부아튀라주Covoiturage'였는데, 프랑스 사람들이 이 회사가 어떤 회사인지 즉각 알 수 있게 지은 이름이었다. 프레데리크의 목표가 프랑스 시장만을 위한 회사를 키우는 것이었다면 이 이름은 이상적이었을 것이다. 하지만 초기부터 두 시장에 초점을 맞춘 프레데리크는 이 이름이 프랑스 국경 너머의 많은 이들에겐 와닿지 않을 거라고 생각했고, 언어를 초월하는 보다 보편적인 이름인 블라블라카를 채택했다.

인재와 문화

탄탄한 제품과 효과적인 전략만으로 글로벌 규모가 가능한 것은 아니다. 글로벌 클래스 기업은 국경을 초월하는 인류애뿐 아니라 사람과 문화의 중요성을 잘 알고 있다. 보다 인간적인 이런 요소들은 분산 근무가 확대됨에 따라 더 중요해졌으므로 세심하게 신경 써야 한다.

인재에 대한 새로운 관점 - 분산된 인력과 다양한 인력

글로벌 클래스는 인재를 지역에 한정하여 찾지 않고 스킬만 있다면 어디서든지 찾는다. 기존 기업들은 인재를 선발할 때 스킬셋 만큼이나 지역도 중요하게 고려했다. 글로벌 클래스 기업은 스킬에 집중한다. 그러므로 문화 적합도culture-fit가 훨씬 중요한 선발 기준이 된다.

분산된 조직을 운영하는 능력은 모든 글로벌 클래스 기업이 개발해온 필수적인 역량이다. 그들은 인재가 있는 곳에서 채용을 진행하고, 현지에서만 인재를 찾는 것이 한계가 있다는 점을 잘 알고 있다. 실제로 그들은 의도적으로 글로벌하게 구성원을 채용하기도 한다.

기존 기업들은 특정 지역의 사무실에 전체 인력을 배치하는 데 중점을 두며 인재 클러스터를 구축한다. 예를 들어 회사에 사이버 보안 전문 인력이 필요하다면, 관련 스킬을 가진 인재가 널리 포진돼 있는 이스라엘에 사이버 보안 센터를 구축하는 전략을 취한다. 반면 글로벌 클래스 기업은 어디에 있든지 유능한 인재를 채용한다. 또한 채용하려는 전문 인력뿐만 아니라 현지 시장에 관한 지식도 함께 얻는다.

기존 기업들은 팀이 같은 물리적 공간에 있지 않으면 화합을 이룰 수 없다고 생각한다. 글로벌 클래스 기업은 가상으로도 팀의 화합과 동료애를 발전시킬 수 있음을 잘 알고 있다. 그들은 세계 어디에서든 인재를 채용하면 글로벌 마인드의 이점을 누릴 수 있고, 신규 시장과 장애물이 기존 비즈니스 모델에 위협을 가하는, 적응 불가능한 리스크를 피할 수 있음을 잘 안다. 또한 많은 시장에서 현지 전문성을 구축하면 시장 진입을 가속화할 수 있고, 확장할 시기가 됐을 때 여러 함정을 피할 수 있다는 것도 잘 안다. 글로벌 클래스 기업은 다양한 관점을 지닌 인재를 보유한다면 현지 시장의 니즈와 고유 특성을 더 잘 파악할 수 있다고 믿는다.

기존 기업은 자신들과 비슷한 인재를 고용하지만, 글로벌 클래스 기업은 다양한 인력을 보유한다. 기존 기업은 아이비리그 출신 같은 학벌을 중시한다. 그러나 글로벌 클래스 기업은 필요한 인재인지 아닌지를 졸업장으로 가려낼 수 없다는 것을 잘 인식하고 있다. 그들은 소외된 지역 사회에서 다양한 경험과 배경을 지닌 인재를 찾는다. 글로벌 시장에서 일찌감치 직원을 채용하기 시작한 그들은 자신들의 관점이 조직의 마인드셋과 전략에 긍정적인 영향을 미칠 수 있음을 잘 안다.

앞에서 소개한 블라블라카의 사례에서 볼 수 있듯이, 글로벌 클래스 기업은 초창기부터 다양한 인재 파이프라인을 구축할 방법을 고민하고 향후 어떤 시장에 진출할 수 있을지 궁리한다. 직원 오리엔테이션 과정에서도 그들은 글로벌 시민이자 사회 공헌자로서 조직의 역할을 강조한다. 또한 회사의 핵심 가치와 현지 정보를 연결하기 위해 교육이 필수적이라고 생각한다. 현지 직원들이 현지 고유의 상황을 활성화하려면 교육이 필요하다고 보기 때문이다. 글로벌 클래스 기업은 글로벌 시장에서 채용된 직원이 회사에 관한 지식을 쌓을 수 있도록 공식화된 프로세스를 수립하여, 때때로 본사에서 근무하도록 한다.

이런 다양성은 지리적으로 가까운 곳에 직원들이 거대한 클러스터를 이루며 일할 때도 필수적이다. 부다페스트 본사에 근무하는 프레지Prezi 직원은 42개국 출신의 200명으로 구성돼 있다. 글로벌 클래스 기업은 의도적으로 다문화 팀을 구축하고 다양성을 제고하기 위해 데이터 기반의 접근 방식을 취한다.

'분산된' 팀이 있다는 것은 이제 완전히 새로운 의미를 갖는다. 최근에 기존 기업의 경영진이 "우리 개발 팀은 에스토니아에 있다"라고 말했다면, 분산된 팀이 부서나 기능에 따라 지리적으로 가까운 곳에, 대개 특정 지역의 특정 전문성에 대한 평판을 기반으로 하는 직원 클러스터를 보유하고 있다는 점을 강조하는 의미였을 것이다. 하지만 글로벌 클래스 기업은 그렇게 생각하지 않는다.

글로벌 클래스 기업은 같은 기능을 하는 팀원을 항상 동일한 지역에 배치하는 게 아니라, 모든 기능의 팀원을 어느 지역에나 배치할 수 있다. 따라서 진정한 의미의 분산화 인력을 구축한다고 볼 수 있다. 그들은 직원들에게 자유롭게 일정을 정할 권리를 부여하여 현지 라이프스타일에 맞게 적응할 수 있는 기회를 제공한다. 이런 기업은 어디에 있든지 최고의 인재를 유치할 수 있고, 완전히 가상으로 이뤄지는 상호작용의 어려움을 헤쳐나갈 수 있다. '국경 없는 인력'은 협업을 통해 시간대를 통합하고 '일과 생활의 균형work-life balance'보다 '일과 생활의 통합work-life integration'을 더 중요시하기 때문에 9시에서 5시까지 일해야 한다는 낡은 개념을 완전히 없애버린다.

글로벌 클래스 기업은 '비동기 협업asynchronous collaboration'을 가능케 하는 도구를 구현하여 서로 다른 시간대에 있는 팀원들을 연결할 기회를 만들어낸다. 글로벌 규모로 운영할 경우, 직원들이 전 세계에 분산돼 있는 동료들과 협업하느라 하루 24시간씩 일주일 내내 일한다고 느끼기 쉽다. 따라서 글로벌 클래스 기업은 분산된 인력의 업무 몰입도를 유지시키면서도 구성원들이 계속 일하고 있다는 느낌을 갖지 않도록 하는 등 번아웃 방지에 노력한다.

글로벌 마인드를 지닌 인재를 찾는 것은 글로벌 클래스 기업에 매우 중요하다. 그들은 자신의 역할을 수행하는 데 중요한 새로운 기능적 스킬을 습득할 수 있는, 잠재력 높은 인재에 우선순위를 두기 때문이다. 그들은 학습이 곧 몰입engagement이라고 생각하기 때문에 더 많은 학습 기회, 특히 다양한 문화에 대한 학습 기회를 제공한다. 직원들에게 여러 지역으로 이동할 기회를 부여하여 새로운 문화를 가르치고 전 세계의 동료들과 연결시킨다. 이런 노력이 동료와 문화에 대한 이해를 높이고 팀 생산성과 현지화를 향상시킨다는 것을 그들은 잘 알고 있다.

자주 간과하는 것

회사의 물리적 공간은 여전히 중요하다

로켓닷챗Rocket.Chat의 공동 창립자이자 최고 경영자인 가브리엘 엥겔Gabriel Engel이 지적하듯이, 가상의 분산 팀을 운영하더라도 물리적 공간은 여전히 중요하다. 이 회사의 '본사'는 고층의 오피스 빌딩이 아니라, 브라질 포르투알레그리Porto Alegre에 있는 일반 주택이다. 여기에는 수영장과 함께 매주 바비큐를 즐길 수 있는 야외 주방, 직원들을 위해 회의 공간으로 쓰는 대형 주방 등이 있다. 심지어 침실 몇 개는 비워두어 타 지역에서 여행 온 사람들이 숙박할 수 있는, 에어비앤비 같은 개인 공간으로 제공한다. 가브리엘은 이렇게 말한다. "회사가 원격근무제를 실시하더라도 회사의 가치를 표현하는 본사라는 개념은 여전히 있어야 한다. 모든 직원이 항상 본사로 출근할 필요는 없지만, 본사는 회사가 무엇을 중요시하는지 보여주는 중요한 표현이기 때문이다. 우리 본사는 직원들이 업무만 하도록 설계된 곳이 아니라 상호작용을 돈독히 하고 관계를 구축하기 위한 곳이다."

기업 문화와 핵심 가치

글로벌 클래스 기업은 핵심 가치를 보편화한다. 예를 들어 캔바는 인지 과학과 심리학에 기반을 둔 단순성에 대한 보편적 욕구를 고려하여, '복잡한 것을 단순하게'를 핵심 가치로 채택했다. 그들은 이런 핵심 가치를 충실히 준수하면서 기업 문화를 현지의 고유 특성에 맞게 조정하는 방법을 찾는다. 특정 지역에서만 공감을 얻을 수 있는 핵심 가치를, 세계적으로 통하는 '보편적 덕목universal virtue'으로 발전시킨다. 초기 시장에 편향된 기존 기업이라면 이런 보편화 작업이 어렵겠지만, 글로벌 클래스 기업은 전 세계의 직원과 고객이 모두 공감할 수 있는 가치를 갖는 것이 얼마나 중요한지 잘 알고 있다.

핵심 가치는 글로벌 클래스 기업의 시장 선정에도 영향을 미친다. 우버는 사우디아라비아 시장 진입을 고려하면서 여성에 대한 취업 제한이 핵심 가치를 위배한다고 판단했다. 그래서 사우디 정부에 정책 변경을 요구했고 그에 따라 여성도 운전을 할 수 있게 되었다. 링크드인도 비슷한 경험을 했다. 이 회사는 어떤 국가의 정부 기관으로부터 검색 결과에 성별 필터를 추가해달라는 요청을 받았는데, 이 필터가 여성 차별에 사용될 수 있다고 판단하여 그 요청을 거부했다.

신규 시장에 진입하고 팀을 구축할 때 반드시 해결해야 하는 것은 바로 본사와 현지 비즈니스 문화의 충돌이다. 기업이 핵심 가치의 수용 가능성에 특별한 주의를 기울이지 않으면 신규 시장에 진출한 팀과 본사가 어긋나는 상황에 처한다. 글로벌 클래스 기업은 기업 문화와 핵심 가치가 글로벌하게 공감을 불러일으켜야 한다는 점을 늘 의식하고 있다. 기업이 초기부터 글로벌하게 팀을 구성하면, 조직의 초기 구성원들이 보편적 호소력을 갖도록 기업 문화를 형성하기 때문에 핵심 가치가 충돌할 가능성이 적다.

효과적인 글로벌 확장에 성공한 글로벌 클래스 기업은 채용, 일상적 의사결정, 갈등 해결의 지침이 되는 강력한 기업 문화와 핵심 가치를 보유하고 있다. 그들은 보편적 호소력을 지닌 핵심 가치를 계발해 그 호소력의 정도를 신규 시장에서 테스트함으로써 핵심 가치의 보편성을 검증한다. 그리고 이런 가치를 내재화하여 비즈니스 수행 방식에 적용하는 직원들로 팀을 구성한다. 또한 그들은 현지 시장의 관습을 인정하고 다양성을 존중하며, 각기 다른 지역의 고유성을 반영해 기업 문화를 향상시킬 소소한 방법들을 지속적으로 찾는다. 예를 들어 현지 지사를 개설하거나, 현지 한정판 제품을 출시하거나, 현지 명절을 축하하는 등 '글로벌 마일스톤global milestone'을 기념하는 방법으로 다양성과 포용성을 촉진한다.

글로벌 마일스톤을 기념하라

글로벌 시장에 첫 진출하는 것을, 기념해야 할 마일스톤으로 삼아라. 슬랙의 글로벌 제품 확장 책임자였던 캐스린 하임즈Kathryn Hymes는 창업 후 기업공개IPO에까지 도달한 여러 회사에서 일했다. 그녀는 돌이켜 봤을 때 글로벌 시장으로 처음 진출한 시점이 기억에 남는 몇 안 되는 순간 중 하나이고 회사가 반드시 강조해야 할 전환점이자 변곡점이라고 말한다. 이 순간을 기념하고 축하하는 것은 글로벌 확장 계획에 참여하는 사람들에게 목적을 부여하는 것이고, 더 넓게 보자면 회사에 목적을 부여하는 것이다. 이 기회를 그냥 넘기지 마라. 회사의 역사적인 순간을 놓치지 마라.

모든 것의 인간적 측면을 중시하라

글로벌 클래스 기업은 기업 문화, 제품 개발, 운영 모델 등 모든 것의 인간적 측면에 초점을 맞춘다. 그들은 문화적 경계선을 초월해 인간의 조건과 연결하려 노력하고, 자신들의 해결책이 커뮤니티와 개인에게 어떻게 기여해야 하는지 고민한다.

글로벌 클래스 기업은 창업 1일 차부터 글로벌 시장을 생각하며 현지화에 노력을 기울이고, 의도적으로 다양성이 높은 팀을 구성하여 문화적 장벽을 낮추고 상호 연결성을 촉진한다. 마크 트웨인Mark Twain은 "여행은 선입견, 편견, 편협한 사고방식에 중대한 영향을 미친다. 평생 세상 한 구석에서 식물만 키운다면 얻을 수 있는 것은 아무것도 없다"라고 말했다. 구성원들이 다른 문화를 접하게 되면 서로의 공통점과 인류애를 인정하고 이해의 폭을 넓힐 수 있다. 서로의 이해를 막는 장벽이 무너진다.

단 몇 가지 주의할 점이 있지만, 비슷한 고객 니즈는 국경을 초월해 존재한다. 에어비앤비가 수십 개 국가로 빠르게 확장하면서 깨달았듯이 소비자는 새로운 아이디어, 새로운 제품과 서비스를 갈구한다. 이 고객들은 세계 곳곳에서 미국 내에서와 똑같은 제품과 서비스에 접근할 수 없음을 잘 안다. 하지만 새롭고 혁신적인 것을 쉽게 제공받는다면 이를 적극적으로 활용하고 나아가 자신만의 경험으로 만들고 싶어 한다.

기업, 특히 B2C 및 소프트웨어 기업은 이를 통해 글로벌 고객에게 접근할 기회를 얻는다. 한편 기업이 얼마나 진정성 있게 고객을 위하는지, 이런 고객들이 그것을 얼마나 잘 알고 얼마나 잘 감지하는지 이해하는 것도 중요하다. 글로벌 클래스 기업은 현지 고객의 니즈에 맞게 적응한다. 그들은 목표 고객에게 자신들이 고객을 잘 이해하고, 고객 지원을 위해 비즈니스를 현지화했으며, 앞으로 지속적으로 혁신하고 가치를 제공할 것임을 보여준다. 이런 행동은 글로벌 클래스 기업이 진출한 지역사회에서도 그대로 이어지는데, 무제한적인 혁신no-holds-barred disruption보다 사회에 긍정적인 영향을 미치는 것을 우선하기 때문이다.

글로벌 클래스 기업은 시장을 선택할 때 인간적 측면을 고려한다. 우리가 조사한 바에 따르면, 기업은 일반적으로 3가지 핵심 요소를 기반으로 신규 시장을 평가한다.

1. 경제 지표(수치)와 시장 역학관계의 호감도

2. 이전에 마케팅을 하지 않았음에도 이미 존재하는 고객 기반(자연스러운 성장에 따른 결과)
3. 관련 기술을 보유한 인재의 거주지(사람 중심)

글로벌 클래스 기업은 네 번째 요소, 즉 현지 시장에 대한 지식을 축적할 때까지 수면 아래에서 드러나지 않는 문화적 고려 사항을 더 중요하게 생각한다. 이 요소를 무시하면 기업의 규모를 확장하는 데 불리하겠지만, 충분히 대응한다면 이어지는 시장 성장 계획에서 감안해야 할 새로운 기준을 발견할 수 있다.

- 러시아 문화에서는 히치하이킹이 일상적인 부분이므로 블라블라카는 서비스 출시 후 빠르게 모멘텀을 얻을 수 있었다. 이런 문화적 요소는 러시아 진출 전에는 핵심 기준이 아니었지만, 러시아의 빠른 성장을 목격한 후에는 중요한 고려 사항으로 채택되었다.
- 에어비앤비는 국경을 초월해 공통의 관심사나 믿음을 공유하는 사람들을 찾아내 성장의 동력을 얻었다.
- 에버노트Evernote와 프레지는 고객과 소통하려는 인간적 측면에 노력을 기울여 한국에 깊이 뿌리 내릴 수 있었다. 에버노트는 모바일 중심 사회에서 현지의 젊은 직장인들이 자신의 지위를 과시하고자 하는 욕구가 있다는 것을 파악했고, 프리미엄 사용자에게는 실물로 된 핀을 제공하여 여러 사람들에게 자랑할 수 있게 했다. 한국 소비자들과 소통하기 위한 프레지의 노력은 최근 대통령 선거에서 세 후

보 중 두 명이 자신들의 솔루션을 프레젠테이션 플랫폼으로 사용하는 결과로 이어졌다.

본사의 역할

올바른 비전과 팀, 탄탄한 문화만으로 글로벌 성장의 성공을 장담할 수는 없다. 글로벌 클래스 기업은 다양한 글로벌 입지와 인력을 보유한 본사가 의사결정의 장애물이 되기보다, 분산된 팀의 자율적 행동을 위해 차별적인 역할을 수행해야 한다는 점을 잘 알고 있다. 또한 그들은 본사가 혁신적 아이디어의 원천이 될 필요가 없을 뿐만 아니라, 현지 시장의 고객과 동떨어져 있어서 실제로 혁신의 원동력이 되지 못하는 경우가 많다는 것도 잘 이해한다.

양방향 혁신

앞서 글로벌 클래스 마인드셋에서 초기 시장과 자국 시장의 개념 구분 같은 요소들을 설명했는데, 이런 요소들이 뒷받침하듯 글로벌 규모에 도달하는 데 성공한 기업들은 양방향성을 갖춘 환경을 조성한다.

글로벌 클래스 기업에서 혁신이란 마치 계단처럼, 본사라는 높은 곳에서 현지 시장이라는 낮은 곳으로 이어지는 것이 아니다. 이들 기업은 양방향 혁신을 실천하고, 본사의 모범 사례를 공유하는 동시에 현지에서 구현된 모범 사례에서 통찰을 찾으려 한다. 글로벌 클래스 기업은 글로벌 입지를 활용하여 한 시장에서 다른 시장, 심지어 현지 진출에 더 성숙한 시장에 적용할 수 있는 모범 사례를 발굴한다.

예를 들어 아마존의 셀러 플렉스 스페이스Seller Flex Space 계획은 시애틀이 아니라 인도에서 생겨났다. 아마존 유럽의 홈 혁신 프로그램 제품 디렉터였던 조제 차파Jose Chapa의 말처럼, 인도의 공급망은 다른 여러 나라와 달리 크게 발달하지 않았다. 인도에서는 '최종 소비자단 배송last-mile delivery'의 역학관계가 다르기 때문에 동일한 유형의 대형 주문 처리 센터를 구축하는 것이 별로 효과가 없었다. 인도의 아마존 팀은 추가 재고를 보관할 수 있는 작은 매장을 활용하여 인도 전체를 커버할 수 있는 계획을 추진했다. 이 계획은 소규모 매장들을 아마존의 소형 주문 처리 센터로 전환시켰고, 이 전략은 이후 공급망 환경이 유사한 다른 여러 국가에서도 시행됐다.

글로벌 클래스 기업은 최고의 아이디어가 항상 본사에서 나오지 않는다는 것을 잘 안다. 따라서 모범 사례 공유 문화와 전 세계에 영향을 미칠 수 있는 현지의 고유 특성을 발견하는 메커니즘을 구축했다.

본사의 새로운 주요 역할

글로벌 클래스 기업의 본사HQ를 기존 기업과 비교하면, 글로벌 조직의 관리에서 수행하는 역할이 매우 다르다는 사실을 알 수 있다. 글로벌 클래스 기업에서 본사의 주요 역할은 기존 기업처럼 현지 팀을 지휘하고 통제하는 것이 아니라, 현지 팀을 지원하고 활성화하는 것이다.

글로벌 클래스 기업은 '자국 시장'이라는 개념에 집착하지 않는다. 따라서 본사와 현지 팀이 대립하는 '우리 VS. 그들'이라는 역학관계를 최소화한다. 글로벌로 확장할 때 이슈가 발생할 수 있기 때문에 글로벌 클래스 기업은 본사의 편견을 그대로 따르지 않고 초기 시장에 집착하지 않는다. 그들에게 초기 시장은 글로벌 규모로 나아가는 여러 시장 중 첫 번째 시장일 뿐이다.

아마도 글로벌 클래스 기업에 가장 흥미로운 변화 영역은 조직 구조, 특히 본사와 현지 팀 간의 관계일 것이다. 산업, 제품 형태(물리적 또는 디지털), 대상 고객(B2B, B2C, B2B2C)에 따라 차이가 뚜렷하나, 무엇보다 적어도 부분적으로는 분산된 구조로 운영되는 글로벌 클래스 조직의 경우 기존 기업과의 경쟁에서 우위를 확보할 것이다.

어떤 기능을 중앙 집중화하고 어떤 기능을 현지화할지는 회사의 확장 단계에 따라 다르지만, 본사의 개념은 비슷할 것이다. 그리고 본사는 더 이상 물리적 장소가 아닐 것이다. 글로벌 클래스 기업은 초기 시장의 운영에서 본사를 분리함으로써 이 시장을 회사의 글로벌 시장과 공평한 경쟁의 장으로 만들기 위해 노력한다(7장 후반부 참고). 글로벌 클래스 기업은 원격근무로 완전히 전환하지 않는 한 전용 사무실 혹은 최소한 공유 업무 공간을 보유한다. 그러나 본사는 더 이상 물리적 지역이나 건물이 아니라, 비전 설정과 현지화 지원을 위한 프로세스와 구조를 구축하고 유지하는 가상의 권한 집단으로 바뀔 것이다. 경영진이 여러 지역에 분산 배치되면서 본사의 영향력과 의사결정 권한, 지원 및 활성화 기능도 전 세계로 분산되기 시작했다. 대면 회의는 디지털 도구를 통한 상호작용으로 전환되었다. 물리적 본사 대신 디지털 허브를 구축하는 플랫폼이 확산되기 시작했다. 이런 모든 변화에 새로운 접근 방식이 요구된다.

글로벌 클래스 기업의 본사는 다음과 같은 새로운 역할을 수행한다.

- 모범 사례 공유를 촉진하는 작동 원리를 개발하고 유지하여 글로벌 규모를 가능케 한다(예: 시장 진출 플레이북 등).
- 의사소통을 활성화시킨다(예: 피드백 루프 구축).
- 현지화를 위한 가이드를 제시한다.
- 현지 팀의 성장을 지원한다.
- 현지 시장 중 한곳의 모범 사례를 전 세계로 공유할 수 있도록 양방향 혁신을 촉진한다.
- 현지 팀이 모멘텀을 창출하는 데 방해가 되는 장애물을 제거한다.

지원 및 방향 설정의 구조를 확립하는 것 외에도, 본사는 글로벌 성장 단계의 진전을 촉진하는 프로세스를 만들어야 하고 팀의 노력을 한곳에 집중할 수 있는 명확하지만 사용자에 맞춘 지표를 만들어야 한다.

어떤 회사는 본사라는 말을 아예 없애버리려고 한다. 패트리온의 최고 인사 책임자 티파니 스티븐슨은 본사라는 말 대신 '허브'라는 말을 사용한다. 그러면서 이런 변화가 현지 팀과 여러 기능 간에 새로운 역학을 창출하는 방법을 설명한다. 그녀는 "허브는 어디에나 존재한다. 허브는 특별한 임무를 갖고 있으며, 여러 허브가 협력해 문제를 해결할 수 있다. 이 모델에서는 팀이 의사결정의 중심이 되어 본사의 마인드셋으로부터 벗어나 더 큰 팀의 역량을 강화할 수 있다"고 지적한다.

본사에 대한 정의

본사가 현지 시장에서 회사의 입지를 다지는 것이 목적인 분산된 자원이 되면서, 본사의 전통적인 지시 및 통제 역할은 뒷전으로 밀려나고 있다. 일부 기업들이 전통적인 계층적 조직도보다는 소셜 네트워크 맵과 비슷한 형태의 허브 또는 팀 네트워크 시스템을 개발하는 등 기업의 조직 구성 방식도 변화하기 시작했다. 그럼에도 회사의 목표와 문화를 관리하고 의사결정을 촉진하려면 중앙 집중의 위임 및 지원 구조가 필요하다.

그러므로 이 책에서 '본사'라고 언급할 때는 지시 및 통제 같은 기존의 단일화된 본사의 개념이 아니라, 위임 및 지원에 집중한 새로운 개념의 본사를 의미하는 것으로 생각하기 바란다. 본사는 전반적으로 전자의 개념으로 이해되고 있고, 후자의 개념은 아직 자리 잡지 않았기 때문에 우리는 계속해서 '본사'라는 이름을 사용하기로 했다.

전략

본사의 방식이 초기 시장에서 성공으로 이어지더라도 이런 마인드셋으로는 글로벌 시장에서 도전에 직면할 수 있다. 현지 시장을 고려하고 혼란을 일으킬 수 있는 문제를 인식하며, 현지 팀이 아이디어를 실제 운영할 수 있게 만들어주는 새로운 전략 유형이 필요하다. 글로벌 클래스 기업이 현지 시장에 제품과 서비스를 성공적으로 출시하고 글로벌 규모에 도달할 수 있게 하는 힘이 바로 이런 요소들이다.

현지 방식

앞서 언급했듯이 '미국식'은 오래전에 사라졌고, '본사 방식'에만 의존하는 기업의 시대는 지나갔다. 글로벌 클래스 기업은 '현지 방식', 즉 회사의 원칙에 충실하면서 현지 시장에 적합하게 비즈니스를 현지화하는 방식으로 균형을 찾기 위해 노력한다.

이런 마인드셋을 확립한다는 것은 빠르게 성장하는 많은 기업에 무척이나 어려울 수 있다. 우리의 조사에서 여러 번 언급했듯이, 문화가 모든 것보다 우선하기 때문이다. 강력한 기업 문화는 규모 확대로 이어지지만, 글로벌 시장 각각의 현지 문화가 지닌 고유 특성으로 인해 본사 방식은 문제에 부딪힐 수 있다. 각 글로벌 시장마다 비즈니스 문화가 다른데, 첫 번째 시장만을 기준으로 회사의 핵심 가치를 구축했다면 보편적인 공감을 얻을 것이라고 기대하기 어렵다.

글로벌 애자일

애자일 원칙을 채택하는 것이 글로벌 성공의 핵심이다. 글로벌 클래스 기업은 이 방법론을 활용하여 신규 시장에서 견인력을 확보하기 위해 핵심 비즈니스와 운영 모델에 어떤 변화가 필요할지 결정한다.

글로벌 클래스 기업은 공식적인 시장 출시와 함께 '폭포수 접근 방식 waterfall approach'을 사용하기보다, 스타트업이 새로운 비즈니스를 검증할 때 사용하는 방법론을 활용하는 등 보다 반복적인 접근 방식을 취한다.

그들은 비즈니스의 모든 측면을 재검토하고 현 비즈니스 방식을 테스트할 가설로 설정한다. 잠재 신규 시장을 조사할 때 학습한 내용을 바탕으로 변화를 준다는 뜻이다. 그들은 현지화 추진 과정에서 애자일 원칙을 글로벌 시장에 적용하여 시장마다 관리하기 어려운 이질적 '모드'를 너무 많이 양산하는 오류를 범하지 않는다. 그러려면 적합한 유형의 인재, 즉 애자일과 현지 시장을 완벽하게 이해하고 문화적 호기심이 높은 직원이 필요하다는 것을 글로벌 클래스 기업은 잘 알고 있다.

혁신에 대한 다른 관점

글로벌 클래스 기업에 혁신Disruption과 변화는 필수적인 요소다. 그들은 새로운 글로벌 시장에 맞게 기존 모델을 기꺼이 버리고 산업의 변화를 탐색한다. 또한 시장에서 입지를 유지하고 고객에게 더 나은 서비스를 제공하기 위해 자신들의 비즈니스 수행 방식은 혁신하되, 핵심 가치와 기업 문화에 대한 관점은 견고하게 유지한다.

본사 방식에 매몰된 많은 기존 기업들은 제품 혹은 신규 시장에 제공하는 일자리로 충분하다고 믿는다. 이런 기업들은 시장 진입이 야기할 부정적인 혼란을 모두 간과한 채 시장 진입만으로 자신들이 찬사와 인정을 받아야 한다고 여긴다.

이런 사고방식에 젖은 기업들은 '허락보다 용서가 빠르다'는 식의 시장 진입 관행과, 그로 인한 혼란이 이제는 과거의 이야기라는 것을 빠르게 깨닫고 있다. 우버는 전 세계 도시와 국가의 기존 교통 시스템에 갈등을 불러일으키며 글로벌한 성공을 이끌었는데, 그 성공의 부산물은 '본사 방식'이라는 사고방식의 효용성이 이제는 종료됐음을 선언한 것이었다. 이 무차별적인 초고속 성장에 화들짝 놀란 지방 정부는 이제 이런 유형의 성장에 더 많은 준비를 갖추며 저항하고 있다.

예를 들어, 몇 년 전 샌프란시스코 주민들은 하룻밤 사이에 전동 킥보드의 폭발적 증가를 똑똑히 목격했다. 라임Lime, 버드Bird 같은 기업들이 우버의 초고속 성장 플레이북을 그대로 사용한 것이다. 불과 며칠 만에 인도와 상점 입구, 길모퉁이 곳곳에서 널린 전동 킥보드를 발견할 수 있었다. 몇 주 후에 그 킥보드들은 하룻밤 새 사라졌다가 몇 달이 지나서야 서서히 다시 등장했다.

샌프란시스코시와 카운티는 지역의 현행 조례를 회피하거나, 사전 대화나 합의 없이 영업을 시도하는 전동 킥보드 회사를 허용치 않겠다고 단언했다. 만약 전동 킥보드 회사가 규정을 준수하지 않거나 서비스 출시 전에 지방 정부와 협의하지 않으면, 그 회사는 퇴출되고 합법적인 영업이 불가능하다고 못 박았다. 우버가 서비스를 시작할 당시의 환경과는 완전히 달라졌던 것이다.

본사 방식을 지지하는 사람들과 달리, 글로벌 클래스 기업은 혁신을 다르게 바라본다. 그들은 자신들의 제품이 모든 문제를 해결할 수 있다고 가정하지 않는다. 그들은 시장 진입이 사람들 간의 상호작용 방식부터 지역의 세금 징수에 미치는 영향까지, 지역사회의 여러 측면을 흔들어놓는다고 본다. 글로벌 클래스 기업은 영향을 받는 모든 이해관계자와 함께 규제 변경을 모색하는 지원 연합체를 구축한다.

글로벌 클래스 기업은 시장 상황과 정부 정책 및 우선순위를 조사하면서, 시장 진출의 긍정적 효과와 부정적 효과를 전반적으로 파악하는 것이 중요하다는 점을 분명히 인식했다. 페이스북의 유럽연합^{EU} 지역 책임자였던 토마스 크리스텐슨^{Thomas Kristensen}이 지적했듯이, 기업들은 자사 제품이 고객에게 제공하는 가치에 대해서는 신경을 많이 쓰지만 진입하는 국가에 혼란을 야기할 수 있다는 사실은 인식하지 못하는 경우가 많다. 특히 인터넷 기반 제품이 더 그렇다.

그는 기업이 현지 지역사회에 미치는 영향을 인식하고 주요 이해관계자들과 협력하여 해결책을 마련하는 방법을 찾아야 한다고 주장한다. 예를 들어 광고업계는 기술 플랫폼을 사용하고 비즈니스 모델을 변경하는 데 도움을 주는 광고 학습 프로그램을 만들었는데, 페이스북은 이 프로그램 덕을 톡톡히 봤다. 토마스는 문제가 발생하고 나서 그걸 해결하려면 비용이 더 많이 드는 경향이 있기 때문에 사전에 예방하는 것이 낫다고 지적한다. 출판업계는 많은 국가에서 정치적 영향력을 행사하기 때문에, 페이스북은 신규 시장에 진출할 때 기존의 시장 참가자들을 어떻게 도와야 하는지 생각해야 했다.

또한 토마스는 기업들에 자신들의 공공 정책 목표를 제시하라고 조언한다. 순전히 시장 진입이 주된 목표인가, 아니면 규제를 바꾸거나 현지의 정책 방향에서 올바른 편에 서기 위해 회사의 평판을 강화하는 것이 목표인가? 목표가 무엇이냐에 따라 최선의 전략이 달라진다. 그는 또한 눈에 띄지 않으려고 애쓰지 말라고 제안한다. 적극적으로 나서라. 그렇지 않으면 수많은 억측이 난무할 것이고 일단 여론이 형성되면 되돌리기가 어렵다. 약점 영역에 대한 방어책을 마련해 대응해야 한다.

수십 년 동안 미국식 비즈니스 방식은 경영의 바이블 격이었을 뿐 아니라 미국 태생의 기존 기업들에게는 사부심의 이유이기도 했다. 이런 사고방식의 시대는 이미 오래전에 막을 내렸지만, 강력한 문화 심지어 유해한 문화를 보유한 기업들의 성공은 '본사 방식'을 고집하는 경향을 강화했다. 문화를 중시하는 글로벌 비즈니스의 새 시대에는 현지 방식을 지지하는 것을 우선해야 한다. 이런 마인드셋을 채택하여 조직의 모든 수준에 스며들게 하는 기업이 성공을 구가할 것이다.

프로 축구 클럽 구단주들이 유럽에 자신들만의 '슈퍼 리그Super League'를 만들려고 시도했던 것이 잘못된 혁신의 좋은 사례다. 소수의 비유럽(대부분 미국) 구단주들이 주도한 이 계획은 유럽의 여러 리그에서 가장 우수한 성적을 거둔 팀들로만 리그를 구성하려는 것이었다. 이 구단주들은 팬들의 반응은 전혀 고려하지 않은 채 미국식 스포츠 모델을 유럽에 도입하겠다는 계획을 발표했다. 팬들은 즉각 반발했고, 국제적인 파문을 피하기 위해 이 계획을 48시간도 안 되어 폐기했다. 구단주들이 글로벌 클래스 마인드셋을 가지고 있었다면 고객(팬)을 좀 더 배려했을 것이고, 잘못된 계획으로 미국 방식을 밀어붙이지 않았을 것이다.

기존 기업들은 새로운 지역이 자신들의 아이디어와 시장에 미치는 영향을 좋아할 것이라 믿지만("혁신은 좋은 것"), 글로벌 클래스 기업은 현지화가 필수적이라는 점과 신규 시장에 진출하면 현지 사회 곳곳에 혼란과 파장을 일으킬 수 있다는 점을 잘 알고 있다.

지금까지 서술한 내용을 정리하면, 글로벌 클래스 기업은 단순히 현지에서 수익을 창출하기 위해서가 아니라 현지 환경을 위해 진출한다.

로봇 배달 서비스인 키위봇Kiwibot의 임원인 데이비드 로드리게스David Rodriguez는 '현지 환경을 고려해 서비스를 구축하는 방법'을 설명한다. 우버 같은 시장 파괴적 기업은 초고속 성장을 구가하며 '허락보다 용서가 빠르다'는 식의 접근 방식을 취했으나, 자신들은 허락을 먼저 구한다는 것이다.

키위봇은 현지 문화에 대한 감수성과 존경심을 유지하며 이해관계자들과 장기적 관계를 구축하려고 노력한다. 키위봇은 자율 배송 솔루션이 현지 법규를 준수하도록 현지 정부와 협력한다. 또한 미국에 기반을 둔 많은 스타트업들과 달리, 부자들만이 아니라 누구나 사용 가능한 기술을 적극적으로 개발한다.

이런 마인드셋은 '글로벌 클래스 기업은 현지 시장을 의식한 파괴적 혁신local market-conscious disruption을 실천한다'라고 한 문장으로 표현할 수 있다.

기업 시민의식과 글로벌 시민의식에 대한 다른 관점

글로벌 클래스 기업은 자신들이 속한 사회에 기여하는 것을 목표로 삼는다. 그들의 주요 목표는 조세 회피가 아니다. 실제로 그들은 단순한 가치 제안이 아니라 판매 시장에 긍정적인 영향을 미치기 위해 노력한다.

프레지의 공동 창립자이자 회장인 피터 알바이Peter Arvai는 이런 '기여자 마인드셋contributor mindset'이 "회사 전체에 영향을 미치는 것이 중요하다"고 생각한다. 그는 의미 있는 영향력을 발휘하는 것은 제품을 현지화하는 것 이상의 의미를 지니며, 글로벌 클래스 기업이라면 현지에 투자하는 것이 당연하다고 지적한다.

글로벌 클래스 기업은 현시 시장만의 문제를 해결하는 것 외에 '여성에 대한 평등 임금' 같은 보다 보편적인 이슈를 지지한다. 직원에게 급여를 지급할 때 성별이나 인종에 따른 차별을 없애려고 노력하는 세일즈포스의 평등 임금 정책이 좋은 사례다.

글로벌 클래스 마인드셋을 이해하기 시작하면 이런 질문이 떠오를 것이다. "우리 회사에 케케묵은 기존의 마인드셋이 자리 잡고 있다면 어떻게 글로벌 클래스로 전환할 수 있을까?" 전환을 위한 핵심 단계를 요약하면 다음과 같다.

- 회사의 핵심 가치와 문화를 재검토한다.
- 인재 확보 및 육성을 위한 기준을 재평가한다.
- 인력의 다양성을 측정한다.
- 효과적인 커뮤니케이션을 위한 채널을 구축한다.
- 글로벌 규모를 지원하는 프로세스를 구축한다.
- 글로벌 확장에 대해 경영진이 적극적으로 참여한다.

여러분이 조직 내에서 변화의 촉매가 될 수 있도록 앞으로 이어질 장에서는 글로벌 클래스 기업이 되는 방법에 관한 구조적 측면과 공통 용어를 살펴본다.

분명 글로벌 클래스 기업은 기존 기업과 다르게 생각하고 계획하며, 구축하고 행동한다. 글로벌 클래스 기업에게 문화는 경로, 즉 핵심 요소이고 프로세스는

도구, 즉 모멘텀을 창출하기 위한 필수요소이며, 사람은 목적이 분명하고 보편적인 공감을 이끌어내는 기업 문화를 통해 힘을 얻는 촉매다. 글로벌 클래스 마인드셋의 핵심은 본사와 현지 팀 간의 균형, 속도와 복잡성 관리 간의 균형에 있다. 따라서 '균형'이 이 책 전체를 관통하는 주제이고, 나머지 장에서는 이런 균형을 달성하는 과정에서 발생하는 문제를 완화시키는 방법을 주로 다룰 예정이다.

한국 기업이 글로벌 클래스 마인드셋을 갖추는 방법

글로벌 기업으로 도약하려면 글로벌 클래스 마인드를 갖춰야 하고, 이를 위해서는 각 기능의 임원뿐 아니라 최고 경영자를 포함한 모든 구성원의 마인드셋 전환이 필요하다. 블라인드Blind의 공동 창립자이자 최고 경영자인 김겸은 "회사가 변하려면 창립자와 최고 경영자가 바뀌어야 한다"고 말한다. 마찬가지로 몰로코의 안익진 창립자도 미국이나 한국 등 특정 시장에만 적합한 것이 아니라, 글로벌 관점에서 무엇이 최적인지 고려하여 조직을 구축하고 의사결정을 내려야 한다고 말한다. 비즈니스캔버스의 공동 창립자이자 비즈니스 총괄인 유민승은 "누구를 위해 조직을 구축하는가?"라고 질문하고, 그 답이 특정 시장만을 위한 것은 아닌지 확인해야 한다고 조언한다. 글로벌 확장은 조직의 미션 달성에 필수적인 것이 돼야 한다.

우산 공유 플랫폼의 최고 경영자이자 공동 창립자인 프레디 마르코스 Freddy Marcos는 영어가 글로벌 비즈니스의 언어라는 점을 잘 알고 있다. 브라질에서 영어를 어느 정도 수준으로 구사하는 사람이 5%에 불과하다는 점은 렌트브렐라Rentbrella 본사에 큰 문제였다. 이를 해결하기 위해 렌트브렐라는 영어 의사소통 능력을 향상시킨다는 전략에 집중했다. 창립자들은 직원들 옆에서 항시 통역을 해줄 수 있는 영어 교사를 채용했다. 이 교사는 게임 기반 학습 기법과 온라인 플랫폼을 활용하여 영어 능력 향상의 진척도를 추적했다.

프레디와 공동 창립자 네이선 야노비치Nathan Janovich는 직장에서 영어를 사용했기 때문에 영어 학습의 중요도를 지속적으로 강조했다. 그들은 영어만 사용하는 '해피 아워Happy Hours'와 '영국식 조식의 날English Breakfast Days' 같은 행사 등 가능한 한 모든 방법을 동원해 언어 학습을 기업 문화로 정착시켰다.

블라인드의 공동 창립자 김겸은 한 걸음 더 나아갈 것을 제안한다. 그는 한국 기업이 글로벌 기업이 되려면 한국인 창업자가 글로벌 창업자로 전환돼야 한다고 말한다. 블라인드는 한국이 근거지이기 때문에 목표 사용자를 잘 이해한다. 이 점이 한국에서 큰 성공을 거둘 수 있었던 이유였다. 하지만 글로벌 창업자가 되려면 글로벌로 진출하기 전에 자신이 무엇을 모르는지 잘 이해해야 한다. 블라인드 창립자들이 이 교훈을 깨닫기까지는 예상보다 많은 시간이 걸렸다.

글로벌로 진출하면 게임의 양상이 달라진다. 김겸의 말처럼 미국에서 그의 사회적 자본은 0으로 초기화될 수밖에 없었다. 한국에서는 자신의 인맥을 통해 직원을 채용하기가 아주 쉬웠지만, 안타깝게도 당시 미국에서는 전혀 그렇지 못했고 이 낯선 나라에서 어디서부터 시작해야 할지 파악조차 하기 어려웠다. 이 책에서 소개한 글로벌 클래스 팀 구축 프레임워크 같은 도구가 없었기 때문에 그는 미국에서 처음부터 다시 시작해야 한다는 사실을 바로 깨달았다.

고투마켓 플레이북을 변경하기 전에 회사 최고 경영자 및 다른 최고 경영진의 마인드 변화가 선행돼야 한다. 조직 전체를 탈바꿈하려면 반드시 변화가 이루어져야 한다. 블라인드의 김겸이 지적하듯이, 기업은 창립자와 최고 경영자의 확장된 형태이기 때문에 최고 경영진이 먼저 바뀌어야 변화를 이룰 수 있다.

김겸은 조언을 구하는 사람들에게 이렇게 묻곤 한다. "비즈니스를 변화시키기 위해 본인 스스로를 바꿀 수 있는가?", "당신의 한계는 무엇이고 그 격차를 메울 수 있는 사람을 채용할 수 있는가?" 자기 인식은 글로벌 성공의 기본이다. "그런 결정을 내린 이유는 무엇이고, 그 결정을 글로벌 상황으로 변화시킬 수 있는가?", "그 결정은 한국에서의 경험을 바탕으로 내린 것인가?" 이런 질문에 답하는 것이 불편할 수 있겠지만, 반드시 필요한 과정이다. 불편함을 기꺼이 감수하지 않는다면, 성공을 위한 준비가 아직 미흡한 것이다.

센드버드Sendbird의 최고 경영자이자 공동 창립자인 김동신(존 킴John Kim)은 이런 변화의 중요성을 깨닫고 글로벌 마인드셋을 갖추기 위해 스스로를 변화시키려고 부단히 노력했다. 그는 성공적인 글로벌 기업의 리더로 자리를 굳히기 위해 의도적으로 몇 가지 변화를 감행했다. 모든 컴퓨터와 기기에 영어 사용자 인터페이스User Interface: UI를 마련하고 비非한국어 미디어 소스를 참조하게 한 것이다. 또한 그는 구성원들에게 글로벌 시각을 가져야 한다는 점을 분명하게 알렸다. 제품, 고객 서비스 등의 전략을 개발하고 모범 사례를 벤치마킹할 때마다 그는 "우리가 글로 벌 기업이 되고자 한다면 절대 한국 사례를 벤치마킹하지 마라. 글로벌 1위 제품만 참고하라"라고 강조했다. 센드버드가 글로벌 성공을 거둘 수 있었던 비결은 김동신이 한국적 상황뿐 아니라 글로벌 최적화를 고민했 고 이를 해결할 회사를 키웠기 때문이다.

이 책 전체를 통해 우리는 모든 산업과 모든 단계의 기업이 글로벌 클 래스라는 지위에 도달하도록 돕기 위해 글로벌 클래스 기업이란 무엇이 고, 그들이 무슨 일을 어떻게 하는지 자세히 살펴볼 것이다. 다시 말해, 그들의 독특한 마인드셋과 이를 글로벌 비즈니스 성공으로 전환하는 데 사용하는 방법을 알아볼 것이다. 강력한 팀은 성공적인 글로벌 성장 이 니셔티브의 촉매이기 때문에 우선 글로벌 클래스 기업이 어떤 사람들로 구성돼 있는지 살펴보자. 즉 '인터프리너'가 누구인지 알아보자.

2장 | 요약

- 글로벌 비즈니스의 새 시대에 전례 없는 글로벌 규모를 달성하는 새로운 유 형의 기업, 즉 글로벌 클래스 기업이 등장했다.
- '본사 방식'은 더 이상 유효하지 않다. 본사 방식은 새로운 비전, 인재상, 본사 의 역할, 전반적인 전략에 대한 새로운 '현지 방식'에 자리를 내주었다.
- 현지 경쟁에서 승리하고 글로벌 시장에서 규모와 수용성을 확보하려면 파 괴적 혁신에 대한 새로운 접근 방식이 필요하다.

- 귀사의 경영진은 창업 1일 차부터 글로벌하게 생각하고 있는가?

- '지시 및 통제'와 '지원 및 위임'이라는 스펙트럼의 양극단에서 귀사는 어디에 위치하는가?

- 귀사는 글로벌 클래스 마인드셋의 어떤 측면(비전, 인재상, 본사의 역할, 전략)을 가장 잘 갖추고 있는가? 개선의 여지가 가장 큰 측면은 무엇인가?

3장

개척자
인터프리너

거의 30년 전, 미국인 에이브 스미스Abe Smith는 일본 큐슈 남쪽 끝 나가사키현에 위치한 작은 어촌 마을에서 영어를 가르치기 시작했다. 인구 3,000명도 채 되지 않는 시골 마을에서 현지인들과 교류하던 에이브는 삶을 바라보는 새로운 시각을 얻었고 미국 국경 너머에 다양한 세계가 존재한다는 것에 감사의 마음을 갖게 되었다. 고향에서는 모든 게 끊임없이 빠르게 움직였지만, 일본에서는 다도茶道 같은 수백 년 된 전통과 현지의 생선, 농특산물, 해초로 그 지역 가정에서 직접 만든, 느리지만 정성이 가득한 식사가 에이브의 마음을 목적이 다른 삶으로 열어주었다. 이 경험은 에이브에게 문화적 호기심을 불러일으켰고 문화적 마인드의 중요성을 강화하며 글로벌 경력을 시작하는 씨앗을 심어주었다.

에이브는 일본에서 베이글 및 기타 식품을 판매하는 선구자 격의 멘토에게서 또 다른 교훈을 얻었다. 일본 시장에서 기회를 발견한 에이브는 멘토와 함께 비즈니스 구축에 힘썼고, 회사(나중에 퀘이커 오츠Quaker Oats에 매각됨)가 문화적 장벽과 현지 시장의 특수한 상황을 헤쳐나갈 때 직면하는 새로운 도전에 지속적으로 대응했다. 이처럼 에이브는 변화를 향한 끊임없는 노력으로 글로벌 시장에서 비즈니스를 성장시키는 데 애자일 마인드셋이 얼마나 중요한지 확고하게 인식하게 되었다.

에이브는 웨벡스Webex로 자리를 옮겨 좀 더 기업적인 경력으로 경로를 전환했다. 그는 라틴아메리카 및 아시아 태평양 지역을 총괄했고, 에릭 위안Eric Yuan이라는 젊은 엔지니어와 친분을 맺었다. 에이브는 여러 회사에 근무하며 공유와 협업을 통해 기존 조직의 관료주의와 복잡성 속에서 변화와 혁신을 주도하는 능력과 기업적 마인드셋을 키웠고, 팀이 글로벌 성장의 핵심 동인에 집중하도록 이끌었다.

에이브는 다른 경력 기회를 잡기 위해 가족과 함께 런던으로 이주하여, 급속도로 성장하는 어느 기업의 글로벌 성장을 이끌었다. 그가 미국으로 돌아온 뒤, 현재 줌Zoom의 최고 경영자이자 창업자인 에릭은 그를 글로벌 부문 책임자로 발탁했다. 글로벌 시민이라는 에이브의 정체성과 리더십 철학은 미국에 머물렀다면 개발하지 못했을 인내심과 공감 능력, 목표 의식을 함양시켰다. 이것이 바로 에릭이 에이브에게 줌의 가장 중요한 팀을 이끌어달라고 요청한 이유였다.

에이브는 그간의 경력 여정을 통해 글로벌 클래스 기업을 이끄는 성공적인 글로벌 비즈니스 리더의 특징인 기업가적 마인드셋entrepreneurial mindset, 기업적 마인드셋company mindset, 문화적 마인드셋cultural mindset을 모두 습득했다.

우리와 이야기했던 거의 모든 경영진들은 확장 계획이 성공하는 데 가장 중요한 차별화 요소로 '사람'을 꼽았다. 멜트워터Meltwater의 창립자이자 회장인 요른 리세겐Jorn Lyseggen은 "각각의 시장에서 무엇을 하느냐보다 누구를 고용하느냐가 더 중요하다"라고 말했다.

에이브 스미스처럼 글로벌 성장을 주도하는 리더들은 스포트라이트를 받으려 하지 않는다. 그들은 눈에 띄지 않게 일하지만, 성공적인 비즈니스 모델을 글로벌 시장으로 전환하는 그들의 능력이야말로 기업이 글로벌 규모를 달성하는 데 핵심적인 역할을 한다.

글로벌 클래스 기업이 어떻게 생각하고 어떻게 행동하는지 이해했으니, 이제 이런 일류 기업이 글로벌 성장 이니셔티브를 주도하고 지원하기 위해서는 어떤 인재가 필요한지 이해해야 할 차례. 이 장에서 소개하는 인재 유형은 미래의 성공적인 글로벌 비즈니스맨의 표상이라고 해도 과언이 아니다.

우리는 글로벌 마인드를 지닌 비즈니스 리더를 간단하게 부를 수 있는 다른 이름을 생각해냈다. 그리고 비즈니스를 글로벌로 확장하는 데 효과적인 모든 특성을 그 이름에 담기로 했다. 이런 의미에서 우리는 '국제적international'이라는 뜻의 '인터inter'와 비즈니스 혁신가의 마인드셋을 연상시키는 '프리너preneur'를 합쳐 '인터프리너interpreneur'라는 용어를 만들어냈다.

오늘날 비즈니스계에서 신성시되고 비판 받는 여러 종류의 '프리너preneur'와 인터프리너는 마인드셋 차원에서 분명히 겹치는 지점이 있다. 그런 점에서 이 명칭이 진부할 수 있다는 점을 잘 인식하고 있으나, 그럼

1부 | 진화 - 글로벌 클래스

에도 우리는 이 명칭을 사용하고자 한다. 어떤 면에서 인터프리너는 점점 글로벌화하는 분산된 업무공간에서 활동해야 하는, 애자일 혁신가들의 진화된 모습이라 할 수 있다.

인터프리너는 누구인가?

기능적인 관점에서 인터프리너는 글로벌 비즈니스 기회를 인식하고, 글로벌 확장을 위해 팀을 결집하며, 조직이 글로벌 클래스 마인드셋을 채택하고 유지하는 데 기여하는 비즈니스 전문가를 말한다.

인터프리너는 기업가(앙트러프리너entrepreneur)와 사내기업가(인트라프리너intrapreneur)가 융합된 개념인데, 여기에 약간의 다른 요소가 섞여 있다.

인터프리너는 민첩하고 빠르게 적응하며 미지의 것에 직면해도 적극적으로 도전하기 때문에 '기업가적'이라고 말할 수 있다. 이들은 신규 시장에 애자일 방법론을 적용하는 것이 중요하다는 점을 잘 알고 있고, 실패 속에서도 끊임없는 학습이 중요하다는 사실을 믿으며 성장 마인드셋을 유지한다.

인터프리너는 다양한 수준과 양상의 관료주의와 사내 정치, 확고한 정책 등을 지닌 기존 조직의 복잡성을 헤쳐나가야 하는 동시에, 글로벌하게 지향하는 목표를 지원하기 위해 단결해야 하기 때문에 '사내기업가적'이라도 말할 수 있다. 이때의 목표는 조직의 더 큰 목표의 일부일 경우가 많다. 체그Chegg의 글로벌 성장 담당 부사장인 크리스티나 리Christina Lee가 말한 것처럼 "상자 안에서 무언가를 혁신할" 수 있어야 한다. 신규 글로벌 시장에서 성장하는 초창기 기업에는 다른 국가에서 제품-시장 최적화 그리고 나아가 궁극적으로는 회사-시장 최적화에 도달하는 데 필요한 리더십 팀의 자원과 관심을 확보하는 것이 중요한 과제다. 조직의 기존 규칙 내에서 업무를 완수하기 위해 자원을 할당 받으려면 사내기업가적 스킬이 필요하다.

인터프리너는 단순히 삶의 터전을 정리해 새로운 사무실을 개설하려고 새로운 나라로 이주하는 사람만을 뜻하는 것은 아니다. 인터프리너가 본사에서 근무할 수도 있기 때문이다. 인터프리너는 모든 부서의 일원일 수 있고, 최고 경영자에서 신입사원에 이르기까지 모든 직급의 직원일 수 있다. 인터프리너는 자신의 인맥을 국경 내로 한정 짓지 않는다. 매즈 포어홀트Mads Faurholt가 지적하듯이, 성공적인 글로벌 비즈니스 전문가는 "같은 지역에 있는 사람보다 다른 국가에 있는 사람들과 더 많이 연결돼 있고, 국경을 초월한다." 이런 마인드셋은 그들을 분산 근무에 더 적합하게 만든다.

인터프리너는 글로벌로 비즈니스를 확장하는 복잡하고 어려운 과정을 긍정적인 시각으로 보고, 투자수익률Return of Investment: ROI을 목표로 설정하는 빡빡한 예산 항목을 적극 옹호한다. 인터프리너는 경청과 학습 능력이 매우 뛰어난 조력자facilitator다. 세일즈포스의 공동 창립자이자 공동 최고 경영자인 마크 베니오프의 말을 빌리자면, 인터프리너는 끊임없이 '초심자의 마인드셋'을 가지고 자신의 의견과 다른 것에 진심으로 귀를 기울일 수 있다.

마지막으로, 가장 중요한 것은 인터프리너가 문화적 의식, 문화적 호기심, 문화적 감수성, 문화적 인식 능력이 합쳐진 문화적 마인드셋을 지니고 있다는 점이다. 문화적 인식 능력Cultural EQ이란 문화적 지능에 감성 지능을 더한 개념으로, 다른 문화를 이해하고 공감할 수 있는 능력을 말한다. 이런 마인드셋에는 신규 시장에서 비즈니스를 현지화하는 데 필요한 이해와 공감을 키워가는 능력이 포함된다. 이런 문화적 마인드셋은 글로벌 클래스 기업이 세계로 확장하는 데 사용하는 핵심 요소다. 또한 각국 정부가 인터프리너를 육성하고 유치하기 위해 함양하고자 하는 마인드셋이기도 하다. 정부는 인터프리너 생태계 구축이 사회에 긍정적인 영향을 미치고 경제 및 사회 발전의 촉매가 될 수 있음을 잘 안다.

다시 말해, 인터프리너는 기업가와 사내기업가 위에 글로벌이라는 층을 하나 더 올리는 존재다.

[그림 1] 인터프리너 프레임워크

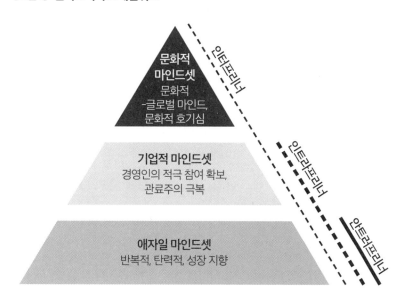

이런 마인드셋의 조합을 피라미드로 시각화하면 애자일 마인드셋(기업가)이 밑바탕이 되고, 기업적 마인드셋(사내기업가)이 그 위에 놓이며, 문화적 마인드셋이 피라미드의 정점에 위치해 나머지 2가지를 포괄한다. 이 3가지 마인드셋을 합친 것이 바로 인터프리너 마인드셋이다.

간단히 말해, 인터프리너는 문화를 해석할 줄 아는 글로벌 마인드셋, 창의적 솔루션으로 장애물을 탄력적으로 극복하는 애자일 마인드셋, 일을 완수하기 위해 지원과 동의를 이끌어내는 기업적 마인드셋을 지닌 사람을 말한다. 인터프리너는 자신의 비전이나 타인의 비전을 세상에 실현하는 존재다.

왜 인터프리너가 중요한가?

1장에서 언급했듯이, 팬데믹은 초기 단계의 여러 트렌드를 가속화했고, 기업이 분산 인력 모델을 활성화하고 운영 모델, 의사결정, 전략을 재고하는 등 비즈니스 운영 방식을 변화시켰다.

아무리 옳은 전략과 프로세스라 해도 이를 구현할 적합한 인력이 없으면 성공으로 이어질 수 없다. 다시 말해, 회사 차원에서 글로벌 클래스 마인드셋을 도입하려는 시도는 관련 구성원들이 인터프리너가 아니거나 적어도 인터프리너 마인드셋을 탑재하려고 노력하지 않는다면 실패할 것이다. 조직 구성원들 사이에서 인터프리너 마인드셋이 확산되면 회사 차원에서 글로벌 클래스 마인드셋을 주도하게 되고, 마찬가지로 글로벌 클래스 마인드셋은 인터프리너 마인드셋을 통해 개인 수준에서 발휘된다.

경제가 발달한 곳이 많고 이런 시장에서 고객과 소통하기 위해 현지화의 중요성이 커지고 있기 때문에 문화적 의식을 바탕으로 한 마인드셋은 제품 품질이나 출시 속도만큼이나 중요하다.

기회를 파악하기 위해서도 올바른 마인드셋이 필요하다. 라자다Lazada의 공동 창립자인 막시밀리안 비트너Maximilian Bittner, 매즈 포어홀트, 스테판 브룬Stefan Bruun, 라파엘 스트라우치Raphael Strauch는 빠르게 성장하는 동남아시아의 이커머스 시장에 진출하기 위해 그들의 본거지인 유럽이 아니라 동남아시아에서 비즈니스를 시작하기로 결정했다. 창업가들이 반드시 자국 시장에 먼저 진출해야 한다고 마음먹는 것은 아니다. 사실 그들은 국내와 세계 시장을 전혀 구분하지 않는다.

지난 10년 동안 애자일 마인드셋과 기업가적 스킬에 대한 요구가 급격히 증가한 것처럼, 향후 10년 동안 기업이 직원에게 가장 많이 요구하는 자산은 이런 기업가적 마인드셋과 그에 상응하는 특성과 스킬이라고 믿는다.

현재 인터프리너 스킬을 갖춘 인재는 찾기 어렵고 글로벌 마인드를 지닌 전문가들의 커뮤니티는 전 세계에 흩어져 서로 단절돼 있다. 가상 및 분산 근무가 빠르게 도입되면서 인터프리너에 대한 수요는 더 증가할 것이고 비즈니스 리더 커뮤니티는 더 긴밀하게 연결될 것이다. 분산화된 조직에서 멀리 떨어진 조직 내 타 구성원들에게 영향을 미치고 다양한 문화권들과 협업하며 업무를 완수하려면 인터프리너가 필요하다.

글로벌 클래스 기업이 이런 마인드셋의 중요성을 깨닫고 인재 파이프라인 개발에 적용하기 시작하면서 때마침 이 모든 일이 벌어지고 있다. 우리가 조사하는 동안에도 비록 인터프리너 같은 별칭을 붙이지는 않았지만 이런 마인드셋의 중요성이 점점 커지고 있다는 이야기를 여러 번 들었나. 아마존과 쇼피파이 같은 기업의 경영진은 이제 고위직 리더의 승진과 인재 파이프라인 구축을 논의할 때 글로벌 경험을 하나의 주제로 포함시킨다. 많은 글로벌 클래스 기업들이 스스로를 글로벌 조직으로 생각하고 집단정신의 일부로 글로벌 마인드셋의 중요성을 절실히 인식하고 있기 때문에 임원진의 전제조건으로 글로벌 경험을 요구하기 시작했다.

모바일 앱 대화 플랫폼 센드버드의 공동 창립자이자 최고 경영자인 김동신의 인터프리너 마인드셋은 한국에만 머무르는 것에 대한 자괴감에서 비롯되었다. 물론 한국은 좋은 시장이지만 글로벌 시장에 비하면 규모가 작다고 생각한 김동신은 한국 너머에 더 큰 기회와 더 큰 잠재력이 존재함을 일찌감치 감지했다. 보다 큰 것을 갈망한 그는 보다 큰 글로벌 고객 기반과 연결되기 위해 비즈니스를 재구축했다.

우리는 인구 고령화로 인해 현지에서 인재를 채용할 기회가 줄어들 거라는 우려 때문에 더 많은 인터프리너를 육성하고 유치할 계획이라는 아시아 정부 고위 공무원의 이야기도 들었다. 인터프리너를 육성하고 유치해서 자국을 글로벌 비즈니스 구조에 편입시키는 것은 사회 안전망 프로그램을 지원하고 미래의 혁신과 기술 개발을 보장하는 수단이 될 수 있다.

앞으로 세상이 더욱 분산화되면 조직은 민첩하게 사고하고 실시간으로 학습하며, 비즈니스를 현지화하는 방법을 이해하고 문화적 마인드셋을 갖추며, 조직 내외부에 영향을 미칠 수 있는 인터프리너를 더 원하게 될 것이다.

글로벌 클래스 기업은 이런 트렌드를 누구보다 잘 인식하고 있으며, 인터프리너의 마인드셋이 팀 구축뿐 아니라 문화 및 마인드셋 빌딩의 방향을 안내하는 북극성 같은 존재라고 믿는다.

유능한 인터프리너의 특징

우리는 성공적인 인터프리너와 교류하면서 그들이 단순히 문화적 경험이나 비행기 탑승 마일리지 때문에 글로벌 비즈니스에 매력을 느낀 것은 아니라는 사실을 깨달았다. 에이브 스미스는 글로벌 기업 구축에 집중하는 것을 자신의 '소명'으로 여겼다. 파트타임이나 일시적인 일이 아니라, '힘든 여정'을 헤쳐나가도록 회복탄력성을 선사하는 열정과 사랑의 노동이라고 생각했던 것이다.

우리의 인터뷰에 응한 많은 인터프리너는 기업을 글로벌로 확장시키면서 경력을 쌓았다. 합병 경험이 있는 임원이 회사를 옮겨 다니며 M&A 프로세스의 핵심을 가이드하듯이, 글로벌 확장의 초기 단계에서 쌓았던 기량을 여러 곳에서 발휘했다.

글로벌 마인드셋을 통해 인터프리너는 새로운 문화 환경을 탐색할 수 있다. 그들은 문화적 인식 능력(문화적 EQ)을 갖추고 있기 때문에 현지 관습을 연결하고 이해하며 차이점과 공통점을 동시에 찾을 수 있다. 게다가 커뮤니티의 중요성도 잘 알고 있기 때문에 회사가 진출하는 신규 시장에서 사회를 개선할 방법을 찾으려고 노력한다.

노련한 경영자이자 헝가리 스타트업 생태계 홍보대사인 임레 힐드Imre

Hild는 인터프리너의 보다 넓은 역할에 대해 이야기한다. "인터프리너는 글로벌화를 촉진할 뿐 아니라 생태계 구축을 주도하는 얼리어답터일 때가 많다." 인터프리너는 새로운 아이디어와 혁신의 동력이다.

문화적 인식 수준이 높은 인터프리너는 열린 마음과 민첩함으로 새로운 환경에 적응할 줄 알고, 자국 환경 밖에 존재하는 사람들과 끈끈한 관계를 구축할 수 있다. 예를 들어 클라우스는 볼리비아 정글을 탐험했고, 칠레에서 언어와 문화를 공부했으며, 베트남 북부에서 전략 개발 및 시장 출시 지원 업무를 수행했고, 덴마크에서 샌프란시스코로 이주하면서 글로벌 시장에 대한 열정을 키웠다. 그는 그 열정을 발휘하기 위해 모국인 덴마크가 아니라 실리콘밸리에서 전 세계의 기업가들을 돕기로 결정했다. 대학 졸업 후 경력을 시작할 때까지 3개 대륙을 누빈 에런은 버클리 하스 글로벌 액세스 프로그램Berkeley Hass Global Access Program을 통해 전 세계에서 온 학생들을 가르쳤고, 거의 40개국을 다니며 글로벌 마인드셋을 키웠다.

인터프리너는 애자일 및 성장 마인드셋 같은 특성뿐 아니라 다음의 특징을 지닌다.

• 글로벌 마인드셋으로 기회를 포착한다.
• 다양성과 포용을 중시한다.
• '인지된 리스크educated risk'를 수용한다.
• 열린 마음으로 공유하며 항상 학습한다.
• 문화적 호기심과 창의성을 발휘한다.

- 문화적 감수성이 높고 문화를 이해하려고 노력한다.
- 빌더Builder처럼 사고한다.
- 집중의 관점으로 생각한다.
- 장기적인 관점으로 사고한다.
- 글로벌 시민으로 행동한다.

글로벌 마인드셋으로 기회를 포착한다

핀터레스트Pinterest의 글로벌 성장 및 제품 책임자였던 스콧 콜먼Scott Coleman은 여러 문화권의 독특한 관점을 인식하고 다양성을 존중하는 인터프리너의 특성을 강조한다. 인터프리너는 각 시장이 고유하다고 생각한다. 그들은 지역 전체를 하나로 묶지 않고 각 국가와 도시가 지닌 고유 특성을 중시한다. 인터프리너는 모험을 수용하고 기회의 측면에서 낙관적으로 생각한다. 그렇다고 그들이 리스크를 무시하는 것은 아니다. 그들은 기회를 파악하고 활용하기 위해 계획을 수립하고 실행한다.

다양성과 포용을 중시한다

인터프리너에게 다양성과 포용은 단순한 비즈니스 트렌드가 아니라 필수 요소다. 인터프리너는 생각, 경험, 배경의 다양성을 중시한다. 그들은 서로 다른 의견을 구하고 관점이 다양한 사람들을 토론과 전략 개발, 의사결정에 참여시키려고 노력한다.

인지된 리스크를 수용한다

인터프리너는 자신이 머무르는 안전지대를 기꺼이 벗어난다. 현지 팀의 일원이 된다는 것은 생활과 가족의 근거지를 옮긴다는 뜻일 뿐 아니라 영향력을 행사하던 중심지(본사)를 떠나는 것을 의미한다. 본사 팀의 일원이 된다는 것은 글로벌 성장 이니셔티브의 전도사가 되어 지원 연합체를 구축하고 필요한 자원을 확보한다는 뜻이다.

인터프리너는 기회가 얼마나 큰지 잘 알고 있다. 에어비앤비의 제니퍼 위엔은 사람들이 자신에게 익숙한 것에 쏠리는 경향이 크다고 강조했다. 특히 대규모 시장에서 온 사람이라면 다른 시장에 대해 성급히 가정을 내리곤 한다. 이런 편향은 다른 글로벌 시장을 이해하기 어렵게 만든다. 예를 들어 미국인들은 자국보다 인구가 몇 배나 많은 중국 같은 국가의 잠재 규모와 잠재 성장 속도를 제대로 파악하지 못하는 경향이 있다. 이런 편향에서 자유로운 인터프리너는 기회가 있는 곳이라면 어디든 달려간다.

열린 마음으로 공유하며 항상 학습한다

우리가 인터뷰한 모든 인터프리너는 이 책에 도움이 돼달라는 제안을 흔쾌히 수락했다. 그들은 전혀 주저하지 않았고, 대체로 동료 인터프리너로부터 배울 수 있다는 것에 흥분했다.

인터프리너는 항상 새로운 인사이트와 개선 사항을 수용하는 열정적인 학습자다. 이 책을 위해 인터뷰해준 인터프리너들은 아마존의 제프 베이조스Jeff Bezos가 말한 "언제나 창업 1일 차It's always day one"라는 사고방식을 갖고 있다. 구글네스트Google Nest의 프로그램 관리, 국제화 및 제품 출시 부문의 글로벌 책임자인 엘리스 루빈Elise Rubin은 외국 출장 시 호텔 대신 홈셰어링 숙소에 머물고, 대도시가 아닌 여러 소도시를 방문해 목표 고객의 삶을 진정성 있게 파악하기 위해 새로운 것을 배우고 경험할 수 있는 상황을 의도적으로 조성한다.

문화적 호기심과 창의성을 발휘한다

제니퍼 위엔은 "인터프리너는 편견을 버리고 호기심을 가지고 접근하는 마인드셋을 유지한다. 그들은 동료와 고객을 포함한 모두를 이해하려고 노력한다. 인터프리너는 열정과 결단력 덕에 제한된 지침과 자원만 있어도 일을 완수할 수 있다"고 설명했다.

글로벌 비즈니스 강사이자 UC버클리 하스 경영대학원의 학부 프로그램 책임자를 역임한 댄 히멜스타인Dan Himelstein은 이렇게 말한다. "오늘날의 비즈니스 세계에서는 기업 간 가격과 품질의 차이가 매우 작기 때문에 문화적 호기심이야말로 돋보일 수 있는 차별화 요소다." 이어서 그는 "진정한 호기심은 재무 예측 능력보다 훨씬 중요하다. 전 세계의 인터프리너는 100만 명에 못 미치지만 재정을 관리할 사람은 많다. 새벽 2시의 노래방 문화를 탐색할 수 있는 사람을 찾는 것이야말로 진짜 어렵다"라고 말한다.

문화적 감수성이 높고 문화를 이해하려고 노력한다

인터프리너는 공통점을 찾는다. 그들은 차이를 포용하고 어떤 도전이든 기회로 바라본다. 이들은 낯선 곳에서도 '소속감'을 느낄 수 있고 낯선 상황에서도 평정심을 잃지 않는다. 그들은 다른 시장의 관습과 신념을 현지 문화에 대한 예리한 통찰로 전환하고, 그런 통찰을 공유 가치shared value와 인류에 대한 상식으로 연결시킨다.

글로벌 마인드와 문화적 감수성을 지닌 인터프리너는 문화적 차이에 긍정적이건 부정적이건, 더 좋건 더 나쁘건, 옳건 그르건 간에, 가치를 부여하지 않고서도 사람들 사이에 존재하는 문화적 유사점과 차이점을 인식할 수 있다. 에버노트, 위블리Weebly, 으흠mmhmm 같은 기업에서 글로벌 확장 임원으로 일한 트로이 멀론Troy Malone은 이런 접근 방식이 '주제 넘는 일'이 아니라 사려 깊은 것이라고 표현했다. 그는 이런 접근 방식이 본사 방식에 맞춰 시장을 움직이려고 끝없이 많은 돈을 쏟아붓는 것보다 장기적인 결과를 이끌어내는 데 더 효과적이라고 지적한다.

이런 방식은 모든 수준에서 작동할 수 있다. 트로이가 에버노트에서 일하던 시절, 현지 언론은 종종 회사 로고인 코끼리에 어떤 의미가 있느냐고 물었다. 이 질문을 예상했던 그는 현지 문화에서 코끼리가 갖는 상징성을 조사하곤 했다. 로고의 의미가 "코끼리는 절대 잊지 않는다An elephant never forgets"라는 미국 속담과 관련 있다는 미국 중심의 대답 대신, 그는 코끼리를 둘러싼 현지 신화를 인용하여 현지 문화에 맞는 대답을 했다. 현지 문화에 대한 인식과 적응 노력은 양질의 관계를 구축하는 데 필수다.

동시에 인터프리너는 글로벌 성장의 또 다른 중요한 문화 유형인 기업 문화도 잘 인지하고 있다. 그들은 회사의 핵심 가치를 현지 시장의 직원과 고객에게 전달한다.

빌더처럼 사고한다

인터프리너는 빌더builder다. 그들은 현지 시장 팀의 일원일 때 회사의 입지를 구축하는 데 도움을 주며, 본사에 소속될 때 회사 안에서는 글로벌 조직을 구축하는 데 기여한다. 그들은 관계를 쉽게 구축한다.

인터프리너는 현지 시장의 이해관계자들과 장기적인 유대 관계를 구축하고자 노력한다. 그들은 문화적 인식을 잘 전달할 수 있는 소프트 스킬과, 신뢰 관계를 구축할 수 있는 능력을 갖췄다. 그들은 유능한 커뮤니케이터이자 능력 있는 네트워커이고 빠른 속도로 관계를 굳건히 하는 데 기여하는 여러 가지 정성적 역량의 소유자다. 그들은 거래 자체에 집착하기보다 장기적인 관점에서 긍정적인 프레임을 효과적으로 사용함으로써 자신들의 계획을 지지하는 내부 연합체를 구축한다.

집중의 관점으로 생각한다

인터프리너는 초점을 명확히 한다. 그들은 진정으로 중요한 것을 식별할 줄 알고, 자질구레한 것들로 산만해지지 않는다. 플래드Plaid의 수익 책임자인 폴 윌리엄슨Paul Williamson은 "그들은 진실로 가치에 집중한다"라고 말하며 이런 원칙을 시간, 관심, 자원을 투자하기 위한 지침으로 삼는다고 말한다.

장기적인 관점으로 사고한다

인터프리너는 장기적인 안목을 갖고 있다. 이런 안목은 관계 구축뿐 아니라 전략적 비즈니스 의사결정 방식에서도 나타난다. 그들은 가장 먼저 머리에 떠오르는 파트너, 직원, 고객이 아니라, 적합한 파트너, 직원, 고객을 찾는다.

체그의 크리스티나 리는 "어제 쌓아놓은 것으로는 내일을 충분히 견디지 못한다"라며 핵심을 지적한다. 인터프리너는 성공 가능성을 높이기 위해 장기적인 관점에서 비즈니스 운영 방식의 모든 측면을 지속적으로 개선하는 데 집중한다.

글로벌 시민으로 행동한다

인터프리너는 진정한 글로벌 시민이다. 그들은 국적보다 인류를 먼저 생각한다. 그들은 '자국 VS. 글로벌'이라는 렌즈를 통해 사물을 바라보지 않는다. 그들은 어떤 지역에 있는 사람들과도 소통하고 공감을 통해 문화적 격차를 극복한다.

마지막으로, 흥미롭지만 인터프리너에게 그리 흔하지는 않은 측면 하나를 소개하자면, 우리와 인터뷰한 상당수 인터프리너가 세상을 바라보는 관점에 영향을 준 독특한 배경이나 경험이 있다는 점이다. 인터프리너는 은행원이나 컨설턴트로 일하다가 경영대학원에 진학하여 기업계로 진출하는 정형화된 경로를 따르지 않았다.

어떤 임원은 의욕 많은 사진작가였고, 또 어떤 임원은 한국에서 교회 선교 활동을 하다가 인터프리너의 길을 걸었다. 많은 이들이 예술에 대한 호기심이 높았거나 경영학이 아닌 사회과학 분야의 학위가 있었고, 모두가 자국 밖에서 어떤 형태로든 헌신한 경험이 있었다.

사례 연구

인터프리너가 현지 문화를 탐색하는 법

엘리스 루빈은 미국 외의 지역에서 비즈니스 문화의 차이를 직접 경험했다. 그녀는 경험이 풍부했음에도 어려 보이는 외모와 여성이라는 이유로 자신의 역할이 현지의 문화적 규범에 맞지 않을 때마다 어려움을 겪어야 했다. 구글 네스트에서 프로그램 관리, 글로벌화, 제품 출시 부문의 글로벌 책임자로 일하는 엘리스는 출장을 다닐 때면 잠재 파트너 기업들에 보여줄 목적으로 구글 네스트의 기기들을 휴대했다. 많은 국가에서 어려 보이는 여성이 스마트 홈 기기를 휴대하고 다니는 것은 현지의 성 규범에 어긋나는 터라 공항 보안 검색대를 통과하지 못하고 오랫동안 검색과 신원 조회를 받아야 한다. 반면 남성은 똑같은 물건을 소지하고도 문제나 번거로움 없이 통과되곤 했다.

특히 일본 같은 국가의 비즈니스 리더들과 미팅을 할 때 그녀는 꼭 남성 동료를 동반해야 한다는 회의 관행을 따라야 했다. 회의 중에 현지의 비즈니스 리더는 그녀가 아니라 남성 동료에게 질문을 하곤 했다. 이런 문화적 차이를 의식한 엘리스는 남성 동료가 자신보다 직급이 낮아도 각각의 질문에 어떻게 대답해야 하는지를 미리 코치해야 했다. 시간이 지나면서 엘리스는 결단력, 의지력, 능숙한 커뮤니케이션 능력을 통해 여성보다 남성의 의견을 우선시하는 데 익숙하고 여성에 대해 회의적인 남성 리더들의 마음을 사로잡을 수 있었다.

엘리스가 겪었던 상황은 여성 인터프리너의 현실이고 몇몇 사회에서는 이런 전형적인 성 역할이 지배적이다. 그러나 우리는 글로벌 비즈니스의 새로운 시대와 인터프리너의 급증으로 이런 장벽이 무너지기를 희망한다. 또한 현지 인들이 타국의 문화와 타국인의 자유를 존중하기를, 그리고 여성, 소수민족, 소외된 지역사회 주민들을 위한 다양성과 포용의 원칙을 준수하기를 바란다.

인터프리너가 되는 방법

앞에서 강조한 마인드셋과 특성을 연마하기 위해 노력하는 것 외에도 인터프리너의 근육을 키울 수 있는 몇 가지 방법이 더 있다. 기업이 '날 때부터 글로벌'이 아닌 것처럼 우리도 '날 때부터 인터프리너'가 아니다. 오랜 기간 경험과 관점을 발전시키고 축적해야 인터프리너가 될 수 있다.

우리와 이야기를 나눈 사람들은 경력을 쌓는 과정에서 우연히 내면의 인터프리너를 발견했다. 글로벌 마인드와 문화적 호기심으로 이끄는 경험들은 문화적 인식 능력을 개발하고 있다는 사실 자체보다 덜 중요하다.

인터프리너는 애자일 방법론을 채택하고 기업가 정신이 투철한 커뮤니티를 찾음으로써 전문 능력 개발이 가능한 환경을 선택한다. 그들은 다른 나라를 여행하고 경험하면서 다양성과 협업의 가치를 발견한다. 이런 과정을 통해 신뢰를 얻고 조직이 글로벌 규모로 나아가는 데 영향을 미친다.

첫째, 인터프리너가 되려면 무엇보다 의도적으로 글로벌하게 경험을 쌓고 외국인들과 교류하는 기회를 찾아야 한다. 이것이 가장 직접적이고 간단한 방법이다. 안전지대comfort zone에서 벗어나라. 외국에서 일하거나, 외국인들 중 글로벌 마인드를 가진 사람들과 교류하거나, 외국 언론 기사를 팔로우하여 글로벌 트렌드를 예의 주시하라. 휴가차 가는 여행도 어느 정도 도움이 될 수는 있지만 이런 노력을 대신할 수는 없다. 외국에서 거주하거나 근무한 적이 없다면 현지의 마인드셋과 문화적 차이를 이해하기 어렵다.

둘째, 개방적 마인드를 기본으로 하고 섣불리 판단하지 마라. 인터프리너는 자국의 기준으로 옳고 그름이나 정상과 비정상을 측정하지 않는다. 인터프리너에게는 '우리 VS. 그들'의 개념이 없다. 인류애를 공유하고 공통점을 연결하려는 열망만 있을 뿐이다.

마지막으로, 앞에서 나열한 유능한 인터프리너의 특징 10가지를 기준으로 자신의 적성을 냉정하게 평가하라. 부족한 부분이 있다면 이를 보완하려고 노력하라.

──────────── **사례 연구** ────────────

인터프리너십Interpreneurship**의 기원**

인터프리너를 글로벌 경력으로 이끄는 '형성적 경험Formative experience'은 인터프리너마다 다르다.

드롭박스의 헬로사인HelloSign 사업부 최고 운영 책임자인 휘트니 벅Whitney Bouck은 어린 나이에 내면에 잠재된 인터프리너를 발견했다. 휘트니의 조부모는 국제기관에서 현대식 하수도 시스템을 개발하는 일을 했고, 그녀의 어머니는 어린 시절을 인도네시아와 수단에서 보냈다. 휘트니는 요리사를 데리고 미국으로 돌아온 조부모 덕에 새로운 요리를 맛볼 수 있었다. 그녀는 글로벌 마인드가 충만한 가족의 지원으로 10대 시절을 유럽에서 보냈다.

에버노트의 글로벌 확장 총괄 매니저였던 트로이 멀론 역시 뛰어난 문화적 인식 능력과 감수성을 지닌, 호기심 많은 비즈니스 리더다. 그는 아시아 태평양과 라틴아메리카에서 글로벌 성장 전략을 주도하며 인터프리너의 원칙을 뚜렷하게 실천했다. 트로이는 브리검영 대학교의 학생 신분으로 서울에서 2년간 선교 활동을 했다. 사회 초년기에 쌓은 이런 글로벌 경험은 미래의 비즈니스 리더, 즉 글로벌 시장 진출을 모색하는 기업들이 점점 더 많이 찾는 인터프리너를 양성한다.

라인의 글로벌 비즈니스 개발 부문을 담당하고 있는 강현빈 라인플러스 이사 역시 다양한 경험을 쌓았다. 경력 초기에 미국 기업에서 근무한 그는 중국, 일본, 한국, 동남아시아, 유럽에서 일하며 여러 대륙의 동료 및 이해관계자들과 교류했다. 그는 한국 최고의 검색 포털 기업인 네이버로 자리를 옮겨 더 많은 글로벌 경험을 쌓았고, 이를 통해 라인에서 맡은 역할을 성공적으로 수행하는 데 도움이 되는 글로벌 마인드를 갖췄다.

인터프리너는 각기 다른 경력과 삶의 여정을 거쳤지만, 그들의 마인드셋과 역량은 세계 어느 곳을 가더라도 잘 어우러진다.

글로벌 클래스 기업이 인터프리너를 육성하는 방법

일반적으로 기존 기업의 경영진은 새로운 사고방식을 도입하여 본사 방식에 도전하는 인터프리너를 두려워한다. 반면 글로벌 클래스 기업은 이런 마인드셋을 수용할 뿐 아니라 이를 적극적으로 발굴하고 발전시키기 위해 노력한다. 글로벌 클래스 기업은 학벌이나 출신 기업보다는 문화적 호기심, 글로벌 마인드, 문화적 감수성을 더 중요하게 여긴다.

이런 인터프리너 마인드셋은 배경과 경험의 다양성을 추구하는 채용 방식이나 제품 개발 방식뿐 아니라 핵심 가치와 기업 문화를 구축하는 방식에까지 영향을 미친다.

글로벌 클래스 기업은 이 장에서 설명한 인터프리너의 10가지 특징을 채용 프로세스에 적용한다. 젠데스크는 이런 재능이 있는 인재에게 기회를 제공하기 위해, 또 엘리트만이 솔루션을 독점하지 않도록 일부러 소외된 지역사회에서 직원을 채용한다. 이들 중 다수는 특권층이 경험하지 못할 장애물을 극복했기에 내적으로 회복탄력성이 있다. 인터프리너와 다양한 배경의 사람들로 팀을 구성하면 제품 및 운영 모델이 공감대를 형성하는 데 도움이 된다.

―――――――――― 자주 간과하는 것 ――――――――――

기업 정책과 구조로 인터프리너를 육성할 수 있다

글로벌 클래스 기업은 인터프리너십을 중시하는 기업 문화를 구축하는 것 말고도 인터프리너 인재를 육성하기 위한 구조와 프로세스를 개발한다.

17개국에 48개 지사를 운영하는 소프트웨어 컨설팅 기업인 쏘트웍스 Thougthtworks의 최고 경영자 크리스 머피Chris Murphy는 글로벌 리더십 팀 구성을 모니터링하고, 회사의 글로벌 성장 동력과 모델이 무엇인지 파악하며, 이런 요소를 고려하여 성장 전략을 설계해야 글로벌 성공 가능성이 높아진다고 강조한다.

쏘트웍스는 팀원들을 의도적으로 여러 글로벌 시장에 순환 배치하여 모두가 인터프리너 마인드셋을 갖추도록 노력한다. 또한 새로운 국가나 지역으로 확장할 때는 초기에 현지 팀의 일부를 해당 국가가 아닌 곳에 파견하는데, 이는 해당 국가에서 수행하는 모든 업무에 글로벌 마인드셋을 적용하기 위해서다. 일시적인 출장도 유익한 결과를 가져다준다. 슬랙은 직원들이 2개월간 타 지역에 거주하며 근무할 것을 장려한다.

인터프리너는 글로벌 마인드셋과 문화적 호기심을 갖고 글로벌 성장에 대한 비전을 유지하며 확장 전략을 실현하는, 애자일과 인터프리너 기량을 보유한 새로운 유형의 비즈니스 리더다.

지금까지 글로벌 클래스 기업이 어떤 인재를 채용하는지 살펴봤다. 이제부터는 그들이 글로벌 시장에서 성공적으로 확장하기 위해 어떤 노력을 기울이는지 알아보자.

3장 | 요약

- 인터프리너는 문화를 해석하는 글로벌 마인드셋과 비즈니스를 효과적으로 현지화하기 위해 신규 시장을 이해하는 공감 능력을 갖추고 있다. 이것은 글로벌 클래스 기업이 글로벌 시장에서 성공하는 데 핵심적인 역량이다.
- 인터프리너는 창의적인 솔루션으로 장애물을 탄력적으로 극복할 수 있는 애자일 마인드셋과, 복잡하고 관료적인 조직에서 지속적인 지원과 동의를 얻어 일을 완수할 수 있는 기업적 마인드셋을 가지고 있다.

- 인터프리너는 기업이 글로벌 규모에 도달하도록 돕는 촉매 역할을 한다. 이를 잘 아는 글로벌 클래스 기업은 인터프리너를 조직 내에서 육성하기 위해 여러 가지 구체적 조치를 취한다.

3장 | 반성과 실천을 위한 질문

- 인터프리너 마인드셋을 개발하기 위해 당신은 어떤 활동을 했는가? 지금 당장 취할 수 있는 실행 가능한 3가지 활동은 무엇인가?
- 조직 내에 인터프리너 마인드셋이 얼마나 널리 퍼져 있는가? 당신의 조직은 어떤 방식으로 이런 마인드셋을 육성하는가?
- 인터프리너로 구성된 분산 팀을 어떻게 구성하고 육성하는가?

GLOBAL
CLASS

규모 확장
효과적인 글로벌 성장

글로벌 비즈니스의 다양한 특성을 고려할 때,
글로벌 시장의 고객들과 연결되기 위해서는 고객화가 매우 필요하다.
이런 변화에 대처하려면 프레임워크가 있어야 한다.
글로벌 클래스 기업은 널리 사용되는 혁신 방법론에
'글로벌 레이어'를 입힌 '현지화 프로세스'를 수행한다.
그들은 균형을 유지하기 위해 복잡성을 관리하면서 시장 진입과 시장 성장을
탐색하는 구조를 구축함으로써 모멘텀과 규모를 창출한다.

정렬
성공적 글로벌 성장을 위한
4가지 약속

애플의 글로벌 부문 부사장인 존 브랜든John Brandon은 전 세계를 누비며 여러 대륙에 걸쳐 팀을 규합했고, 애플의 핵심 가치를 지키고 글로벌 범위와 규모를 확장하려는 회사의 원대한 목표를 달성하기 위해 노력했다. 이 과정에서 많은 도전에 직면한 존은 전 세계 공통으로 브랜드를 통일시키고 고객 경험과 제품군을 유지하는 데는 성공했으나, 사업을 운영하는 각 지역의 수많은 차이점을 극복해야 했다.

존은 팀을 관리하는 과정에서 이런 차이점들을 수시로 마주쳤다. 현지 관습이나 정치적 신념처럼 받아들이기 쉬운 것도 있었지만, 회사의 가치와 직접적으로 충돌하는 바람에 정면 돌파해야 하는 것도 있었다.

중국 사업부의 재무 결과를 점검하면서 존과 본사 팀은 몇 가지 불일치를 발견했다. 조사 결과, 현지 지사장의 잘못된 판단에 따른 실수를 숨기려고 수치를 조작한 사실이 밝혀졌다. 지사장은 잘못을 인정하지 않았고, 그를 따르는 직원들은 수치가 정확하다며 그를 옹호했다. 이 사건은 위계질서를 존중하고 체면을 중시하며 솔직함보다는 상사에게 잘 보이는 것을 중요시하는 중국 비즈니스 문화를 매우 단적으로 보여준다.

이 위반 사건은 규모와 중대성 측면에서 모두 선을 넘은 것이었고, 정직성Integrity을 중시하고 상사보다는 회사와 브랜드 보호를 우선하는 애플 문화와 명백하게 상충되었다. 결국 회사의 핵심 가치가 승리했으나, 중국에서 사업을 확장하려는 애플의 노력은 물거품으로 돌아갈 뻔했다. 존은 현지 팀 인력의 75%를 해고했고, 현지 규범보다 회사에 부합하는 가치관을 지닌 직원(특히 지사장)들로 조직을 재건해야 했다.

존은 이 경험에서 얻은 교훈을 바탕으로 현지 출신의 지사장과 타 국가 출신의 재무 담당자를 한 팀으로 구성하는 조치를 취했다. 문화적 배경이 다르고 현지 비즈니스 규범에 경도되지 않은 사람이 현지 운영을 감독할 수 있는 피드백 루프를 만든 것이다.

정직성 같은 근본적인 원칙을 강조하지 않으면 글로벌 규모로 실패할 위험이 있다. 효과적인 글로벌 성장을 위해서는 올바른 글로벌 클래스 마인드셋을 개발하고 인터프리너로 구성된 팀을 구축하는 것이 중요하지만, 그것만으로는 충분하지 않다.

글로벌 성장 이니셔티브에 전념하는 글로벌 클래스 팀은 성공 가능성을 높이기 위해 문화, 팀 구축, 인터프리너 육성 등과 관련된 일련의 약속을 중심으로 결집해야 한다.

기업 문화에 부합하고 목표 설정 시 본사와 협력해야, 현지 팀은 해당 시장에서 비즈니스를 성장시킬 수 있다. 경영진이 글로벌 성장 노력을 지지하려면 현지 팀을 지원하는 데 전념해야 한다. 합의된 일련의 약속은 글로벌 성장 이니셔티브가 장애물을 만났을 때 현지 팀과 본사의 의사결정에 북극성 같은 역할을 한다.

글로벌 시장 진출은 조직이 단일 시장에 더 적합한지 아니면 실질적으로 글로벌 접근 가능성과 기회가 있는지를 증명하는 변곡점이다.

글로벌 시장 진출은 초기 시장 진출 및 성장 과정에서는 고려하지 않아도 됐던 추가적 변수, 즉 문화라는 변수가 있기 때문에 사실 대부분의 국내 확장보다 더 어렵다. 기업이 초기 시장에 처음 진출할 때는 유연하게 운영할 여지가 있다. 적응해야 하는 기준이나 시장의 편견이라는 부담 없이 단일 시장에서 수익성을 확대할 적합한 모델을 찾으면 되기 때문이다. 신규 시장에 진출하고 성장하고자 할 때 기존 기업은 자신들의 성공적인 초기 모델(시장 진출, 운영 모델, 문화, 규범)을 비교 기준으로 삼는다. 신규 시장에 진출하면 기업은 기존 모델에서 벗어나 여러 가지 방식을 병행해야 한다. 이제는 올바른 방식이 하나만 존재하지 않는다.

일련의 약속을 통해 글로벌 클래스 기업은 성공적 확장에 진짜 중요한 우선순위를 정하고, 팀이 투자수익률이 낮은 일에 에너지를 낭비하지 않도록 유도한다. 이런 약속은 본사와 현지 팀이 효과적인 글로벌 성장에 필요한 일련의 운영 원칙을 상기시키는 중요한 알림이자 기반이 된다.

본사와 현지 팀의 마인드셋은 아주 다를 수 있다. 본사 팀은 기업 문화에 맞는 업무 방식을, 현지 팀은 현지 문화에 맞는 업무 방식을 고수하고 때로는 우선순위를 놓고 다투기도 한다. 따라서 글로벌 성장 이니셔티브에 참여하는 모든 사람은 효과적인 시장 진입, 현지화, 규모 확장에 집중할 수 있도록 공동의 약속과 다짐을 통해 기대치를 설정해야 한다.

이런 내부 협약을 맺어야 하는 한 가지 이유는, 현지 팀이 새롭고 복잡한 도전에 직면했을 때 의심할 여지없이 지원이 필요하기 때문이다. 신규 시장에서는 스타트업처럼 운영해야 하고(기업가적), 본사에서는 경쟁적 이해관계에 대처해야 하며(사내기업가적), 새로운 시장과 문화에 맞게 적응해야 한다(인터프리너적). 이런 약속은 애자일 원칙에 따라 시장 진출을 촉진함과 동시에 향후의 시장 성장과 규모 확장을 위한 원동력이 될 만큼 유연해야 한다.

성공적 글로벌 성장을 위한 4가지 약속

우리는 연구를 통해 성공적인 기업들이 효과적인 글로벌 성장을 위해 준수하는 약속의 패턴을 파악했다. 4가지 약속은 다음과 같다.

1. **자원 정렬**Resource Alignment - 글로벌 성장 이니셔티브 지원에 집중하는 본사의 자금과 팀 구성원
2. **신뢰와 자율성** - 현지 팀이 회사-시장 최적화를 달성하고 추가적인 복잡성을 인식할 수 있는 자유를 부여
3. **소통과 명확성** - 본사와 현지 팀 간에 효과적인 커뮤니케이션 채널 구축 및 유지
4. **글로벌 애자일 방법론** - 현지 팀과 본사가 파트너십을 통해 애자일 방법론을 지속적으로 활용하여 현지 시장의 특이 사항에 맞게 비즈니스를 조정

[그림 2] **성공적 글로벌 성장을 위한 4가지 약속**

효과적인 시장 진출과 시장 성장을 위해서는 이 4가지 약속을 반드시 준수해야 한다. 이 4가지 약속은 글로벌 성장을 위해 노력할 때 산소 같은 역할을 하며, 이를 지키지 않으면 계획이 실패할 가능성이 크게 높아진다.

자원 정렬

기업은 성공을 위해 글로벌 성장 이니서티브에 자원을 투입해야 한다. 마케팅 전략을 위한 인력과 충분한 자본을 구축하려면 자금이 필요하다. 또한 경영진의 관심, 본사 부서들의 자원 또는 특정 파트너십에 대한 지원 역시 투입해야 할 자원에 포함된다. 앞서 논의한 바와 같이, 글로벌 성장을 위한 경영진의 적극적 동의와 지원은 성공에 매우 중요하고, 이런 지지의 표명 역시 글로벌 성장 이니셔티브에 투입돼야 할 자원이다.

글로벌 성장 이니셔티브의 실패 사례는 공통적으로 자원과 집중력 부족이라는 원인을 담고 있다. 기업들은 본사에서 임원을 파견하거나 신규 직원 몇 명을 채용하여 6~9개월 내에 성과를 창출하기를 기대하지만, 그때가 되면 해답보다는 의문이 더 많다는 것을 깨닫는다. 이때 경영진은 기존 시장의 현 비즈니스와 비교하고, 신규 시장에 추가적으로 얼마나 더 투자해야 수익성 있는 결과를 얻을지 가늠한 후, 신규 시장이 별로 매력적이지 않다고 판단해버린다.

본사는 신규 시장이 검증되기 전이나 검증되고 난 후에도 글로벌 성장에 전적으로 전념해야 한다. 그래야 글로벌 진출에 성공할 수 있다. 본사는 약간의 투자수익률이나 견인력의 조짐이 보이기 전까지 2~3년 동안은 조바심을 내지 않아야 한다. 블라인드는 시장 조사를 완료하고, 성공에 필요한 현지화 요소를 파악하며, 최소기능제품Minimum Viable Product을 테스트하고, 현지 관계를 구축하는 등 미국에서 인지도를 쌓기까지 2년을 소요했다. 하루아침에 글로벌 시장에서 성공할 수는 없다. 팀의 장기적인 노력과 헌신이 필요하다. 글로벌 성장 이니셔티브를 끝까지 완수하도록 충분한 자원과 집중력을 투입하는 것이 중요하다.

효과적인 자원 할당

기업들은 글로벌 확장을 위한 자원 정렬의 핵심을 종종 잘못 이해하곤 한다. 글로벌 성장 이니셔티브에 할당된 자원의 총량에 초점을 맞추는 것보다 더 중요한 고려 사항은 시간에 따라 자원을 어떻게 할당하는가다. 이런 계획을 추진할 때는 추진 시작 전후의 몇 개월간이 아니라, 수년에 걸쳐 자원을 확보하는 것이 중요하다. 브랜치 메트릭스Branch Metrics의 글로벌 확장 및 영업 책임자였고 포트 오브 엔트리 파트너스Port of Entry Partners의 창립자인 램지 프라이어Ramsey Pryor는 현지 팀이 마일스톤에 도달할 때 자원을 제공하는 것이 이 팀의 역량을 강화하는 효과적인 전략이 될 수 있다고 제안한다. 그는 매출 마일스톤 외에도 강력한 영업 파이프라인 구축, 현지 정부의 승인 확보 또는 현지의 새로운 주요 계획을 시작하는 데 필요한 자금 투입 수준을 예측하는 방법을 고안했다. 그것은 많은 기업이 제품 판매에 사용하는 '총 소유 비용Total cost of ownership' 공식과 유사한 '총 진입비용Total cost of entry: TCE' 공식이다. 이 공식은 6장에서 자세히 설명할 것이다.

하지만 이런 추정치는 과학이라기보다 예술에 가까울 수 있다는 점에 유의하라. 시장 진입, 손익분기점 달성, 초기 투자금 회수를 위해서는 시간과 비용 모두에서 2배 또는 3배의 비용이 필요할 수 있다. 그만큼 미지의 요소가 많다는 뜻이다.

슬랙의 글로벌 제품 확장 책임자였던 캐스린 하임즈는 "글로벌 성장에서, 투자에 대한 잠재적 영향에 숫자를 대입하여 답을 완전히 조작할 수 있다는 생각은 정말 유혹적이다. 부정확함은 차치하더라도 잘못된 안정감을 심어준다. 숫자는 우리를 속일 수 있다. 데이터를 중심에 놓고 대화를 진행해서는 안 된다. 데이터는 정보를 제공할 수는 있으나, 해결책은 될 수 없다."

자원 투입에 실패하지 않으려면 올바른 것을 측정하는 명확한 성과지표를 설정해야 한다. 명확한 성과지표는 현지 팀의 목표와 초점이 무엇이고 결과를 어떻게 측정할 것인가에 대한 강력한 의지다. 본사가 현지 팀이 요구하는 모든 것을 제공하는 것이 정답은 아니다. 본사는 추가적인 자원 지원을 현지 팀의 마일스톤들과 직접 연결시킬 수 있다.

동남아시아 최대의 기술 기반 특송 물류업체인 닌자 밴^{Ninja Van}의 최고경영자이자 공동 창립자인 창 웬 라이^{Chang Wen Lai}는 본사의 자원 투입을 등산에 비유하여 자신의 견해를 밝힌다. 그는 현지 팀에게 등산에 적합한 산을 알려주는 것은 본사의 일이지만, 현지 팀이 원하는 경로를 택하도록 허용해야 한다고 설명한다. 본사는 현지 팀에게 등산에 필요한 적절한 양의 식량(자금)을 제공해야 하지만, 너무 많이 주는 바람에 엉뚱한 산을 오르게(초점을 잃게) 해서는 안 된다고 그는 말한다.

또한 모든 시장에서 임계값과 목표치가 동일해서는 안 된다는 점을 분명히 인식하는 것이 중요하다. 특정 현지 시장의 고유 특성에 따라 팀은 목표와 지표를 채택한다. 비즈니스캔버스 팀은, 베트남에서는 웨비나^{Webinar}에 많은 잠재 고객이 관심을 보이지만 유료 고객으로 전환되는 비율은 낮다는 사실을 알게 된 뒤에 목표치를 낮췄다.

<hr/>

자주 간과하는 것

출시한 후에 바로 떠나지 마라, 지속 가능한 모델을 구축하라

글로벌 확장은 단순히 한 국가에 진출한 다음 좋은 결과가 있기를 기대하는 것이 아니다. 장기적인 노력을 요하는 활동이다. 캐스린 하임즈가 설명한 바와 같이, 기업은 일단 제품을 출시하고 나서 바로 떠나고 싶은 유혹에 빠지는 바람에 집중력을 잃고 만다. 지속 가능한 성장 모델을 찾으려 하기보다 새로운 시장에서 또 다른 성장 기회를 찾기 시작한다. 이런 욕구는 글로벌화를 추구하는 기업들에 바람직하지만, 본사는 자신들이 회사-시장 최적화에 도달할 수 있도록 현지에서의 존재감을 구축하는 데에 지속적으로 신경을 써야 한다. 지속 가능성과 확장성 구축은 전략의 일부가 돼야 하고, 새로운 지역에 지속적으로 투자하려면 자원을 할당해야 한다. 그렇지 않으면 실패에 직면할 수 있다.

<hr/>

이 약속이 중요한 이유: 자원을 할당한다는 것은 글로벌 성장 이니셔티브에 헌신하고 집중한다는 표현이다. 금액에 초점을 맞추기보다 현지 팀이 목표에 도달하고 주요 지표를 달성함에 따라 자원을 어떻게 정렬시키고 어떻게 할당해야 하는지에 집중해야 한다. 충분한 자원과 글로벌 확장을 위한 강력한 동의가 없으면 실패할 가능성이 크다. 신규 시장에 아무것도 없이 진출하기는 어렵다. 어쩌면 완전히 새로운 회사를 시작하는 것과 비슷할지 모른다. 경영진의 적극적 참여, 현장 직원들의 헌신,

충분한 자금, 장애물 제거를 위한 본사의 노력 없이는 훨씬 더 어렵다.

예를 들어 오라클Oracle은 마케팅 제품 중 하나가 중국에서 별로 인기를 얻지 못했는데, 그 이유는 경영진이 충분한 자원을 투입하지 않았거나 그 시장에 적절한 수준의 집중력을 발휘하지 못했기 때문이다. 언어 번역이 아주 중요한데도 현지 팀은 투자를 소홀히 했고, 중국에서 고객들이 널리 사용하는 필수 플랫폼인 위챗WeChat과 통합하지도 않았다.

모든 당사자는 지표와 관련하여 게임의 규칙과 성과 측정 방식에 동의해야 한다. 이것은 본사가 높은 곳에서 모든 것을 지휘하는 존재가 아니라, 현지 팀과 함께 측정 대상을 공동으로 결정한다는 의미다.

성과지표는 회사마다 다르지만, 시장 진입 초기에는 그저 매출이나 이익 관련 지표만이 올바른 지표는 아니다. 예를 들어 제품-시장 최적화 달성, 주요 파트너십 구축, 정부와의 관계 구축 등은 규모 확장의 토대를 마련하는 데 보다 적절하고 적용 가능한 지표다. 시장이 성장하면 이런 지표들은 전통적인 수익성 지표와 회사-시장 최적화로 전환된다.

이 장에서는 각각의 약속을 채택할 때 중요한 고려 사항인 '성공으로 나아가는 길Pathways for Success'을 제시한다.

필요한 자원을 중심으로 본사와 현지 팀을 성공적으로 정렬하려면 다음과 같은 일련의 단계를 준수하기 바란다.

성공으로 나아가는 길

- 시장을 탐색하고 견인력을 확보하는 데 필요한 시간을 명확하게 결정한다.

- 2~3년 이상의 장기계획을 수립한다. 항상 생각보다 시간이 오래 걸린다는 것을 명심하라.
- 성공에 필요한 자원을 예상한다. 본사와 현지 팀 모두 그래야 한다.
- 총 진입비용을 계산하고 그것을 향후 투자수익률과 연결시켜라. 완충제buffer를 만들어놓고, 항상 비용을 투자로 간주하여 예상 투자수익률을 산정해야 한다는 것을 잊지 마라.
- 경영진의 가시성visibility과 체크인/상태 파악/업데이트를 보장함으로써 자원을 지속적으로 투입하게 하라.
- 현실적이고 간단한 지표를 설정하라. 본사와 현지 팀이 공동으로 정의한 핵심지표를 3개 이하로 설정하라. 양측이 모두 참여해야 참여율이 높아지고 목표에 헌신한다.
- 현지 시장과 비즈니스를 예의 주시하면서 반복적이고 민첩하게 대응하라. 처음에는 회사-시장 최적화에 맞춰 보다 정성적인 지표를 측정하고, 나중에는 수익성 관련 지표로 전환하라. 현지의 현실이 변화하면 회사의 지표도 그에 맞춰 바뀌어야 한다.
- 시장마다 고유의 시장 기회와 복잡성에 맞도록 목표와 지표를 맞춤 설정하라.

신뢰와 자율성

확장 과정에서 팀이 직면하게 될 또 하나의 가장 큰 도전은 초기 시장에서 성장을 이끈 마법을 반복하려는 욕구와, 현지 팀이 스스로 길을 개척하고 새로운 시장에 맞게 비즈니스를 맞춤화하도록 허용해야 한다는 욕구 사이에서 균형을 맞추는 것이다.

적절한 수준의 자율을 현지 팀에 보장하면서 기초적인 사항을 지원하려는 노력과, 본사와 현지 팀 간의 신뢰를 형성하려는 노력도 수반돼야 한다. 현지 팀은 새로운 국가에서 회사-시장 최적화에 도달하도록 비즈니스를 조정할 수 있는 자율성을 가져야 하고, 본사는 현지 팀이 당면한 도전에 잘 대처하도록 신뢰해야 한다. 동시에, 현지 팀은 본사가 자신들을 지원하고 문제 해결을 도우며 도전을 통해 방향을 제시할 것이라는 믿음을 가져야 한다.

이 약속이 중요한 이유: 패트리온의 최고 인사 책임자이자 박스Box의 최고 인재 및 포용 책임자였던 티파니 스티븐슨은 "자율성은 규모를 확장시켜 준다"라고 말한다. 조직 내 신뢰의 미덕에 대해서는 이미 충분히 연구돼 있기 때문에 이 주제에 많은 지면을 할애하지는 않겠지만, 자율성 역시 중요하다는 점을 강조하고 싶다.

본사가 멀리 떨어진 곳의 모든 결정을 내리는 것은 불가능할 뿐만 아니라, 현지 시장에서 일어나는 일들을 직접 파악하지 못하면 그 결정이 옳다는 확신을 갖기가 불가능하다. 이때 중요한 것이 바로 신뢰다. 본사는 현지 팀에 자율성을 부여하여 신뢰를 보여주고, 현지 팀은 이런 자율성을 활용하여 신규 시장에서 성공적으로 확장할 수 있는 올바른 결정을 내린다. 이런 신뢰와 자율성은 신규 시장을 위한 비즈니스 현지화부터 채용에 이르기까지 현지 운영의 모든 측면으로 확장돼야 한다. 현지 팀이 계속해서 자율성을 부여받으려면 본사의 신뢰를 얻고 유지해야 하기 때문에 신뢰가 최우선이라는 점을 유념해야 한다.

핵심 가치는 현지 문화를 무시하고 유일한 방법, 즉 '본사 방식'만을 강요하는 것이 아니라, 팀의 초점을 맞추고 노력을 집중하기 위한 중요한 수단이다. 라쿠텐Rakuten은 글로벌 진출 과정에서 이를 깨달았다. 일본에 본사를 둔 이커머스eCommerce 기업인 라쿠텐은 인수 전략을 활용하여 유럽 지역의 회사를 인수했고, 라쿠텐 방식이 성공을 위한 최선의 방법이라고 주장하면서 관계를 형성하기 시작했다. 라쿠텐 본사는 신뢰를 구축하는 문제에서 절대 양보하지 않았고, 인수된 기업의 현지 시장 지식을 활용하여 현지에서 더 많은 견인력을 확보할 방법을 모색하지도 않았다. 본사는 현지 팀이 중요한 통찰을 공유할 수 있고 고투마켓 전략에 기여할 수 있는 기회를 주지 않았다. 대신 본사가 수립한 계획의 실행과 속도에만 관심을 가졌다. 나중에 현지 고객과 현지 직원들로부터 중요한 교훈을 수용한 본사가 시장에 맞게 비즈니스를 현지화하기 전까지 이런 마인드셋은 성장을 저해하는 주요 원인이었다.

이런 간극을 좁히기 위해 라쿠텐의 공동 창립자이자 유럽 지역 책임자였던 마사타다 고바야시(현재는 최고 웰빙 책임자)는 현지 팀원들을 직접 만나, 인수되기 전 회사의 핵심 가치를 모두 적어달라고 요청했다. 그는 라쿠텐의 핵심 가치가 적힌 포스터를 옆에 붙여놓고 양측의 핵심 가치가 어떻게 연결되는지 보여줬다. 이렇게 현지의 비즈니스 문화와 라쿠텐의 기업 문화가 서로 연결된다는 사실을 공유하자 성과가 개선되고 직원들의 사기가 높아졌다. 이런 공감대 속에서 본사는 현지 팀과 신뢰를 구축했고, 현지 팀은 모멘텀을 얻어 더 큰 시장 침투력을 발휘했다.

본사가 현지 팀과 함께 자율성의 적절한 균형을 찾는 것은 확대되는 글로벌 입지를 관리하는 데 도움이 되고, 시장 진출에서 시장 성장으로 확장 계획을 진전시키는 데도 도움이 된다. 현지 팀에 비즈니스를 조정하고 시장에 적합한 모델을 찾을 수 있는 자율성을 부여하면 더 빠른 성공과 더 많은 성공을 기대할 수 있다. 핀터레스트와 구글에서 일했던 스콧 콜먼은 이때 하나의 주의 사항이 있다고 지적한다. 현지 팀이 모든 것을 새로 만들 필요는 없다는 것이다. 글로벌 성장 플레이북 등 다양한 프로세스(7장 참고)처럼 '자원 정렬'에 제공되는 도구를 사용하면, 현지 팀이 불필요한 복잡성을 만들거나 견인력 창출에 의미가 없는 활동에 소중한 시간을 낭비하지 않도록 가이드할 수 있다.

또한 스콧은 현지 팀이 소규모 계획을 속도감 있게 추진할 수 있어야 한다는 점을 우선 지적한다. 본사는 현지 팀에 과거에 학습한 모범 사례를 구현할 수 있는 도구를 제공해야 하고, 신속하게 비즈니스를 조정하도록 자율성을 부여하여 권한을 위임 받았다는 인식을 주어야 한다.

자율성의 반대인 관료주의는 현지 팀에 무력감을 안겨줄 수 있다. 스타트업처럼 유연함을 유지하면서 적합한 모델을 찾기는 어렵고, 시간 소요가 많은 프로세스를 추가하는 것 역시 도움이 되지 않는다. 일본 기업의 현지 지사는 본사와 소통할 때 관료주의적 조직 구조로 인해 시간이 지나치게 많이 걸리는 행정 절차에 시달리고, 그 때문에 자신들이 주도해야 할 시장과 소통하고 고객을 참여시키는 데 시간을 쏟지 못한다. 조직의 관료주의는 글로벌 성장에 집중하는 현지 팀의 성공에 방해가 되고, 마이크로 매니지먼트는 팀이 엉뚱한 일에 집중하게 만들곤 한다.

권한을 위임하는 것이 가장 중요하다. 신규 시장에서 견인력을 발휘할 권한을 위임하는 원동력이 바로 신뢰와 자율성이다. 현지 팀에는 본사의 승인 없이 사소한 사항들을 결정할 수 있는 능력과 자원이 필요하다. 본사도 이런 사소한 결정을 내리는 것을 원치 않는다. 본사는 현지 팀의 결정이 올바른 결정이라고 믿어야 한다. 신뢰 구축은 현지 시장과 본사 내에 적합한 인재, 즉 인터프리너를 채용하는 것에서 시작한다.

자율성 곡선

프로세스의 각 단계에서 자율성과 통제 사이의 균형을 관리하는 데 유용한 프레임워크가 바로 자율성 곡선Autonomy Curve이다. 산업과 기업 문화 등 여러 요인에 따라 자율성 수준에 영향을 미치는 고유 특성이 있겠지만, 이 곡선은 글로벌 확장의 각 단계에서 현지 팀에 어느 정도의 자율성을 부여할지, 그 방향을 제시한다.

자율성 곡선은 글로벌 확장이 시장 진입, 시장 성장, 시장 성숙이라는 3가지 범주로 나뉜다. 각 범주마다 자율성 수준이 다르게 적용된다. 각

[그림 3] 자율성 곡선

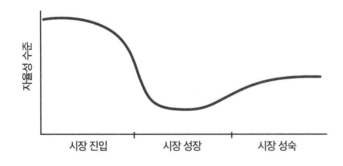

2부 | 규모 확장 - 효과적인 글로벌 성장

현지 시장은 진입 혹은 성장 시점이 각기 다를 가능성이 크기 때문에 자율성 곡선을 따라 독립적으로 이동한다. 그렇기 때문에 여러 지역을 반드시 함께 판단할 필요는 없지만, 본사는 다음과 같은 이유로 시장 성장 과정 중에 여러 지역에 걸친 활동의 확장성을 고려할 가능성이 높다.

확장 단계 정의

글로벌 시장 진출은 3단계로 구성되고, 각 단계마다 고유의 핵심 목표가 있다.

- **시장 진입**: 이 단계는 출시 전 계획과 제품-시장 최적화가 달성될 때까지 새로운 시장에 안착하는 과정을 말한다. 팀은 비즈니스를 운영하는 방법과 시장 진출 방법의 현지화 버전을 검증하여 비즈니스 모델이 수익성과 확장성을 갖추고 있음을 입증한다.

- **시장 성장**: 이 단계에서는 글로벌 비즈니스 운영 방식을 지나치게 복잡하게 만들지 않으면서 글로벌 입지를 구축하고 비즈니스를 운영할 수 있는 모멘텀과 규모를 달성하는 데 중점을 둔다. 이 단계에서 기업은 회사-시장 최적화를 위해 노력하고 이를 달성한다.

- **시장 성숙**: 기업은 이 단계에서 기존의 현지 시장에 더 많이 침투하기 위한 활동을 전개한다. 시장 진입과 시장 성장 단계에서는 기업이 깊이 침투하지 못하거나 시장 잠재력을 충분히 활용하지 못하는 경우가 많다. 이 단계의 목표는 추가적인 현지화를 통해 보다 지배적인 시장점유율을 확보하는 것이다.

시장 진입 단계에서 자율성은 현지 팀이 현지 시장에 적합한 제품 모델을 찾는 데 집중하고 발견할 수 있게 하는 '산소' 같은 것이다. 따라서 이 단계에서 자율성이 가장 높아야 한다. 물론 정렬이 필요하기 때문에 100% 완전한 자율성은 아니다. 본사가 이런 수준의 자율성을 부여하기가 마뜩치 않다면, 현지 팀에 대한 신뢰가 부족하거나, 조직을 확장할 준비가 안 되어 있거나, 글로벌 클래스 마인드셋이 내재화되지 않았다는 신호일지 모른다.

시장 성장 단계에서 자율성은 감소한다. 하지만 본사가 여전히 현지 팀의 지식을 활용하고자 하기 때문에 완전한 지시 및 통제의 수준까지 자율성이 떨어지지는 않는다. 이런 자율성 감소는 개별 시장보다는 여러 국가에 걸친 글로벌 입지에 더 큰 영향을 미친다. 이 단계에서 조직의 초점은 복잡성을 관리하고 현지화의 크기를 조절하는 것이다. 그러므로 조직은 개별 시장의 적합도가 아니라 다국적 관점의 모멘텀과 규모를 고려해야 한다. 그런 모멘텀을 촉진하려면 추가적인 프로세스와 조직 구조를 구현해야 하는데, 이 때문에 어쩔 수 없이 제한을 가하고 자율성을 축소시키게 된다.

시장 성숙 단계에서 자율성은 다시 커진다. 시장 성장 단계 때 채택된 구조와 표준을 활용하기 때문에 시장 진입 단계와 같은 수준의 자율성에는 미치지 못하지만, 현지 팀이 시장에 더 깊이 침투하도록 추가적인 자율성을 부여해야 한다. 시장 진입 단계에서는 보통 시장 잠재력의 표면만을 공략하지만, 시장 성숙 단계에서는 현지 시장에 맞는 제품 맞춤화처럼 심층적인 현지화 작업을 수행함으로써 조직이 시장에서 보다 지배적인 위치를 점하도록 한다.

전략과 핵심성과지표Key Performance Indicator: KPI도 비슷한 경로를 따른다. 시장 진입 단계에서는 현지 시장의 특성, 현지화 요구 수준, 회사-시장 최적화 경로가 다를 수 있기 때문에 성숙 시장을 벤치마킹하지 말고 해당 지역에 맞게 전략과 핵심성과지표를 고도로 맞춤화해야 한다. 시장 성장 단계에서 전략과 핵심성과지표는 본사 및 동일 단계에 있는 다른 지역과 더욱 밀접하게 정렬된다. 마지막으로, 시장 성숙 단계에서는 '심층적인 시장 침투'라는 목표에 맞춰 일부 전략과 핵심성과지표가 더욱 현지화되는데, 이런 심층적 현지화는 시장 성장 단계에서 모멘텀을 강화하면서 구축된 조직 프로세스에 의해 이루어진다.

성공으로 나아가는 길

- 본사와 현지 팀 간의 강력한 관계를 구축하라.
- 현지 팀에 자율성을 부여해 해당 시장 고유의 성공 모델을 발굴하라.
- 열린 소통을 통해 신뢰의 문화를 구축하라. 성공과 실패를 공유하고 그에 따른 교훈을 학습하라.
- 회사-시장 최적화와 현지화를 추구하는 데 방해가 되지 않으면서 본사가 현지 운영에 대해 어느 정도 가시성과 영향력을 발휘할 수 있는 프로세스를 수립하라.
- 현지 팀이 기업 문화와 핵심 가치를 내재화하고 본사가 현지 시장 고유의 문화와 시장 역학을 이해하게 하라. 시간의 흐름에 따라 자율성 수준을 변화시킴으로써 우선순위의 균형을 유지하라.

현지 팀이 개별 시장에 맞는 회사-시장 최적화를 달성하도록 하되, 본사가 여러 시장에 걸쳐 대규모로 회사를 관리할 수 있는 프로세스와 문화적 규범을 만들어라. 자율성 곡선을 활용하여 각 확장 단계에 맞는 균형을 유지하라.

소통과 명확성

자율성이 신규 시장의 팀에 권한을 부여하고 견인력을 창출하는 원동력이 신뢰라면, 소통 채널은 목표에 도달하기 위한 고속도로라고 할 수 있다. 그리고 명확성clarity은 그 여정을 안내하는 표지판이다.

팀을 둘러싼 여러 환경요소들과 마찬가지로, 글로벌 팀의 성공을 위해서는 효과적인 소통이 필수적이다. 글로벌 기업에서는 문화적 장벽과 언어적 장벽으로 인해 내수 기업보다 소통이 더욱 중요하다. 글로벌 클래스 기업은 본사가 중심이 되는 '허브 & 스포크hub-and-spoke' 모델 대신 끝없이 상호 연결되는 두뇌 같은 구조의 소통 네트워크를 개발한다. 현지 팀과 여러 부서의 직원들이 서로 연결돼 모범 사례를 공유하고 서로를 지원한다.

글로벌 클래스 기업은 글로벌에 분산된 팀을 운영할 때 현지 비즈니스 문화에서 비롯된 소통 스타일의 차이를 고려한다. 예를 들어 아시아 문화권에서는 위계질서를 중시하여 상사에게 이의를 제기하는 것을 불복종으로 간주하지만, 스칸디나비아 비즈니스 문화에서는 직접적 소통을 아주 중요시한다. 효과적인 소통 채널과 관행은 이런 문화적 특성을 파악하여 모두가 적절하게 소통하도록 돕는다.

글로벌 클래스 기업은 본사와 현지 팀 사이에 강력한 소통 링크를 구축한다. 본사는 이 링크를 사용하여 기대치를 설정하고, 현지 팀이 핵심 가치와 목표에 부합하는지 확인하며, 현지 팀과 진척도를 측정한다. 또한 글로벌 클래스 기업은 이런 소통의 채널이 양방향으로 이루어지게 하여, 본사가 시장 정보를 수집해 비즈니스 계획, 자원 할당, 현지화 필요성 파악, 현지 팀의 장애물 제거에 도움을 줄 수 있게 한다. 이런 양방향 소통 채널을 피드백 루프라고 부른다. 이에 대해서는 앞으로 서술할 내용과 다음 장에서 상세히 다룰 것이다.

글로벌 클래스 기업은 소통 채널로 동기식과 비동기식이 동시에 있어야 하고, 서로 다른 시간대에 사는 사람들도 대화에 참여해야 한다는 점을 잘 알고 있다. 이들 기업은 모든 구성원이 목소리를 낼 수 있고 지리적으로 가까운 특정 팀이나 개인이 영향력을 행사하지 못하도록 막는 효과적인 소통 채널이 평등에 아주 훌륭한 도구임을 잘 알고 있다.

글로벌 클래스 기업은 효과적 소통 도구를 구현하는 것이 프로세스의 일부일 뿐이라서 효과적 소통을 보장하려면 조직 구조와 프로세스를 구축해야 한다는 것을 잘 알고 있다. 한국 GM은 일본 GM이 일본 진출 과정에서 축적한 지식이 자신들에게 도움이 될 거라는 점을 간파하고 일본 GM과 연결망을 구축했다. 이런 팀 간 연결을 통해 한국 GM은 아시아 태평양의 여러 국가와 관련된 데이터를 확보할 수 있었다. 일본에 투자한 규모와 그에 따른 성장 과정을 이해하는 것만으로도 한국 시장 진출을 계획하는 데 아주 유용했다.

고도의 명확성은 투명성을 통해 달성할 수 있다. 글로벌 클래스 기업은 의사결정, 플레이북 수립, 모범 사례 공유, 진척도 추적 및 측정에서 투명성을 확보하기 위해 노력한다.

피드백 루프는 소통과 명확성을 촉진하는 아주 좋은 방법이다.

피드백 루프

효과적인 양방향 소통을 통한 투명성과 지식 공유는 본사와 현지 팀 간의 '업무 줄다리기'를 완화시킬 뿐만 아니라 시간을 절약해주고 당사자 모두의 역량 강화에 기여한다.

본사와 현지 팀 간의 효과적인 소통 채널을 만드는 가장 좋은 방법은 피드백 루프를 구축하는 것이다. 피드백 루프는 아이디어와 정보를 여러 방향으로 투명하게 교환하도록 구축된 소통 라인으로, 회사의 톱니바퀴라 말할 수 있는 내부 프로세스들이 빠르게 움직이고 모멘텀을 얻도록 돕는 윤활유 역할을 한다.

피드백 루프를 통해 현지 팀과 본사는 시장 정보를 교환하고 문제를 함께 해결할 수 있다. 피드백 루프가 효과적으로 작동하면, 현지 팀은 현지 시장에서 얻은 교훈과 관찰 결과를 공유하여 본사의 팀들과 경영진이 현지화 수준을 결정하고 진척 상황을 파악하도록 돕는다. 이를 통해 회사는 신규 시장에서 견인력을 확보하고 회사-시장 최적화에 도달할 수 있다. 본사 팀이 핵심 가치를 현지 팀에 전달하고 기업 문화가 내재화되고 있는지 확인할 수 있다는 점도 피드백 루프가 중요한 이유다. 피드백 루프를 통해 본사 팀은 현지 팀과 모범 사례를 공유할 수 있고, 효율을 추구하면서도 여러 시장에서 나타난 패턴을 파악하여 얻은 가장 효과적인 혁신을 확장할 수 있다.

이런 정렬은 슬랙 같은 글로벌 클래스 기업에 중요하다. 인사 담당 수석 부사장인 돈 샤리펀Dawn Sharifan은 현지 팀과 본사 간의 정렬을 위한 프로세스를 정립했다고 말한다. 첫째, 회사는 현지 직원의 참여 수준과 핵심 가치 준수 여부를 파악할 수 있는 여러 소스를 확보하고 있다. 현지 책임자가 본사와 현지 직원들 간의 중개자 역할을 하는 경우가 자연스럽게 발생하는데, 오직 한 사람이 본사와 소통한다면 현지 시장에서 실제로 일어나는 일이 왜곡되어 전달될 수 있다.

슬랙은 각 지사에 핵심 부서(본사와 법무)의 팀원을 배치함으로써 정렬을 촉진한다. 또한 슬랙은 '문화 홍보대사 프로그램'을 운영함으로써 각 지사마다 3~5명의 비 본사 직원들을 본사와 직접 연결한다. 회사의 분위기와 최신 소식을 정기적으로 공유할 수 있도록 하기 위해서다.

피드백 루프는 소통을 관리하기 위한 중요한 메커니즘이다. 그러나 이런 구조를 구축하는 것만으로는 충분하지 않다. 리추얼Ritual의 최고 인사 책임자이자 애플 리테일 사업부의 조직 설계 책임자였던 제니퍼 코닐리어스Jennifer Cornelius는 "피드백 루프 안팎에서 어떤 일이 일어나는가?"라는 질문을 통해 격차를 파악하여 해결책을 마련하는 모범 사례를 우리와 공유했다.

피드백 루프를 효과적으로 구현하면 본사가 현지 팀의 일을 더 엄격하게 통제할 수 있게 되는 것이 아니다. 현지 팀이 통찰과 모범 사례를 공유할 수 있는 권한을 부여받고, 본사는 특정 시장에서 발굴한 모범 사례를 전 세계에 구현할 줄 아는 선견지명을 갖추는 것이 피드백 루프가 구현하는 효과다. 피드백 루프는 글로벌 클래스 기업이 국내외의 조직 전반에 걸쳐 통찰과 피드백을 수집하는 데 도움이 된다.

현지 팀에 어느 정도 자율성을 부여하는 것이 중요하지만, 피드백 루프는 현지 팀이 '맨땅에 헤딩'하거나 혼자서 문제를 해결하게 방치하지 않도록 강력한 소통 링크와 시스템을 구축한다. 이를 통해 현지 팀이 회사-시장 최적화를 달성하고, 고객 기반을 성장시키며, 운영 범위를 확장하는 데 집중한다.

피드백 루프를 효과적으로 사용하면 복잡성도 완화된다. 양방향 소통 채널을 효과적으로 구현하면 신규 시장에 진출하고 규모를 확장할 때의 현지화 프리미엄과 시장 진출 및 운영의 복잡성(조직 프리미엄Organizational Premium은 6장 참고)을 줄일 수 있다.

라쿠텐의 최고 경영자이자 공동 창립자인 히로시 미키타니는 일본어로 '아침'을 뜻하는 '아사카이ぁさかい'란 단어를 넣어 만든 '월요일 아사카이'라는 주간 활동을 통해 복잡성을 통제하고 강력한 피드백 루프를 독려한다. 이 주간 활동을 진행하면서 미키타니는 핵심 전략 계획을 논의하고 핵심 가치를 강조한다. 또한 현지 시장의 모범 사례를 소개하기도 한다. 회사 직원의 절반가량이 아태 지역에, 약 40%가 미국에서 근무하는 점을 고려하고 원활한 의사소통과 명확성을 보장하기 위해, 아태 지역의 오전 시간과 미국의 오전 시간에 각각 한 번씩 여러 차례의 세션을 진행한다. 다른 시간대의 직원들도 볼 수 있도록 회의 영상을 녹화하여 아침 일찍 각 지역으로 전송한다. 주로 영어로 의사소통을 하기 때문에 언제나 라쿠텐 본사의 언어인 일본어로도 통역이 된다.

아사카이 활동은 '성공을 위한 5가지 원칙'이라고 부르는 라쿠텐의 핵심 가치에 정렬돼 있다. 특히 아사카이는 조직 전반에 신속한 소통이 이루어지게 하여 '속도! 속도! 속도!'라는 핵심 가치에 기여한다. 또한 이런 회의를 통해 회사 전체의 발전과 개선을 꾀할 수 있고 글로벌하게 수집된 모범 사례를 공유할 수 있어서, 또 다른 핵심 가치인 '항상 개선, 항상 발전'에도 기여한다. 마지막으로, '가설 개발 → 실행 → 검증 → 시쿠미카(시스템화)'라는 핵심 가치는 구체적인 실행 계획을 수립하고 실행한다는 뜻인데, 아사카이 활동을 통해 구체적인 계획과 전략이 공유되고 강화되기 때문에 이 역시 이 핵심 가치에 기여한다고 말할 수 있다.

피드백 루프의 핵심은 본사의 지시와 통제를 위한 메커니즘이 아니라, 새로운 통찰을 얻고 앞으로 나아가기 위한 촉매가 되도록 서로 동등한 입장에서 소통하는 것이다. 이는 본사의 업무 방식에 집착하지 않고 변화에 개방적이어야 한다는 뜻이다. 줌의 글로벌 전략 및 운영 팀을 이끄는 마크 패리Mark Parry의 말처럼, 글로벌 클래스 기업이 되는 방법은 기존 시스템과 프로세스에서 눈에 보이든 그렇지 않든 발견되는 모든 장애물과 편견을 제거하여 변화를 올바른 방향으로 전개시키는 것이다. 글로벌 클래스 기업은 기존의 시스템과 프로세스를 업데이트하거나 교체하고자 할 때 설계와 계획 단계에서 항상 글로벌 마인드셋을 유지한다.

양방향 소통이 효과적으로 이루어지면, 글로벌 진출 노력이 실패하는 주요 원인인 '본사에 대한 무의식적인 편견'이나 '현지 시장과 현지화에 대한 편견' 같은 사고의 불균형을 드러내는 효과를 기대할 수 있다.

피드백 루프는 본사와 현지 팀 사이에만 존재하는 것이 아니다. 현지 팀들 간에도, 현지 팀 내에서도 존재해야 한다. 우리는 현지 팀 내의 피드백 루프를 '작은 루프small loop'라고 부른다. 이 소통 채널은 어떤 비즈니스 요소를 새로운 비즈니스에 맞게 어떻게 조정해야 하는지, 또 신규 시장에 무엇을 어떻게 맞춤화해야 하는지 등에 관한 대화가 이루어지는 곳이므로 중요하다. 또한 작은 루프는 현지 시장에 대한 통찰과 새로운 혁신이 처음 발견되고 검증돼 더 큰 피드백 루프를 통해 본사와 공유하는 곳이기도 하다. 이 작은 루프가 회사 관점과 현지 관점 사이에서 균형을 유지하는 것이 중요하다.

이 약속이 중요한 이유: 현지 팀이 현지 시장에서 직접 경험한 바에 따라 어떤 변화가 필요한지 소통하지 않는다면 본사는 그런 변화의 필요성을 지지하지 않을 것이고 시장 적응에 필요한 자원을 투입하지 않을 것이다. 열린 소통 라인이 없다면 본사와 이미 진출한 타 지역은 현지 팀이 타 시장에서 이미 극복해낸 장애물을 뛰어넘도록 도울 수 없고, 그로 인해 현지 팀은 회사-시장 최적화에 도달하기가 쉽지 않을 것이다.

플렉스포트의 임원이었던 얀 반 카스테렌Jan van Casteren은 "이것은 '80:20 법칙'이 적용되는 상황 중 하나다. 회사 모델의 80%는 새로운 영역에서도 잘 작동하지만, 나머지 20%는 시행착오를 통해 알아내야 한다"라고 말한다. 이 사항에 대해서는 7장 우버의 '시장 진출 플레이북' 사례에서 다룰 것이다. 회사 내에 형성된 집단적 마인드collective mind, 구성원 전체에 축적된 경험과 교훈을 활용하는 것이 그 20%를 발견하기 위한 핵심이다. 이런 집단적 마인드를 형성하기 위한 힘은 효과적인 소통에서 나온다.

이 장의 서두에서 말한 것처럼, 존 브랜든은 애플의 핵심 가치를 수호하는 것 외에도 10가지 규칙(JB의 성공 규칙)을 나눔으로써 애플의 글로벌 팀원들 간에 집단적 마인드가 형성됐다. 이런 규칙을 직원들에게 이해시키고 명심시키기 위해 관리자들은 자발적으로 규칙 목록을 인쇄했고, 직원들은 그것을 회사 배지에 부착했다. 이 원칙은 직원들 모두가 숙지하고 잘 준수돼서, 어느 전직 애플 직원은 온라인에 이 원칙을 자랑스럽게 공유했다. "존은 이 원칙을 정말 잘 지키는 것 같았다. 그는 애플이 사면초가의 상태에서 빠져나오려고 안간힘을 쓰는 동안에도 조직 전체의 구성원들이 스스로를 특별한 존재로 느끼게 했다." 이처럼 핵심 원칙을 명확하게 소통하는 것은 글로벌 차원으로 조직을 정렬하는 데 중요하다.

성공으로 나아가는 길

- 현지 팀에 홍보대사를 지정하여 시장 동향 파악에 집중하라. 현지 경영진 중 한 사람이 아니라, 직원이어야 한다. 중간 단계 없이 보다 다양한 의견을 직접 수렴할 수 있기 때문이다.
- 적절한 소통 채널과 플랫폼(구조 및 프로세스)을 구축하라.
- 신속한 대응과 반복을 위한 피드백 루프를 구축하라.
- 양방향 소통을 보장하라. 투명성에 대한 현지 비즈니스 문화의 거부감을 극복하고 실패를 공유하라. 동시에 현지 팀이 관련 이슈에 대한 최신 정보를 수집하도록 하라.
- 모든 당사자가 진척 상황을 추적할 수 있도록 보고 구조와 주기를

설정하라.

글로벌 애자일 방법론

글로벌 클래스 기업이 글로벌로 확장할 때 가장 중요한 네 번째 약속은 애자일 방법론을 지속적으로 활용하여 새로운 글로벌 시장에서 회사-시장 최적화와 규모를 달성하는 것이다.

글로벌 클래스 기업은 제품이나 운영 모델이 모든 지역에서 언제나 잘 작동되는 경우는 드물고 세계는 너무나 다양하다는 사실을 잘 알고 있다. 그들은 본사 방식을 밀어붙이고 현지 시장이 자기네들의 궤도에 맞춰야 한다고 강요하기보다, 초기 시장에서 검증된 현재 모델을 테스트하고 반복해야 할 가설의 집합으로 간주한다. 또한 견인력과 규모를 확보하려면 재빠른 변화(피벗pivot)가 필요하다는 것을 잘 알고 있다.

게다가 초기 시장에서 모델을 검증한 여느 기업들과 마찬가지로, 글로벌 클래스 기업은 처음부터 성공하지 못할 수 있다는 점과 실패는 성공으로 가는 과정의 일부라는 점을 잘 알고 있다.

'글로벌에 초점을 맞춘' 애자일 프로세스 버전은 현지화의 핵심 동인이다(5장 참고). 시장 진입 시에는 반복적 시도를 통해 운영을 최적화하여 회사-시장 최적화를 향한 모멘텀과 규모를 구축하는 것이 중요하다.

이런 린Lean 마인드셋은 제품 개발부터 현지 팀에 이르기까지 조직의 여러 측면에 영향을 미친다. 트로이 멀론은 신규 시장에서 견인력을 찾는 데 효과적인 소규모 인터프리너 그룹, 즉 '최소 실행 가능팀minimum viable team'이란 개념을 이야기한 바 있다. 캐스린 하임즈는 작게 시작하여 프로세스를 수립해가는 방법을 설명한다. 이 방법이 대규모 시장이나 고객에는 효과가 없을 수 있으나 새로운 현지 시장을 조기에 검증하는 데 중요하다고 하임즈는 강조한다. 신규 시장에서 제품-시장 최적화를 달성하면 애자일의 초점은 회사-시장 최적화 달성하기, 규모 확대하기, 고투마켓 및 운영 모델 최적화하기 쪽으로 이동한다.

이 약속이 중요한 이유: 성장 단계에 있는 기업들은 자원과 집중 가능한 프로젝트의 수가 제한돼 있는 경우가 많다. 애자일 방법론은 검증 기간에 소요되는 자원의 양을 제한하여 회사-시장 최적화에 도달한 후 규모 확대를 위해 필요한 자원을 비축한다.

기업들은 초기 시장에서 자신들의 비즈니스가 검증되고 나면 애자일 원칙을 폐기하는 경향이 있다. 그 이유는 "우리의 고객은 누구인가?", "우리의 고투마켓 전략은 무엇인가?" 등과 같은 핵심 질문에 대한 답을 얻었기 때문이다. 또한 조직이 성장함에 따라 초기의 고객 개발 프로세스에 참여했던 사람들보다 기능적인 전문성 차원에서 뛰어난 사람들이 더 많아지기 때문이다.

자주 간과하는 것

글로벌 성장에서 애자일의 역할

다음 장에서 자세히 설명하겠지만, 현지 시장에서 비즈니스 전반에 걸친 애자일의 중요성을 지속적으로 알리는 것이 중요하다. 애자일은 초기 시장에서 제품-시장 최적화를 달성한 후에도 적용된다. 비즈니스는 끊임없이 변화하므로, 이 새로운 시장에서 혁신을 추구하고 장애물을 극복하며 성장 기회를 찾으려면 이런 마인드셋을 갖춘 팀이 필요하다는 것을 글로벌 클래스 기업은 잘 알고 있다.

글로벌 조직을 구축하는 과정에서 애자일에 대한 집중력을 유지한다면, 단일 시장에서 회사-시장 최적화에 도달하거나 여러 시장에 걸쳐 규모를 확대하는 데 필요한 유연성을 확보할 수 있다.

애자일이 신규 시장에 처음 진출하는 소기업에만 적용된다고 생각한다면 그 편견을 버려야 한다. 애자일은 전 세계로 확장 중인, 다양한 확장 단계에 있는 크고 작은 모든 글로벌 클래스 기업이 지닌 비밀 무기다.

사례와 요점: 처음에 구글은 시장의 모든 플레이어가 시장점유율을 확보하고 보다 강력한 생태계를 구축하려고 공격적으로 나서는, 경쟁이 치열한 미국의 가정용 음성 어시스턴트 시장에 집중했다. 경쟁이 제한적이고 미개척 시장인 라틴아메리카 시장에서 기회를 발견한 구글 네스트 팀은 퍼스트 무버first-mover의 우위를 점하기 위해 방향을 전환했다. 구글 팀은 글로벌 시장의 우선순위를 재조정했고 라틴아메리카 11개국에 네스트 제품을 출시하는 등 즉각 움직였다. 모든 실행은 애자일 접근 방식을 따랐다. 국가별로 다른 기술 사양(다양한 사용 전압 등)을 효과적으로 파악하고 현지 시장에 전문 지식을 보유한 핵심 파트너를 영입하여, 구글은 라틴아메리카에서 퍼스트 무버의 우위를 누릴 수 있었다.

성공으로 나아가는 길

- 글로벌 성장에 초점을 맞춘 팀을 구성할 때는 애자일에 능숙한 팀원을 선발하라. 이 사항을 현지 시장의 팀원들, 글로벌 성장을 지원하는 본사 팀원들에게도 동일하게 적용하는 데 집중하라.
- 계획과 일정을 준수하는 것보다 현지 운영 모델이 검증될 때까지 애자일 방법론을 적용하라.
- 애자일 방법론이 신규 글로벌 시장에서 견인력을 확보하고 규모를 확장할 때 요구되는 현지화 요소를 규명하는 데 가장 명확한 경로임을 인지하라.

─────────────── **사례 연구** ───────────────

글로벌 성장을 위한 4가지 약속을 효과적으로 채택하다 - 플렉스포트

플렉스포트는 성공적인 글로벌 성장을 위한 4가지 약속을 유럽으로 확장하고, 성장 과정에서 효과적으로 구현했다. 플렉스포트 유럽 사업부 창립자인 얀 반 카스테렌은 본사의 지원 덕에 회사-시장 최적화 달성과 규모 확대를 기할 수 있는 핵심 영역을 찾을 수 있었다고 말한다.

• 자원 정렬

플렉스포트는 확장과 관련하여 경영자와 이해관계자들의 의견을 정렬했다. 그들은 화물 운송업이라는 산업의 글로벌 특성을 잘 알고 있었고, 더 큰 규모의 고객을 유지하고 서비스하려면 유럽에 진출해야 한다는 것도 잘 알고 있었다. 이 지역에 대한 장기 투자의 중요성을 인식한 경영진은 '시리즈 A' 펀딩 라운드가 마감되고 자금이 확보될 때까지 확장을 미뤘다. '진출하고 바로 다른 지역으로 떠나는' 리스크를 줄이기 위해서였다.

유럽의 현지 팀은 확장에 아주 헌신적이었다. 처음에 현지 사무소는 영업, 고객 지원, 운영, 법무 및 컴플라이언스 부서로 구성되었지만 나중에는 구매, 채용, 재무, 인사, 제품 개발, 디자인 부서까지 갖춤으로써 현지에서 강력한 입지를 확보할 수 있었다.

흥미롭게도 얀은 시장 진출 과정에서 플렉스포트 유럽 팀에 구체적인 목표가 주어졌지만 예산은 구체적으로 할당되지 않았다고 말했다. 유럽 팀에 부여된 목표는 회사-시장 최적화 달성하기, 사업적 견인력 확보하기, 유럽에서 운영이 취약한 기존 고객에게 서비스 제공하기였다. 이런 전략은 자원 할당이 고객에 따라 이루지도록 했다. 따라서 경영진은 고객의 요구를 충족시킬 솔루션을 구축할 수 있는 인력을 확보할 수 있었다.

• 신뢰와 자율성

유럽에서 플렉스포트가 성공할 수 있었던 비결 중 하나는 눈에 잘 띄지 않는 것인데, 바로 이 회사 최고 운영 책임자인 산 맨더스Sanne Manders와 얀과의 관계였다. 얀과 산 맨더스는 보스턴 컨설팅 그룹의 암스테르담 사무소에서 함께 일할 때부터 서로를 잘 알던 사이였다. 그들의 관계는 얀이 플렉스포트에 합류하는 데 도움이 되었을 뿐 아니라 그가 본사 임원들 중에서 챔피언으로 인정받는 데에도 힘이 되었다. 산 맨더스는 얀과 과거부터 신뢰를 쌓았는데, 이는 현지 팀과 본사 간의 좋은 관계에서 신뢰가 얼마나 중요한가(8장 참고)를 보여주는 사례다. 얀에게 유럽 비즈니스를 구축할 수 있는 재량권이 많이 주어졌지만, 본사는 현지화와 중앙 집중화를 위해 몇 가지 가드레일을 설치했다.

• 소통과 명확성

처음에 얀이 본사와 주고받은 대부분의 소통 내용은 사업적 견인력과 관련된 것이었는데, 주로 얀과 산 매더스 사이에서 이루어졌다. 이후 소통은 시간이 지남에 따라 본사의 다른 구성원들과의 소통, 다른 지역 팀원들과의 소통으로 확대되었다. 매월 얀은 경영진에게 경영 상황을 업데이트했고, 채용부터 대규모 비용 지출과 신규 고객에 대한 투자에 이르는 주요 의사결정 사안을 놓고 본사 및 타 지역의 현지 팀들과 협업했다.

이 과정에서 얀은 의사결정의 예상 결과와 의사결정 방법을 구체적으로 설명했다. 또한 현지의 특성을 공유할 기회를 제공하여 현지화 요구가 더 많이 수용되도록 했다. 격월 주기로 얀은 경영진을 유럽 지사로 초청했고, 얀 역시 두 달에 한 번씩 본사를 방문했다.

이런 노력으로 보다 공식적인 소통 구조가 마련되었고, 미국 전역의 모든 총괄 매니저general manager: GM, 아시아 지역 책임자, 얀이 직접 대면하는 'GM 주간'이 개설돼 팀워크와 소통이 더욱 강화되었다. 예를 들어 각 지역의 모든 현지화 및 프로젝트 기능 요청 사항이 담긴 구글 스프레드시트를 만들어서 지역별 제품 변경 요청의 우선순위를 설정할 수 있게 했다. 이를 위해 기술 프로그램 관리자를 채용했는데, 이 사람의 역할은 현지 팀들의 제품 요구 사항을 수집하고 추적 관리하는 것이었다(이 관리자는 7장에서 설명할 현지화 자원 팀의 축소 버전이라 할 수 있다). 그는 유럽에서 근무했지만 본사의 글로벌 제품 담당 임원에게 보고했는데, 얀은 이런 보고 체계가 그 관리자의 역할을 효과적이게 만든 비결이라고 말했다.

참고 사항: 플렉스포트의 글로벌 성장 여정과 함께한 얀의 경험은 대부분의 성공적 확장이 이루어지는 유기적 방식과 잘 맞아떨어진다. 시장 진입 단계에서 얀의 주요 소통 채널은 본사의 임원급 챔피언(산 맨더스)이었고, 그 후에는 대부분 사무실 방문 같은 개별 행동을 통하기는 했지만 더 많은 이들과 글로벌한 소통을 했다. 플렉스포트가 시장 성장 단계에 접어들면서는 기술 프로그램 관리자라는 자원뿐 아니라 'GM 주간' 같은 보다 공식적인 구조가 확립됐다.

현재 플렉스포트는 신규 시장에 진출하기 위한 모든 단계와 요구조건(법무, 인사 등), 의사결정 프로세스를 간명하게 요약한 플레이북을 보유하고 있다. 소통 및 회의 구조도 성숙해졌다. 유럽, 중동, 아프리카[EMEA], 아시아 태평양 지역은 북미와 동등한 수준으로 인정받고, 이들 지역 모두 플렉스포트의 글로벌 부서와 함께 매주 글로벌 수준의 문제 해결을 위해 회의를 진행한다.

• 글로벌 애자일 방법론

플렉스포트는 얀에게 유럽 지역에서 회사-시장 최적화에 도달하고 시장 진출 및 운영 모델의 여러 요소를 반복적으로 추진할 때 애자일 방법론을 자유롭게 활용할 수 있는 권한을 부여했다. 본사와 중앙 집중화된 제품 팀에 의해 제품이 엄격하게 관리됐기 때문에 얀이 행한 대부분의 반복 과정은 제품 부분을 제외한 플레이북의 나머지 부분에 집중됐다. 처음에는 영국 운영을 책임질 파트너를 영입하고 정책을 현지화하는 등의 과정에서 지속적인 반복 시도와 재빠른 전환(피벗)이 이루어졌다. 심지어 독일 영업사원에게는 독일 비즈니스 문화에서 중요한 특전인 자동차가 제공되었다. 북미에서는 흔치 않은 일이었다.

자원 정렬, 신뢰와 자율성, 소통과 명확성, 글로벌 애자일 방법론의 사용은
유럽을 비롯한 전 세계에서 플렉스포트의 성공을 가능케 한 핵심 요소였다.

성공적인 글로벌 확장을 위한 4가지 약속이 중요한 이유

앞에서 우리는 4가지 약속이 본사와 현지 팀 간의 연결고리를 설정하
고, 협업을 위한 매개변수를 설정하며, 본사가 현지 팀을 성공적으로 이
끄는 데 필요한 요소에 관한 틀을 제공한다고 설명했다.

4가지 약속이 글로벌 성장 이니셔티브의 성공에 중요한 이유는, 만약
이 약속들을 제대로 이행하지 않고 지속적으로 준수해나가지 않는다면
글로벌 비즈니스의 실패를 초래하는 가장 일반적인 10가지 요인의 희생
양이 될 위험에 처하기 때문이다. 아래 괄호 안의 숫자는 1장의 10가지
요인의 번호를 의미한다.

- 경영진의 동의와 참여를 얻지 못하는 것(2)은 본사의 부적절한 **자원
  정렬**에서 비롯되고, 적절한 시간과 자원을 글로벌 성장에 투여하지
  않는 것(8), 팀을 잘못 구성하는 것(3), 모멘텀을 창출할 수 있는 조
  직 구조를 구축하지 않는 것(9)도 마찬가지다.
- 본사와 현지 팀 간에 '우리 VS. 그들' 사고방식을 고수하는 것(4)은
  현지 팀을 **신뢰**하지 않고 **자율성**을 인정하지 않으려 할 때 나타난다.
- 현지화 시 고객 개발과 애자일 방법론을 재검토하지 않고(5) 복잡성
  을 관리하지 않는(6) 등의 현지화 문제와 '날 때부터 글로벌'이 되려

는 시도(1)는 **글로벌 애자일 방법론**을 포기한 것에서 비롯된다.

- 분산된 인력에 맞게 소통 구조와 방식을 조정하지 않고(7) 핵심 가치와 기업 문화를 보편화하지 않는 것(10)은 **소통과 명확성**에 대한 노력 부족에서 비롯된다.

4가지 약속은 현지 팀이 성공할 수 있는 환경을 조성하고 본사가 현지 팀을 지원하고 가이드하는 메커니즘을 갖춤으로써 이런 균형을 촉진한다. 피드백 루프에서 글로벌 애자일 마인드셋까지, 이런 약속의 메커니즘은 본사와 현지 팀 간의 정렬을 독려하고 유지하기 위한 것이다.

실용적인 관점에서 이런 약속은 기업이 시장 진입 단계에서 제품-시장 최적화를 달성하고 시장 성장 단계에서 회사-시장 최적화에 도달하며 시장 성숙 단계에서 규모를 확장할 수 있는 모멘텀을 구축하는 데 도움이 된다. 이와 관련한 자세한 내용은 7장에서 상세히 설명하겠다.

4가지 약속은 글로벌화 준비를 위한 중요한 전제조건이다. 블라인드의 김겸이 지적하듯이, 글로벌로 진출하려면 자신이 아는 것과 모르는 것을 자각하고 수용해야 한다. 성공하려면 성찰적 리더십 마인드셋을 갖춰야 하는데, 다양한 팀을 관리할 때는 특히 중요하다. 헌신도 필요하다. 블라인드의 창립자들은 미국으로 이주하여 보다 많은 미국인 리더와 팀원들을 영입하려고 노력했다. 김겸은 이런 결정과 그로 인한 변화에 만족감을 표한다. 이제 그는 자신의 기업이 글로벌 시장을 위한 제품을 만들 수 있는 위치에 올라섰다고 믿는다.

이런 약속은 글로벌화 준비 수준을 평가하는 데 도움이 되고, 회사가 얼마나 많은 변화와 현지화를 감당할 수 있는지 파악함으로써 시장 선정 과정에서 국가별 우선순위를 정하는 데도 유용하다. 미국이나 중국 같은 거대 시장은 확장에 집중하기 좋은 시장일 수 있지만, 시장이 크다고 해서 항상 좋은 것은 아니다.

비스니스캔버스의 유민승은 "시장이 크다는 것은 문제가 더 크다는 것을 의미하고, 더 복잡하거나 더 많은 현지화가 필요할 수 있다는 뜻이다"라고 말한다. 그는 '빅픽처'를 그리는 것은 확장의 부정적 리스크를 고려하지 않고 긍정적인 측면을 지나치게 중시하기 때문에 오히려 해가 될 수 있고, 이런 리스크를 잘 알고 적극적으로 회피하는 것이 중요하다고 설명한다. 경영진이 4가지 약속을 평가하여 조직의 준비 수준을 충분히 고려하는 것은 글로벌 성장의 기반이 된다.

4가지 약속은 모두가 서로 연결돼 있다.

- 강력한 **소통** 채널을 구축한다는 약속을 지키면, 신규 시장에 맞게 비즈니스를 **현지화**하는 데 필요한 반복 작업을 **민첩하게 수행**할 수 있다.
- 소통과 명확성은 효과적인 성장에 필요한 신뢰와 자율성을 촉진한다. 또한 **신뢰**는 더 나은 **소통** 링크를 촉진한다.
- **효과적인 소통** 채널은 글로벌 성장 이니셔티브에 **투입된 자원**의 사용을 최적화함으로써 현지 팀이 현지 시장에 가장 적합한 방식으로 자원을 활용할 수 있게 한다.
- **신뢰와 자율성은 자원**(인력과 자금) 사용을 최적화한다.

애자일을 도입하면 다른 3가지 약속을 반복함으로써 시장 진입에서 시장 성장(제품-시장 최적화 및 회사-시장 최적화)으로, 그리고 애자일을 연료 삼아 더 심층적인 현지화와 지속적인 최적화가 이루어지는 시장 성숙기로 이동하는 과정에서 끊임없이 변화해야 하는 조직을 지원할 수 있다. 애자일에 대한 노력이 다른 3가지 약속을 가능케 한다는 것이 얼마나 중요한지는 아무리 강조해도 지나치지 않다.

애자일의 역할은 아주 중요하기 때문에 그저 활용하기만 할 것이 아니라, 각 국가마다 고유의 시장 상황, 문화적인 특성, 특이한 규칙이 존재하는 다양한 글로벌 영역에서 비즈니스를 현지화하고 확장해야 할 때 발생하는 고유의 복잡성에 구체적으로 대처할 수 있도록 조정돼야 한다. 4가지 약속에 대해 경영진이 완전히 정렬됐다면 이제 각각의 약속을 실행에 옮길 차례다. 애자일의 글로벌한 특색은 5장에서 자세히 다룬다.

4장 | 요약

- 기업이 글로벌 성장 이니셔티브를 성공적으로 수행하기 위해 반드시 지켜야 할 4가지 핵심 약속이 있다.

  a. 자원 정렬- 글로벌 클래스 기업은 장기간에 걸쳐 글로벌 성장 이니셔티브에 재무적 자원과 인적 자원을 투입하고, 경영진이 그 계획에 적극적으로 동참하도록 한다.

  b. 신뢰와 자율성- 글로벌 클래스 기업은 자율성 곡선을 기준으로 특정 확장 단계(시장 진입, 성장, 성숙)에 따라 현지 팀에 적절한 수준의 자율성을 부여하여 본사와 현지 팀 간의 신뢰를 조성한다.

c. 소통과 명확성- 글로벌 클래스 기업은 피드백 루프를 구축하여 글로벌한 수준으로 양방향 소통과 혁신이 이루어지도록 한다.

d. 글로벌 애자일 방법론- 글로벌 클래스 기업은 여러 국가에 걸쳐 회사-시장 최적화를 달성해야 하는 어려움을 반영한, 수정된 버전의 애자일 방법론을 사용한다.

- 이 4가지 약속은 본사와 현지 팀 간의 가교를 구축하고 상호작용과 전략 실행을 촉진한다.

4장 | 반성과 실천을 위한 질문

- 귀사의 경영진이 4가지 약속 중 가장 많이 실천하는 것은 무엇인가? 그리고 가장 적게 실천하는 것은 무엇인가?
- 본사와 현지 팀 간의 역학관계를 묘사해보라. 그 관계가 균형을 이루는가?
- 글로벌 확장에 대해 경영진과 주요 이해관계자 간에 의견이 일치하는가?

5장

현지화
글로벌 애자일 1단계 : 발견과 가설 개발

젠데스크 본사는 노숙자를 지역사회의 중요한 문제로 보지만, 싱가포르에 위치한 현지 팀은 이 생각에 별로 공감하지 않았다. 샌프란시스코 텐더로인Tenderloin 지역에 본사를 둔 젠데스크는 직원들이 매일 같이 노숙자를 대면하는, 매우 지역사회 친화적인 기업이다. 본사 근처 길모퉁이에서 노숙을 하는 사람들부터 24시간 내내 동네를 배회하는 마약 중독자까지, 젠데스크는 노숙자가 사회에 미치는 영향을 인식하고 젠데스크 이웃 재단Zendest Neighbor Foundation을 통해 빈곤 문제 해결에 집중적인 관심을 기울였다.

이웃에 관심을 갖는 이런 마인드셋은 지사를 둔 지역사회에 긍정적인 영향을 미치고자 하는 젠데스크의 핵심 가치와 글로벌 성장 전략에 필수적이었다. 처음에는 샌프란시스코 본사가 위치한 지역의 노숙자 및 빈곤 문제에 깊이 관여했지만, 젠데스크는 사무실을 개설하는 곳마다 이런 사회적 문제를 해결하고자 했다.

유일한 문제는 젠데스크가 진출하는 모든 도시가 빈곤 문제로 어려움을 겪는 곳은 아니라는 점이었다. 싱가포르에 지사를 설치할 때 현지 팀은 도시국가인 싱가포르에는 노숙자가 그다지 많지 않아서 그 문제에 초점을 맞추지 않았다.

하지만 싱가포르는 노인층의 우울증 문제를 겪고 있다. 당시 싱가포르 노동부는 완전 고용을 장려하고자 정년을 62세로 의무화했다(노동자가 정년 면제 자격이 있는 경우는 제외함). 직장에서 사회적 교류를 하지 못하자 많은 고령자들이 고립감을 느끼고 우울증에 시달렸다. 이 문제가 사회 전반에 워낙 만연한 탓에 젠데스크의 싱가포르 팀은 문제 해결에 열정을 다했다.

글로벌 성장의 여정을 계속하면서 젠데스크는 각 지역과 그 지역 직원들의 열정에 맞춰 지역사회에 어떤 영향을 미칠지 현지화하기 시작했다.

이런 노력은 글로벌 클래스 기업이 사회에 미칠 수 있는 긍정적인 역할을 보여줄 뿐만 아니라, 글로벌 클래스 기업이 글로벌 규모에 도달하기 위해 무엇을 해야 하는지, 즉 현지화에 어떻게 접근해야 하는지 보여주는 좋은 사례다. 또한 현지화를 고려할 때 그 고려의 폭은 얼마나 넓어야 하는지 그리고 회사-시장 최적화에 도달하기 위한 경로가 얼마나 다각적일 수 있는지 보여준다.

글로벌 클래스 기업이 글로벌 성장 이니셔티브에 실패한 기업과 구별되는 점은 바로 이런 현지화의 범위다. 기업은 마케팅 캠페인이나 고객 서비스의 현지화만을 생각하기 쉽지만, 오로지 성공적인 글로벌 클래스 기업만이 젠데스크가 지역사회에 미치는 영향력을 추구한 것처럼 현지화가 회사의 모든 측면으로 스며들게 만든다.

현지화의 중요성

최근 비즈니스가 변화하면서 글로벌화의 기회가 더욱 커졌지만, 속도와 민첩성의 중요도 또한 커졌다. 각 시장마다 문화적인 특성과 차이가 존재하기 때문에 글로벌 클래스 기업은 현재 사용하는 방식이 신규 시장에서는 효과적이지 않을 가능성이 있음을 인지하고 모델을 재검토해야 한다는 것을 잘 알고 있다.

글로벌 클래스 기업의 인터프리너는 현지 시장과 연결 가능한 기회를 포착하고 비즈니스의 여러 측면을 현지화하여 지역사회를 동참시키고 현지 직원의 역량을 강화하는 촉매가 된다.

인터프리너의 통찰이 없으면 현지화의 범위와 중요성을 오해하는 경우가 빈번히 발생한다. 많은 비즈니스 리더가 현지화를 언어 번역 이상의 의미로 생각하지 않기 때문에, 현지화 계획에 만전을 기하고 자원을 투입하는 글로벌 클래스 기업은 진정한 이점을 누린다.

현지화는 피벗과 반복을 통해 신규 시장에서 견인력을 확보할 수 있는 핵심 수단이다. 앞으로 자세히 설명할 비즈니스 모델 현지화 캔버스 Business Model Localization Canvas: BMLC에서 문화와 현지화를 함께 언급하는 이유는, 이 두 사항이 밀접하게 연결돼 있어서 문화가 비즈니스를 현지화하고 현지화의 내용에 핵심적인 영향을 미치는 동인이기 때문이다.

현지화는 신규 시장에서 애자일 프로세스를 거친 결과물이다. 현지화는 신규

시장에서 회사-시장 최적화에 도달하는 데 필요한 모든 피벗의 매개체다.

깊은 수준의 현지화가 필연적으로 복잡성을 야기한다는 사실에는 한 가지 모순이 존재한다. 현지화의 일부 과정은 수행할 가치가 있지만 그렇지 않은 과정도 있을 수 있다. 현지화를 맞춤화하지 않으면 고객을 브랜드에 연결시키고 참여시킬 가능성이 낮아진다.

현지화 노력은 복잡성을 야기하지만 영업 팀이 현지화된 마케팅 자료로 고객의 공감을 불러일으켜 거래를 더 빨리 성사시키는 것처럼, 여러 영역에서 성장의 장애물을 없애는 데 도움이 될 수 있다. 현지화는 마케팅 자원을 소모하지만, 현지화된 자료를 반복적으로 사용하여 장애물을 극복하고 판매 주기를 단축할 수 있기 때문에 판매 프로세스를 최적화할 수 있다.

쇼피파이의 글로벌 콘텐츠 및 현지화 책임자인 대니얼 설리반은 현지화의 진정한 잠재력을 확인하고 싶다면 현지화를 비용 센터Cost Center로 인식하지 말고 고객 참여와 판매를 촉진시킬 수 있는 전략적 비즈니스 유닛Strategic Business Unit: SBU 및 프로세스로 인정해야 한다고 믿는다. 또한 현지인처럼 행동하고 현지어를 말하려고 노력하는 것 역시 중요하다. 그래서 현지 지식을 보유한 팀을 구성하는 것이 핵심이다.

글로벌 비즈니스의 새로운 시대에 접어들면서 현지화는 더욱 중요해졌다. 중동의 음식 배달 플랫폼인 탈라바트Talabat의 글로벌 확장 총괄 매니저였던 무하메드 모 일디림Muhammed Mo Yildirim은 이렇게 말한다. "10년 전만 해도 미국이나 유럽 브랜드만 달면 이 지역 소비자들에게 인기를 끌었다. 하지만 이제는 제품이 현지화되지 않으면 그런 호사를 누리지 못한다. 현지화는 이제 선택이 아니라 필수가 되었다."

개인화란 지역마다 다른 의미라는 점을 인식하는 것 역시 중요하다. 한국에서 개인화는 연령과 성별을 의미하는 경우가 많지만, 미국처럼 다양성이 높은 국가에서는 개인화의 계층이 훨씬 많다. 다양성이 매우 높은 시장이기에 미국에서의 확장은 글로벌 확장의 축소판이라고 할 수 있다. 궁극적으로, 글로벌 고객에게 어필하려면 미국처럼 다양성이 높은 시장에서 확장하는 것보다 개인화 및 현지화의 범위가 훨씬 더 넓어야 한다.

현지화가 왜 중요할까? 현지화 전략을 총체적으로 실행하지 않으면 '깔대기 상단top-of-funnel(브랜드 혹은 제품의 인지도를 높이기 위해 수행되는 마케팅 활동 - 옮긴이)'의 기회를 놓치고 확장을 통한 투자수익률을 충분히 확보하지 못하기 때문이다. 아니, 그보다 더 나빠질 수 있기 때문이다.

언어 번역 이상의 현지화

기존 기업들 중 상당수는 언어 번역이 신규 시장을 위한 비즈니스 현지화의 거의 전부라고 생각한다. 이런 기업들은 신규 시장에서 성공하는 데 필요한 여러 요소를 고려하기보다는 초기 시장(보통은 자국 - 옮긴이)과 동일한 언어를 사용하는 국가를 우선시하는 등 진출하기 가장 좋은 글로벌 시장에 관해 지나치게 단순한 시각을 갖고 있는 경우가 많다.

이런 기업들의 표준 시나리오를 따르면 현지 시장의 목표 고객에게 공감을 얻지 못하는 지나치게 단순한 내용으로 언어를 번역하게 된다. 타블로Tableau는 현지화 작업을 서두르면 어떤 일이 발생하는지 직접 목격했다. 독일어로 번역된 웹사이트 콘텐츠가 공개되자마자 독일 고객들은 "우리말도 제대로 번역하지 못하면서 당신네 제품을 구매할 것 같은가?" 라는 수정 요청을 회사에 보내며 불만을 터뜨렸다. 월마트 역시 현지 시장에서 성공하려면 독일 소시지처럼 모양, 맛, 냄새가 좋아야 한다는 교훈을 얻은 바 있다.

신제품에 대한 사람들의 요구는 끝이 없고, 글로벌 시장에서 고객을 만나려는 노력을 기울이지 않으면 고객의 호의가 비판으로 바뀔 수 있다. 고객과 소통하려고 노력할 때 고객은 반응하는데, 이를 위한 가장 간단한 방법이 콘텐츠를 고객의 언어로 번역하는 것이다. 슬랙의 현지화 팀은 "현지화는 고객이 이해하는 언어와 고객에게 친숙한 문화적 대상을 통해 고객과 신뢰를 구축하는 것이다"라고 말한다. 그러나 언어 번역은 시작일 뿐이다.

현지화를 언어나 문화적 관점으로만 정의하지 말고 결과물outcome로 정의하는 것이 좋다. 닌자 밴의 최고 경영자이자 공동 창립자인 창 웬 라이는 이렇게 말한다. "현지화는 현지 수요를 확보하는 방법(고투마켓 전략을 뜻함-옮긴이)과 현지에 적합한 운영 전략을 수립하는 방법, 이 2가지 형태로 이루어진다."

창 웬이 말한 2가지 핵심 영역(고투마켓과 운영)은 다음 장에 소개할 현지화 프리미엄 분석 프레임워크의 구조와 일치한다. 이 프레임워크는 현지화로 인해 발생하는 부정적인 결과물을 통제하기 위한 것이다.

현지화하는 방법

신규 시장에 맞게 비즈니스를 현지화하는 것이 견인력을 확보하고 규모를 확대하는 데 중요한 단계이긴 하지만, 그 과정을 맹목적으로 따라가서는 안 된다. 플렉스포트의 유럽 책임자였던 얀 반 카스테렌은 "가장 피해야 할 것은 '임의적 고유성arbitrary uniqueness' 즉 '독특함을 위한 독특함'에 취하는 것이다. 고객이나 현지 시장의 구조가 요구할 때만 독특해야 한다"라고 말한다.

《린 스타트업》의 저자 에릭 리스는 이렇게 지적한다. "새로운 글로벌 시장에 진출한다면 '제품'은 더 이상 실제 판매하는 제품이 아니다. '제품'은 해당 시장에서 견인력을 확보하기 위해 사용해야 할 플레이북 자체이고, 신규 시장에서 제품-시장 최적화를 달성하기 위해 반복해야 하는 모든 현지화 과정과 핵심 비즈니스 모델의 변경 요소가 된다." 따라서 현지화가 제품 및 고투마켓 전략을 넘어 회사 운영의 모든 것을 포함해야 한다는 점을 강조하기 위해 회사-시장 최적화라는 용어를 사용하는 것이다. 4장 후반부의 사례 연구에서 설명한 것처럼, 플렉스포트의 얀은 유럽에서 견인력을 창출하기 위해 수행한 반복 작업이 대개 본사의 제품팀이 중앙에서 관리하는 제품과 관련된 것이 아니라 고투마켓 및 운영 모델이었다고 설명하면서 이를 뒷받침했다.

시장에서 효과적으로 운영하기 위해서 제품과 프로세스를 변경하는 것, 이 모두가 현지화에 포함된다. 현지 비즈니스 관습을 준수하는 것이 프로세스에 포함될 수 있지만, 그보다는 운영 모델을 변경하여 처음엔 회사-시장 최적화에 도달하고 시간이 지남에 따라 신규 시장에서 규모

2부 | 규모 확장 - 효과적인 글로벌 성장

를 확대하는 것이 프로세스에 포함된다. 성공은 초기 시장에서 효과를 발휘한 플레이북을 재검토하고 새로운 현지 시장의 고유 특성에 맞게 플레이북을 조정하는 것에서 비롯된다.

효과적인 현지화는 현지화만을 위한 변화를 의미하지는 않는다. 모든 변화는 시장에 대한 통찰과 검증이 바탕이 돼야 한다. 산업, 목표 고객, 국가가 모두 중요하다. 그렇다면 현지화할 때 핵심적으로 고려할 원칙은 무엇일까?

무엇보다도 글로벌 클래스 기업은 4장에서 설명한 4가지 약속을 준수하는 것이 필수적임을 잘 알고 있다. 비즈니스의 모든 측면을 현지화하려면 비용이 소요되고(자원 정렬), 모범 사례와 진척도를 공유하기 위한 효과적인 소통이 필요하며(소통 및 명확성), 시장을 깊이 이해하는 사람(이상적으로는 현지인)이 현지 상황에 맞춰 행동해야 하고, 현지 팀에 재량권을 주어야 하며(신뢰 및 자율성), 올바른 결과를 얻으려면 반복 수행이 필요하다(글로벌 애자일 방법론).

현지화는 한 번으로 끝나는 프로세스가 아니다. 애자일(인터프리너적) 마인드셋을 바탕으로 수립된 고투마켓 전략과 현지화된 비즈니스 운영 전략을 지속적으로 반복 수행하고 개선해야 한다. 이를 위해, 초기 시장에 진출한 기업이 흔히 사용하는 고객 개발 프로세스를 재검토하고 준수하려는 노력을 확고히 해야 한다. 에릭 리스는 이렇게 말한다. "어떤 기업이 한 번에 22개 시장에 진출하면서 자신들이 과연 성공할 수 있을지 검토한 적이 있다. 그들이 스스로에게 던진 질문은 '22개의 고객 발굴 프로세스를 한 번에 관리할 수 있는가'라고 물어야 적절한 질문이 될 것이다." 글로벌 시장 진출, 성장 및 성숙 과정에서 애자일 방법론을 활용하려면 집중력과 자원이 필요하다.

그렇다고 너무 깊이 생각할 필요는 없다. 글로벌 클래스 기업은 플레이북 전체를 한꺼번에 펼칠 필요가 없다는 점을 잘 알고 있다. 현지화 노력에 자원을 투입하는 것은 매우 중요하지만, 출시 시점에 모든 것이 완벽할 필요는 없다. 기존의 마케팅 자료를 바탕으로 시장에 진출할 수 있고(단, 제품이 '먹힐 것인지' 확인해야 한다), 일단 진행하면서 정보를 발견하고 적응해나갈 수 있다. 이런 발견은 언제나 계속돼야 한다. 현지화는 모든 작업을 사전에 수행하는 것이 아니라 성과를 거둘 때까지 프로세스를 반복하는 것이다. 사전 작업에 지나치게 몰두하면 기대치가 높아져서 시작부터 투자수익률을 낮추고 만다.

현지화에만 매몰되지 말고 비즈니스의 다른 핵심 측면과 현지화를 연관시켜 생각하라. 예를 들어 기업 문화가 중요하기 때문에 모든 현지화 과정과 결과물은 핵심 가치와 일치해야 한다. 때로는 일부러 비즈니스의 일부를 현지화하지 않기로 결정할 수도 있다. 이때 핵심 가치는 무엇을 바꾸고 무엇을 바꾸지 말아야 할지 결정하는 지침이 될 수 있다.

현지화 작업을 보다 효과적으로 진행하려면 2장에서 언급한 블라블라카의 '두 곳 이상의 시장에 비즈니스를 구축한다'는 전략을 떠올려보라.

기존 기업들은 초기 시장을 기준으로 비즈니스를 구축한다. 제품, 운영 모델, 조직 구성은 모두 비즈니스가 확장되는 초기 시장에 맞게 조정된다. 이 하나의 시장만을 기준으로 의사결정을 내리고 회사의 DNA에 각인시킨다. 이런 접근 방식을 취하면 신규 시장에 맞는 변화를 꾀하기가 아주 어려워진다.

2장에서 설명한 사례 연구를 떠올려보면, 창립자이자 사장인 프레데리크 마젤라는 프랑스 시장만을 기준으로 제품과 회사를 구축하지 않았다. 대신 그는 프랑스와 스페인에서 동시에 제품과 운영 모델을 구축할 것을 블라블라카 팀에 지시했다. 이런 조치는 제품의 여러 측면에 큰 영향을 끼쳤다.

먼저, 제품은 2가지 언어로 작동하도록 제작되었다. 프랑스에서 제품-시장 최적화를 달성한 다음에 스페인어권 시장에 진출할 계획이었기 때문에, 개발자들은 이미 프랑스어와 스페인어를 염두에 두고 플랫폼의 기술 스택과 인프라를 코딩했다. 이런 접근 방식 덕에 제3, 제4의 언어를 훨씬 쉽게 통합할 수 있었다. 사용자 인터페이스 내의 텍스트 배치처럼, 단일 언어용 소프트웨어 제품을 개발할 때는 고려하지 않는 간단한 요소가 무엇인지 생각해보라. 언어마다 길이가 다르고, 읽는 방향도 다르다. 예를 들면 오른쪽에서 왼쪽으로 읽는 언어도 있다.

한 번에 두 시장을 위한 제품을 물리적으로 제작할 필요는 없다. 두 번째 목표 시장의 고유 특성을 이해하기 위해 조사를 수행하면 제품과 운영 모델에 유연성을 부여하는 결정을 내릴 수 있기 때문에 향후 현지화가 더 용이해진다. 회사는 폐쇄적인 시스템이 아니라 적응 가능한 템플릿이나 플랫폼 같은 존재가 된다.

효과적인 현지화의 핵심은 글로벌 버전의 애자일이다

애자일 방법론은 대기업과 중소기업을 지원하는 데 모두 효과적인 것으로 증명되었다. 이 접근 방식은 기존 조직이 신속하게 실험하고 혁신하며 최적화하고 확장하는 데 유용할 뿐 아니라, 스타트업이 비즈니스 모델을 검증하고 회사-시장 최적화에 도달하는 데 도움이 된다.

'린 방법론'이라고도 불리는 애자일 방법론은 제품 개발, 비즈니스 모델 개발 또는 프로젝트 완수에 대한 반복적인 접근 방식을 의미한다. 글로벌 클래스 기업의 경우, 애자일 방법론은 글로벌 시장에서 견인력을 창출하고 규모를 확장하는 것을 뜻한다. 이 방법론은 불확실성과 변화를 고려하지 않은 경직되고 포괄적인 계획을 개발하는 대신(폭포수 방법론), 팀이 신규 시장에 익숙해지는 정도에 따라 계획을 변화시킬 수 있게 한다. 이렇게 계획이 유연하기 때문에 테스트를 통해 어떤 가설과 연구가 정확한지 그렇지 않은지 검증함으로써 충분한 정보를 바탕으로 확장 전략을 개선할 수 있다.

기업들이 반복적 프로세스의 효율을 인정하듯이 글로벌 클래스 기업도 글로벌 성장의 과정에서 그 가치를 인식하고 있다. 애자일 방법론을 글로벌화 계획에 적용하는 것은 애자일 마인드셋과 도구를 글로벌 관점에서 설득력 있게 만드는 효과적인 방법이다. 특히 애자일의 글로벌적인 측면은 각 시장에서의 성공을 위한 현지화의 과정과 내용을 식별하고 구축하며 확장하는 데 촉매 역할을 한다.

――――― 자주 간과하는 것 ―――――

효과적인 시장 진입은 고객 개발의 재검토에서 시작한다

앞 장에서 언급했듯이 글로벌 규모로 성공하려면 기업은 항상 민첩해야 한다. 더 많은 프로세스와 조직 구조가 필요한 규모로 성장함에 따라 반복적인 프로세스에서 벗어나 폭포수 방식을 취한 기업이 애자일로 돌아가기는 어려울 수 있다. 하지만 애자일은 시장에 적합한 모델을 찾기 위해 필요한 모든 방식을 반복하고 '피벗'하는 것이기 때문에 순수한 애자일 방법론은 여러 곳의 글로벌 시장을 현지화하는 데는 효과적이지 못하다. 한 시장에서는 괜찮은 방법을 10개 다른 시장에 적용하면 10개의 서로 다른 운영 모델이 필요하게 되어 관리가 부담스럽고 모멘텀을 창출하기 어렵다. 전 세계를 고려한 애자일 방법론을 다시 도입하면 글로벌 입지를 구축한다는 미션에 맞게 조직을 재조정하는 데 도움이 될 수 있다.

글로벌이 새로운 애자일이라는 개념을 뒷받침하듯, 스타트업이 제품을 출시하면서 엄격한 계획과 공식적 출시일을 중요시하지 않는 것과 마찬가지로 글로벌 클래스 기업도 공식적인 글로벌 시장 출시 방식을 중요시하지 않는다. 대규모 팀이 일할 사무실을 개설하는 방식은 공개 출시 전에 더 많이 검증하고 초기 견인력을 확보하기 위한, 보다 유기적인 시장 진입 방식으로 대체되고 있다.

이때 가장 큰 도전 과제가 있다. 현지 팀(단일 시장에 집중하는 신생 팀)과 본사 팀(전 세계를 대상으로 일하는 기존 팀)이 서로의 발등을 밟지 않고서도 동일한 페이스로 적응하고 춤출 수 있는 방법을 어떻게 찾을까?

이것은 커다란 도전 과제로서 근본 문제를 해결하는 글로벌 차원의 차세대 애자일을 필요로 한다. 글로벌 애자일 방법론은 이런 변화를 구현할 때 수반되는 복잡성을 관리하는 프로세스로 정의할 수 있다. 이 프로세스의 궁극적 목표는 새로운 글로벌 시장에서 회사-시장 최적화를 달성하는 것이다.

우리는 글로벌 애자일 방법론을 두 부분으로 나누어 개괄적으로 설명하려고 한다. 이 장에서 논의할 '발견 및 가설 개발' 부분은 기업이 신규 시장을 잘 이해하기 위한 조치를 취한 후 그 시장에서 성공하기 위한 비즈니스 조정 기준을 개발하는 단계다. 이 단계의 초점은 비즈니스를 현지화하는 데 있다. 이 단계를 완료하는 데 적용하는 핵심 프레임워크는 비즈니스 모델 현지화 캔버스인데, 이 장 뒷부분에서 자세히 설명할 것이다. 이 단계의 목표는 제품-시장 최적화를 달성하는 것이다.

6장에서는 글로벌 애자일 프로세스의 두 번째 부분(준비, 검증, 구현)을 다루는데, 이 단계는 심층 분석을 수행하고 현지화 계획을 수립한 다음 그 계획을 구현하는 과정이다. 이 단계에서는 글로벌 애자일 프로세스의 1단계에서 알게 된 '현지화로 인한 복잡성'을 관리하는 데 초점을 맞춘다. 또한 현지 시장의 변경 사항이 회사 전체의 글로벌 성장 경로에 얼마나 부합하는지를 고려한다. 이 단계를 완료하기 위한 핵심 프레임워크는 다음 장에서 설명할 '현지화 프리미엄 분석 프로세스'다. 두 번째 단계의 목표는 회사-시장 최적화를 달성하는 것이다.

글로벌 맥락에서의 애자일

글로벌 맥락에서 애자일의 주요 원칙은 초기 시장에서 제품-시장 최적화를 추구할 때 사용하는 애자일 방법론과 같지만, 몇 가지 중요한 차이점이 있다.

- 성공적인 현지화 과정을 살펴보면 신규 시장에 맞게 변경한 비즈니스 모델을 검증하기 위해 가설을 수립하고 테스트하며, 가설을 다시 수립한다. 그러므로 시장 조사만 하는 것보다 가설 테스트가 더 효과적이다.

- 시장 발굴 및 시장 진입 단계에는 고객 개발 스킬을 갖춘 팀원이 기능적 전문성을 갖춘 팀원보다 더 유용하다. 현지화에 관한 많은 질문에 답해야 하기 때문이다.

- 고객 행동을 관찰하는 것은 의견보다 항상 우선한다.

- 로드맵을 준수하는 것은 테스트를 통해 발견한 중요한 통찰을 기반으로 반복 시도하고 피벗하는 것 다음으로 중요하다.

- 초기 시장에서 이미 판매한 제품이나 서비스는 새로운 시장의 검증을 받아야 하는 최소기능제품Minimal Viable Product: MVP이 된다. 기업은 최소기능제품을 고객에게 제시하고 피드백을 받아야 한다. 다시 말해, 초기 시장에서 지금 판매되는 제품이 신규 글로벌 시장을 위한 최소기능제품이라는 마인드셋을 가져야 한다.

- 현지 팀이 시장 진입 단계에서 시장 성장 단계로 전환할 때 문제 – 해법 최적화Problem-Solution fit와 제품 – 시장 최적화를 달성하는 것은 글로벌 애자일 프로세스의 1단계에서 언제나 주된 목표다. 그리고 글로벌 맥락과 적극적인 복잡성 관리를 통합하여 시장 성장 단계에서 시장 성숙 단계로 전환함에 따라 회사 – 시장 최적화를 달성하는 것이 글로벌 애자일 프로세스 2단계의 주요 목표다.

테스트는 애자일 방법론의 중요한 부분인데, 특히 글로벌 시장으로 확장하는 상황에서는 더 중요하다. 글로벌로 진출하는 대부분의 기업에 신중한 테스트를 통해 비즈니스 모델을 검증하던 시절은 오래전의 일이다. 하지만 신규 시장 진출에 관한 모든 것을 가정과 연구를 기반으로 계획하고 구축하는 폭포수 방식으로 돌아가야 한다는 뜻은 아니다. 테스트는 확장 노력에 투자되는 시간과 비용을 최적화하는 가장 효과적인 방법 중 하나다. 테스트를 간과하는 바람에 곤경에 처한 사례는 아주 많다.

예를 들어 미국에 본사를 둔 한 POS^point of sale 시스템 판매 기업은 호주 시장에 진출하는 과정에서 테스트를 게을리했고 그 때문에 회사의 글로벌 확장 계획 전체를 위태롭게 만들었다.

호주의 항공 배송 유통은 유럽, 아시아, 미국만큼 발전하지 않았다. 출시 전에 출시 팀원들은 제품 및 포장에 문제가 없음을 확인하고 예상 배송 시간을 계산하기 위해 호주의 배송 시스템을 테스트했다. 국가마다, 심지어 개별 유통업체마다 배송 시스템이 아주 다를 수 있기 때문에 이 업체는 라벨 및 스티커 변경 이슈를 포함하여 출시 전 광범위한 테스트를 수행했다.

마침내 출시일이 다가왔지만, 호주 우체국은 POS 단말기(리튬 배터리가 장착된 이 단말기는 많은 우체국에서 허가해주지 않는다)의 항공 배송을 허가하지 않았다. 팀원들은 테스트용 제품을 지상 운송 서비스로 배송해 테스트했기 때문에 이런 변수를 예상치 못했다. 국제항공운송협회^IATA의 인증을 받고 범용 표준을 준수하며 포장의 국제화를 시도했지만, 호주 우체국 직원 한 명이 이 제품의 배송을 허용하지 않겠다고 결정 내렸기 때문이다.

테스트가 효과적이었다면 출시 지연, 운영 제한, 추가 비용 발생 등을 예방할 수 있었을 것이다. 테스트가 끝나면 그 결과로부터 핵심 통찰을 얻어 이를 통해 현지화에 대한 가설을 변경해야 한다. 그리고 새로이 현지화된 비즈니스가 시장에서 검증될 때까지 이를 지속적으로 반복해야 한다.

자주 간과하는 것

기존 시장의 재발견으로 시장점유율을 높일 수 있다

회사가 이미 한 곳 이상의 글로벌 시장에 진출해 있지만 시장점유율을 더 높이고 싶다면, 한걸음 물러나 탐색 단계로 돌아가서 시장을 좀 더 파악하고 기존의 전략을 재평가하고 재조정하는 추가적인 '현지화 요소 발견Localization Discovery(이 장 뒷부분 참고)'을 수행하는 것이 유용하다. 많은 기업이 서둘러 견인력을 확보하는 데 급급한 나머지, 성장이 정체되거나 아무런 최적화를 달성하지 못하는 상황에서는 무엇을 어찌해야 할지 알지 못한다. 기존 시장의 재발견은 글로벌 애자일 프로세스를 진행하기 전에 취해야 할 중요한 단계다. 성과를 개선하는 데 필요한 현지화 방향과 방법을 발견할 수도 있기 때문이다.

일반적인 실수를 피하고 효과적으로 글로벌 규모에 도달하기 위해, 글로벌 클래스 기업은 여러 글로벌 시장에서 회사-시장 최적화에 도달하는 공통적인 특성을 설명하는 새로운 버전의 애자일을 활용해야 한다.

앞서 언급했듯이, 표준 애자일 프로세스는 어떻게 해서든 최적화를 달성하는 것이다. 초기 시장에는 적합하지만, 5개, 10개, 20개 이상의 글로벌 시장에서 이 방법론을 사용한다면 비즈니스의 여러 가지 이질적인 모델과 조합을 관리하는 것이 불가능할 것이다.

게다가 이 첫 번째 단계(발견 및 가설 개발)에서 글로벌 애자일 방법론은 비즈니스의 모든 측면을 바라보는 2개의 렌즈, 즉 '정부 규제'와 '문화'를 고려해야 한다.

정부 규제라는 필터

정부 정책, 현지 법규, 기존의 정치 환경은 시장 진출을 꾀하는 기업의 성공 가능성에 큰 영향을 끼친다. 정부 규제에는 법인 설립, 라이선스, 지식재산권 및 보호책, 제품 규정, 고객 데이터의 소재 및 소유권, 세금 등 새로운 국가에서 비즈니스를 합법적으로 운영하기 위한 여러 요소가 포함된다. 여기에는 고객 데이터 저장소 위치에 관한 규제(독일)와 같은 간단한 정책부터, 현지 기업과 파트너십을 맺거나 이사회 구성원으로 현지인을 포함시켜야 합법적인 운영이 가능하고(인도), 수입세를 부과하여 제품의 수익성을 불리하게 만드는(브라질의 전자제품 대상 규제) 등 파괴적인 정책도 포함된다.

정부 규제는 시장 역학에도 영향을 미칠 수 있다. 몇몇 산업은 정부의 관심을 더 많이 받는데, 주류 산업이 대표적이다. 베트남 시장을 공략할 때 칼스버그는 정부와의 협력이 회사의 성공에 매우 중요하다는 사실을 깨달았다. 현지 법규에 따르면 베트남 정부는 현지 양조 시설에 지배적

지분을 소유해야 했기 때문에 현지 양조장의 과반 지분을 인수해 시장에 진출하는 칼스버그의 일반적인 전략을 구사할 수 없었다. 칼스버그는 베트남 정부와 장기적인 관계를 구축해 현지 양조장의 소수 지분을 매입할 수 있도록 허가를 받은 다음, 순차적으로 추가 지분을 매입하는 방식으로 고투마켓 전략을 빠르게 전환('피벗')해야 했다.

정부 규제 필터가 중요한 이유: 밀물이 모든 배를 들어 올리는 법이다(반대로 썰물은 모든 배를 바닥으로 가라앉힌다). 글로벌 성장 이니셔티브의 성패를 좌우하는 가장 큰 요인 중 하나는 기업이 진출할 적절한 '바다', 즉 국가를 선정하는 것이다. 정부 정책은 비즈니스에 우호적일 수 있고 확장성에 직접적으로 기여할 수도 있지만 수익성 있는 운영을 어렵게 할 수도 있다. 또한 정부가 직접적으로 기업 운영을 규제하지는 않더라도, 창의적 수단을 사용하여 운영 모델이나 제품 기능을 억제할 수 있다.

정부 규제라는 필터는 아무리 강조해도 지나치지 않을 만큼 중요하기 때문에 신규 시장을 검증하기 위한 공공정책 팀의 역할이 갈수록 커지기 시작했다. 파괴적인 정부 정책은 해당 국가로 진출하지 않을 유일한 이유가 될 만큼 큰 부분을 차지한다. 재무적으로 엄청난 영향을 끼치는 중국의 지식재산권 공유 요구는 시장 진출을 모색하는 기업들에게 골칫거리다. 직접 소유권을 인정하지 않고 현지 합작 파트너와 함께해야 한다는 법규나 정치적 역학관계, 산업별 규제 등은 모두 시장 매력도market attractiveness를 좌지우지할 수 있다. 이런 정책들은 회사의 운영 방식에 영향을 미쳐 수익성을 제한하거나 특정 비즈니스 모델을 사용하지 못하게 만들 수 있다. 또한 회사의 핵심 가치나 기업 문화와 상충될 수도 있다.

예를 들어 온라인에서 와인을 판매하는 비비노Vivino는 러시아나 한국에서는 온라인 주류 판매가 불법이어서 주요 수익 모델을 활용할 수 없었다. 이 회사는 브라질에서도 사업 확장을 몇 년 동안 미룰 수밖에 없었는데, 그곳에서 자금을 조달하기가 매우 어려웠기 때문이었다.

중동 국가인 오만Oman은 '오만화Omanization'라는 국가 계획을 수립했다. 이 계획의 일환으로 자국 내에서 활동하는 기업은 인사 직무 같은 몇몇 직무를 오만 국민에게만 할당해야 하고 영업 등 다른 직무는 외국인으로 일부 충당할 수 있게 강제하고 있다. 동시에 오만 정부는 회사 직원의 일정 비율 이상을 오만 국민으로 구성해야 외국인 직원에게 비자를 발급한다는 규정을 시행하고 있다. 탈라바트의 글로벌 확장 총괄 매니저였던 모 일디림은 회사에 필요한 특정 스킬을 현지인들이 갖추지 못한 탓에 탈라바트에 문제가 생겼다고 말한다. 채용이 지지부진해졌고 교육에 많은 투자를 해야 했기 때문이다.

우버는 정부의 규제를 많이 받는 택시 및 운송 시장을 혼란에 빠뜨렸다는 이유로 여러 정부(중앙 정부와 지방 정부)로부터 많은 반대에 부딪혔다. 그래서 우버는 현지의 규제 강도에 따라 녹색/노란색/빨간색으로 시장을 세분화했고 규제 환경이 가장 우호적인 시장(녹색)에 우선순위를 두었다. 우버는 현재 여러 시장에서 성공적으로 사업을 운영하고 있지만, 아예 사업 자체를 못 한 시장도 있었다. 예를 들어 헝가리 정부는 2016년에 헝가리 국가 통신국이 '불법 파견 서비스'에 대한 모든 인터넷 접근을 차단하도록 규정한 법에 따라 우버의 영업을 중단시켰다. 덴마크는 택시 서비스를 제공하는 모든 차량에 요금 미터기와 좌석 점유 센서의 설치를 의무화했는데, 우버가 이 의무 사항을 충족하려면 수익성을 확보할 수 없었다. 이처럼 규제, 정부, 정치는 글로벌 확장에 지대한 영향을 미친다.

정부 규제는 사업을 직접적으로 중단시키는 것 외에도, 비즈니스 모델, 경쟁 양상, 고객 데이터의 프라이버시, 유통 채널, 국가 간 현금 이동 여부 등에 영향을 미칠 수 있다.

신규 시장 진출을 계획할 때는 비즈니스의 모든 측면을 정부 규제라는 필터에 통과시켜야 한다. 그래야 정책, 정치, 규제가 시장 진출 전략에 어떤 영향을 미칠지 미리 고려할 수 있다. 글로벌 클래스 팀은 현지화를 이루려면 회사가 어떻게 방향을 전환해야 하는지 사전에 정확하게 예측하고, 현지 정부와 생산적인 관계를 구축함으로써 시간과 비용의 낭비를 예방한다.

자주 간과하는 것

현지의 법률 자문

현지 법률을 가장 효과적으로 준수하려면 현지의 법률 자문으로부터 도움을 받는 것이 가장 좋다. 본사의 힘만으로는 부족하다. 법무팀 담당자가 현지 변호사를 선임하고 소통하는 데 도움을 줄 수는 있지만, 본국의 변호사는 다른 나라의 법률 업무를 수행할 만한 전문성이 부족할 수 있으므로 신규 시장에서는 본국 변호사를 자문 변호사로 선임하지 않는 것이 좋다. 다시 말해, 법무팀이 자체적으로 현지 법률 지식을 습득하기보다는 본사의 변호사가 여러 국가의 현지 변호사들을 관리하는 방법을 배우는 것이 가장 좋다. 페이스북에서 근무했던 토마스 크리스텐슨이 "세부 사항과 큰 그림을 모두 볼 수 있어야 한다"고 지적한 것처럼, 이는 여러 국가의 복잡한 법률 시스템 하에서는 매우 어려운 일이다.

문화라는 필터

비즈니스의 모든 측면을 실행하는 데 또 한 가지 고려해야 할 사항은 문화라는 필터다. 신규 시장에서 성장하는 글로벌 클래스 기업은 언어, 현지의 전통, 관습과 의식, 역사, 신뢰 구축 과정, 고유의 의사결정 기준과 구매 과정, 특별한 유통 관행, 돈과 지불에 관한 고유의 관점, 현지 팀과 현지 커뮤니티 구성원 간의 상호작용 등 현지의 문화적 상황에 굉장히 민감하다. 몇몇 시장에서는 외국 브랜드로 인식되는 것이 긍정적이지만(베트남), 어떤 시장에서는 그것이 오히려 걸림돌이 될 수 있다(독일). 한 국가 내에서도 어떤 산업이냐에 따라 달라지기도 한다.

문화 필터가 중요한 이유: 현지 문화에 적응하는 것은 제품의 채택 가능성과 현지 입지를 높이는 데 매우 중요하다. 현지 문화에 적응해야 목표 고객이 제품을 사용하기 위해 업체와 소통하고 싶어 할 정도로 제품과 공감하게 된다.

문화는 제품의 핵심 기능까지는 아니더라도 일정 부분 제품을 변화시킨다. 아시아 시장에 집중하기 전, 슬랙의 메시징 플랫폼에는 '보내기Send' 버튼이 없어서 사용자는 키보드의 엔터키를 눌러야 했다. 아시아의 일부 지역에서는 비즈니스맨들이 단문 메시지보다 아주 상세한 지침이나 설명을 보내는 경향이 있다. 미리 준비된 상세하고 긴 메시지를 보내는 것이 현지 비즈니스 문화였기 때문에, 비즈니스맨들은 보내기 버튼이 없다는 것에 불안감을 느꼈다. 실수로 엔터키를 눌러 메시지가 잘못 발송되면 상대방에게 전문가답지 못한 인상을 줄까 봐 염려했다. 메시징 프로세스에 한 단계를 더 추가하는 것은 소통 속도를 개선하는 데 역점을 둔 슬랙의 노력에 정면으로 배치되는 것이어서, 슬랙에겐 보내기 버튼을 추가하는 것이 어려운 결정이었다. 그러나 아시아 시장에서 사용자가 실수로 메시지를 발송하는 경우가 급증함에 따라 슬랙은 보내기 버튼을 추가했다. 이후 제품 팀은 사용자의 위치에 따라 엔터키 혹은 보내기 버튼을 디폴트로 설정했으나, 궁극적으로는 전 세계 모든 사용자에게 두 기능을 모두 제공하여 사용자에게 선택권을 부여했다.

핑크퐁 컴퍼니의 부사장 겸 공동 창립자인 이승규는 이렇게 말했다. "핑크퐁은 25개 언어로 콘텐츠를 제공하기 때문에 콘텐츠 팀은 모든 콘텐츠에 대해 세심한 현지화 과정을 거친다. 다양한 문화를 포용하면서 동시에 특정 국가나 문화의 이미지가 사려 깊고 정중하게 표현될 수 있도록 액션, 이미지, 사운드, 언어 등 콘텐츠의 모든 요소에 세심한 주의를 기울인다."

구글 검색은 세계 여러 국가에 깊숙이 침투해 있지만, 유독 한국에서는 네이버 때문에 점유율을 크게 늘리지 못하고 있다. 한국의 검색엔진인 네이버가 시장에서 강력한 지위를 유지하는 핵심 이유는 바로 문화다. 한국인은 민주주의와 자유에 매우 민감하다. 네이버는 구글 검색처럼 유료 광고 시스템을 운영하지 않는 '국민 검색엔진'으로 성공적인 입지를 다졌다. 네이버는 누가 돈을 내고 상단에 노출되는지(구글의 '스폰서 목록Sponsored Listing')보다는 국내 고객과의 연관성을 기준으로 검색의 우선순위를 정하기 때문에 자국 고객층의 공감을 얻고 있다.

에어비앤비는 현지 문화에 대한 철저한 이해를 바탕으로 목표 고객에게 어필할 수 있는 특별한 경험을 강조하여 고객과의 연결고리를 만들 수 있었다. 몇몇 아시아 국가의 고객들은 고성古城이나 트리 하우스 같은 독특한 숙소를 선호하지만, 어떤 국가의 고객들은 보수적인 성향이 강했다. 새로운 여행 방식을 추구하고 상대적 위험을 고려하는 것은 시장마다 접근 방식을 완전히 달리한다는 개념이다. 문화에 대한 기본적인 이해는 앱에 표시되는 경험 프로그램과 고객과의 소통에 영향을 미쳤다. 예를 들어 일부 국가에서는 잠재 고객을 안심시키고자 좀 더 상세한 정보를 제공하기도 했다.

우리가 인터뷰를 해본 결과, 문화적 차이가 가장 크고 현지화 노력이 가장 중요한 국가로 일본이 자주 언급됐다. 에어비앤비는 일본 진출 초기에 수요를 충족할 만큼 충분한 숙소를 확보해야 했다. 일본 호스트들은 자신이 제공하는 공간이 '완벽하지' 않아도 숙소를 등록해도 되는지 염려하는 경우가 많아 이런 불안감을 해소시켜야 했다.

문화적 패러다임과 현지 시장의 트렌드도 성장의 촉매가 될 수 있다. 일본 문화의 주된 관심사 중 하나는 인구 고령화다. 도큐사인DocuSign은 이 트렌드에 주목하여 향후 노동력 부족에 대처하려면 일본 기업들이 디지털화digitalization 기술을 어떻게 활용해야 하는지, 그리고 자기네 솔루션이 어떤 도움을 줄 수 있는지 설명했다. 은퇴하는 사람들이 점점 더 늘어남에 따라 젊은 세대는 예전보다 적은 자원으로 더 많은 작업을 수행해야 했다. 도큐사인은 디지털 서명 솔루션이 어떻게 생산성을 향상시키고, 디지털 전환을 가속화하려는 일본 정부의 '노페이퍼No-Paper' 정책에 얼마나 부합하는지 적절하게 설명했다. 클라우스는 2014년에 일본에 있으면서 이를 직접 목격했다. 고객사의 사무실을 방문한 그는 모든 테이블에 서류가 잔뜩 쌓여 있는 모습을 봤다. 정부의 노페이퍼 정책이 시행되자 서류 더미는 하루아침에 사라졌다.

새로운 시장 진출을 계획할 때 비즈니스의 모든 측면을 '문화 필터'에 통과시켜 문화가 시장 진출에 미치는 영향을 고려하라. 그러면 현지화 속도를 높일 수 있고 문화적 실수를 방지할 수 있으며, 현지 문화를 중시하고 지원하는 조직이라는 이미지를 심어줌으로써 브랜드 자산을 향상시킬 수 있다.

맥락에 따른 글로벌 애자일

신규 시장에서 현지화를 추진하는 데 정부 규제와 문화가 미치는 영향을 자세히 알아보기 전에, 글로벌 성장에 애자일을 적용하는 좀 더 큰 맥락에서 현지화 프로세스가 적합한 곳이 어딘지 이해하는 것이 중요하다.

회사를 처음 설립할 때 실시하는 초기 고객 발굴 과정은 목표 고객, 솔루션(제품/서비스), 예상되는 비즈니스 및 운영 모델 가설 개발에서 출발한다. 신규 글로벌 시장으로 확장할 때는 초기 시장에서 검증된 모델이 출발점이 된다. 기존 글로벌 시장 중 실적이 저조한 시장에서 재조정이 필요한 경우라면, 실패한 제품이나 모델이 출발점이 될 수 있다.

[그림 4] 맥락에 따른 글로벌 에자일: 발견과 가설 개발 중심

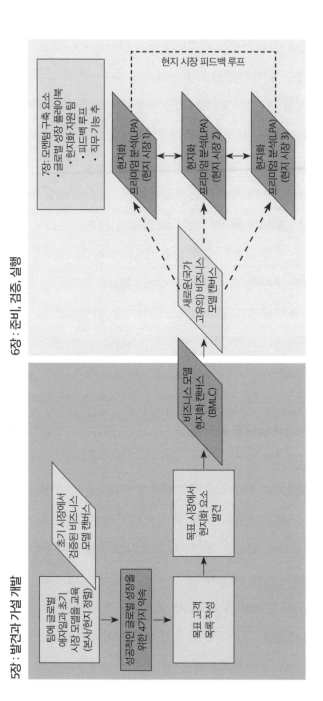

시장 진출의 목표는 신규 시장을 검증하고 현지화 요구 사항을 발견하며 견인력을 확보하는 것이고, 주요 마일스톤은 제품-시장 최적화다. 글로벌 성장이라는 여정을 시작할 때 관련된 모든 팀원(본사와 현지 시장 모두)은 초기 시장에서 검증된 운영 모델에 대해 교육을 받아야 하고 본사-현지 팀 간의 정렬을 보장하기 위해 4장에서 설명한 4가지 약속을 모두 이해해야 한다.

다음 단계는 신규 시장을 평가하고 초기 시장에서 검증된 모델을 신규 시장의 고유한 특성에 맞게 바꿔야 하는지 결정하는 것이다. 예를 들어 다음과 같은 질문에 답하면, 신규 시장 모델에 대한 가설을 규명하는 데 도움을 얻을 수 있다.

- 신규 시장에서 동일한 유형의 고객을 목표로 삼을 수 있는가?
- 신규 시장의 고객에게 제품을 유통하기 위해 채널 전략을 조정해야 하는가?
- 신규 시장에서 견인력을 확보하기 위해 수익 혹은 가격 모델을 조정해야 하는가?
- 우리의 가치 제안이 신규 시장의 목표 고객에게 공감을 불러일으킬 수 있는가?

현지화 요소 발견

이 시점부터 팀은 전략 개발, 계획 수립, 시장 진출 준비를 시작한다. 목표 시장 목록을 작성하고, 현지화 요소 발견 작업을 수행함으로써 앞의 질문에 답하며, 시장의 뉘앙스를 파악하여 현지화가 필요한 범위를 파악하는 등의 작업이 여기에 포함된다. 슬랙의 글로벌 제품 확장 책임자였던 캐스린 하임즈가 제안하듯이, 초기 시장에서 성장이 무엇을 의미하는지 파악해야 하고 비즈니스 모델의 동인을 이해해야 한다. 그런 다음, 다른 시장에서도 비슷한 신호가 감지되는지 찾아야 한다.

본사에서 수행한 조사를 통해 여러 가지 핵심 통찰을 얻을 수 있지만, 그것만으로는 충분하지 않다. 한걸음 더 나아가 현장에서 이런 데이터를 검증해야 한다. 조사 단계에서 고객의 목소리는 글로벌 비전으로 인해 무시되는 경우가 많다. 고객의 목소리를 들으려면 책상머리를 벗어나 목표 고객과 직접 대화해야 한다. 그래야 목표 글로벌 시장을 조사하고 선정할 때 종종 발생하는 편견을 줄일 수 있다.

이상적으로는 본사(와 자국시장)에서 수행한 시장 분석으로 목표 국가들의 우선순위와 현지화 방법에 관한 아이디어를 얻을 수 있어야 하지만, 실제로는 새로운 질문을 던져야 하는 경우가 많다.

기업이 표준 애자일 방법론을 통해 제품-시장 최적화를 달성하기 위해 수행하는 고객 개발 프로세스와 마찬가지로 현지화 요소 발견은 아웃소싱해서는 안 되는 프로세스다. 줌의 글로벌 전략 및 운영 책임자인 마크 패리는 시장 진출 준비 과정은 아웃소싱이 아니라 내부에서 주도해야 한다고 정확하게 지적한다. 확장 계획에 관여할 사람, 즉 본사의 글로벌 성장 담당자나 현지 시장의 리더들이 현지화 요소 발견 프로세스에 참여해야 한다.

블라인드는 미국 내 초기 목표 고객을 기술업계 종사자로 예상했기 때문에 온라인 리테일러의 본고장인 시애틀에서 아마존 직원을 대상으로 네크워킹 이벤트를 주최함으로써 현지화 요소를 발견했다. 이 회사는 아마존 본사 근처에 있는 아파트까지 임대했다. 그 후 블라인드는 캘리포니아 실리콘밸리를 비롯하여 마이크로소프트 등 대형 기술기업들을 대상으로도 이 과정을 반복하여 미국 시장의 목표 고객을 깊이 이해할 수 있었다. 이는 "건물 밖으로 나가라"는 스티브 블랭크의 조언을 보여주는 좋은 사례다. 물론 블라인드의 경우에는 목표 고객이 일하는 '건물 안으로 들어가서' 그들이 어떻게 생각하고 무엇을 중요시하는지 진정성 있게 이해하고자 했다. 차트메트릭의 조성문은 무료 제품을 사용하는 고객들과 15~30분 정도 수차례 전화 통화를 하면서 핵심 인플루언서와 관계를 맺고 많은 고객을 프리미엄 서비스로 전환시켰다.

자주 간과하는 것

현지화는 국가 수준에 국한되지 않는다

한국과 같이 규모가 작고 동질성이 강한 국가에서는 현지화가 용이하지만, 미국처럼 다양성이 큰 국가에서는 각 도시마다 고유의 문화가 존재하므로 개별적인 현지화가 필요하고 종합적으로 볼 때 현지화가 복잡할 수밖에 없다. 미국의 경우, 일부 산업은 정부 및 규제 필터를 통과하기 위해서 50개 주마다 서로 다른 법률을 준수하도록 현지화를 진행해야 한다. 따라서 주요 도시의 핵심 이해관계자와 지속적으로 대화하고 현지의 요구 사항을 고려한 현지화를 계획함으로써 이에 대비하는 것이 중요하다.

잠재 고객과의 대화는 이 프로세스의 핵심 부분이지만, 목표 고객을 크게 넘어서서 대화를 시도해야 한다. 현지화 요소 발견 프로세스의 범위 내에 다음 사항들을 포함하는 것이 좋다.

- 목표 고객 및 목표 시장 내의 기존 고객
- 투자자
- 기업가와 관련 비즈니스 리더
- 잠재 파트너
- 잠재 신규 직원
- 지방정부 기관
- 지역 무역협회
- 대학
- 잠재 공급자
- 이론가 및 시장분석가
- 은행 및 금융 시스템 대표자
- 지역 언론
- 일반인

현지화 요소 발견은 그 중요성을 아무리 강조해도 지나치지 않을 정도로 중요한 단계다. 영숫자로 된 우편번호나 여러 통화currency로 청구서를 발행하는 경우 기존 시스템에 문제가 생길 수 있는 것처럼, 우편물 규격 같은 일상적인 사항도 포장 크기와 유통 방식 선택에 영향을 미칠 수 있다. 실제로 어떤 기업은 한국 시장 진출이 지연된 사례도 있다. 이 회사는 우편 시스템과 현지 규격을 파악하지 않은 채 출시를 진행했다. 출시 일주일 전, 출시 팀은 포장 박스가 한국의 표준 우편 규격에 맞지 않는다는 사실을 발견했고, 출시를 미룬 채 포장 박스를 다시 디자인하느라 애를 먹었다. 그 때문에 계획된, 그리고 이미 비용을 지불한 출시 마케팅 캠페인에 차질이 빚어졌다.

이런 사소한 요소를 미리 파악해두지 않으면 출시 지연뿐만 아니라 추가 비용이 발생할 수 있다. 각 시장에 적합한 운영 모델을 먼저 검증하지 않고 폭포수 접근 방식으로 과도하게 투자하면 이런 작은 문제 하나가 실패로 이어질 수 있다.

가장 좋은 방법은 팀의 핵심 구성원이 직접 시장을 방문하여 주요 이해관계자들과 대화하고 시장을 경험하는 방식으로 현지화 요소 발견 프로세스를 진행하는 것이다.

현지화 요소 발견의 이점에 관한 좋은 사례는 에버노트와 위블리에서 글로벌 총괄 매니저로 일했던 트로이 멀론이 현지인들과 나눈 대화에서 찾을 수 있다. 초기에 그가 시장을 파악하는 방법은 단순히 택시나 식당, 호텔에서 만난 현지인들과 일상적인 대화를 나누며 소통하는 것이었다. 시장 진입을 위해 2014년에 원격으로 인도 시장을 조사하면서 이동성이 높은 젊은 비즈니스맨(프리미엄 제품의 주요 목표 고객)의 신용카드 소지율이 높다는 사실을 밝혀냈는데, 이 발견은 신용카드를 주된 결제 수단으로 사용하던 에버노트에는 좋은 신호였다. 흥미롭게도 트로이는 인도의 일반인들과 일상적인 대화를 나누던 중 그가 '이모 이야기Auntie Stories'라고 이름 붙인 이야기를 여러 번 들었다.

거의 모든 젊은 직장인에게는 신용카드 빚 때문에 인생을 망친 친척이 있다고 이야기해주는 '이모'가 있는 것 같았다. 많은 이들이 신용카드를 가지고 있었지만 이런 이야기 때문에 빚을 지고 인생을 망칠까 봐 신용카드를 사용하지는 않았다. 초기에 책상머리에서 실시한 데이터 분석으로는 신용카드 결제 가능성이 커보였지만, 실제로 마주한 현장의 목소리는 그런 데이터가 근거 없음을 보여주었다. 이렇게 현장을 통한 발견은 시장 조사를 검증하는 데, 또는 무효화하는 데 도움이 될 뿐만 아니라 현지화를 위한 새로운 아이디어를 제공하기도 한다.

트로이는 인터프리너적이고 문화적인 호기심과 현장 조사 덕에 효과적인 마케팅 전략을 수립할 수 있었고, 예상치 못한 방법으로 상황을 타개할 수 있었다. 현지 동료인 아니르반 무코파디야Anirban Mukhopadhyay와 함께 현장을 돌아다니던 중, 트로이는 양동이로 가득 찬 커다란 나무 상자를 머리 위에 얹고서도 균형을 잃지 않으며 움직이는 일꾼들을 목격했다. 아니르반에게 자세한 사연을 물어본 그는 그들이 그 지역의 화이트칼라 직장인들(에버노트의 초기 목표 고객)에게 도시락을 배달하는 것임을 알게 됐다. 지역 밀착형 마케팅 전략에 관한 아이디어를 얻은 트로이는 회사가 진행 중이던 디지털 광고를 보강하기 위해 에버노트의 프리미엄 서비스를 홍보하는 카드를 인쇄했다. 이 전략은 성공적이었다. 현지 시장을 탐색하고 직접 경험하려는 트로이의 인터프리너 마인드셋과 아니르반의 현지 지식이 없었더라면 결코 발견하지 못했을 전략이었다. 이는 신규 시장으로 확장할 때 현지 시장 지식과 회사 지식을 모두 갖추는 것이 얼마나 중요한가를 분명하게 보여준다(8장 참고).

현지화 요소 발견 프로세스는 초기 조사 단계 이후에도 계속돼야 한다는 점에 유의하라. 실제로 글로벌 클래스 기업은 현지 시장에 관한 추가적인 통찰을 수집하고 회사-시장 최적화를 빠르게 달성하기 위해 초기의 시장 진출 단계 이후에도 지속적으로 현지화 요소 발견이 필요하다는 점을 잘 알고 있다.

사례 연구

경영진의 직접 체험과 지지, 에어비앤비

에어비앤비의 공동 창립자이자 최고 경영자인 브라이언 체스키Brian Chesky는 아시아 태평양 지역에서 에어비앤비가 처음 진출한 국가 중 하나인 한국에서 고객들이 에어비앤비 모바일 앱을 어떻게 사용하는지, 그 모습을 관찰하고 싶었다.

에어비앤비의 아태지역 마케팅 책임자였던 제니퍼 위엔은 그해 휴가철 즈음 에어비앤비의 최고 경영진이 직접 현지 고객에 대한 통찰을 얻을 수 있는 여행을 계획했다. 이것은 최고의 현지화 요소 발견 방법이다. 이 여행의 일환으로 제니퍼는 한국 고객의 포커스 그룹을 구성해 경영진이 관찰할 수 있게 했다.

경영진은 한쪽에서만 보이는 창 뒤에 앉아 고객의 보디랭귀지를 볼 수 있었고 고객이 앱과 어떻게 상호작용하는지 '어깨 너머로' 관찰할 수 있었다.

회사의 최고 경영자가 이런 과정을 지켜봤다는 것은 아주 가치 있는 일이었다. 신규 시장의 고객들이 앱과 상호작용할 때 느끼는 즐거움과 문제점을 생생하게 체험할 수 있었기 때문에 확장 계획에 관한 최고 경영자의 지지를 강화할 수 있었다. 경영진은 텍스트가 한국어로 번역되지 않았음에도 고객들이 사진 위주로 된 모바일 앱에 즉시 접속하는 모습을 직접 확인할 수 있었다. 이를 통해 그들은 시장 기회를 강화하고 현지 시장에 맞게 제품을 현지화할 때 취해야 할 방식에 관한 통찰을 얻을 수 있었다.

게다가 이 여행은 경영진이 새로운 지역의 문화와 시장 역학 관계의 차이를 좀 더 잘 이해하고 현지 팀이 제안하는 제품 및 전략에 관한 개선 사항을 수용하는 데 큰 도움이 되었다.

현지화 요소 발견 과정을 통해 통찰을 얻은 다음 단계는 목표 시장에서 비즈니스가 어떻게 운영될지 새로운 가설을 개발하는 것이다.

비즈니스 모델 현지화 캔버스

애자일 방법론의 글로벌 버전은 여기서부터 적용되기 시작한다. 신규 시장에 관한 정확한 가설을 수립하는 가장 좋은 방법은 이 장의 앞부분에서 설명한 2가지 필터(정부 규제와 문화)를 통해 초기 시장(자국 시장)에서 이미 대규모로 운영 중인 비즈니스 모델을 실행하고 현지화 요소 발견 과정에서 얻은 통찰을 반영하는 것이다.

이를 위해 우리는 비즈니스 모델 현지화 캔버스BMLC를 만들었다.

[표 2] 비즈니스 모델 현지화 캔버스

국가: 일자: 작성자:

	초기 시장에서 검증된 모델	정부 규제	문화	현지 시장에 대한 가설
버전: 현지화 프리미엄 분석	초기 시장에서 입증된 비즈니스의 각 측면에 대해 검증된 모델을 나열하라.	정부 규제 및 정치 환경이 비즈니스의 각 측면에 어떤 영향을 미치는가?	현지 시장의 문화, 규범, 신념, 가치관이 비즈니스의 각 측면에 어떤 영향을 미치는가?	비즈니스의 각 측면을 규제 필터와 문화 필터에 통과시킨 다음, 신규 시장에 대해 어떤 새로운 가설을 테스트해야 하는가?
고투마켓 전략	영업 프리미엄			
	제품 프리미엄			
	마케팅 프리미엄			
운영 전략	관리 프리미엄			
	인프라 프리미엄			
	조직 프리미엄			

국가: 일자: 작성자:

	초기 시장에서 검증된 모델	정부 규제	문화	현지 시장에 대한 가설
버전: 비즈니스 모델 캔버스	초기 시장에서 입증된 비즈니스의 각 측면에 대해 검증된 모델을 나열하라.	정부 규제 및 정치 환경이 비즈니스의 각 측면에 어떤 영향을 미치는가?	현지 시장의 문화, 규범, 신념, 가치관이 비즈니스의 각 측면에 어떤 영향을 미치는가?	비즈니스의 각 측면을 규제 필터와 문화 필터에 통과시킨 다음, 신규 시장에 대해 어떤 새로운 가설을 테스트해야 하는가?
고객 구분				
가치 제안				
채널				
고객 관계				

매출 흐름				
핵심 자원				
핵심 활동				
핵심 파트너				
비용 구조				

많은 스타트업들이 초기의 제품-시장 최적화를 추구할 때 알렉산더 오스터왈더가 만든 비즈니스 모델 캔버스를 사용한다. 이 캔버스를 출발점으로 삼아라(비즈니스 모델 캔버스는 Strategyzer.com에서 찾을 수 있다). 다음 장에서 설명할 현지화 프리미엄 분석의 카테고리를 사용하거나 요소들을 직접 디자인할 수도 있다(비즈니스 모델 현지화 캔버스 템플릿은 www.GlobalClassBook.com에서 찾을 수 있다). 목표는 비즈니스 및 운영 모델의 포괄적인 요소 목록을 작성하고 이를 정부 규제 및 문화 필터를 통해 실행하여 신규 시장에서 비즈니스가 어떻게 운영될지에 관한 새로운 가설 세트를 개발하는 것이다. 이런 과정을 수행함으로써 비즈니스의 성공에 필요한 현지화 요소가 무엇인지 파악할 수 있다.

이 과정에서 인터프리너가 능력을 발휘한다. 이들이 지닌 문화적 마인드와 현지의 문화적 뉘앙스에 대한 민감성은 정부와 문화가 비즈니스에 어떤 변화를 요구하는지를 파악하는 데 도움이 된다.

여기에 고투마켓 및 운영 모델의 각 측면에 대한 새로운 가설 세트를 국가별 현지화 프리미엄 분석 템플릿에 추가할 수 있다. 현지화 프리미엄 분석 템플릿은 신규 시장에서 견인력을 확보하고 글로벌 애자일 프로세스의 두 번째 단계(6장 참고)를 탐색할 때 필요한 변화를 시각화하는 데 도움이 되는 포괄적 프레임워크다. 또한 이 가설 세트를 비즈니스 모델 캔버스 템플릿 또는 기타 현지화 추적 도구에 추가할 수 있다. 그런 다음, 제품-시장 최적화 그리고 궁극적으로는 회사-시장 최적화에 도달할 때까지 '구축-측정-학습 피드백 루프'(《린 스타트업》 참고)를 사용하여 신중하게 테스트를 실시한다. 이어서 주요 학습 결과를 바탕으로 반복하면서 전략 및 프로세스의 초기 버전을 만들고, 필요할 때마다 피벗을 시도하는 등 표준 애자일 방법론의 나머지 부분을 따르라. 국가마다 별도의 현지화 프리미엄 분석/비즈니스 모델 캔버스가 있어야 한다. 현지화 프리미엄 분석의 경우, 비교를 위해서 동일한 템플릿으로 여러 국가를 표시할 수 있다.

이 작업은 진출 국가별로 수행하는 것이 중요하다. 그런 다음, 시장이 성장하는 동안 이런 필터를 비즈니스의 모든 측면에 계속 적용하여 운영과 결과를 최적화해야 한다. 여러 국가에서 비즈니스를 확장하고 운영을 시작하게 되면, 이미 진출한 시장에서 수행한 현지화가 신규 시장에서도 확장 가능할 수 있기 때문에 이미 진출한 시장을 벤치마킹하는 게 좋다(6장의 '연계 시장linked market' 개념 참고).

비즈니스 모델 현지화 캔버스 작성하기

비즈니스 모델 현지화 캔버스를 작성하려면 맨 왼쪽 열에 초기 시장에서 검증된 비즈니스 모델의 요소를 작성한다. 그런 다음, 현지화 요소 발견 프로세스를 수행하라. 그리고 해당 국가의 고투마켓 또는 운영 모델의 각 요소에 영향을 미칠 수 있는 정부 규제 및 문화와 관련된 측면을 나열하라. 또한 맨 오른쪽 열에 신규 시장에 대한 가설을 수립하고 기입하라. 이런 가설들은 신규 시장을 준비하고 출시할 때 테스트를 반복 수행하기 위한 밑거름이 된다. 그런 다음, 글로벌 애자일 프로세스의 2단계인 현지화 프리미엄 분석 프로세스에 지금까지의 결과를 반영하라.

글로벌 애자일/비즈니스 모델 현지화 캔버스의 실제 사례

문화와 정부 규제는 법적으로나 문화적으로 허용되는 모델뿐만 아니라 최적화를 달성하는 데 필요한 현지화 과정에 중대한 영향을 미칠 수 있다. 문화 및 정부 규제는 제품 외에도 비즈니스 모델 캔버스의 모든 블록에 적용된다(다음 장에서 자세히 설명할 현지화 프리미엄 분석의 모든 범주에도 마찬가지로 적용된다). 영향의 정도를 설명하기 위해 이러한 필터를 보여주는 여러 사례를 간략하게 소개한다.

제품: 줌은 신규 시장에 진출할 때 제품을 현지화하는 과정을 거치는데, 글로벌 책임자인 에이브 스미스는 이를 '기술의 현지화'라고 부른다. 줌은 기술의 현지화를 통해 현지 문화를 반영하여 제품을 변경했고 화상회의 플랫폼의 채택률을 높일 수 있었다. 아시아에는 대면 미팅 시 두 손으로 명함을 주고받으며 존경의 의미로 명함을 자세히 살펴보는 의례적인 관습이 있다. 이 점에 착안하여 줌은 가상 미팅에 대면 미팅 문화를 반영함으로써 가상으로 명함을 교환할 수 있는 기능을 제공한다.

또한 아시아인들은 대면 미팅 시 관례적으로 최고위급의 참석자를 가장 눈에 잘 띄는 좌석(화상회의에서는 가장 눈에 눈에 잘 띄는 화면 위치)에 배치한다. 줌은 이런 좌석 배치 관행을 고려하여 각각의 비디오 스트림 창을 재배열할 수 있게 한다.

수익 모델: 문화는 가격 책정에 큰 영향을 미친다. 멕시코의 기업들은 일반적으로 구매 제품에 대해 '무이자 할부'를 제공한다. 일본의 비즈니스 문화에서는 가격 협상이 표준 관행이기 때문에(최대 90%까지 할인하는 것이 일반적임) 정가를 일부러 높게 책정하곤 한다. 중국의 B2B 산업에서는 마지막 청구서에 대해 대금을 지불하지 않는 경우가 많은데, 이는 공급업체가 향후의 파트너십을 약속한다는 의미로 이루어지는 관행이다. 공급업체는 최종 청구서를 보내지 않음으로써 고객과 장기적인 관계를 구축할 계획이라는 신호를 보낸다. 이러한 관행을 고려해 가격을 책정하지 않으면 수익성을 보장하지 못한 채 비즈니스를 시작할 가능성이 높다. 쏘트웍스 팀은 이 관행을 힘들게 배워야 했다.

가치 제안: 독일에서는 한 회사에서 오래 근무하는 것이 일반적이기 때문에 미국의 구직 플랫폼인 링크드인에 프로필을 올리는 것이 불성실한 행동으로 여겨졌다. 링크드인은 구직이 아니라 전문성 개발 도구로 포지셔닝하기 위해 가치 제안을 변경해야 했다. 이 회사는 구직 플랫폼이라는 이미지가 두드러지지 않도록 했다. 프로필이나 현재 상태를 업데이트한다고 해서 새 직장을 구하는 것은 아니라는 점을 분명하게 밝혔고, 자기네 플랫폼이 현 직장에서 성공적으로 업무를 수행하는 데 필요

한 기술을 향상시키는 일상적인 지식 도구가 될 수 있음을 강조했다.

채널: 와인 앱인 비비노는 고객이 주문한 와인을 집 앞까지 직접 배송하는 이커머스(전자상거래) 모델을 운영하고 있다. 독일을 비롯한 여러 유럽 국가에서는 이 모델이 잘 작동했지만, 유독 프랑스에서는 부진했다. 프랑스의 와인 배송비는 다른 나라보다 최대 70%나 비싸고 소비자들이 와인을 주문하고 직접 픽업하는 '클릭 & 콜렉트Click and Collect' 모델에 익숙했기 때문에 앱을 거의 사용하지 않았다. 비비노 팀은 프랑스 시장에 적합한 '클릭 & 콜렉트' 옵션을 제공하는 유통 시스템을 구축하여 이에 대응했다. 러시아나 한국처럼 온라인 주류 판매가 불법인 다른 시장에 대해서 이 회사는 수익 모델을 재평가하고 조정해야 했다.

도큐사인의 독일 시장 진출 사례에서 알 수 있듯이, 정부 규제 및 문화적 환경을 잘 이해하면 경쟁 우위에 설 수 있고 기업의 고투마켓 전략에 영향을 미칠 수 있다.

현지화의 범위를 파악한 후에는 신규 시장에서 견인력을 창출하기 위해 현지화가 필요하다고 생각하는 가설을 반복적으로 테스트해야 하는데, 이때 특정 전략이 예상과 달리 효과가 없음을 알게 되면 방향을 전환해야 한다. 예를 들어, 비즈니스캔버스는 한국에서 목표 고객(스타트업)을 대상으로 '오피스 아워office hours'를 활용한 웨비나를 진행하여 전환율 87%라는 큰 성공을 거뒀다. 하지만 이 마케팅 전략은 미국이나 일본에서는 시장의 차이 때문에 별로 효과적이지 않은 것으로 판명되었다.

독일 시장을 위한 파트너, 도큐사인

독일인들은 고품질의 국내 브랜드에 익숙하기 때문에 국내 기업 제품을 구매하는 것을 선호한다(1장에서 언급한 월마트의 시장 진입 실패 사례 참고). 이 때문에 독일인들은 글로벌 기업의 신제품이나 서비스를 쉽게 받아들이지 않는다.

도큐사인은 이런 도전에 굴하지 않았다. 그들은 현지 문화를 이해하고 시장 전반에 광범위한 영향력을 가진 유명 독일 기업과 고투마켓 파트너십을 확보해야 한다고 생각했다. 도큐사인은 SAP, 알리안츠Allianz, 도이치 텔레콤 Deutsche Telekom: DT 등과 계약 체결을 추진했다. 그중에서 1만 명에 달하는 영업 인력과 즉각 활용 가능한 유통 채널을 갖춘 DT가 가장 적합해 보였다. DT 역시 독일 고객 데이터를 자국 내에 저장해야 했기 때문에 DT 모바일 기기에 도큐사인의 서명 기능을 탑재해 DT 데이터 센터에 고객 데이터를 저장하는 기술 통합의 이점을 얻을 수 있었다.

시장 진출의 의지를 보이기 위해 도큐사인은 파트너사가 도큐사인의 차기 펀딩 라운드에 투자하고, 재판매 파트너십, 기술 통합(예를 들어 DT용 모바일 기기 서명), 양측의 직원이 파트너사의 솔루션을 사용하는 상호 고객 관계를 포함한 포괄적인 파트너십을 제안했다. 유통, 상호 고객, 투자, 기술 통합이라는 4가지 접근 방식은 도큐사인에는 큰 성과일 뿐만 아니라, DT에게는 고객 경험을 개선하고, 클라우드 비즈니스에서 수익을 얻으며, 독일 내에서 빠르게 성장할 도큐사인의 기업가치로부터 투자 혜택을 누릴 기회이기도 했다.

대기업과의 파트너십 논의가 대개 그러하듯, 대화는 느리게 진행됐다. 그해

6월, 당시 도큐사인의 최고 경영자였던 키스 크라흐^{Keith Krach}는 DT의 최고 경영자인 팀 호지스^{Tim Hodges}와 50여 명의 최고 경영진이 도큐사인 본사 근처에 있는 스탠퍼드대학교에서 경영자 과정을 수강할 예정임을 알게 되었다. 공휴일인 7월 4일을 함께 축하하자는 취지로 키스는 산타크루스 부근의 해안에 위치한 자신의 '해변 오두막'으로 DT 경영진을 모두 초대했다. DT 임원들은 반바지와 반팔 셔츠로 갈아입고 파티에 참석했고, 원래는 핫도그여야 했지만 우스꽝스럽게도 브랏부어스트^{Bratwurst}(프라이용 소시지 - 옮긴이) 바비큐와 불꽃놀이를 즐겼다. 이 모임에서 쌓은 관계 덕에 얼마 뒤 파트너십 계약이 체결되었다.

파트너십은 놀랍도록 성공적이었다. DT는 도큐사인에 투자하여 많은 이익을 얻었을 뿐만 아니라, 네트워크 솔루션에 도큐사인을 부가 서비스로 추가할 수 있었다. 2년 후 도큐사인은 파트너십을 통해 확보한 고객 기반을 더욱 확대하고 신규 시장의 기회를 보다 폭넓게 활용하기 위해 독일에서 직접 영업 팀을 채용하기 시작했다. 모든 전략이 독일의 문화적 관행에 대한 이해와 적응을 바탕으로 수립됐기 때문에 이 계획은 성공을 거뒀다.

현지화는 글로벌 클래스 기업이 신규 시장으로 확장하는 데 핵심적인 활동이자 최우선적인 활동이다. 현지화는 성공과 실패의 차이를 결정한다. 앞 장에서 설명한 것처럼, 현지화는 어려운 일이고 범위도 넓다. 현지화는 신규 시장에서 견인력을 확보하기 위한 일이지만 비즈니스 운영 방식에 복잡성을 더하는 일이기도 하다.

부담스러운 사실은 글로벌로 진출하면 비즈니스 운영 방식이 바뀐다는 점이다. 제품을 변경하든 운영 모델을 바꾸든, 신규 시장에 진출할 때는 적응이 필요하다. 이런 변화와 적응은 현지 법률과 규정, 신규 시장에서 주목을 받아야 한다는 필요성, 혹은 문화 때문에 이루어진다.

어떤 이유이든 간에, 우리의 조사에 따르면 비즈니스 리더들은 이런 복잡성을 부분적으로만 이해하고 있고, 계획 수립과 조직 내 소통을 위한 포괄적이고 간단한 프레임워크에 반영해야 한다고 생각하지 않는 경우가 많았다.

예를 들어 플렉스포트 팀은 글로벌 성장 이니셔티브를 준비하는 동안 해상 운송 상품에 대한 가격 책정 및 판매 방식을 국가 단위로 비교하면서 깨달음의 순간을 경험했다. 가격 책정과 계약 모델이 나라마다 상당히 달랐기 때문이다. 수입 통관 신고 시 시장 요율은 유럽에 비해 미국이 훨씬 높았고, 특정 유럽 국가에는 미국에는 없는 특별 항만 할증료가 있었던 것이다. 미국에서는 고정 계약이 대개 5월에 시작되고 1년간 계약 요금이 고정되는 반면, 유럽에서는 연간 고정 계약이 연말에 마감될 가능성이 높고 분기나 반기 동안만 계약요금이 고정되는 게 일반적이었다. 그래서 플렉스포트는 각 시장에 맞게 가격 모델을 조정하고 영업주기를 재조정하여 회사가 세계 어디서든 운영될 수 있게 해야 했다. 이런 변화는 비즈니스에 복잡성을 가중시켰다. 현지화를 위한 번역 및 마케팅 변경은 물론이고, 여러 법인과 국가마다 다른 가치 제안, 다양한 영업 또는 지원 모델, 여러 가지 내부적 기술 통합 등을 반영하여 글로벌화를 추진하면 애초에 2가지로 시작했던 가격 책정 모델이 대여섯 가지로 늘

어날 수 있다.

현지화를 수행하려면 글로벌 애자일 방법론을 적용해 검증한 고객 맞춤화를 추적하고 소통하며 구현할 수 있는 새로운 프레임워크가 필요하다. 지금까지는 글로벌 시장에서 회사-시장 최적화를 달성하기 위해 현지화를 수행하는 방법을 살펴봤다. 이제부터는 이를 바탕으로 글로벌 애자일 프로세스의 두 번째 단계인 '비즈니스 변경에 따른 복잡성 관리 방법'을 알아보자. 다음 장에서는 이런 작업을 수행하고 회사-시장 최적화를 달성하는 데 유용한 프레임워크를 살펴보자.

5장 | 요약

- 글로벌 클래스 기업은 글로벌 규모에 성공적으로 도달하기 위해 애자일 방법론의 수정된 버전(글로벌 애자일)을 활용해 신규 시장에서 제품-시장 최적화(1단계 목표)를 달성하고 궁극적으로 회사-시장 최적화(2단계 목표)에 도달하는 데 필요한 현지화(회사의 고투마켓 전략 및 운영 모델 변경)를 탐색한다. 1단계에서는 현지화 요소를 발견하고 신규 시장에서 비즈니스가 어떻게 운영될지에 관한 새로운 가설을 개발한다.
- 현지화는 언어 번역과 마케팅뿐 아니라 제품부터 프로세스, 비즈니스 모델, 현지 커뮤니티 참여에 이르기까지 회사의 모든 측면을 포함한다.
- 시장 진입 전에 비즈니스 모델 현지화 캔버스의 일부로서 기업의 고투마켓 전략 및 운영 모델의 모든 측면을 통과시켜야 하는 2가지 필터가 있다. 바로 정부 규제와 문화다. 이 필터를 통해 신규 시장에서 효과를 발휘할 비즈니스 모델이 어떤 모습일지와 관련한 가설을 발견할 수 있다.

- 새로운 글로벌 시장에 진출하는 데 필요한 현지화 요소를 어떻게 발견하고 추적하는가?

- 최근에 글로벌 시장에 대한 귀사의 현지화 방식을 평가했다면 어떤 점을 발견했는가?

- 현지화를 계획하는 동안 정부 규제 및 문화 필터를 현지화 전략에 어떻게 반영했는가?

6장

복잡성
글로벌 애자일 2단계 : 준비, 검증, 구현

물류 및 배송 플랫폼 차즈키Chazki의 공동 창립자이자 최고 경영자인 곤살로 베가조Gonzalo Begazo는 회사가 여덟 번째 시장으로 확장하는 과정에서 문제가 있음을 깨달았다. 운영 모델과 사무실 문화의 정렬 등 그가 첫 번째 글로벌 시장에서 오랜 시간을 들여 구축한 비즈니스의 여러 측면들은 우선순위에서 밀려났고, 각 시장에 맞는 고유의 회사-시장 최적화를 달성하는 것이 우선시됐던 것이다. 이제 팀원들이 한꺼번에 여러 가지 모델을 운영해야 하는 부담을 떠안게 되면서 이런 이슈들은 더 이상의 확장을 막고 모멘텀을 얻지 못하게 하는 장애물이 되었다. 그는 당면한 이슈를 해결해야 했을 뿐만 아니라 국가별 모델 간의 공통점을 잘 찾아야 했고 각 시장의 고유 특성을 더욱 신중하게 평가한 후에 출시해야 했다.

이는 곤살로만 경험하는 문제는 아니다. 아마존의 온라인 유통 비즈니스는 글로벌 비즈니스 초창기에 구축되었다. 20여 개의 지사는 별도의 회사처럼 운영되고 있고, 국가마다 고유의 프로세스, 물류, 고투마켓 전략, 가치 제안을 갖고 있다. 아마존의 웹사이트들은 서로 비슷해 보이지만, 국가별 사이트는 독립적으로 존재하고 각 사이트에서 판매되는 제품 역시 크게 다르다. 이렇게 복잡성 수준이 천차만별인 탓에 아마존은 잠재력을 최대한 발휘하고 더 높은 수준의 최적화를 달성하지 못하고 있다.

기업이 신규 시장에 진출하기로 결정할 때마다 비즈니스의 어떤 측면을 변화시키고 어떤 측면을 그대로 유지할지를 놓고 다툼이 벌어진다. 이는 아마존 같은 글로벌 대기업부터 차즈키처럼 빠르게 성장하는 스타트업에 이르기까지 모든 규모, 모든 산업, 모든 지역의 기업들이 겪어야 하는 싸움이다. 이런 싸움은 차즈키의 잠재적 성장이 정체되고 새로운 현지 시장에서 아마존의 경쟁력이 취약해지는 등 치명적인 결과를 초래할 수 있다. 복잡성과 고객맞춤화 간의 균형 효과는 단일 시장에서 견인력을 확보하느냐 그렇지 못하냐를 좌우할 수 있지만, 여러 시장이 혼합돼 있을 때는 그 리스크가 훨씬 더 커진다.

5장에서 설명했듯이, 현지화는 단순한 언어 번역이 아니라 현지 시장의 문화, 규정, 여러 가지 고유의 문화적 특성에 맞게 비즈니스의 모든 측면을 조정하는 것을 말한다. 하지만 이런 변화는 복잡성을 야기하기도 한다. 앞에서 글로벌 애자일 프로세스의 첫 번째 단계인 '발견 및 가설 개발'에 대해 자세히 알아보았으므로, 이 장에서는 이런 복잡성을 관리하는 데 도움이 되는 '준비, 검증, 구현' 단계를 집중적으로 살펴보자.

변화에 수반되는 복잡성을 설명하는 방식은 회사마다 다르다. 슬랙에서는 "'예스Yes'는 언제나 희생을 뜻한다"라는 말을 속담처럼 쓴다. 젠데

[그림 5] 맥락에 따른 글로벌 예자일: 준비, 검증, 구현 중심

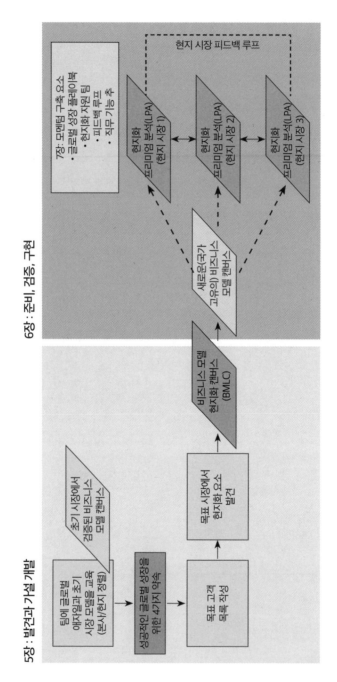

5장 : 발견과 가설 개발

6장 : 준비, 검증, 구현

스크에는 "모든 사람에게 모든 것이 될 수는 없다"라는 말이 있다. 어떤 회사에서는 "바다를 끓일" 수 있는 사람은 없다는 표현을 쓴다. 복잡성을 피하기 위한 선택과 집중, 단순화, 공동의 노력은 글로벌하게 성장하려 할 때 가장 먼저 염두에 두어야 할 중요한 요소다.

글로벌 애자일 방법론의 1단계는 신규 시장에서 견인력을 확보하기 위한 변화를 발견하는 데 도움이 된다. 그러나 이런 마인드셋은 복잡성을 야기하고 모멘텀, 효율, 규모 확대를 저해하기 때문에 제품-시장 최적화 달성을 어렵게 만들 수 있다. 대신, 글로벌 성장에 따른 복잡성을 관리하는 것이 중요하다.

신규 시장에서 견인력 확보에 요구되는 현지화와 그런 변화에 수반되는 복잡성 사이의 균형을 맞추는 것이 중요하다. 글로벌 클래스 기업은 글로벌 애자일 방법론을 효과적으로 사용하여 균형을 잘 맞춘다. 이런 균형의 필요성은 현지화 프리미엄이라는 새로운 애자일 개념에 잘 요약돼 있는데, 현지화 프리미엄은 조직이 전 세계로 확장하는 과정에서 직면하는 복잡성 증가를 잘 관리하면서 현지화 전략을 효과적으로 수행할 수 있도록 지원한다.

궁극적으로 이것이 글로벌 애자일 프로세스 2단계의 목표다. 즉 신규 시장에 맞춰 비즈니스를 현지화하는 과정에서 발생하는 복잡성을 관리함으로써 회사-시장 최적화를 달성하는 것이다.

현지화 프리미엄이란 무엇인가?

현지화 프리미엄 개념의 핵심에는 신규 시장에 성공적으로 진입하려면 많이는 아니더라도 일부 방식에서 비즈니스를 조정해야 한다는 인식이 깔려 있다.

'프리미엄'이란 단어는 기업이 변화를 통해 얻을 수 있는 이익(신규 시장에서의 견인력)과 이 과정에서 필요한 추가 비용(시간, 재무적 부담, 인적 자원)을 의미할 때 사용된다. 혜택에는 부담이 뒤따른다. **현지화 프리미엄의 핵심은 신규 시장에서 회사-시장 최적화를 달성하기 위한 현지화 과정에서 발생하는 복잡성의 크기다.**

기업이 초기에 구현하는 데 시간이 더 오래 걸리는 보다 좋은 솔루션 대신, 상대적으로 빠르고 쉬운 솔루션을 만들기로 한다면 추가 비용이나 시간을 투입해야 한다. 속도, 확장성, 최종 결과물의 수명 사이에는 트레이드오프가 존재한다. 결과적으로 누적된 현지화 프리미엄은 나중에 해결해야 할 문제를 증가시키고, 문제를 해결하지 않을수록 상황이 더 심각해지는 경우가 많다.

운영 모델과 고투마켓 전략상의 변화, 그리고 그로 인해 발생하는 프리미엄은 크거나 작을 수 있다. 예를 들어 모든 신규 시장에서 각기 다른 고객관계관리CRM 기술, 급여 시스템, 제안서 작성 도구, 가격 책정 도구를 사용하도록 허용하고, 각기 다른 지식재산권 전략을 수립하고 각기 다른 법인 구조를 유지한다면, 글로벌 진출을 운영 관리하기가 힘들어지고 이를 통합하기 위한 노력도 과중해질 것이다.

새로운 국가를 위한 모델은 한국에서 효과를 보이는 모델과 다를 수 있다는 점, 그리고 그 과정에서 소요되는 시간과 비용을 최소화하려면 구조화된 방식으로 현지화를 고려하는 것이 중요하다는 점을 명심해야 한다. 즉 국가마다 사용 사례가 다르고 가치 제안도 달라서 블라인드의 경우 글로벌 확장 방법에 관한 관점을 바꿔야 했다. 한국에서는 다양한 산업 분야의 직장인들이 정기적으로 교류하면서 업무적인 주제부터 개인적인 주제까지 함께 논의한다. 하지만 미국에서는 토론 주제가 업무에 집중돼 있고, 업종에 따라 사람들의 성향이 크게 다르다는 점을 블라인드는 발견했다. 만약 블라인드가 미국 고객들이 한국에서와 마찬가지로 반응할 거라 가정했다면, 이 회사는 크게 성공하지 못했을 것이다.

이 장 뒷부분에서 자세히 설명할 현지화 프리미엄 분석LPA를 수행하면 신규 시장에서 회사-시장 최적화를 달성하고 보다 신속하게 규모를 확장할 수 있다. 또한 신규 시장에서의 성공을 위해 기존 모델에 적용할 변경 사항을 가이드할 수 있고, 여러 현지 시장에 그 변경 사항을 확장할 수 있다. 따라서 현지화 프리미엄 분석은 전 세계라는 더 넓은 범위에서 회사-시장 최적화를 달성하는 데 촉매 역할을 한다. 또한 현지화 프리미엄이라는 개념은 기업이 신규 시장으로 확장할 때의 변경 사항과 추가되는 복잡성의 관리법을 잘 이해할 수 있도록 공통의 언어와 프레임워크가 되기도 한다.

인터프리너는 이를 염두에 두고 현지화 프리미엄과 글로벌 성장 이니셔티브에 부여된 높은 투자수익률에 대해 긍정적인 시각을 유지하면서 이 개념을 팀의 업무에서 최우선순위에 두어야 한다. 현지화 비용은 만약 제대로 수행한다면 다른 시장으로 확장할 수 있는 투자라고 볼 수 있다. 복잡성을 얼마나 잘 관리하느냐와 관계없이, 글로벌 확장 프로세스를 추진하는 기업은 전 세계 고객에게 접근하는 과정에서 여러 가지 변화(상당수는 긍정적 변화)를 겪게 된다.

이 장의 목표는 우선 현지화 프리미엄에 대한 인식을 높이고 이를 더욱 잘 관리하기 위한 구성과 통찰을 제공함으로써 처음부터 현지화 프리미엄을 최적화할 수 있도록 돕는 것이다. 팀에 일련의 믿음을 심어주고 임시방편이 아니라 복잡성을 단순화하는 프로세스를 수립하는 것이 최적화의 목적이다. 이런 구조와 명확한 소통 체계를 갖추면 현지 시장 팀은 다른 현지 팀들이 어떻게 해당 지역을 구조화하고 문제를 해결했는지에 대한 통찰을 얻을 수 있다.

플래드의 수익 책임자인 폴 윌리엄슨은 비즈니스 운영 방식을 변경시키면 핵심 초점 영역에서 벗어나는 표준편차가 줄어든다는 점에서, 현지화 프리미엄이 표준편차라는 통계 개념과 유사하다고 생각한다. 복잡성을 더하고 다양한 운영 방식을 적용하면 초점 영역에서 멀어지고, 그렇게 되면 문제 해결의 핵심에서 멀어진다. 표준편차라는 맥락으로 변경 제안 사항을 검토하면 비즈니스 리더가 의사결정 프로세스에 일종의 보호 장치를 설치할 수 있고 작은 변화가 일으키는 부정적인 영향을 간과하지 않을 수 있다.

폴은 표준편차라는 보호 장치나 현지화 프리미엄에 관한 관점이 없으면 목표 고객에게 가치 있는 솔루션을 제공하기보다는, 모든 사람을 만족시키려는 '비특화' 기업이 되고 높은 제품 프리미엄Product Premimum을 갖게 되며, 그 결과 이런저런 기능을 마구 갖다 붙인 프랑켄슈타인 같은 제품을 만들게 된다고 언급했다. 제품 변경은 신규 시장에서 상당한 시장점유율을 확보하는 데 필요한 현지화의 표면적 부분일 뿐이다. 비즈니스의 다른 측면들에서도 변화는 필수적이다. 비즈니스 초기 단계든 신규 시장에 진출하는 단계든, 초점을 벗어나지 않는 것이 처음부터 중요하다.

현지화 프리미엄을 복잡성의 표현 정도로 생각할지 모르지만, 사실 그 이상이다. 현지화 프리미엄은 신규 시장에서 회사-시장 최적화에 도달하기 위해서 현재의 모델을 어떻게 조정해야 하는지에 관한 물리적, 그래픽적 표현이라고 볼 수 있다.

현지화 프리미엄은 대화의 시작점이자 공용어 및 공통 프레임워크로서, 아메바처럼 혼란스러운 요소들을 정량화시켜 준다. 이 장에서 설명하는 현지화 프리미엄 분석 프레임워크는 수익 잠재력과 변경 요구 사항(자원을 필요로 함)의 균형을 맞추는 데 도움이 된다. 이 프레임워크를 통해 비즈니스의 여러 요소를 비교 분석할 수 있다. 무엇보다 글로벌 확장을 탐색하는 데 유용하고 신속한 발견법heuristic이다.

현지화 프리미엄이 중요한 이유

슬랙의 EMEA 영업 책임자였던 제임스 셰럿James Sherrett은 현지화 프리미엄으로 이어지는 복잡성을 이렇게 설명한다. "모든 결정과 변경은 후속 프로세스에 영향을 미친다."

현지화 프리미엄을 이해하고 추적하는 것이 중요하다. 이를 확인하지 않으면 문제가 복잡해지고 회사의 성장이 둔화된다. 핵심 자원을 무의미하게 소모하고 시간과 비용을 낭비한다. 초기 시장(자국 시장)에서의 핵심 비즈니스를 위태롭게 만들 수도 있다. 복잡성 관리는 시장 진입에서 시장 성장으로, 시장 성장에서 시장 성숙으로 나아가기 위한 열쇠이기도 하다. 더욱이 현지화 프리미엄과 복잡성이란 개념은 성공적인 글로벌 성장을 위한 4가지 약속과 밀접하게 관련돼 있다.

앞서 언급한 바와 같이 아마존은 전 세계 고객의 삶을 편리하게 만들려고 노력해왔으나, 그렇게 하기 위해서는 글로벌 규모로 회사를 운영하는 어려움을 극복해야 했다. 아마존은 복잡성을 최소화하는 도구와 구조가 별로 없었을 때 글로벌 시장에 진출하기 시작했다. 회사가 성장하는 과정에서 상당한 현지화 프리미엄을 축적했다.

아마존의 킨들 태블릿Kindle Tablet용 앱스토어 부문 부사장을 지낸 이선 에반스Ethan Evans는 아마존은 글로벌 기업이 아니라 다국적 기업multinational company이라고 지적하면서, 엄밀히 말해 준독립적인 비즈니스를 각기 운영 중이고 국가별로 상품 배송의 운영 전략이 다르다고 설명한다. 아마존은 한 국가에서 실물 상품으로 시작한 다음 다른 국가로 비즈니스를 확장해갔다. 그렇기에 아마존은 하나의 운영 모델과 기본 원칙을 따르지만, 국가별로 온라인 소매 비즈니스를 다르게 운영한다고 말할 수 있다. 이렇게 고도로 현지화된 접근 방식은 현지 법인이 민첩하게 현지 시장의 요구에 대응할 수 있게 해주고(회사-시장 최적화 달성에 긍정적), 동시에 비즈니스의 다양한 부분을 운영하는 여러 가지 방법을 창출할 수 있게 한다(현지화 프리미엄 증가).

애플은 '하나의 애플One Apple'을 추구하지만, 아마존에는 Amazon.com뿐 아니라 Amazon.jp, co.uk 등 국가별로 다른 도메인 네임을 쓴다. 사이트의 외형과 느낌은 비슷하지만 제공하는 제품과 프로세스가 다르다. 아마존은 실물 상품을 취급하기 때문에 웹사이트를 현지화해야 하고 국가마다 물리적 실체(사무실, 물류센터 등 - 옮긴이)가 있어야 한다. 아마존과 같은 현지화 모델을 운영하려면 제품 수출입, 기업 부동산, 현지 노동법, 정치적 현안, 현지 규정 등에 따라 맞춤화가 이루어져야 한다.

아마존의 서비스를 살펴보면, 약 15~20개의 주요 현지 시장에서 국가별로 현지화된 서비스를 제공하고 있고 그 외의 국가에 대해서는 미국의 온라인 경험을 글로벌하게 제공하고 있음을 알 수 있다. 따라서 아마존은 20개의 마켓플레이스와 '나머지 국가' 그룹으로 나뉜다. 아마존은 나머지 국가 그룹에 속한 몇몇 국가들을 점차 개별 시장으로 전환하고 있다. 기술 기반 비즈니스(프라임 게이밍Prime Gaming과 킨들 태블릿)는 이론적으로 국경을 자유롭게 넘나드는 사업이지만, 이선은 국가별로 법인을 운영하고 온라인 경험을 맞춤화해야 했기에 신규 시장에 진출할 때마다 복잡성 증가를 피할 수 없었다. 인프라, 문화적 특성, 현지화, 현지 시장의 규제가 각기 다르므로 여러 국가에서 비즈니스를 운영하는 것은 여간 번거로운 일이 아니다.

이선은 이를 이렇게 설명했다. "아마존은 집, 지역사회, 도시를 건설했다. 거기에 있는 구조를 무시할 수는 없다. 이미 존재하는 것을 피할 수도 없다. 기존 구조와 조화를 이루어야 한다." 그는 이것이 단점이지만, 아마존이 규모와 유통에서 엄청난 이점을 가지고 있기 때문에 이런 복잡성에도 불구하고 큰 성공을 거둘 수 있었다고 강조했다.

아마존 같은 기업은 이런 복잡성이 존재하더라도 감당할 수 있는 자원을 보유하고 있을지 모르지만, 대개의 기업은 현 시점에서 덜 복잡한 모델로 운영을 글로벌하게 재편하기가 거의 불가능하기 때문에, 아마존 같은 '되돌릴 수 없는' 상황에 처하지 않도록 애초에 그런 결정을 내리지 않는 것이 좋다.

글로벌 조직을 구축하는 단계에서는 두 눈을 크게 뜨고 지켜봐야 한다. 희생을 감수해야 한다는 것을 수용하고 어려운 질문들을 미리 스스로에게 던져보라. 핀터레스트와 구글에서 일했던 스콧 콜먼의 제안처럼, 다음의 질문에 답해보라.

- 무엇을 바꿔야 하는가?
- 무엇을 기꺼이 희생할 수 있는가?
- 그것이 고투마켓 전략이나 운영 모델에 어떤 영향을 미치는가?

───── 자주 간과하는 것 ─────

속도를 최우선할 때 발생하는 문제

여러 신규 시장에 진출할 때 단기적인 속도가 복잡성 관리보다 우선시되는 사각지대가 일정표에서 발생할 수 있다. 곤살로 베가조가 차즈키를 신규 시장으로 확대시킬 때 그랬다. 몇몇 글로벌 시장에 진출하고 나서 중요한 요소들에 대한 우선순위가 떨어졌던 것이다. 곤살로는 차즈키의 첫 번째 글로벌 시장에서 일관된 기업 문화를 유지시키는 것을 자국 시장 내에서 강력한 기업 문화를 구축하는 것만큼이나 중요시했지만, 이후 몇 개의 시장에서는 다른 것들보다 그 우선순위를 높게 보지 않았다고 고백했다. 기업들은 초기 시장(자국 시장)과 처음 몇 군데의 글로벌 시장에서 강력한 기업 문화를 구현하고 핵심 가치의 일관성을 확보하는 데 열정을 쏟곤 한다. 하지만 세 번째, 다섯 번째, 일곱 번째 시장에 진출할수록 시장 출시 속도를 높이고 견인력을 확보하느라 기업 문화를 구현하고 핵심 가치를 유지하는 일에는 낮은 우선순위를 둔다. 나중에 경영진이 핵심 가치와 맞지 않는 시장이 어딘지 알아차린 후에나 핵심 가치 정렬에 집중한다. 그로 인해 팀은 고통스러운 결정을 내려야 하고 시간과 집중력을 많이 잃게 된다. 현지화 프리미엄이라는 개념을 활용하면 신규 시장에 진출할 때마다 고투마켓 및 운영 전략의 모든 요소를 360도로 관찰할 수 있기 때문에 그런 문제를 미연에 방지할 수 있다.

현지화 프리미엄을 마스터하면 효과적인 계획 수립, 전략 개발, 우선순위 설정, 지속적 추적관리를 통해 처음부터 올바르게 확장 과정을 진행할 수 있기 때문에 나중에 규모를 확장할 때 발생하는 이슈를 완화할 수 있다.

현지화 프리미엄 분석 사용 사례

현지화 프리미엄 분석LPA은 사용 사례가 다양하여, 시장 진입 및 시장 성장 단계를 거칠 때 직면하게 되는 문제를 해결하는 데 유용하다.

새로운 시장 분석

시장 진출 전에 글로벌 애자일 프로세스 1단계에서 조사 및 준비를 완료하면 잠재적인 현지화 프리미엄(5장에서 설명한 '현지화 요소 발견' 참고)을 파악할 수 있을 뿐만 아니라, 진출하기에 가장 좋은 국가를 선택하기 위한 기준을 마련할 수 있다. 현지화 프리미엄 분석은 시장 진출을 결정하기 전에 조사해야 할 모든 요소에 대해서 체크리스트를 제공한다. 또한 현지화 프리미엄 분석을 시장 규모 및 기타 경제 지표를 평가하는 일반적인 시장 조사와 함께 사용하면 보다 강력하고 다각적인 분석을 수행할 수 있다. 전형적인 조사 지표는 양적 지표(인구, 경제성장률)이므로 질적 지표로 이루어진 현지화 프리미엄 분석은 균형적 시각을 제공할 수 있다. 현지화 프리미엄 분석은 조직이 모든 글로벌 시장의 현지화를 추적하는 데 지속적으로 사용할 수 있는 도구가 된다. 앞으로 자세히 설명할 현지화 프리미엄 분석은 글로벌 애자일 프로세스 2단계를 완료하기 위해 글로벌 클래스 기업이 사용하는 주요 도구(7장에서 설명할 '모멘텀 빌더'와 3부에서 자세히 다룰 '글로벌 규모 달성을 위한 3개의 기둥' 참고)이고 회사-시장 최적화를 달성하기 위한 주요 촉진제 역할을 한다.

시장 우선순위 결정

시장 규모 및 시장 기회에 대한 데이터와 함께 신규 시장에 진출하는 데 필요한 변경 사항들을 전반적으로 결정하는 작업은 우선해야 할 시장을 결정하는 데 효과적인 도구다. 단기적으로 현지화 프리미엄이 낮은 국가에 집중하는 것이 타당할 수 있지만, 장기적으로는 이런 변화가 다른 연관시장으로 확장돼 모멘텀을 높이고 여러 국가에 더욱 빠르게 침투할 수 있다. 따라서 보다 많은 현지화가 요구되는 시장을 우선하는 것이 합리적일 수 있다. 이것이 바로 이 장의 뒷부분에서 설명할 '연계 시장' 개

넘이다. 트로이 멀론은 시장 진입 시 발생하는 현지화 프리미엄을 기준으로 각 시장을 다음과 같이 분류할 것을 제안한다.

- 접근 가능 시장 - 진입 시 프리미엄이 거의 발생하지 않는 시장이다.
- 신흥 시장 - 접근 가능 시장보다 프리미엄이 더 많이 발생하고 몇 가지 장애물을 극복해야 하는 시장이다.
- 도전적 시장 - 문제가 많고 프리미엄이 매우 높은 시장이다. 각 시장을 분류하는 기준은 고투마켓 전략 및 운영 모델에 따라 달라지고 각 회사의 분류 방식에 따라 매우 다양할 수 있다.

소통의 도구

신규 시장 진출의 복잡성과 현재 모델에 필요한 변경 사항은 시각화하여 설명하기가 어려울 수 있다. 현지화 프리미엄 분석은 새로운 국가의 모델이 얼마나 다른가라는 맥락으로 변경 사항을 강조하고, 심도 있는 논의와 더욱 적극적인 참여를 이끌어내는 데 도움이 되는 전체적인 개요로서 논의를 보다 간단하게 만든다. 이 프레임워크는 최고 경영진과 이사회에게 현지화를 포괄적으로 이해시키는 데 효과적이다. 또한 성공적인 글로벌 성장을 위한 4가지 약속 중에서 '소통과 명확성'과도 직접적으로 연결된다.

리스크의 시각화

경영진과 이사회는 흔히 규제, 평판, 정치, 재무, 보안 등 다양한 리스크를 고려한다. 현지화 프리미엄 분석은 변경 사항을 시각화함으로써 자연스럽게 각 리스크를 중심으로 토론이 이루어지게 한다.

근시안적 관점 극복

신규 시장에 맞게 현지화하려면 회사의 모든 측면에 관한 포괄적인 정보가 있어야 한다. 그렇지 않으면 경영진과 팀원 모두가 자신이 맡은 역할(영업, 마케팅, HR 등)에 영향을 미치는 변화의 범위를 중심으로 생각한다. 모든 프리미엄을 펼쳐 보는 작업은, 특히 회사가 제품 개발과 같은 특정 기능에 따라 움직인다면 각각의 역할에 따른 편향을 최소화하는 데 도움이 된다. 각 팀에 적절한 자원을 할당하고 그들이 추진방향에 맞춰 실행하도록 하려면 전체적인 변경 사항을 소통하는 것이 중요하다.

로드맵 정렬

전략은 실행과 반드시 연결돼야 한다. 현지화 프리미엄 분석은 관련된 팀들의 참여를 유도하고 이런 변화가 로드맵에 반영되도록 변경 사항이 무엇인지 명확하게 강조한다.

글로벌 성장 플레이북을 위한 기반

현지화 프리미엄 분석에 펼쳐진 현지화 계획은 현지화 요소 발견에서 얻은 통찰과 함께 글로벌 성장에 중점을 둔 팀이 반복 사용할 수 있는 글로벌 성장 플레이북의 기반이 된다.

실행 과정 추적

시장 진출 후 성공의 열쇠는 효과적인 피드백 루프를 구축하는 것이다. 현지화 프리미엄을 추정하는 프로세스는 기업이 감당해야 하는 복잡성의 정도를 정량화하는 데 유용한 작업일 뿐만 아니라 효과적인 실행 추적 도구이기도 하다. 현지화 프리미엄을 예측하는 것 외에, 시장 진출 후 이 작업(복잡성 정도를 정량화하는 작업 - 옮긴이)을 다시 수행함으로써 실제로 발생하는 복잡성이 예상한 것과 얼마나 차이가 나는지 추적할 수 있기 때문에 향후 시장 진출에 대한 향상된 기대치를 설정하는 데 유용하고 일관성 유지를 장려하는 데에도 도움이 된다(이 장의 뒷부분에 나올 에버노트의 인도 진출 사례 참고).

더욱이 현지화 프리미엄 분석을 사용해 이미 진출한 시장의 현지화와 복잡성을 평가하면 새로운 성공 요인을 발견할 수 있고, 이를 통해 다른 시장을 평가할 때 고려할 새로운 기준을 파악할 수 있다. 2장에서 언급한 블라블라카의 사례를 떠올려보라. 러시아 진출을 위해 현지화 프리미엄 분석을 작성하여 히치하이킹에 관한 문화적 수용도를 살펴본 블라블라카는 신규 시장을 평가할 때 경제, 인구통계, 정부 및 시장 역학이라는 기준 외에 문화적 기준이 필수적임을 파악했다.

현지화 프리미엄 분석을 사용하여 여러 글로벌 시장에서 구현 중인 다양한 모델을 표시하면, 회사가 얼마나 많은 개별 모델을 '동시 수행'하고 있는지 볼 수 있다. 그리고 각 시장의 모범 사례를 다른 시장에 확산할 수 있는지, 실행 중 혹은 계획 중인 글로벌 진출을 지원하기 위해 조직 구조를 최적화할 수 있는지 등 복잡성을 줄이고 운영 모델을 간소화하는 방법을 강조할 수 있다.

현지화 프리미엄 분석은 신규 시장 진출에만 필요한 것이 아니다

분명히 말하지만, 현지화 프리미엄 분석은 신규 시장에 진출할 때뿐만 아니라 이미 진출한 시장에 대해서도 좋은 도구다. 향후의 시장 선정에 유용한 통찰을 발견할 수 있거니와, 여러 현지 팀들에 현지화 프리미엄 분석을 유지케 함으로써 각 시장에서 변경할 사항과 변경하지 않아도 되는 사항을 파악할 수 있고, 모범 사례를 공유할 수 있는 투명성, 여러 시장을 대상으로 한 혁신의 확장, 글로벌 성장 플레이북이라는 기반을 통해 글로벌 확장 계획의 모멘텀을 가속화할 수 있다(글로벌 확장 계획에 대해서는 7장을 참고).

연계 시장과 패턴 식별

기존 시장에서 효과적으로 현지화 요소를 추적하면 향후 시장 선정과 신규 시장 진출 전략에 도움이 되는 트렌드, 모범 사례, 패턴을 발견할 수 있다. 현지화 프리미엄 분석은 운영 전략과 고투마켓 전략의 변경이 도움이 되는, 서로 영향을 주고받는 시장들을 파악하는 도구로 사용될 수 있다.

현지화 프리미엄 계획^{mapping out}

드롭박스 헬로사인 사업부의 최고 운영 책임자였던 휘트니 벅은 "사람들은 일반적으로 글로벌 진출의 폭을 과소평가한다"라고 강조했다. 그래서 우리는 신규 시장에 진출할 때 발생할 수 있는 광범위한 잠재적 프리미엄을 파악할 수 있는 포괄적인 프레임워크를 개발했다.

현지화 프리미엄을 개념화하는 과정에서 우리는 방사형 그래프를 사용하면 현지화 프리미엄의 여러 하위 요소를 시각화할 수 있고 각 영역의 변화가 기존의 비즈니스 방식과 얼마나 멀리 떨어져 있는지 이해할 수 있다는 사실을 발견했다. 이 분석에서 각각의 프리미엄은 신규 시장에서 회사-시장 최적화를 달성하기 위해 현지화가 필요할 수도 있는 사업 영역을 나타낸다.

[그림 6] 현지화 프리미엄 도구

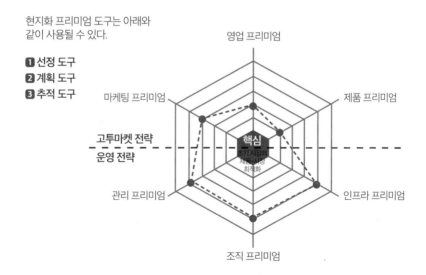

현지화 프리미엄 도구는 아래와 같이 사용될 수 있다.

1 선정 도구
2 계획 도구
3 추적 도구

영업 프리미엄

마케팅 프리미엄

제품 프리미엄

고투마켓 전략
운영 전략

핵심
초기 시장의
제품-시장
최적화

인프라 프리미엄

관리 프리미엄

조직 프리미엄

그래프 중앙에 있는 핵심 모델이란 초기 시장에서 제품-시장 최적화를 달성한 모델을 말한다. 앞서 언급했듯이, 초기 시장에서 제품-시장 최적화를 달성하고 규모를 입증하는 것은 효과적인 글로벌 진출을 위해 필수적인 발판이다.

초기 시장에서의 제품-시장 최적화를 기반으로 하지 않으면 핵심이 계속해서 흔들린다. 신규 시장의 현지 팀이 운영할 수 있는 안정적인 기반이나 구심점이 없기 때문에 운영이 유동적일 수밖에 없다. 미국 시장에서 제품-시장 최적화에 도달하기 전에 마이크로소프트의 업무환경 분석팀은 일본 시장으로 빠르게 눈을 돌렸다. 일본어로 '카로시かろうし'라 불리는 과로사를 포함하여 기업들의 업무 관행과 관련된 문제를 해결하겠다는 일본 정부의 계획에 한 가지 해결책을 제시할 수 있다고 판단했기 때문이었다. 초기 시장인 미국에서 고객의 적절한 사용 사례가 무엇인지, 그리고 좀 더 포괄적인 가치 제안이 무엇인지 명확하게 파악하지 못했기 때문에 마이크로소프트에는 초기 시장에서 검증된 핵심 기준점이 없었다. 이런 이유로 일본에서 파일럿 테스트 이후 본격적인 사업 추진을 위한 견인력을 확보하기가 굉장히 어려웠다.

방사형 그래프에서 핵심을 둘러싸고 있는 여러 층은 표준편차(플래드의 폴 윌리엄슨의 표현처럼) 혹은 핵심과의 차이라고 생각할 수 있다. 그래프에서 차지하는 면적이 넓을수록 현지화 프리미엄이 더 많이 축적되었다는(복잡성이 높다는) 의미다.

그래프의 각 점은 프리미엄이 축적될 수 있는 비즈니스 및 운영 영역을 가리킨다. 중간의 점선을 기준으로 그래프 상단의 하위 요소들은 기업의 고투마켓 전략 요소를 나타내고, 하단의 요소들은 기업의 운영 전략, 즉 현지 운영을 지원하는 발판을 의미한다. **고투마켓 전략**과 **운영 전략** 모두 신규 시장에서 입지를 확보하려면 현지화가 필요하다.

현지화 프리미엄을 구성하는 하위 요소는 다음과 같다.

- 영업 프리미엄
- 제품 프리미엄
- 마케팅 프리미엄
- 관리 프리미엄
- 인프라 프리미엄
- 조직 프리미엄

고투마켓 프리미엄

고투마켓 프리미엄(영업, 제품, 마케팅)은 현지 시장에서 견인력을 확보하고 규모를 확대하기 위해 조정이 필요한 기업의 비즈니스 모델에서 고객 대면 요소를 나타낸다. 이런 프리미엄은 수면 아래에 엄청난 얼음 덩어리를 숨긴 빙산 같은 것이라고 생각하면 된다. 정부 규제가 이 요소에 영향을 미칠 수 있지만, 문화적 차이에 더 큰 영향을 받는 경향이 있다.

첫째, 영업 프리미엄

영업 프리미엄은 기업이 제품을 판매하고 유통하며 고객을 지원하기 위해 수행해야 할 변경 사항을 의미한다. 여기에는 채널 유통(직접 판매/지역 유통업체/부가가치 리셀러), 가격/수익 모델, 판매 모델, 영업/지원 팀, 고객 서비스 등의 변경 사항이 포함된다.

미국의 기업 워크데이Workday는 한국의 삼성과 판매 계약을 체결할 기회를 잡았지만, 한국인으로 구성된 영업 및 지원팀을 채용해야 했다. 여기에는 삼성의 고객사를 전담하는 추가적인 서비스 팀을 포함시키도록 영업 지원 모델을 변경하는 조건도 포함되었다.

일본의 비즈니스 리더들은 선불 비용이 높은 제품을 더 좋다고 여기는 터라 추가 기능이나 부가적인 것에 추가 비용을 지불하기를 꺼린다. 예를 들어 처음부터 제품이나 서비스에 높은 비용을 지불하는 게 낫지, 24시간 지원 및 보증 같은 서비스에 추가 비용을 내려고는 하지 않는다.

글로벌 클래스 기업은 경쟁의 차이, 예상되는 경쟁사의 반응, 차별화를 위한 적응 방법을 충분히 고려한다.

둘째, 제품 프리미엄

제품 프리미엄은 기능 추가 및 제거, 타 솔루션과의 번들링 혹은 통합, 문화적 차이에 따른 제품 현지화 등 제품이나 서비스를 변경해야 할 때 축적된다. 변경 사항은 기능 추가/제거와 같이 사소한 작업부터 제품 전체를 개편해야 하는 엄청난 작업에 이르기까지 다양하다.

링크드인은 여러 시장에 맞도록 제품을 과감하게 변경해야 했다. 예를 들어 인도의 모바일 네트워크는 다른 국가에 비해 속도가 상당히 느리다. 그래서 링크드인의 모바일 앱에서 그래픽과 이미지가 많은 콘텐츠를 로딩하는 데 시간이 오래 걸릴 수밖에 없었다. 이 문제를 해결하지 않으면 고객들은 이런 나쁜 사용자 경험user experience에 불만을 제기하거나 앱 사용을 포기할 것이다. 즉 이것은 링크드인 자체의 문제는 아니지만 반드시 해결해야 할 현실적 시안이었다. 링크드인은 이런 문제를 피하고자 대역폭을 덜 사용하는 새로운 버전의 앱을 제작했고, 내부적으로 이 앱을 '링크드인 라이트LinkedIn Lite'라고 불렀다. 이 버전으로 이미지와 그래픽을 텍스트 중심의 환경으로 대체함으로써 앱의 로딩 속도를 높였고 현지 모바일 네트워크의 제약조건을 극복했다.

블라인드는 한국 앱의 UI/UX가 미국의 목표 고객에게는 적합하지 않다는 사실을 발견했다. 한국 사용자들은 원하는 콘텐츠를 찾기 위해 스크롤을 많이 하는 데 익숙했다. 게다가 동질성이 강한 한국 시장에서는 대부분의 콘텐츠가 유의미했고 사용자 각자에게 개인화돼 있었다. 반면 미국의 직장인들은 스크롤에 시간을 소모하려고 하지 않기 때문에 한국어 버전 앱에서는 눈에 띄지 않았던 검색 기능을 중요하게 생각했다. 미국 고객의 니즈를 충족시키고 현지의 선호에 맞게 앱을 변경하느라 제품 프리미엄이 발생할 수밖에 없었다. 이런 변경은 현지 시장에서 고객 행동의 특이점을 파악하여 이를 반영한 양방향 혁신의 좋은 예다. 이것이 조직의 전환점이 되었다. 창립자들은 미국으로 날아가 사용자들을 만났고, 사용자들의 사용 사례가 어떻게 다른지 확인했다. 그 후 회사는 현지화에 더 많이 투자했다.

핑크퐁은 현지 시장의 관습에 맞도록 캐릭터와 캐릭터의 행동을 변경해야 했다. 아랍 국가로 진출할 때는 애니메이션 캐릭터의 식사 방식도 신경 써야 했다. 아랍 문화에서는 양손으로 빵을 떼는 것은 허용되지만,

음식을 먹을 때는 오른손만 사용해야 하고, 가급적 오른손의 엄지, 검지, 중지만으로 음식을 집어야 한다. 핑크퐁은 이런 문화적 규범에 맞도록 식사할 때의 캐릭터 행동을 현지화했다.

자주 간과하는 것

경영진의 편향이 신규 시장에서의 성장을 방해할 수 있다

에버노트는 애플의 맥 디바이스를 지나치게 신뢰한 나머지 스스로를 '애플 샵Apple Shop'으로 여겼다. 글로벌 총괄 매니저였던 트로이 멀론은 아시아 시장 진출을 위한 조사를 진행하던 중에 해당 지역 인구의 95%가 윈도즈를 사용한다는 사실을 발견했다. 이것은 윈도즈 버전을 맥 버전과 동등한 수준으로 제공해야 한다는 의미였기에 엔지니어링 팀은 윈도즈용 어플리케이션을 개선하는 데 추가적인 자원과 시간을 투여해야 했다. 하지만 회사의 '친 애플적' 마인드셋 탓에 고객의 요구와 관점을 이해시키기 어려웠다. 결국 트로이는 일주일 동안 윈도즈 PC만을 사용해 기존의 에버노트 앱에 접속하라고 최고 경영자인 필 리빈Phil Libin을 설득했다. 이 경험 덕에 필은 윈도즈용 앱의 사용자 경험을 개선해야 할 필요성을 절감했다. 이로 인해 제품 프리미엄이 발생하긴 했지만, 윈도즈 버전 개선에 투자한 덕분에 에버노트는 아시아 지역에서 성장할 수 있었다. 윈도즈 PC용 앱을 개선하는 것이 고객에게 맥 컴퓨터를 구입하라고 설득하는 것보다 훨씬 쉬웠다.

셋째, 마케팅 프리미엄

마케팅 프리미엄에는 목표 고객의 차이, 가치 제안의 변경, 사용 사례의 변경, 시장 세분화, 경쟁 환경, 수요 창출자의 차이, 브랜드 변경, 고객 구매 의사결정의 차이, 마케팅 전략/광고 채널(사용자 확보, 유지 및 확장), 홍보 및 브랜드의 변경, 언어 변경 등이 포함된다.

앞 장에서 언급했듯이, 링크드인은 독일에서 견인력을 확보하기 위해 채용 담당자와 경력 발전을 원하는 구직자의 접점(온라인 이력서 및 구직자 필터링 등)에서 지적 호기심을 탐구하는 곳으로 스스로를 포지셔닝했다. 링크드인의 글로벌 고객 지원 및 영업 혁신 부문의 책임자인 상카르 벤카드라만Sankar Venkatraman의 말처럼 "이미 하고 있는 일을 더 잘하도록 돕는" 서비스로 가치 제안의 핵심을 변경했던 것이다.

브랜드 변경은 우리가 조사한 여러 기업의 고려 사항이었다. 브랜딩을 변경하면 당연히 마케팅 프리미엄이 쌓이긴 하지만, 한국 기업인 카카오처럼 브랜드 이름이 다른 언어로 '똥'을 뜻하는 속어라면 과연 현지 고객이 진지하게 받아들일 수 있을까? 카카오의 주요 제품 중 하나인 카카오톡을 현지 고객은 '똥 이야기Shit Talk('특정 사람이나 사물에 대한 경멸적인 언급'이라는 뜻 - 옮긴이)'로 해석하지 않을까? 라인이나 위챗 같은 경쟁사들은 이런 문제가 없었다.

시장 세분화를 고려할 때는 신규 시장에 진출하는 것이 브랜드 포지셔닝을 재조정할 기회라는 점을 인식해야 한다. 버드와이저Budweiser는 미국에서는 대중을 위한 중급 브랜드로 스스로를 포지셔닝하지만, 중국 등 여러 시장에서는 음료 업계에서 표준 전략으로 사용하는 고가 전략을 채택하여 프리미엄 브랜드로 포지셔닝하고 있다.

운영 모델 프리미엄

운영 모델 프리미엄(관리, 인프라, 조직)은 현지 시장에서 비즈니스를 원활하게 운영하기 위해 조정해야 하는, 비즈니스 모델의 백엔드Back-end 요소를 말한다. 이 프리미엄은 수면 아래에 엄청난 얼음 덩어리를 숨긴 빙산과 같은 것이라고 생각하면 된다. 운영 모델 프리미엄은 과소평가되는 경향이 있지만 현지화 요소 발견 과정에서 꼭 나타난다. 문화가 이 카테고리(특히 조직 프리미엄)에 영향을 미칠 수 있지만, 정부 규제의 차이가 더 크게 영향을 끼치는 경향이 있다.

넷째, 관리 프리미엄

관리 프리미엄은 관계자들이 가장 자주 간과하는 것이자 가장 복잡한 것이다. 이 요소에는 정부 규제 및 준수 의무, 급여, 세금(관세 포함), 통관, 라이선스, 법인, 지적재산 보호, 정치적 고려 사항, 기업 부동산, 수도 및 전기, 통신 서비스, 현지 사무실 운영 및 직원 채용(인사 정책 등) 등이 포함된다. 평판 리스크, 회계 관행의 차이(별도 손익계산서 등), 기타 재무적 요소 등도 여기에 해당된다. 생산성 소프트웨어와 같은 회사 시스템도 관리 프리미엄에 속한다.

구글 워크스페이스Workspace와 같은 서비스 제품군이 어디에서나 판매되는 것처럼 보이지만, 정부 규제로 인해 구글 제품을 사용할 수 없는 중국 직원들은 동일한 생산성 도구를 사용할 수 없다. 이것은 더 큰 복잡성과 프리미엄을 발생시킨다. 우버는 각 지방정부의 교통 규제 때문에 엄청난 관리 프리미엄을 감당해야 했다.

아마존은 자신들의 핵심 유통 사업을 위해서 인도 현지의 파트너와 50:50으로 합작 투자해야 한다는 법규를 준수해야 했다. 적절한 파트너를 찾아 협상해야 했기에 시장 진출이 오래 지연될 수밖에 없었고, 결국은 복잡한 파트너십 계약을 맺었다. 슬랙의 EMEA 본사 사무실은 더블린과 런던으로, 런던에서 다시 더블린으로 위치를 바꿀 때마다 관리 프리미엄이 발생했다.

많은 아시아 국가들은 계약서를 우편으로 보내 직접 서명하고 반송하는, 종이 기반의 복잡한 계약 방식을 사용하는 경우가 많기 때문에 간단하게 퀵북스QuickBooks 청구서를 보내는 것만으로는 계약을 맺기 어렵다.

자주 간과하는 것

자금의 입출금

앞 장에서 우리는 다른 국가에서 비즈니스를 운영하려면 세금을 최소화하기 위해 운영을 최적화해야 한다고 언급했다. 자금을 나라 안팎으로 이동시키는 문제는 자주 간과된다. 인터뷰에서 우리는 중국과 브라질에서 초기 시장(자국 시장)으로 자금을 회수해 가는 것이 특히 어렵다는 이야기를 들었다. 자본 계획과 규제에 대한 명확한 이해는 중요한 고려 사항이고, 글로벌 성장 플레이북(2부 참고)에서 기억해둘 만한 사항이다.

다섯째, 인프라 프리미엄

신규 시장에서 제품이나 서비스를 고객에게 제공하려면 일반적으로 감안하는 수준보다 인프라를 더 많이 조정해야 할 수 있다. 인프라 프리미엄은 물리적 제품을 판매하는지 아니면 디지털 제품을 판매하는지에 따라 달라진다. 물리적 제품의 경우, 포장 및 라벨링 외에도 공급망의 모든 측면(배송 포함)이 인프라 프리미엄에 포함된다. 또한 신규 시장의 고객에게 완제품을 배송하는 데 필요한 공급망 환경, 프로세스, 제품 변경 사항도 고려 대상이 된다. 디지털 제품은 기술 인프라, 데이터 저장소 위치, 데이터 이동 방식 등이 인프라 프리미엄이 된다. 인터넷 연결성이나 모바일 네트워크의 차이도 마찬가지다. 국가마다 고유한 결제 처리 방식도 인프라 프리미엄에 속한다.

물리적 제품을 판매하는 기업의 경우, 국가 간 배송에 대해서는 국제항공운송협회 번호와 UPS나 페덱스FedEx의 사양처럼 정해진 표준이 있지만, 국가 내 배송업체들은 고유의 요구 사항과 표준이 대개 여러 가지다.

소프트웨어 업체는 데이터 스토리지 요건(앞서 언급한 바와 같이 독일, 러시아, 나이지리아 같은 국가에서는 자국민의 데이터를 자국 내에 저장해야 함)을 충족시켜야 하고 소프트웨어 실행 위치에 따라 다르게 부과되는 부가가치세VAT에 대처해야 한다.

여섯째, 조직 프리미엄

조직 프리미엄에는 새로운 팀을 구성할 때 드는 비용(교육, 채용, 팀 구축 등), 글로벌 성장 지원을 위한 조직 구조와 프로세스를 구축하고 관리하는 데 필요한 자원(7장에서 이를 '모멘텀 빌더'라고 부를 것이다), 현지 비즈니스 문화의 차이, 본사 팀이 초기 시장과 관련한 핵심 업무를 잠시 내려놓고 신규 지역 지원에 할애하는 시간 등이 포함된다.

신규 시장을 관리하기 위해 새로운 팀을 구성해야 하는지 혹은 해당 지역의 인적 자원으로 시장을 커버할 수 있는지도 조직 프리미엄에 해당한다. 빠르게 성장하는 기업의 경우, 보통은 자원이 제한적이기 때문에 글로벌 성장 이니셔티브에 집중하면 다른 프로젝트와 다른 시장에는 적은 자원을 투입할 수밖에 없다. 마지막으로 조직 프리미엄에는 신규 시장에 효과적으로 진출해 성장하려면 관리 전략을 어떻게 전환해야 하는지도 포함된다.

비즈니스 문화가 다르면 맞춤형 관리 방식이 필요한데, 이 때문에 소통, 코칭, 팀 동기부여 측면에서 복잡성이 늘어날 수 있다. 예를 들어 아시아 비즈니스 문화는 대부분 매우 위계적이라서 미국이나 유럽의 비즈니스 문화와는 역학관계가 다르다. 인도와 일본의 직원들은 업무 수행에서 보다 구체적인 지침을 기대하는데, 일본의 경우 장문의 이메일을 통해 세부 사항을 일일이 설명하기도 한다. 피드백을 주고받는 방식 역시 아주 다르다. 미국 비즈니스에서는 직접적인 구두 피드백을 흔히 볼 수 있지만, 서면 피드백에 익숙한 일부 아시아 국가의 직원들에게는 구두 피드백이 매우 불편할 수 있다. 이런 문화 차이는 관리 방식뿐만 아니라 자율을 독려하고 신뢰를 구축하는 방법에도 영향을 미친다.

직원을 고용하고 해고하는 일은 국가에 따라 상황이 매우 다를 수 있다. 한국에서는 해고할 만한 심각한 행위가 있어야 해고가 가능하지만

(한국 법원은 금형으로 동료를 폭행한 공장 근로자를 선처한 사례가 있다), 미국 등의 시장에서는 회사나 직무에 적합하지 않다는 이유로도 직원을 쉽게 해고할 수 있다.

새로운 지사 사무실을 운영할 때도 본사와 현지 문화 간의 차이로 조직 프리미엄이 발생한다. 시간대가 다른 직원들이 의사결정이나 피드백 때문에 24시간 대기할 수는 없는 노릇이다. 서로 '비동기적'으로 협업해야 하므로 본사와 지사 간에 시차가 있다면 운영상의 어려움을 감수해야 한다(시간대를 넘나들며 회의를 잡아야 하는 문제가 일상적이다). 게다가 국가마다 고유의 문화적 고려 사항과 비즈니스 수행 방식이 있다는 점도 글로벌 확장의 성공을 위해 반드시 염두에 둬야 한다(10장 참고).

디지털 신뢰 및 평판 플랫폼 메타맵MetaMap의 아프리카 확장 책임자인 클라우디아 마카드리스토Claudia Makadristo는 아프리카 대륙에서 사용하는 언어(프랑스어, 영어, 포르투갈어, 아랍어, 스와힐리어)가 아주 다양하기 때문에 동일 규모의 고객 기반을 지원하는 데 필요한 관리 자원의 양을 타 지역과 다르게 설정해야 한다고 설명한다. 이런 유형의 복잡성은 팀 구성을 더욱 어렵게 만들 수 있다.

7장에서 '현지화 자원 팀'처럼 효과적인 팀 구성과, 현지화 프리미엄 관리에 도움이 되는 기타 조직 구조를 설명할 것이다. 이런 팀들은 신규 시장에서 회사-시장 최적화를 달성할 때 변경할 수 있는 것과 변경할 수 없는 것에 관한 한계를 이해하고 가이드라인을 설정하는 것은 물론이고 단편적인 것들로부터 시사점을 이끌어내 자원을 확보하는 패턴 인식자의 역할을 수행할 수 있다.

조직 프리미엄을 줄이는 또 다른 방법은 인터프리너를 채용해 강력한 글로벌 클래스 관리 모델(9장 참고), 강력한 기업 문화, 글로벌 성장 이니셔티브의 모멘텀을 구축하는 것(7장 참고)이다.

조직 프리미엄은 '글로벌 규모 달성을 위한 3개의 기둥(3부 참고)'에서 기초적인 역할을 하고, 회사-시장 최적화에 도달하기 위한 주요 원동력이 된다. 이 요소에서 복잡성을 얼마나 잘 제어하느냐가 성공과 실패를 가를 수 있다.

자주 간과하는 것

조직 프리미엄의 광범위한 영향

조직 프리미엄이란 카테고리는 다른 프리미엄에 큰 영향을 미친다. 팀을 구성하고 팀을 관리하며, 조직 문화를 조성하고 조직 내의 소통과 정렬을 지원하는 조직 구조를 구현하는 방식에 따라 현지화와 제품-시장 최적화 달성, 회사-시장 최적화 도달의 성공 가능성이 크게 향상될 수 있다. 개별 국가 수준에서든 전 세계적으로든 그렇다.

조직 프리미엄 요소에 대한 투자는 현지화 프리미엄 분석의 다른 프리미엄을 최소화하는 데 도움을 줄 수 있다. 예를 들어 적합한 팀과 관리 모델, 문화를 갖추면 의사결정이 보다 용이해지고 자원 할당이 최적화되기 때문에 빠르게 견인력과 규모를 확보할 수 있다. 이 3가지 영역, 즉 팀, 관리, 문화는 이 책의 3부에서 집중적으로 다룰 것이다.

시장 진입과 시장 성장을 지원하는 구조와 프로세스를 만들려면 조직 프리미엄을 감수해야 한다. 하지만 다음 장에서 설명하듯이 그 구조와 프로세스는 글로벌 확장과 규모 확대의 모멘텀을 창출하기 위한 주된 도구다. 운영상의 마찰이 줄어들면 다른 프리미엄 카테고리에서 만들어진 현지화 결과를 다른 시장으로 확대 적용할 수 있기 때문에 비즈니스 현지화 프로세스가 빨라진다. 글로벌 확장 계획을 추진하는 조직에 조직 프리미엄은 글로벌 시장이 중요한 수익원이 될 때까지 간과되는 경우가 많은 카테고리인데, 이런 조직적 발판이 충분히 신속하게 구축되지 않으면 시간과 비용을 낭비할 수 있다.

'비즈니스 모델'과 '배송'을 프리미엄으로 분류하기

각 요소를 고투마켓 혹은 운영 카테고리로 최대한 분류한다 해도, 몇몇 개념들은 비즈니스 모델과 배송이라는 단일 카테고리를 넘어선다. '비즈니스 모델'이라는 말이 지닌 포괄적이고 다면적인 특성 그리고 다양한 정의 때문에 비즈니스 모델을 하나의 카테고리로 묶는 것은 불가능하다. 어떤 정의로는 비즈니스 모델이 영업 프리미엄의 수익 모델 카테고리로 묶이지만, 또 다른 정의로는 제품 및 마케팅 프리미엄(모든 고투마켓 전략을 포함한)에 속할 수 있기 때문이다. 마찬가지로 '배송'이라는 개념은 인프라 프리미엄과 제품 프리미엄에서 다루는 제품/서비스 배송뿐만 아니라 영업 프리미엄에 포함된 유통 채널과 고객 서비스 등 여러 가지 프리미엄 카테고리에 속할 수 있다.

파트 A: 자체 현지화 프리미엄 분석 수행하기

기업마다 현지화 프리미엄을 산출하는 방식이 매우 다르다. 모든 카테고리가 중요하지만, 몇몇 카테고리는 다른 카테고리들보다 더 중요할 수 있다. 예를 들어 핀테크fintech와 제약 산업에서는 부담스러운 정부 규정과 준수 요구 사항으로 인한 관리 프리미엄이 조직 프리미엄보다 더 큰 역할을 한다. 소비자 대상 인터넷 비즈니스와 기업용 소프트웨어 회사의 경우에는 각 카테고리의 중요도가 현저하게 다를 수 있다.

자체 현지화 프리미엄 분석을 만들려면 다음과 같이 하라.

- 신규 시장에 진출할 때 비즈니스에 적용해야 할 변경 사항을 명확하게 파악해야 한다. 각각의 현지화 프리미엄 카테고리와 관련된 질문 모음을 마련하는 것이 좋은 방법이다.
- 앞 장에서 설명한 현지화 탐색 프로세스를 활용해 조사를 수행하라.
- 변경 사항으로 인한 고객 혜택과 잠재 투자수익률을 규명하라.
- 현지화의 각 프리미엄 범주에 대해 신규 시장의 모델이 초기 시장 (혹은 기준점으로 선정한 시장)과 비교하여 얼마나 다른지 측정한 다음, 현지화 프리미엄 분석 그래프에 점으로 표시하라.

점들을 모두 연결함으로써 신규 시장에서 현지화하고 적응하는 데 드는 노력을 면적(즉, 발생할 복잡성의 총량)으로 시각화하라. 짐작하다시피, 시장에 관한 더 많은 정보를 수집하고 실제로 시장에 진출하고 나면 각 점의 위치를 변경해야 하는 경우가 항상 발생한다. 타당한 근거만 있다면 현지화 프리미엄 분석의 점 위치를 얼마든지 바꿀 수 있다. 초기 계획과 시장이 요구하는 실제 현지화 수준이 얼마나 다른지 보여주는 좋은 예는 이 장의 뒷부분에 나올 에버노트의 인도 진출 사례다.

참고: 초기 시장에서 입증된 모델이 현지화 프리미엄 분석의 핵심이 될 수 있지만, 다른 시장에서 도달한 회사-시장 최적화 결과도 핵심이 될 수 있다. 현지화 프리미엄 분석은 비교 도구이기도 하기 때문에 회사가 진출한 모든 시장에서 성공한 모델을 기준점으로 삼아 핵심을 변경하면, 신규 시장에서 회사-시장 최적화를 달성하기 위해 얼마나 많은 변경 사항이 필요한지 확인할 수 있다.

현지화 프리미엄 분석 작성하기- 탈라바트의 오만 진출 사례

음식 및 식료품 배달 플랫폼인 탈라바트가 오만 진출을 모색하는 과정에서 팀은 비즈니스의 여러 측면을 시장에 맞게 변경해야 한다는 사실을

[그림 7] 탈라바트의 오만 진출 사례

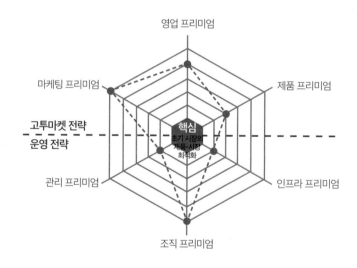

깨달았다. 그들이 시장 진출 시 현지화 요소를 평가했던 방법과 그 결과를 현지화 프리미엄 분석에 표시한 방법은 다음과 같다.

- **영업 프리미엄**: 레스토랑 대상의 판매 프로세스가 초기 시장과는 아주 달랐기 때문에 영업 프리미엄은 '4점'에 찍혔다. 그들은 현장 영업 팀을 구성하여 소도시의 레스토랑 소유주들과 일일이 만나 상담해야 했다. 또한 타 국가와는 다른 수익 모델을 운영해야 했다.

- **제품 프리미엄**: 제품 변경 사항이 많지 않았기 때문에 제품 프리미엄은 '2점'에 찍혔다. 이 지역의 다른 나라 시장에서는 퀵 서비스 리테일Quick Service Retail: QSR 레스토랑을 선호하는 반면, 오만인들은 새로운 맛을 탐험하는 것을 선호했기 때문에 모바일 앱과 온라인 플랫폼의 음식 이미지와 설명은 그런 선호에 맞게 조정되었다. 대도시가 아닌 중소 도시에서는 구글맵의 정확도가 떨어져서 현지인들이 인지하는 지도와 다른 경우가 많았다. 탈라바트 플랫폼에서 지오펜싱geofencing(위치 정보를 바탕으로 가상의 경계선을 만드는 기술 - 옮긴이)이 중요했기에 팀원들은 직접 차를 몰고 다니면서 수동으로 지오펜싱 작업을 하고 수시로 현지인들에게 문의를 해야 했다.

- **마케팅 프리미엄**: 오만 시장에 맞게 현지화된 마케팅 전략이 필요했기 때문에 '5점'에 위치시켜야 했다. 팀은 회사가 진출한 다른 시장과는 크게 다른, 3가지 광고 채널의 중요성을 깨달았다. 첫째, 오만에서는 소셜 미디어 인플루언서가 다른 시장의 유명인들과 마찬가지로 큰 역할을 했다. 더군다나 브랜드들이 이들 인플루언서와 교류하는 경우가 많지 않아 이 분야는 미개척 영역이었다. 그 덕에 탈

라바트는 다른 시장에서의 유명인 홍보 방식보다 훨씬 저렴한 비용으로 영향력이 큰 광고 효과를 볼 수 있었다. 둘째, 오만인들은 소셜 미디어에 적극 참여하는 경향이 있어서 탈라바트는 맞춤형 소셜 미디어 전략을 추진할 기회를 포착할 수 있었다. 그들은 이슬람의 라마단 기간에 현지인들이 낮 시간 동안 금식하면서 사용할 수 있는 스냅챗SnapChat 필터와 스티커를 제공했다. 오만인들은 이 증강현실 필터를 사용해 갈증과 배고픔을 공유하고 견딜 수 있었다. 셋째, 다른 시장은 대규모 이벤트가 자주 열리지만 오만에서는 각기 다른 장소에서 각기 다른 소규모 이벤트를 벌이고 즐기는 독특한 문화가 있었다. 탈라바트는 이런 이벤트를 후원했고, 이것 역시 저비용 광고 채널이었기 때문에 높은 마케팅 투자수익률을 달성할 수 있었다.

- **관리 프리미엄**: 이것은 '1점'에 찍혔다. 오만과 탈라바트 본사가 위치한 아랍에미리트UAE는 모두 걸프 협력회의The Gulf Cooperation Council: GCC에 속해 있다. 두 국가의 정치 및 경제 시스템이 유사하기 때문에 이 카테고리의 프리미엄은 미미했다.

- **인프라 프리미엄**: 역시 '1점'이었다. 관리 프리미엄과 마찬가지로 오만과 아랍에미리트는 걸프 협력회의 국가이기 때문에 이 카테고리에서 발생하는 프리미엄은 거의 없었다.

- **조직 프리미엄**: 이것은 '5점'에 찍혔다. 5장에서 설명했듯이, 오만화Omanization 계획으로 인해 특정 직무를 현지인으로 채우고 오만인 의무 채용 비율을 준수해야 했다. 특히 중소도시에서는 적절한 스킬셋을 갖춘 현지인을 채용하기가 더욱 어려웠다. 탈라바트는 강력한

팀을 구축하기 위해 별도의 채용 및 교육 방안을 마련해야 했다.

파트 B: 현지화 프리미엄 분석으로 맥락 파악하기

예상되는 현지화 수준을 현지화 프리미엄 분석에 표시한 다음, 이런 변경 사항들로 인한 정량적 영향을 평가해야 한다. 신규 시장을 평가할 때 고려해야 할 요소는 다음과 같다.

- 비즈니스에 대한 중요도와 우선순위(어떤 현지화는 다른 현지화보다 우선순위가 높을 수 있기 때문)
- 규모 확장 수준(현지화 과정이 다른 시장 확장에 사용될 수 있기 때문)
- 핵심 가치 및 기업 문화와의 일치 수준(몇몇 현지화는 타협해서는 안 되는 기업 문화의 중요한 원칙에 반할 수 있기 때문)
- 구현 단계(모든 현지화가 한 번에 이루어질 수 없고 시장 진출 과정에서 시간을 두고 계획해야 하기 때문)
- 비용(이 장의 뒷부분에서 자세히 설명할 '총 진입비용 공식'은 각 현지화의 관련 비용을 결정하는 데 도움이 되고, 우선순위 및 구현 단계에 영향을 미치는 주요 데이터 포인트를 제공한다.)

발생될 복잡성의 수준이 가장 중요하긴 하지만, 이 5가지 항목이 각각 신규 시장에 대한 현지화 전략의 실행에 영향을 미치기 때문에 각 항목의 정보를 확보한다면 보다 완벽한 분석이 가능하고 계획과 실행을 연결하는 다리 역할을 할 수 있다.

현지화 프리미엄 분석 프로세스는 사일로(회사 안에 성이나 담을 쌓고 외부와 소통하지 않는 부서-옮긴이)처럼 운영되는 개별 팀들뿐만 아니라 여러 주요 이해관계자가 함께 참여해야 하는 과정이다. 각 카테고리의 복잡성 정도를 결정할 때 주관적 요소가 개입되기 때문에 현지화 프리미엄 분석 프로세스를 협업한다면 편견을 줄일 수 있다. 이 프로세스에 참여하는 팀원들은 현지화 자원 팀의 일원으로 참여할 수 있다(7장 참고).

글로벌 애자일과 현지화 프리미엄을 연결시키기

글로벌 애자일 프로세스와 현지화 프리미엄 분석은 다르지만 그 목표와 목적은 서로 연결된다. 앞 장에서 설명한 비즈니스 모델 현지화 캔버스 BMLC의 주된 용도는 현지화 탐색, 시장 식별, 신규 시장에 대한 잠재적 현지화 식별이다.

반면 현지화 프리미엄 분석은 구현, 소통, 분석, 우선순위 설정 도구에 가깝다. 시장 진입을 완료하고 회사-시장 최적화에 도달할 때까지 반복 실행하는 데 도움을 주는 도구다.

또한 초기 시장 혹은 선택한 다른 시장의 모델을 현지화 프리미엄 분석의 중심으로 설정하여 신규 시장에 진입하는 데 필요한 변경 사항을 강조하는 기준점으로 사용할 수 있기 때문에 현지화 프리미엄 분석은 비교 도구로 유용하다. 현지화 프리미엄 분석은 비즈니스 모델 현지화 캔버스나 비즈니스 모델 캔버스 같은 일회성 도구 혹은 추적 도구와 비교할 때 보다 다각적인 프레임워크다. 비즈니스 모델 현지화 캔버스에서 얻은 통찰을 현지화 프리미엄 분석의 프리미엄 산출에 반영하는 다이어그램을 보면 두 프레임워크가 어떻게 통합되는지 볼 수 있다. 5장에서 제안한 바와 같이, 비즈니스 모델 현지화 캔버스 작업을 하면서 정부 규제 및 문화 필터를 통해 현재 검증된 비즈니스 모델을 실행할 때 비즈니스 모델 캔버스의 9개 블록 대신 6개의 현지화 프리미엄을 사용하면, 신규 시장에서 비즈니스 모델이 어떤 모습이 될지 새로운 가설에 도달할 수 있다. 이것은 신규 시장에서 어떤 현지화가 필요할지 파악할 수 있는 좀 더 직접적인 경로가 될 수 있고, 현지화 프리미엄 분석에서 프리미엄 별로 점의 위치를 보다 쉽게 파악하도록 해준다.

간단히 비교하자면, 글로벌 애자일은 반복과 검증에 초점을 맞추는 반면, 현지화 프리미엄 분석은 복잡성을 염두에 두면서 전략 계획과 현지화 전략 실행 간의 가교 역할을 하는 데 중점을 둔다.

딜레마: 회사-시장 최적화와 현지화 프리미엄

둘 사이에 불일치가 발생할 수 있으니 조심하라! 당신은 아마도 지금 "알겠습니다. 신규 시장에 맞게 비즈니스를 조정해야 한다는 것은 이해합니다. 하지만 이 장의 대부분을 현지화 프리미엄(복잡성)이 얼마나 나쁜지, 그걸 어떻게 피해야 하는지 설명하지 않았나요?"라고 우리에게 말할지 모른다. 당신 말이 맞다. 비즈니스를 글로벌하게 성장시키겠다는 도전을 환영한다. 물론 쉽지 않은 일이다.

여기에 딜레마가 있다. 제품, 비즈니스, 운영 모델의 복잡성과 변경 사항을 줄이고 싶지만(즉, 현지화 프리미엄을 최소화하고 싶지만), 그런 변화를 시도하지 않는다면 실패 가능성이 높아진다. 게다가 신규 시장에서 회사-시장 최적화에 도달하기 위해 비즈니스를 변화시킨다면 운영이 더 어려워지지만, 그런 변화가 있어야 견인력을 구축하고 시장에서의 성공을 기대할 수 있다. 궁극적으로, 이런 변화를 올바르게 수행한다면 현지 고객층의 니즈를 충족시키려는 피벗과 그로 인한 복잡성(특히 시장 규모가 상당히 큰 경우)에 따른 비용보다, 이런 변화를 통해 얻을 수 있는 이익이 훨씬 크다.

해결책은 (a) 현지화와 그로 인한 복잡성 사이에서 적절한 균형을 찾는 것이 중요하다는 점을 인식하고, (b) 크고 작은 비즈니스의 변경 사항을 최소화하는 데 최선을 다하는 것이다. '임의적 고유성'과 필수적인 변화를 구분하는 것이 시장에서의 적합성을 찾는데 필수적이라는 얀 반 카스테렌의 지적을 상기해보라. 예를 들어 초기 시장에서 직접 판매 방식 direct selling을 쓰고 있고 그것이 가치 제안과 비즈니스 모델의 중요한 부분이라면, 현지 기업과의 파트너십을 서두르지 마라. 직접 판매가 장기적으로는 더 나은 전략일 수 있기 때문이다.

신규 시장에 진출할 계획이라면 비즈니스의 여러 측면들을 '가설'로 설정하되(5장에서 설명한 글로벌 애자일 방법론을 활용), 어떤 변경이 필수적인지(예를 들어 현지 규제 준수) 또 어떤 변경이 그렇지 않은지(예를 들어 현지 팀에 본사와 다른 협업 소프트웨어를 사용하게 하는 경우) 지속적으로 평가해야 한다. 장애물과 비즈니스 모델 변경에 대한 해결책을 마련할 때는 현재 모델과도 연계되는 효과적인 해답을 찾음으로써 현지화 프리미엄을 줄여야 한다.

다음은 주의를 기울여야 할 중요한 사항이다.

- 이 프로세스를 진행하는 동안 핵심 가치를 최우선순위에 두어라. 어떤 것은 유연하게 변경할 수 있지만, 어떤 것은 변경해서는 안 된다. 집중해야 할 것에 고도로 초점을 맞추는 것이 슬랙의 문화 중 하나다. 특히 핵심 가치와 충돌할 때는 더더욱 그렇다. 슬랙에서는 고객이 어떤 기능을 처음 요청한 시점부터 개발을 완료하기까지 3년이 걸리는 일도 있다. 글로벌 규모에 도달하려면 시간이 걸리고, 모든 것을 한꺼번에 변경하려고 시도한다면 신규 시장에서 회사-시장 최적화에 도달하기까지 너무나 많은 혼란이 초래될 수 있다. 물론 반대로 너무 느리게 움직이면 기회를 놓칠 뿐만 아니라 자원을 낭비할 수 있다.
- 새로운 국가에서 회사-시장 최적화를 달성하는 문제와 관련하여 간과하기 쉬운 부분은 바로 '인재'다. 인재는 앞에서 설명한 6가지 고투마켓 및 운영 프리미엄을 현지화하는 것과 함께 삼각대의 세 번째 다리에 해당한다. 팀이 성공에 굉장히 중요하다는 점에서 볼 때, 신규 시장에서 확장을 실행할 수 있는 적합한 인재를 확보했는지 반드시 확인해야 한다.

현지화 프리미엄이 긍정적일 경우

현지화 프리미엄은 피할 수 없기 때문에 의사결정 과정에서 발생하는 복잡성에 의식을 집중하는 것이 중요하다. 이런 맥락에서 '긍정적인' 현지화 프리미엄이라고 말할 수 있는 것이 있는데, 이는 약간의 복잡성이 오히려 긍정적인 가치와 결과를 가져다준다는 뜻이다. 긍정적인 프리미엄의 주요하고 필수적인 영역 중 하나는 신규 시장에서 목표 고객의 참여를 유도하려는 의도로 계획한 현지화다. 예를 들어 웹사이트, 마케팅 자료, 사용자 가이드가 이해할 수 없는 언어로 돼 있어서 신규 시장의 고객이 제품을 구매하도록 유도하기 어려운 경우가 생길 수 있다.

물론 '긍정적인 것'으로 분류되더라도 복잡성의 양은 제한해야 한다. 효율을 피하기 위한 명분으로 사용해서도 안 된다. 장기적으로 생각하고, 시장 진출 후 발생하는 지속적인 변화에 촉각을 곤두세워야 한다.

현지화 프리미엄의 실제

현지화 프리미엄의 개념, 효과, 장단점은 확장 계획 프로세스에서 수행해야 하는 내외부 분석의 핵심 부분이다. 현지화 프리미엄은 신규 시장에서 비즈니스 운영 방식에 반영해야 하는 변경 사항을 논의하는 통로를 제공하기 때문에, 글로벌 성장 이니셔티브에 대한 지원을 확보하기 위해 마련하는 사례에 포함돼야 한다. 회사-시장 최적화를 다시 모색하기 위해 필요한 재빠른 변화(피벗)와 이를 성공적으로 수행하기 위한 자원을 파악하는 것은 확장 전략과 계획의 기본 요소다.

새로운 국가에서 비즈니스를 시작할 때 회사-시장 최적화에 도달해야 한다는 점과, 운영에 지나치게 많은 복잡성(즉 현지화 프리미엄)을 추가하고 싶지 않다는 점 사이에서 끊임없는 긴장감을 경험할 것이다. 이것은 자연스러운 현상이다.

중요한 것은 현지화 프리미엄의 원인을 의식하면서 이를 통제하기 위해 노력하는 것이다. 플래드의 폴 윌리엄슨은 이렇게 조언한다. "핵심에서 너무 멀리 벗어나지 마라. 예를 들자면, 다음 표준편차의 조리개를 열기 전에 목표 고객층을 모두 섭렵했다는 느낌이 들어야 한다. 엉뚱한 방향으로 끌려다니지 마라."

다른 방식으로 비즈니스를 확장할 때 복잡성이 으레 발생하는 것처럼 현지화 프리미엄은 항시 어느 정도는 존재한다. 대기업 고객을 상대하는 기업은 대형 고객과의 거래를 성사시키고 솔루션을 구현하려면 어느 정도 맞춤화가 필요하다는 점을 잘 안다. 하지만 기업 고객이 주는 수익에 대한 대가로 어느 정도의 맞춤화가 적절할까? 허용돼서는 안 되는 맞춤화는 무엇일까? 이런 맞춤화를 다른 고객들에게도 적용할 수 있을까?

다음은 글로벌 클래스 기업이 신규 시장에서 성공적으로 현지화할 때 발생하는 복잡성에 대한 사례다. 이 사례를 통해 현지화 프리미엄 분석이 실제로 어떻게 적용되는지 파악하기 바란다.

애플의 브라질 진출

2014년에 애플은 초기 글로벌 진출 지역 중 하나인 브라질에 소매점을 진출시킬 때 현지화 프리미엄이 발생하는 바람에 미국에서의 회사-시장 최적화로부터 표준편차 이상으로 벗어나게 되었다.

애플은 브라질에서의 성공을 위해 다양한 방식으로 변화를 모색해야 했다. 그중 가장 중요한 것은 매장의 레이아웃과 가치 제안을 바꾸는 것이었다. 브라질에서는 관세(관리 프리미엄)로 인해 아이폰 가격이 2,000달러(미국 달러)가 넘었지만, 미국에서는 그 절반에도 못 미쳤다. 이런 이유로 애플은 모바일 기기 판매에 집중하기보다 지니어스 바Genius Bar 같은 지원 서비스에 집중하도록 소매점을 재구성했다. 그러려면 매장 뒤편을 재고 창고가 아니라 기기 서비스를 위한 스테이션으로 재설계해야 했다(인프라 프리미엄). 몇몇 브라질 소비자는 해외여행 중에 혹은 다른 판매 채널을 통해 애플 기기를 구매했기 때문에 고객의 여정 또한 다양했다(영업 프리미엄). 심지어 플로리다 일부 지역의 매장에는 포르투갈어를 구사할 줄 아는 직원을 채용하여 미국으로 넘어와 기기를 구매하려는 브라질 소비자를 응대해야 했다. 여행비용을 감안하더라도 미국에서 사는 것이 브라질에서 구매하는 것보다 더 저렴했기 때문이다.

사소한 것도 프리미엄을 유발했다. 브라질 정부는 모든 거래에 종이 영수증을 요구했는데, 특정 종류의 종이에 인쇄해야 했기 때문에 애플은 종이 없는 구매 거래 프로세스를 더 이상 운영할 수 없었다(관리 프리미엄

[그림 8] 애플의 브라질 진출 사례

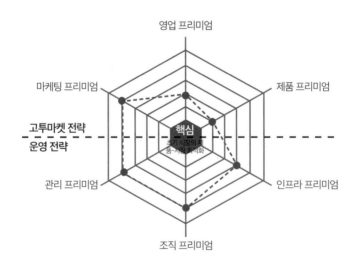

2부 | 규모 확장 - 효과적인 글로벌 성장

은 5장에서 설명한 비즈니스 모델 현지화 캔버스의 정부 규제 필터를 통해 발견되었을 것이다).

현지 팀은 채용 및 교육 프로세스와 변수들을 개선해야 했기 때문에 특히 조직 프리미엄이 높았다. 보통 애플은 특정 제품 분석에서 심층적인 지식을 갖추도록 직원을 교육하지만, 브라질 직원들은 회사의 제품군 전체에 대해 폭넓은 지식을 갖춰야 했다. 그리고 브라질 같은 라틴아메리카 국가에서는 노동조합의 역할이 훨씬 중요했기 때문에 애플은 현지 파트너십을 구축하면서 노동조합을 적으로 간주하지 않고 파트너로 활용할 수 있도록 노력해야 했다. 또한 판매보다 서비스에 초점을 맞추었기에 회사는 판매량 감소와 상대적으로 긴 수익성 도달 기간을 고려하여 투자수익률 계산과 손익분기점 일정을 조정해야 했다.

───────── 자주 간과하는 것 ─────────

운영 프리미엄을 과소평가하지 마라

애플이 지불한 프리미엄 중에서 얼마나 많은 부분이 운영 전략 카테고리에 해당하는지 주목하라. 이 사례는 고투마켓 전략의 변경이 가장 눈에 띄긴 하지만(언어와 문화적 차이가 더욱 두드러짐) 신규 시장에서 견인력과 규모를 확보하기 위한 현지화의 총량 중 극히 일부에 불과하다는 것을 보여주는 대표적인 예다. 애플 사례를 든 이유도 이 두 프리미엄을 비교하기 위해서였다. 우리는 여러 시장 진출 사례를 통해, 팀이 운영 전략을 과소평가하는 바람에 일정이 지연되고 확장비용을 증가시키고 말았다는 이야기를 많이 접했다.

───────────────────────────

유사 시장에 대한 진실- '친숙성 편향'

새로운 글로벌 시장에 진출하려는 팀은 초기 시장과 지리적으로 인접하거나 같은 언어를 사용하는 시장이 진출하기 좋은 곳이고, 회사-시장 최적화에 도달하기까지 적응할 필요가 거의 없을 것이라고 생각한다. 이 것은 일종의 친숙성 편향이다. 이런 편향이 위험한 가정을 불러온다. 영어를 주로 사용하는 국가들은 문화가 서로 비슷할 수는 있지만, 여러 가지 현지화 프리미엄 카테고리에서 차이가 나기 때문에 핵심 비즈니스 모델을 변경해야 하는 경우가 많다. 스페인어권 국가의 기업이 다른 스페인어권 국가로 확장하는 경우도 마찬가지다. 우리는 이를 친숙성 편향 Familiarity Bias이라고 부르는데, 같은 언어를 사용하거나 지리적으로 가깝다는 이유로 높은 우선순위를 두는 오류를 일컫는다.

에버노트의 인도 진출 사례

트로이 멀론은 회사의 고투마켓 및 운영 모델의 몇 가지 측면을 변경해야 한다는 것을 알았지만, 어느 정도까지 변경해야 하는지 깨닫지 못했다. 특히 운영 모델이 그랬다. 다른 여러 기업들과 마찬가지로, 인도 시장의 규모와 풍부한 영어 사용자(인도는 세계에서 두 번째로 영어 사용자가 많다)를 감안할 때 다른 국가보다 인도에 진출하기가 더 쉬울 것이라고 트로이는 믿었다. 이런 친숙성 편향은 대부분 고투마켓 프리미엄(영업, 마케팅, 제품 프리미엄)이 적을 것이라는 인식에 기인했다. 그러나 고투마켓 프리미엄은 인도에서 회사-시장 최적화를 달성하는 데 고려해야 할 것들 중 극히 일부분에 지나지 않았다.

고투마켓 측면에서 에버노트는 가격을 다르게 설정해야 하지만(영업 프리미엄) 제품은 거의 동일하게 유지할 수 있다는 것(제품 프리미엄)을 잘 알고 있었다. 그러나 파트너 회사를 통해 비즈니스 제품을 판매해야 한다는 점(영업 프리미엄)을 예상하지는 못했다. 에버노트는 미국처럼 개인 사용자가 비즈니스 사용자로 업그레이드할 것을 기대했지만 실상은 그렇지 못했다. 현지 기업들이 먼저 에버노트 제품을 채택하도록 해야 했는데, 그러려면 많은 작업이 필요했고 그 때문에 현지 파트너와 협업해야 했다. 마케팅 프리미엄은 예상보다 높았다. 미국에서는 대부분의 마케팅이 데스크톱 사용자를 대상으로 이루어졌지만 인도는 모바일을 우선하는 국가이기에 모바일 쪽으로 마케팅을 집중시켜야 했던 것이다.

고투마켓 전략의 변경 사항이 제법 컸지만, 운영 전략의 변경은 훨씬 급격했고 예상치 못한 것이었다. 인프라 측면에서 에버노트는 최소한의 현지화가 필요할 것으로 예상했고 실제로도 그랬다. 하지만 조직 프리미엄은 그렇지 않았다. 인도의 비즈니스 문화는 직원들이 상사에게 의문을 제기하지 않고 토론이나 아이디어 개진 없이 시키는 일만 수행하는 것이 일반적이었다. 이런 문화는 협업을 존중하고 개방적 소통을 중시하는 에버노트의 기업 문화와 상충되었다.

에버노트가 가장 크게 놀란 것은 관리 프리미엄의 발생량이었다. 이 카테고리의 모든 것들이 복잡했고 주의를 요했다. 인도 정부의 규제로 인해 기업은 인도 국적자를 회장chairperson으로 하는 현지 법인을 설립해야 했고, 법인의 이사회는 매년 2회 직접 대면 회의(화상회의 금지)를 진행해야 하기 때문에 경영진은 현지 법률을 준수하기 위해서 정기적으로 인

[그림 9] 에버노트의 인도 진출 사례

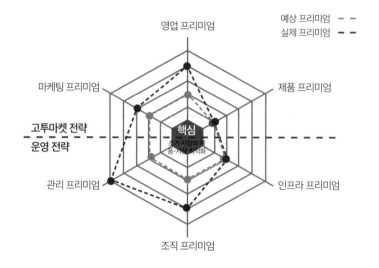

도를 방문해야 했다. 또한 매출 수익금이 법인으로 입금돼도 방대한 서류 작업과 인도 정부의 관료주의로 인해 돈을 인도 밖으로 송금하기 어려웠다. 이 모든 것들이 예상치 못한 관리 프리미엄과 조직 프리미엄을 발생시켰다.

그래프를 보면 트로이와 에버노트 팀이 처음에 생각했던 카테고리별 프리미엄 수치(연한 선)와 시장 진입 과정에서 실제로 발생한 프리미엄 수치(진한 선)를 비교할 수 있다.

━━━━━━━ **자주 간과하는 것** ━━━━━━━

유기적 성장을 따를 때 생기는 리스크

유기적 성장organic growth은 글로벌 확장 노력을 잘못된 방향으로 이끌 수 있다. 많은 경영진이 본사의 집중적인 마케팅 노력 없이도 글로벌 시장에서 고객이 갑자기 불어나는 유기적 성장을 시장 기회의 강력한 신호로 간주한다. 하지만 그런 시장에 무조건적으로 높은 우선순위를 둬서는 안 된다. 에버노트는 인도에서의 유기적 성장을 목격하고 시장 진입이 용이하리라고 과신했다. "우리는 사용자가 누구이고 그들이 무엇을 원하는지 잘 안다고 착각했다"라고 트로이 멀론은 말했다. 현지화 프리미엄 분석은 조직이 이런 유기적 성장을 포착하기 위해 어느 정도의 변경이 필요한지를 파악하는 프로세스의 핵심 단계다. 글로벌 클래스 기업은 시장 선택과 우선순위 결정 과정에서 유기적 성장, 시장 역학 및 준비도, 복잡성을 모두 고려해야 한다는 점을 잘 알고 있다.

연계 시장

인접 시장이라 해도 상당한 차이점이 있으므로 재빠른 피벗이 필요하지만, 시장 간에는 연계 관계가 있을 수 있다. 한 시장에서 견인력을 확보하기 위해 적용했던 변경 사항이 인접 시장에 진출할 때 재사용될 수 있다는 의미다. 다시 말해, 어떤 시장에 진출할 때 현지화 프리미엄을 축적하면 인접 시장에 진출할 때 특정 카테고리의 프리미엄을 제한할 수 있다. 연계 시장은 문화와 언어가 비슷하거나, 법체계가 유사하거나, 지리적으로 가까운 곳을 말한다. 특정 시장 간의 연계성은 어떤 시장을 우선할 것인가를 결정하는 데 영향을 미칠 수 있다.

한국의 글로벌 엔터테인먼트 기업인 핑크퐁의 공동 창립자이자 최고 재무 책임자^{CFO} 겸 부사장인 이승규는 연계 시장이란 개념을 일반 운영에 어떻게 활용하는지 설명했다. 핑크퐁은 필리핀과 미국의 시청자층이 영어를 사용한다는 점 외에 문화적 유사성이 있음을 발견했다. 그는 필리핀에서 먼저 새로운 콘텐츠를 출시하여 성공 여부를 확인한 다음, 보다 큰 시장인 미국에 자신 있게 출시할 수 있었다고 말했다.

에어비앤비의 한국, 중국, 일본 진출 사례

에어비앤비는 아시아의 신규 시장에 진출할 때 현지 호스트보다는 여행자 유치에 중점을 두며 한중일 3개국을 최우선했다. 3국은 모두 주요 시장이지만, 각 국가의 여행 산업은 성장 단계와 성숙도가 서로 다르고 시장 규모와 범위 역시 서로 달랐다. 한국과 중국의 소비자, 특히 에어비앤비가 목표로 삼는 젊은 여행자는 보다 개방적이고 모험 추구적인 여행 취향을 가지고 있는 반면, 일본의 여행 시장은 안정적이어서 에어비앤비의 새로운 여행 방식을 위험하다고 생각한 소비자들이 많았다.

한국은 3국 중 가장 작은 시장이지만, 중국과 일본 소비자들이 최신 트렌드 파악을 위해 한국인을 참조하기 때문에 좋은 기준점이 되는 시장이었다. 그래서 에어비앤비는 3국에 마케팅을 균등하게 집중하기보다 한국에 더 많은 마케팅 자원을 투입했다.

에어비앤비는 아시아의 주요 시장에서 성장동력을 확보하기 위해 해당 지역의 고객 서비스 공간을 확장하고 아시아 언어 지원 기능(영업 프리미엄)을 제공했다. 초기에 앱의 텍스트는 영어로만 되어 있었기 때문에 아시아 소비자에게 어필하고 언어 격차를 극복하고자 에어비앤비는 이미지/사진 기반의 새로운 앱을 개발하고 테스트했다(제품 프리미엄). 또한 여행 박람회를 중심으로 다양한 마케팅 전략을 테스트했고, 현지 여행업 협회 및 인플루언서들과 파트너십을 강화했다(마케팅 프리미엄). 여행업 협회와의 파트너십은 미국에서 소비자에게 직접 접근하기 위한 방식은 아니었지만, 한국뿐만 아니라 여러 아시아 시장에서 모멘텀을 구축하는 데 아주 중요한 접점이었다.

중국과 일본에 진출할 때는 한국 시장용 앱, 고객 지원 센터, 몇몇 마케팅 전략을 이들 시장에 그대로 적용함으로써 영업, 제품, 마케팅 프리미엄을 상당히 줄일 수 있었다. 그리고 실행과 적용이 검증된 플레이북을 확보할 수 있어서 시장 진출의 모멘텀과 속도를 낼 수 있었다. 중국에서는 특히 인프라, 관리 프리미엄 같은 현지화 프리미엄을 감수해야

[그림 10] 에어비앤비의 한국 진출 : '인플루언서 시장'

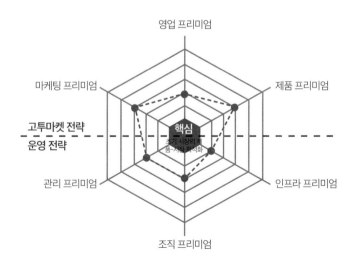

[그림 11] 에어비앤비의 일본과 중국 진출 : '인플루언서 시장'

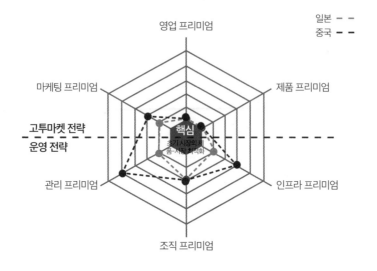

했지만 한국에서 쌓은 기반 덕에 중국 시장에서 신속하게 확장할 수 있었다.

다른 기업들도 현지화의 확장성을 경험했다. 애플은 브라질에서 수행한 현지화(특히 조직 프리미엄과 관련된 현지화)가 멕시코 시장에 진출할 때 도움이 된다는 사실을 발견했다. 그래서 직원 교육과 현지 노동조합과의 협력 방법이 유사한 덕에 브라질에서 개발한 플레이북의 대부분을 활용할 수 있었다. 온라인 교육 플랫폼인 플라치Platzi는 라틴아메리카 전역에서 연계 시장을 발굴했고, 스웨덴 기업 스포티파이는 글로벌 확장 초기에 인근의 노르웨이와 덴마크를 연계 시장으로 삼았다.

참고: 다음 그래프의 핵심은 한국에서 달성한 회사-시장 최적화를 나

2부 | 규모 확장 - 효과적인 글로벌 성장

타낸다. 중국과 일본에 진출하는 과정에서 한국을 기준점으로 얼마나 변경을 가해야 했는지, 확장의 모멘텀이 어느 정도였는지 보여준다.

현지화 프리미엄 카테고리 간의 상호 작용

목표 시장으로 확장할 때 성공에서 가장 중요한 현지화 프리미엄은 무엇일까? 여기서는 회사의 핵심 가치 중 하나에 뿌리를 두고 있기에 변경할 수 없는 영역, 추가적으로 발생하는 복잡성에 대응할 수 있는 영역, 변경을 제한해야 하는 영역을 결정해야 한다.

이런 결정을 통해 핵심 가치를 유지하기 위해 속도를 얼마나 희생할 것인가, 또는 운영 전략 및 고투마켓 전략상의 변경으로 발생하는 현지화 프리미엄을 대가로 현지 시장에서 어느 정도의 자율을 허용할 것인가 같은 트레이드오프가 수면 위로 드러난다.

잠재적인 현지화 프리미엄 원인을 분석하려면 하나의 프리미엄이 다른 프리미엄에 어떤 영향을 미치는지도 파악해야 한다. 예를 들어 제품을 변경하면 마케팅, 영업 모델, 인프라 등에 영향이 미칠 수 있다.

일례로 많은 기업이 고객 데이터를 비즈니스 모델의 일부로 활용하기 때문에(고객 데이터를 판매하거나 외부에 제공하거나, 추천 및 맞춤형 경험을 제공하기 위해 사용) 유럽연합의 일반 데이터 보호 규정General Data Protection Regulation: GDPR에 명시된 규칙을 준수하기 위해 무엇을 변경해야 하는지 파악하고자 한다. 이 규칙에 따른 변경이 현지화 프리미엄을 발생시키는 커다란 원인이 될 수 있지만 어떤 면에서는 여러 시장으로 확장할 수 있게 해주기도 한다. 이런 규제로 인해 기업은 현지에 새로운 기술 스택

stack을 구축해야 할 수도 있는데(인프라 프리미엄), 이는 직원들의 업무량 증가로 이어지고(조직 프리미엄), 무엇보다 새로운 관리 프로세스와 규정 준수 노력이 요구된다(관리 프리미엄).

다음은 현지화 프리미엄의 하위 카테고리들이 서로에게 미치는 영향과, 리더가 상충되는 선택지들의 우선순위를 정하고 선택해야 하는 상황에 관한 몇 가지 사례다.

인프라 프리미엄 VS. 관리 프리미엄: 아마존은 호주에 인프라를 투자해 세금을 절감했지만, 데이터 저장 및 디지털 서비스 제공 시 복잡성을 초래했다. 이 회사는 새로운 인프라에 대규모로 투자할 때의 효과가 투자하지 않았을 때 발생할 세금보다 더 큰가를 충분히 고려해야 했다.

제품 프리미엄 VS. 영업 및 마케팅 프리미엄: 이 장의 앞부분에서 설명했듯이, 링크드인은 인도의 저속 모바일 네트워크에서 원활히 작동하는 별도의 텍스트 기반 모바일 앱을 개발했다. 앱을 완전히 다시 디자인해야 했기에 제품 프리미엄이 발생할 수밖에 없었다. 하지만 만약 이런 변경을 시행하지 않았다면 링크드인의 제품이 제공하는 고객경험은 형편없었을 것이다. 아니면 높은 대역폭이 제공되는 지역에서 좋은 휴대폰과 컴퓨터를 소유한 부유한 인도인으로 목표 고객을 한정함으로써 접근 가능한 잠재 사용자 규모를 크게 제한해야 했을 것이다.

총 진입비용 공식

목표 시장에서 현지화에 필요한 잠재적 변경 사항을 평가할 때 그로 인한 비용을 계산하는 것은 자주 간과되긴 하지만 아주 중요한 작업이다. 우선순위/확장성/핵심 가치와의 정렬과 함께 현지화 프리미엄 분석을 수행하는 것은 1단계일 뿐이다. 현지화를 위한 실질적인 과업을 강조하는 좀 더 질적인 작업이 필요하다.

다음 단계는 현재의 비즈니스 모델에 이런 변경 사항을 적용하는 데 얼마나 많은 재무적 투입이 필요한가를 파악하는 것이다. 우리는 이를 위해 '총 진입비용Total Cost of Entry:TCE' 공식을 고안했다. 이 공식은 여러 산업에서 구매 결정을 내릴 때 자주 사용되는 '총 소유비용Total Cost of Ownership: TCO' 공식과 유사하다고 보면 된다. 총 진입비용 공식은 "신규 시장에서 비즈니스를 현지화하는 데 드는 비용은 얼마인가?", "현지화 성공이 어떤 의미인가?" 같은 핵심 질문에 답할 때 유용하게 사용된다.

신규 시장에 성공적으로 진출하기 위해 현재의 모델을 어떻게 조정해야 하는지 알지 못하면 진입(진출)비용을 결정하기가 어렵기 때문에 현지화 프리미엄 분석 작업을 완료하는 것이 아주 중요하다.

총 진입비용 공식은 현지화 프리미엄 분석의 각 카테고리에 직접 대응된다. 각 변경 사항마다 그에 상응하는 비용이 발생한다. 이런 비용을 모두 합하면 해당 프리미엄 카테고리(영업, 제품, 인프라 프리미엄 등)에 대한 진입비용이 산출되고, 이 모든 진입비용을 합산하면 신규 시장에서 현지화를 진행하는 데 소용될 예상 총비용을 산출할 수 있다.

진입비용에는 예상 마케팅 비용, 진입 준비를 위한 관리 비용, 재고를 위한 투자, 급여 및 복리후생 등이 포함될 수 있다. 인건비에는 현지 시장의 인력과 본사에서 확장 계획 추진을 전담하는 인력이 포함돼야 한다. 일반적으로 공급망과 포장의 현지화 비용, 제품 유형에 따른 현지 규제 요건 등을 고려할 때 소프트웨어 기반 제품에 비해 물리적 제품을 판매하는 기업의 시장 진입 초기 비용이 더 높다는 점에 유의할 필요가 있다. 소프트웨어의 경우, 이런 비용이 애초에 없기 때문에 유통 장벽이 훨씬 낮은 경향이 있다.

총 진입비용을 산출하려면 현실적인 일정에 따라 이런 비용을 잘 살펴봐야 한다. 업종과 자원에 따라 기간은 다르지만, 최소 2년의 비용을 고려해야 한다. 시간 요소(즉 시간 배수Time Multiple)도 고려 대상인데, 이것은 특히 확장 계획의 변경 및 지원을 위한 인건비와 관련이 있으며 몇 개월 혹은 몇 년 단위로 산정할 수 있다. 시간 요소를 통합할 때는 일회성 비용과 지속적/반복적인 비용을 구분해야 하는데, 후자의 비용에만 시간을 고려하면 된다.

총 진입비용 공식

[일회성 진입비용] + [지출 중인 진입비용 × 시간 배수] = 총 확장비용

Total Cost of Expansion, TCE

진입비용의 구성요소에 대해 세부 정보를 제공하려면 이렇게 하라. 진입비용에는 다음의 프리미엄들이 포함된다.

- 영업 프리미엄^{SP}
- 제품 프리미엄^{PP}
- 마케팅 프리미엄^{MP}
- 관리 프리미엄^{AP}
- 인프라 프리미엄^{IP}
- 조직 프리미엄^{OP}

제품의 기능(소프트웨어) 혹은 포장(물리적 제품) 변경처럼 일회성으로 발생하는 진입비용도 있지만, 현지 팀 유지비용과 같이 지속적으로 발생하는 비용도 있다. 지속적 진입비용의 경우 시간 배수^{TM}를 고려해야 한다(2~3년간). 일회성 비용과 지속적 비용을 합산하여 총 진입비용을 구하라.

[일회성 SP + PP + AP + OP + MP + IP] + [[지속적 SP + PP + AP + OP + MP + IP] × TM] = 총 진입비용

총 진입비용 산출의 실제

글로벌 클래스 기업은 몇 가지 변경 사항이 회사-시장 최적화 도달에 큰 영향을 미칠 수 있다는 점을 잘 알고 있다. 그래서 글로벌 클래스 기업은 각 현지화(혹은 프리미엄 카테고리)의 우선순위를 정함으로써 계층을 구분한다. 총 진입비용 공식은 현지화 프리미엄 분석에 비용 계층을 추가하여 의사결정을 가이드하고, 팀이 "우선순위가 가장 높은 현지화를 구현하는 데 얼마의 비용이 드는가?"란 질문에 답하도록 돕는다.

글로벌 클래스 기업은 현지화 계획을 효과적으로 추진하려면 한 번에 모든 변경 사항을 적용해서는 안 된다는 점을 잘 알고 있다. 총 진입비용 공식은 여러 단계로 진행되는 시장 진출 과정의 단계별 비용을 결정하는 데 유용하고, 팀이 "신규 시장에서 첫 번째 구현 단계를 완료하는 데 드는 비용은 얼마인가?"란 질문에 답하는 데 도움이 된다.

애플은 브라질로 진출하면서 매장의 레이아웃 재설계로 인한 인프라 프리미엄, 신규 직원 채용 및 교육에 따른 조직 프리미엄, 관세 및 기타 규정 준수를 위한 관리 프리미엄을 감수해야 했다.

총 진입비용을 시장 잠재력의 맥락으로 파악해야 투자수익률과 투자 회수 기간을 예측할 수 있다. 예를 들어 애플은 신제품 판매보다 기기 서비스에 집중하는 브라질 매장의 특성상 판매량 감소를 피할 수 없다고 판단하여 판매 지표와 목표치를 재조정해야 했다.

시간 경과에 따라 총 진입비용을 산출한 다음에는 이런 현지화 변경 사항을 구현하는 방법으로 초점을 옮겨야 한다.

효과적인 현지화 요소 발견, 현지화 프리미엄 분석LPA의 적절한 사용, 총 진입비용TCE 공식의 활용이 잘 어우러지면, 올바른 방향으로 현지화 노력을 기울일 수 있고 자원의 소요를 의식할 수 있다. 이 3가지 요소가 누락된다면 글로벌 성장 계획에 대한 성공을 보장할 수 없다. 메타맵의 클라우디아 마카드리스토는 "현지화되지 않은 전략으로 아무것도 모르는 시장을 혼란에 빠뜨리려고 돈을 쏟아부을 사람은 없을 것이다"라고 말한다.

현지화 프리미엄 완화시키기

현지화 프리미엄이 축적되는 것은 피할 수 없는 일이다. 또한 현지화 프리미엄이 있다고 해서 시장 진출을 포기해서는 안 된다. 그러므로 발생하는 프리미엄의 크기 및 그 영향의 규모를 완화할 수 있는 시스템과 전략을 마련하는 것이 중요하다. 확장과 관련된 올바른 조직을 구축하고 현지 팀을 지원할 수 있도록 본사의 적절한 이해관계자를 참여시키는 것은 시간과 노력을 들일 만한 가치가 있다. 시장 진출 속도만을 중요시해서는 안 된다는 점을 명심하라.

본사와 현지 팀이 현지화 프리미엄을 대화 주제로 삼는 것만으로도 복잡성을 줄일 수 있다. 본사에 자원을 요청할 때 현지 팀은 요청과 관련된 복잡성과 현지화 프리미엄에 대해서 높은 수준의 시각을 제공해야 한다. 그러면 의사결정을 단순화시킬 수 있고 각자의 기대치를 정확하게 파악할 수 있다.

국제화

현지화 프리미엄을 최소화하는 가장 효과적인 전략 중 하나는 '국제화 Internationalization'에 노력을 기울이는 것이다. 국제화는 소프트웨어 개발 과정에서 자주 사용되는 프로세스로서, 출시할 각 시장에 맞도록 맞춤화(혹은 현지화)를 진행할 수 있는 중앙 집중식 프로세스를 설계하는 것이다. 이것은 복잡성이 발생할 수 있는 영역을 제한함으로써 현지화 프리미엄을 최소화하는 보다 적극적인 접근 방식이다. 고투마켓 혹은 운영 모델의 특정 영역을 표준화하고 다른 영역에는 유연성을 허용하는 것이

한 가지 방법이다. 제품 기능이나 외관(소프트웨어에 국가별로 다른 스킨을 적용하거나 물리적 제품에 다른 색상을 입히는 것)에서부터 결제 처리, HR 프로세스에 이르기까지 모든 것을 이런 렌즈를 통해 바라볼 수 있다. 예를 들어 몇몇 기업들은 앞에서 언급한 일반 데이터 보호 규정을 전 세계적으로 준수하기로 결정하고 고객을 보유한 모든 국가의 데이터에 대해 동일한 정책을 취하고 있다.

현지화가 글로벌 클래스 기업의 일하는 방식이라면, 국제화는 이를 대규모로 수행하는 메커니즘이라고 말할 수 있다.

예를 들어 각 시장에 초기 출시를 진행하기 위해 비즈니스 프로세스 아웃소싱Business Process Outsourcing: BPO 혹은 전문 고용주 조직Professional Employer Organization: PEO과 계약을 체결하는 것이 국제화의 한 가지 전략이다. 이렇게 하면 견인력이 있음이 입증되기 전에 각 신규 시장에 회사를 설립할 때 감수해야 할 복잡성을 줄일 수 있다(관리 프리미엄). 또 다른 예로, 모든 비모국어 콘텐츠(웹사이트, 마케팅 자료 등)의 관리를 담당하는 중앙 집중식 현지화 팀을 구축하는 것이다. 이들은 현지 팀과 핵심 인사이트를 공유할 수 있고, 현지 팀이 현지 시장에 맞춤화하도록 지원할 수 있다(마케팅 프리미엄).

국제화 전략에는 여러 목표 시장에서 강력한 입지를 확보하고 있는 유통 파트너를 선택함으로써 광범위한 글로벌 확장 계획에서 그 파트너를 채널 확산의 유일한 중심점으로 삼는 것도 포함된다(영업 프리미엄).

캔바는 국제화 노력의 일환으로 현지화를 통제할 수 있는 유연한 제품 기반 위에 각 현지 시장에 맞는 템플릿과 아이콘을 제작했다(제품 프리미엄). 블라인드의 김겸은 비즈니스의 여러 측면에서 글로벌 최적화를 구축하는 데 조직의 초점을 맞추고 있다. 글로벌하게 통합 수 있는 제품을 만드는 것뿐만 아니라 회사 운영 역시 글로벌 고객에게 어필할 수 있어야 한다. 김겸은 서구의 비즈니스 문화에 맞지 않는 '지시와 통제' 중심의 경영 방식을 고수하기보다 글로벌 클래스 마인드셋을 통해 직원들의 참여를 유도하고 역량을 강화시키고 있다.

심코프^{SimCorp}의 최고 경영자였던 클라우스 홀세^{Klaus Holse}는 마이크로소프트의 동적 제품 사업부^{Dynamic Product Division}의 임원으로 재직하던 중에 글로벌 클래스 전략이 기존 전략에 대항하는 것을 목격했다. 당시 내부 경쟁을 촉진하는 문화로 유명했던 마이크로소프트는 6개월 사이에 나비전^{Navision}과 그레이트 플레인스^{Great Plains}의 제품을 각각 인수했다. 당시에는 그레이트 플레인스의 제품이 상대적으로 우수해 보였지만, 팀이 현지화 프리미엄을 신경 쓰지 않았기 때문에 신규 시장 적응에 문제가 발생했다. 반면 나비전 제품을 담당한 팀은 글로벌 클래스의 사고방식을 지니고 있었으며, 코드 베이스의 일부만 사용하도록 제품을 구축하고 코드의 여러 측면들을 '구성요소화^{componentize}'했기에 신규 시장에 쉽게 적응할 수 있었다.

구성요소화를 통해 소프트웨어 개발 팀은 구성 요소를 재사용하고 신규 시장 고유의 요구 사항을 충족하기 위해 코드의 일부를 좀 더 쉽게 변경하거나 교체할 수 있었다. 그 결과, 보다 빠르고 보다 효과적인 현지화가 가능해졌고 궁극적으로 마이크로소프트는 그레이트 플레인스의 제품이 아니라 나비전의 제품으로 확장할 수 있었다(제품 프리미엄).

동일한 출시 팀원들이 여러 시장에 진출하면서 일관성 있는 접근 방식을 유지하는 것도 국제화 전략의 일환이다(조직 프리미엄). 국제화는 현지화 프리미엄 분석의 핵심 요소 간의 통일성을 형성하는 것을 말하지만, 국제적인 성장 노력을 지원하는 조직 구조와 자원의 통일성을 형성하는 도구로도 사용될 수 있다. **또한 국제화는 구현 가능한 변경 사항의 표준편차를 제한하는 가드레일이라고 간주할 수 있다.**

국제화를 진행하는 과정에서 수용하거나 뛰어넘어야 할 장애물이 존재한다는 것을 인지해야 한다. 전 세계 직원들이 구글 워크스페이스가 제공하는 이메일과 생산성 도구를 사용하도록 하는 것처럼 간단해 보이는 결정도 중국의 직원들에게는 어려울 수 있다. 그들에겐 구글의 제품 사용이 제한돼 있기 때문이다. 초기 시장에서 구글 워크스페이스를 기반으로 시스템을 구축했다가 다른 글로벌 플랫폼으로 변경해야 한다면, 수백만 달러와 수개월의 시간을 소요할 수 있다. 이처럼 간단한 결정이 심각한 영향을 끼칠 수 있다. 예를 들어 라쿠텐은 글로벌 인재 및 글로벌 고객들과 소통하는 글로벌 기업으로 입지를 강화할 목표를 세우고 일본 본사에서도 공식 언어로 영어를 사용하도록 했다. 그들은 이를 '영어화 Englishnization'라고 부른다.

서비스형 소프트웨어SaaS 기반의 기업용 인사 및 재무관리 솔루션을 제공하는 워크데이는 특정 시장에 진출하면서 해당 국가의 고용 구조 때문에 새로운 가격 모델을 적용해야 했다. 원래 워크데이는 고객사의 총 직원 수(정규직, 정규직에 상응하는 직원, 시간제 직원)를 기준으로 가격을 책정했다. 하지만 월 계약 직원과 특정 기간에만 근무하는 직원이 많은 고객사들은 회사의 규모(즉 총 직원 수)가 아니라 '활성 사용자 수'를 기반으로 요금을 부과 받는 데 익숙했기에 원래의 가격 모델을 적용하기 어려웠다. 이런 격차에 대응하기 위해 회사는 가격대를 가치 기반으로 일반화하는 어려운 프로세스를 거쳐야 했고, 이 과정에서 고객 맞춤화 정도를 최소화했다(영업 프리미엄을 낮추는 국제화 계획은 다음 장에서 다룬다).

그러나 국제화 노력이 반드시 전 세계적으로 진행될 필요는 없다. 기업은 지리적 유사성에 근거하여 몇 개의 지역으로 구분하고 세분화하여 여러 국가에 걸쳐 운영 모델을 조정할 수 있다. 하지만 아시아처럼 광활한 대륙에서는 국가마다 비즈니스 운영 방식에 큰 차이가 있기 때문에 이를 하나로 묶어서는 안 된다(다른 대륙도 마찬가지다). 여러 국가를 클러스터로 묶는 작업은 언어(예를 들어 스페인어 현지화 작업을 간소화하기 위해 브라질을 제외하고 라틴아메리카를 묶는 경우)부터 법률 시스템에 이르는 공통점을 기반으로 한다.

자주 간과하는 것

대규모 확대가 어려운 작업 수행하기

효율 극대화와 현지화 프리미엄을 최소화하는 데 중점을 두는 경우가 많지만, 신규 시장의 얼리어답터들과 협력하는 것과 같이 대규모로 확대하기가 어려운 몇몇 작업을 수행하는 것은 문제가 없고 때로는 큰 도움이 된다. 보다 직접적인 이런 참여를 통해 신규 시장에서 핵심적 교훈을 얻고 회사-시장 최적화를 달성할 수 있다.

글로벌 애자일의 '핵심 교리'는 여러 국가에 대한 변경 사항을 겹쳐서 고려할 때 애자일의 누적적 특성을 감안해야 한다는 점이다. 하나의 현지화는 단독으로 존재하는 것이 아니다. 각각의 현지화는 다른 현지화들과 함께 복합적으로 상호 작용하여 관리하기 어려운 엉망진창이 될 수 있다. **따라서 복잡성을 고려한 애자일 방법론을 구현하는 것이 필수적이다.**

글로벌 애자일을 효과적으로 사용하면 신규 시장에서 제품 - 시장 최적화를 찾는 데 필요한 현지화 요소를 발견할 수 있고(1단계), 현지화 프리미엄 분석을 효과적으로 활용하면 팀이 여러 국가에서 현지화와 함께 발생하는 복잡성을 제어함으로써 조직이 모멘텀을 확보하여 회사-시장 최적화를 달성하고 글로벌 규모에 도달하도록 지원할 수 있다(2단계).

이런 전술 외에도 3부에서 설명할 '글로벌 규모 달성을 위한 3개의 기둥'을 유지하는 데 집중하면 현지화 프리미엄을 효과적으로 관리하는 데 도움이 된다.

여러 국가에서 비즈니스를 운영할 때 발생하는 복잡성(현지화 프리미엄)을 이해하고 현지화가 미칠 영향과 복잡성의 균형을 맞추는 것이 중요하다. 프로세스를 의식하고 복잡성을 대화의 주제로 삼으며 이를 최소화하고 모니터링할 수 있는 방법을 모색하라.

이후의 장에서는 올바른 구조 구축, 적합한 팀 구성, 조직 관리, 글로벌 규모를 지원하기 위한 다양한 문화 간의 균형 맞추기 등 조직역량 구축을 통해 회사-시장 최적화를 달성하는 방법을 설명할 것이다.

성공을 위한 필수적 현지화 요소가 무엇인지 확실히 이해하고 복잡성을 제한하는 현지화 프리미엄 분석 프레임워크를 적용하고 나면, 진정한 글로벌 규모에 도달하기 위한 다음 단계인 '모멘텀 창출과 확장을 촉진하는 프로세스 및 운영 구조 수립'의 준비가 끝난 것이다.

6장 | 요약

- 현지화를 진행하며 생기는 결과물은 복잡성이다. 글로벌 애자일 프로세스의 2단계를 통해 글로벌 클래스 기업은 현지화와 복잡성 간의 균형을 유지함으로써 현지 시장에서 견인력을 확보하고 여러 글로벌 시장에서 규모를 관리하는 법을 학습한다.

- 이런 복잡성(현지화 프리미엄)은 크게 2가지 카테고리로 나뉜다. 바로 고투마켓(영업, 제품, 마케팅 프리미엄) 카테고리와 운영(관리, 조직, 인프라 프리미엄) 카테고리인데, 이 프리미엄들은 집중적인 노력(국제화)을 통해 완화될 수 있다.

- 현지화 프리미엄 분석[LPA]은 신규 시장 분석, 시장 우선순위 선정, 소통, 리스크 시각화, 로드맵 정렬, 실현 과정 추적, 연계 시장/패턴 식별 등 다양한 용도로 사용된다.

- 총 진입비용[TCE] 공식은 현지화와 관련된 비용을 결정하는 데 도움이 될 수 있다.

6장 | 반성과 실천을 위한 질문

- 현지화와 복잡성 사이에서 어떻게 균형을 맞추고 있는가?
- 글로벌로 확장할 때 가장 어려웠거나 예상치 못한 프리미엄은 무엇인가?

- 조직의 경영진이 글로벌 성장 이니셔티브에 대해 근시안적인 시각을 가지고 있어서 직면하는 어려움이 있다면 그것은 무엇인가?

7장

모멘텀
글로벌 클래스 기업이
빠른 성장을 촉진하는 방법

우버는 글로벌 클래스 기업으로서 독특한 사례다.

2012년을 시작으로 여러 글로벌 시장으로 진출한 우버는 경쟁이 치열하지 않은 점과 현지 정부가 재빠르게 조치하지 않은 점을 잘 활용하고 막대한 자금을 투입하여 시장 진입을 빠르게 촉진하는 등 매우 효과적인 시스템을 구축할 수 있었다. 하지만 그 후에 여러 가지 반발을 불러일으켰고, 그로 인한 혼란을 능숙하게 관리하지 못했으며, 현지 문화의 특성에 맞게 비즈니스를 현지화하는 데 실패를 경험하기도 했다.

신규 시장의 규명-진출-확장을 위해 구축한 놀라운 메커니즘에도 불구하고, 이런 급격한 성장으로 인해 인사부서HR는 조직의 모든 요구 사항을 충족시킬 수 없었다. 특히 관리에 관한 교육이 그랬다. 필연적으로 문제가 발생할 수밖에 없었고 회사 성과에 부정적인 영향이 미쳤다.

우버는 글로벌 클래스 기업답지 않은 방식으로 현지 방식보다 본사 방식을 우선시하는 경우가 많았고, 보편적인 호소력을 가진 핵심 가치를 구축하지 못했다. 하지만 동시에 우버는 시장 진입 플레이북을 개발하고 사용하는 데 최고 수준이었고 복잡성을 잘 관리했다.

협업적 경쟁, 성과의 투명성, 모범 사례의 공유 등을 통해 우버는 엄청난 속도로 수많은 시장으로 확장할 수 있었다. 명확한 지표로 측정된 각 시장의 성과는 글로벌 조직 전체에 공유됐고 적극적으로 추적, 관리되었다. 이 회사는 중앙 집중의 팀이 수집해서 공유하는 상세한 문서를 바탕으로, 그리고 이 팀에서 개발한 것 중 무엇이 효과적이고 무엇이 효과적이지 않은지에 관한 지식을 바탕으로 일종의 전문가 집단을 구성했다. 투명한 소통을 우선시하고 신속한 성장 여부를 평가하며 보상하는 동시에 모범 사례를 다른 팀들에 전파할 수 있는 구조가 만들어졌다.

우버는 앞 장에서 언급한 복잡성을 어떤 대가를 치르더라도 회피하고자 했다. 보편적으로 인정받는 가치 제안과 해결하려는 문제의 보편성에 초점을 맞춘 우버는 모든 현지 팀이 혜택을 누릴 수 있도록 시장 진입 및 시장 성장 과정에서 발생하는 모든 장애물에 대해 확장 가능한 해결책을 수립하려고 노력했다.

대부분의 기업들이 가치 제안과 해결책의 보편성을 확보하기가 어렵겠지만(그리고 보유 자원의 한계가 있겠지만), 중앙 집중식으로 모범 사례와 진행 상황을 수집해 전파한 우버의 능력으로부터 교훈을 얻을 수 있다.

현지화와 복잡성 사이에서 균형을 잡았다면 이제부터 중요한 것은 규모다. 글로벌 클래스 기업이 계획 및 시장 진입 단계에서 시장 성장 단계로 전환함으로써 글로벌 규모에 도달하기 위해서는 모멘텀을 창출하는 데 리더가 특별히 집중해야 한다.

믿음직한 팀, 제품, 기업 문화만으로는 글로벌하게 성공할 수 없다. 단일 시장single-market의 성공에서 다중 시장multi-market의 규모로 변모하는 것은 기업의 성장 여정에서 상당히 중요한 전환점이기에 적응 가능한 지원 모델이 필요하다. 글로벌 클래스 기업은 단일 시장을 대상으로 한 검증에 목표를 두지 않는다. 그들은 글로벌 진출을 추구한다. 그들에겐 어느 한 국가의 시장에 성공적으로 진입하고 견인력을 창출하는 것보다는 글로벌 규모로 비즈니스를 운영하는 것이 중요하다. **현지화를 지원하고 통제하는 효과적인 프로세스와 조직 구조가 글로벌 규모를 가능케 한다.**

이런 조직 구조를 설계하고 구현하면 4장에서 설명한 '글로벌 성장을 위한 4가지 약속'을 모두 강화할 수 있다. 효과적인 프로세스를 잘 구축하면 자원을 보다 수월하게 조정하고 보다 효과적으로 소통할 수 있기 때문에 글로벌하게 분산된 조직 전체에 대해 명확성과 정렬의 수준을 높일 수 있다. 즉, 상호신뢰가 강화되고 본사가 현지 팀에 자율을 부여하기가 더 편해진다. 또한 글로벌 애자일 프로세스의 중요 부분인 반복적 접근iteration을 가속화할 수 있다.

시장 진입 단계에서 시장 성장 단계로 전환하려면 현지 시장 팀과 본사 모두가 관심을 가져야 한다. 4장에서 설명한 4가지 약속을 준수해야 하고, 특히 충분한 자원이 필수적이다. 이런 전환이 가능하려면, 글로벌한 규모 확장과 분산된 조직을 지원하는 프로세스와 조직 구조가 필요하다. 단, 이런 시스템과 프로세스는 복잡성을 증가시키지 않도록 제한해야 한다.

프로세스는 규모 확장을 위한 기반이고 시장 진입 단계와 시장 성장 단계 간의 도약을 관리하는 데 유용하다. 기업이 여러 국가에서 비즈니스를 운영하다가 글로벌 비즈니스로 전환하기로 공식적으로 결정한다면, 자신들의 해결책(제품이나 서비스)이 보편적인지 아니면 제한된 시장에만 적합한지 검증하는 과정에서 프로세스의 필요성은 점점 더 커진다. 4장에서 언급한 자율성 곡선은 조직 구조와 프로세스를 각 확장 단계(시장 진입, 시장 성장, 시장 성숙 단계)의 자율성 수준에 맞게 구축하기 위한 지침을 제공한다. 앞 장에서 언급한 바와 같이, 기업이 이런 조직 구조(조직 프리미엄)에 투자하면 좀 더 많은 시장에 진출할 때 발생하는 전반적인 현지화 프리미엄(복잡성)을 최소화하는 데 유용하다.

모멘텀을 창출하려면 하나의 신규 시장에서 여러 시장으로 본격적인 글로벌 확장을 추진할 때 발생할 수 있는 문제를 보다 잘 이해해야 한다. 그러기 위해서 조직 평가를 실시하는 것이 중요하다. 이 시점에서 복잡성이 통제 불가능한 수준으로 커질 수 있고, 사람, 팀, 시스템, 예산, 자원을 조정해야 하는 까다로운 과제에 직면하면서 조직의 편향이 더욱 두드러지게 나타난다.

글로벌 클래스 기업은 현지화와 규모 확장 노력을 지원하기 위한 조직 구조와 프로세스를 구축함으로써 소통을 독려하고 자원 할당과 복잡성 관리를 수행한다. 본사는 전략 개발, 실행 지원 및 추적관리를 통해 현지화를 촉진하는 프로세스와 조직 구조를 만들지만, 동시에 현지 팀에 현지화 요소를 발견하고 검증할 수 있는 자유를 부여한다. 이 카테고리의 지원 메커니즘을 보다 잘 규정하기 위해 앞으로 이를 '모멘텀 빌더

Momentum Builder'라고 부르기로 하자.

시장 진입의 모멘텀 빌더

5장에서 언급했듯이, 시장 진입의 목표는 목표 시장을 평가하고, 현지화가 필요한 요소를 발견하며, 견인력을 확보하는 것이다. 시장 진입 단계의 마지막 마일스톤은 제품-시장 최적화를 달성하여 시장을 검증하는 것이다. 시장 진입은 큰 조직 내에 스타트업을 운영하는 것과 비슷하다. 현지 팀은 현지화 요소와 견인력을 확보하고 궁극적으로 제품-시장 적합성을 찾는 데 집중할 수 있도록 필요 자원, 경영진의 관심과 참여, 자율성을 확보해야 만족스럽게 업무를 수행할 수 있다. 현지 팀이 빠르게 변화하고 현지 시장 테스트를 추진할 수 있어야 팀원들의 동기와 참여 수준이 계속 유지된다.

  모멘텀 빌더를 구축하면 한 단계 앞서 나갈 수 있다. 시장 진입을 가속화하기 위한 구조들은 다음과 같다.

- 현지화 요소 발견
- 비즈니스 모델 현지화 캔버스
- 글로벌 성장 피치 덱pitch deck
- 출시 팀
- 본사와 초기시장의 분리

현지화 요소 발견

5장에서 설명한 바와 같이, 현지화 요소 발견은 현지 시장에서 현장 조사를 실시함으로써 시장의 특성을 관찰하고 숙지하여 고투마켓 및 운영 모델을 현지화하는 데 도움을 주는 프로세스다.

6장에서 설명한 것처럼, 현지화 프리미엄 분석을 고려할 때는 신규 시장의 잠재력과 최상의 고투마켓 전략을 완벽히 파악하기 위해 질문 목록을 만드는 것이 중요하다. 이런 질문들에 답하고 고객의 목소리를 포착하려면 목표 시장을 직접 방문하는 것 또한 중요하다. 우리는 효과적으로 글로벌 확장을 이룬 글로벌 클래스 기업들을 분석했을 때 이런 공통점을 발견할 수 있었다. 몇몇 사람들은 현지 시장 방문을 '청취 여행 listening tour'이라고 부르기도 하지만(고객의 목소리를 청취하는 것이 핵심이므로 적절한 명칭이긴 하지만), 우리는 이를 '현지화 요소 발견'이라고 부른다. 이 용어를 사용하는 이유는 시장 기회를 파악하는 것뿐만 아니라 신규 시장에 효과적으로 진출하려면 어떻게 현지화해야 하는지, 그 핵심 통찰을 발견하는 것이 목적이기 때문이다.

현지 팀의 의견이 중요하다. 에버노트의 글로벌 확장 총괄 매니저였던 트로이 멀론은 이렇게 지적한다. "일관된 전략을 실행하기 충분할 정도로 시장을 이해하는 것이 확장하는 데 가장 어려운 점이다. 이것은 본사에서 할 수 있는 일이 아니다. 가장 큰 기회는 초기 조사에서 얻은 자체 분석 결과를 현장 조사와 결합하여 일관된 전략을 수립하는 것이다."

현지 시장의 특성을 제대로 이해하려면 현지화 요소 발견이 필수적이다. 구글 네스트의 프로그램 관리, 글로벌화 및 제품 출시 글로벌 책임자인 엘리스 루빈은 현지 시장이 어디냐에 따라 '신선한 공기'라는 단어가 완전히 다른 의미를 가질 수 있다고 설명했다. 새로운 네스트 제품을 개발하기 위해 통찰을 수집하던 중에 엘리스는 일본에서 신선한 공기의 개념은 창문을 열어 외부 공기를 집 안에 들이는 것을 의미한다는 사실을 알게 됐다. 반면 한국인들에게 '신선한 공기'는 창문을 닫고 에어컨을 켜는 것을 의미한다. 한국인들은 중국과 몽골 사막에서 강한 바람을 타고 날아오는 '황사yellow dust('아시아 먼지asian dust'라고도 불림)' 때문에 대기오염에 아주 민감하다. 최근 수십 년 동안 중국의 산업이 크게 발전함에 따라 중국의 공장과 발전소에서 발생하는 오염 물질이 바람을 타고 한반도로 날아오고 있다. 그래서 한국에서는 공기청정기가 필수 가전제품이 되었고 한국인들은 야외에서 마스크를 쓰는 경우가 많다.

--- 자주 간과하는 것 ---

일반인의 관점 파악하기

현지화 요소 발견 시 대화해야 할 이해관계자 목록에 의도적으로 '일반인 everyday people'을 포함시키는 이유는 이 카테고리가 직관에 반하고 자주 간과되기 때문이다. 하지만 그보다 더 중요한 이유는 일반인이라는 카테고리가 아주 가치 있기 때문이다. 현지화 탐색 과정에서 일반인들과 무작위로 대화를 나누다 보면 목표 시장에 대해 가장 정확한 통찰을 얻을 수 있다. 정부 기관이 시장 경제 이슈를 설명하거나 잠재 파트너가 협업을 제안할 때와는 달리, 꾸밈없고 솔직하며 여과되지 않은 의견을 얻을 수 있다. 운전기사, 식당 종업원, 상점 주인은 모두 잠재적 가치가 있는 통찰을 가지고 있다. 소비자용 제품과 서비스의 경우 특히 그렇다.

비즈니스 모델 현지화 캔버스

준비 및 계획 단계에서는 5장에서 자세히 설명한 비즈니스 모델 현지화 캔버스를 작성해야 한다. 그래야 정부 규제 및 문화 필터를 통해 기존의 운영 모델을 실행한 후에 신규 시장에서 검증할 새로운 가설 세트를 현지화 요소 발견에서 얻은 통찰과 통합할 수 있고 실행 가능하게 만들 수 있다. 비즈니스 모델 캔버스의 9개 블록, 6가지 현지화 프리미엄(영업, 제품, 마케팅, 관리, 인프라, 조직) 또는 자체 기준을 적용하여 현재 검증된 비즈니스 모델을 가설로 변환함으로써 신규 시장에서 어떻게 운영될지 테스트할 수 있다.

글로벌 성장 피치 덱

스타트업 투자자 대상의 전통적 피치 덱처럼 글로벌 피치 덱은 글로벌 성장 전략과 회사-시장 최적화에 도달하기 위한 현지화 노력을 이해하기 쉽게 요약하고 설명하는 데 사용된다. 이 프레젠테이션은 현지화 조사 과정에서 발견한 통찰을 포함해야 한다. 짧고 직설적으로 작성해야 하지만, 구체적인 조사 결과와 고객의 목소리를 공유할 수 있어야 한다. 확장 전략을 보다 효과적으로 소통하는 데 피치 덱을 사용하려면 다음과 같은 요소를 포함해야 한다. 이때 목표국가마다 별도의 덱을 마련해야 한다는 점에 유의하라.

- **(슬라이드 1) 왜 이 시장인가?** - 시장의 배경 정보, 주요 지표, 트렌드, 현지 시장의 역학관계에 관한 세부 사항을 포함하여 진출하려는 국가를 소개하라.

- **(슬라이드 2) 현지화 요소 발견의 시사점** - 현지화 요소 발견 중에 찾아낸 사항을 공유하라. 해당 국가의 문화, 전반적인 시장 기회, 성공을 위해 현지화가 필요할 것으로 예상하는 요소 등을 강조하라.

- **(슬라이드 3) 고객** - 고객의 유형, 고객의 공감을 얻을 수 있는 가치 제안의 유형, 고객의 구매력을 간략하게 설명하라. 목표 고객을 특정 개인의 모습으로 형상화하고, 고객의 행동 패턴과 의사결정 기준을 보여주는 문화적 요소를 그 인물에 담아 표현하라.

- **(슬라이드 4) 현지화 프리미엄 분석** - 회사-시장 최적화를 위해 현지 모델을 기존의 고투마켓 및 운영 모델과 얼마나 달리해야 하는지 현지화 프리미엄 분석LPA 프레임워크를 통해 파악하라. 복잡성을 최소화하고 모니터링하는 방법, 복잡성이 조직에 미치는 영향을 세부적으로 설명하라. 이 슬라이드가 현지화 프리미엄 분석의 내용을 상세히 설명하는 다음 두 슬라이드의 개요가 되도록 하라.

- **(슬라이드 5) 회사** - 시장 최적화를 위한 경로: 고투마켓 전략-유통 채널 계획과 마케팅 전략의 개요를 설명하라. 고객은 어디에서 사람들과 '어울리는가?'(즉, 어디에서 정보를 얻는가?) 어떤 유통 채널이 고객에게 영향을 미치는가? 수요 창출의 요인은 무엇인가? 고객에게 마케팅 메시지를 어떻게 전달할 것인가? 고객에게 제품을 어떻게 전달할 것인가? 이 질문의 답을 현지화 프리미엄 분석 그래프의 윗부

분(판매, 제품, 마케팅 프리미엄)에 표시하라. 5장에서 설명한 바와 같이, 비즈니스 모델 현지화 캔버스에서 도출한 관련 가설을 개괄적으로 설명하라.

- **(슬라이드 6) 회사** - 시장 최적화를 위한 경로: 운영 모델-급여, 세금, 인프라 등의 운영 방식과 함께 법적 고려 사항을 간략하게 설명하라. 자국 시장과 다른 규제로 인해 발생할 수 있는 공공정책의 위협 요소, 리스크, 복잡성을 제시하라. 이는 현지화 프리미엄 분석의 아랫부분(관리, 인프라, 조직 프리미엄)에 해당한다. 앞으로 테스트하고 반복해야 할, 비즈니스 모델 현지화 캔버스에서 도출된 관련 가설을 여기에서도 개략적으로 설명하라.

- **(슬라이드 7) 팀 구축 전략** - 현지 시장에서 어떤 구성원을 채용해야 하는지, 본사에 요구할 자원의 양과 조직 구조(기능별 보고 체계, 중앙 집중화할 기능과 현지화할 기능의 구분)를 설명하라.

- **(슬라이드 8) 모멘텀 빌더** - 신규 시장 진입에 활용할 기존의 조직 구조와 프로세스를 간략히 설명하고, 지원과 필요 자원을 확보하기 위해 구축해야 하는 새로운 조직 구조와 프로세스를 제시하라. 여기에서 현지화 자원 팀과 글로벌 성장 플레이북(다음 섹션에서 설명함) 및 기타 모멘텀 빌더에 대해 논의하라.

- **(슬라이드 9) 총 진입비용** - 총 진입비용 공식을 사용하여 이 확장 계획을 지원하는 데 필요한 자금과 자원을 계산하라. 6장에서 설명했듯이, 중요도 혹은 실행 단계별로 구분하여 진입비용을 설명할 수 있다. 계획의 일정을 강조하고, 우선순위 혹은 실행 단계에 따라 공식

적인 과업을 표현하라.

- **(슬라이드 10) 성공적인 글로벌 성장을 위한 4가지 약속** - 성공적인 글로벌 성장을 위한 4가지 약속을 강조하고, 각 약속이 해당 국가에 어떻게 적용되는지, 그리고 각 약속에 대해서 경영진의 동의와 참여를 확보하기 위한 계획을 설명하라.

이 책의 웹사이트인 www.GlobalClassBook.com에서 글로벌 성장 피치 덱의 예시를 다운로드할 수 있다.

글로벌 성장 피치 덱은 주로 조직 내에서 지지를 얻기 위한 것이지만, 작성을 하다 보면 생각을 정리하고, 더 강력한 내러티브를 끌어낼 수 있으며, 분석에서 부족한 부분을 발견하는 효과를 얻을 수 있다. 또한 공식 출시 시점에 참조할 수 있는 간단한 기준점도 제공한다. 글로벌 성장 피치 덱 작성은 신규 글로벌 시장에 진출하기 전에 취해야 할 중요한 단계다. 이 피치 덱을 신규 시장 진출의 구심점으로 삼고 지속적인 학습 결과를 반영하는 역동적인 문서로 간주하기 바란다. 가장 중요한 것은 이 문서가 현지화 프리미엄 분석과 마찬가지로 글로벌 확장의 중요 도구인 '글로벌 성장 플레이북'을 만드는 데 훌륭한 기초가 된다는 점이다.

출시 팀

모든 유형의 비즈니스에 적용 가능하지는 않지만, 신규 시장에서 성공적으로 입지를 다지는 데 집중하는 출시 팀을 구성하면 시장 진입 속도를 높일 수 있고 글로벌 확장 계획의 모멘텀을 창출하는 데 도움이 된다.

현지화는 개별 시장에 맞춰 진행되지만, 출시 첫 단계는 별로 다르지 않다. 목표가 명확한 팀이 여러 시장에 빠르게 복제할 수 있는 관련 스킬을 개발할 수 있다. 우버는, 아시아 확장 책임자였던 샘 겔먼Sam Gellman이 북미 외의 지역에서 고용된 첫 번째 직원이었는데, 그는 글로벌 확장 팀의 다른 팀원들과 함께 현지에 첫발을 내딛는 역할을 맡았다.

샘을 비롯한 우버의 출시 담당자들에게 가장 큰 목표는 가능한 한 빨리 시장에서 성장하고 규모를 확대하도록 구성원들을 채용하는 것이었다. 그 밖의 목표로는 얼리어답터(라이더와 드라이버)를 확보하는 것과 도심 내 대부분의 배차가 5분 이내에 우버 앱을 통해 이루어지는 마일스톤에 도달하는 것이었다. 한 시장에서 출시를 성공시킨 후에 샘은 다른 신규 시장으로 이동하여 똑같은 과정을 반복했다. 집중력을 유지하고 성공 가능성을 높이려면 진입 과정 중에 현지 시장을 측정하는 지표를 최대 3개로 제한해야 한다. 우버는 2개의 지표에만 집중했다.

출시 팀이 개발하는 전문지식은 속도가 가장 중요한 상황에서 믿을 수 없을 정도로 유용할 수 있다. 이렇게 연마한 직능, 명확한 목표, 역동적인 협업 플레이북을 통한 강력한 모범 사례의 공유는 출시 팀의 성공 가능성을 높이는 도구들이다.

본사와 초기 시장 담당조직의 분리

기업이 시장 진입 단계에서 시장 성장 단계로, 그리고 이후의 단계로 진전하는 데 도움이 되는 중요하지만 자주 간과되는 단계는 초기 시장(자국 시장)의 조직 구조를 본사의 조직 구조에서 분리하는 것이다. 글로벌 확장의 초기 단계에서는 본사와 초기 시장이 동일한 수준에서 하나로 운영된다. 지금까지 시장이 하나밖에 없었다가 회사가 확장하기 시작하면 초기 시장에서 특정 기능(영업, 마케팅, 엔지니어링 등)을 이끄는 팀원들이 모든 기능을 글로벌하게 이끌 수밖에 없다. 이런 상황이 지속되면 '초기 시장 편향initial market bias'이 심화된다. 리더가 본인이 관리해왔고 회사 수익의 대부분을 창출하는 초기 시장을 우선하고 선호하는 것은 어찌 보면 당연하다. 하지만 안타깝게도 이런 편향은 현지 시장 진출에 필요한 자원을 확보하는 데 장애물이 될 수 있고 신규 시장에서 회사 - 시장 최적화에 도달하는 데 필요한 현지화의 우선순위를 떨어뜨릴 수 있다.

글로벌 클래스 기업은 초기 시장과 신규 현지 시장을 동등한 위치에 놓아야 한다는 것을 잘 안다. 본사와 초기 시장은 함께 운영하지 말고, 다른 현지 시장처럼 분리하여 초기 시장을 별도로 운영해야 한다. 현지 시장에 총괄 매니저(지사장)가 있고 현지 마케팅 팀과 고객 서비스 팀이 있듯이 초기 시장에 대해서도 동일한 조직 구조를 구성해야 한다.

이런 분리를 통해 다음과 같은 이점을 얻을 수 있다.

- **'우리 VS. 그들'이라는 사고방식을 제거:** 1장에서 '우리 VS. 그들'이라는 사고방식이 글로벌 확장 계획에 얼마나 독이 되는지 논의한 바 있다. 동일한 경영진이 본사와 현지 시장을 모두 이끈다면 본사가 초기 시장을 우선하는 게 당연한데, 이때 글로벌 시장에서 현지 팀의 요구는 초기 시장의 요구에 종속될 수 있다. 본사와 초기 시장을 분리하고 초기 시장 팀을 현지 팀과 동일한 수준으로 배치하는 것은

일종의 평등화로서 매우 필요한 조치다.

- **분산 근무의 활성화**: 이 책 앞부분에서 언급했듯이, 분산 근무가 가속화됨에 따라 글로벌 클래스 기업에서는 본사라는 개념이 달라졌다. 본사와 초기 시장을 분리하면 본사를 특정 위치에 종속시키지 않을 수 있는데, 이것은 분산된 인력을 활용하는 조직에 적합하고, 어느 한 위치가 다른 위치보다 더 중요하지 않다는 점을 강조할 수 있으며, 초기 시장 바깥에 존재하는 구성원들에게 불이익이 가지 않게 하는 조치다. 2장에서 살펴본 사례 연구에서 캔바가 소통 채널에서 본사라는 라벨을 제거한 것은 이런 분리의 표현이었고 초기 시장과 글로벌 시장의 현지 팀을 동등한 수준으로 배치한 조치였다.

- **본사의 위상을 조력자로 설정**: 이렇게 분리를 하면 본사는 더 이상 초기 시장에 주력하는 직원을 둔 운영자가 아니다. 본사는 여러 지역 운영의 조력자이자 지원자가 되는 것을 주된 목표로 삼는, 별도의 내부 조직이 된다. 초기 시장은 여러 현지 시장의 하나로 간주된다. 분리 후에 본사는 더 이상 초기 시장을 대상으로 한 운영자가 아니라 전적으로 글로벌 지원에 집중하는 별도의 그룹이 된다.

초기 시장이 본사에 지나치게 종속되지 않도록 여러 시장에 진출한 직후 이런 분리 조치를 실행하는 것이 중요하다. 사실, 분리 조치는 회사-시장 최적화를 달성하기 위한 중요한 전제조건이다. 얀 반 카스테렌이 지적했듯이, 초기 시장이 본사 내에 너무 깊이 뿌리내리지 않도록 해야 한다.

조직도에서 '글로벌'은 어디에 위치해야 할까?

'글로벌'이 회사의 조직도에서 공식적인 위치가 정해져 있지 않은 경우가 많다. 예를 들어 줌에서 에이브 스미스가 운영하는 팀처럼 몇몇 회사는 글로벌 팀을 두는 반면, 다른 기업들은 보다 중앙 집중화된 기능적 접근 방식을 취하기도 한다. 글로벌 클래스라는 개념과 마인드셋은 글로벌화가 전사적全社的인 노력으로 전환하는 동안 성공을 위한 안전한 피난처이자 시험대를 제공하지만, 글로벌이 자체적으로 자원을 확보할 만큼 충분한 수익을 창출할 때까지는 여전히 보호를 받아야 한다. 그전에 글로벌 계획이 실행되려면 글로벌 성장 노력을 총괄하는 리더가 필요한데, 이 리더는 여러 부서에 걸쳐 영향력을 행사할 수 있고 팀을 결집할 권한을 가지고 있어야 한다. 그렇지 않으면 글로벌 조직이 전사적인 동의와 참여를 얻기가 더욱 어려워진다.

시장 성장의 모멘텀 빌더

조직이 여러 시장에서 회사-시장 최적화를 달성하기 시작하면 새로운 도전 과제가 등장한다. 초점은 견인력 구축에서 규모 확장으로 이동한다. 빠른 확장을 위해서는 모멘텀이 필요한데, 이 모멘텀은 효과적인 피드백 루프, 갈등과 복잡성을 제거하는 조직 구조를 통해 시너지를 발휘하는 다국적 조직에 의해 촉진된다. 편향을 제거하고, '우리 VS. 그들'의 사고방식을 없애며, 균형을 유지하는 것이 명심해야 할 가장 중요한 고려 사항이다.

시장에 진입하는 동안에는 최적화를 달성하는 것이 중요한 마일스톤이지만, 시장 성장 중에 확보한 모멘텀은 반드시 유지돼야 한다.

시장 성장 단계에 들어서면, 보다 많은 현지 경험과 현지 확장 노력에 도움이 되는 프로세스로 팀의 마인드셋이 변화한다. 이 단계에서는 일반적으로 현지 팀은 본사의 승인 없이도 현지에서 일을 추진할 수 있도록 더 많은 책임을 기꺼이 맡게 된다. 글로벌 규모에 도달한다는 보다 큰 목표와, 자율성 곡선에 반영된 것처럼 지역 시장별로 모멘텀을 창출하기 위해 자율성이 얼마나 축소되는지에 비춰 본다면 문제는 어느 정도까지 자율성을 보장해야 하는지다. 기업이 여러 시장에서 시장 성장 단계에 도달하기 시작하면 단일 시장에 침투하기보다는 글로벌 성장을 촉진하는 데 초점을 맞춰야 한다.

시장 성장을 가속화하기 위한 구조에는 다음이 포함된다.

- 현지화 프리미엄 분석
- 현지화 자원 팀
- 글로벌 성장 플레이북
- 직무 기능 추

현지화 프리미엄 분석

6장에서 설명한 바와 같이, 현지화 프리미엄 분석LPA은 시장 진입 단계에서 현지화 계획과 구현 사이를 연결하고 복잡성을 극복하며 시장의 우선순위를 적절히 결정하는 데 유용하다. 또한 여러 시장으로 확장할 수 있는 현지화 요소를 규명하고 구현하는 방법으로서 시장 성장 단계에서도 유용하게 사용된다.

현지화 프리미엄 분석 같은 추적 메커니즘은 차이점과 복잡성을 전면에 부각시킴으로써 중요한 정보를 드러낼 수 있다. 이를 글로벌 수준에서 추적하면 현지화 프리미엄의 패턴을 발견할 수 있다. 예를 들어 신규 시장에서 성공적인 출시를 위해 비즈니스, 공급망, 재고의 특정 영역(현지화 프리미엄 카테고리)을 변경해야 할 수 있다. 만약 현지화가 여러 시장에서 동시에 독립적으로 진행된다면, 중앙 집중식 조치보다 더 큰 복잡성이 발생할 가능성이 높다. 현지화 프리미엄 분석을 활용하면 이런 패턴을 보다 명확하게 파악할 수 있기 때문에 글로벌 클래스 기업이 공통의 해결책(즉, 국제화)을 창출할 수 있다. 앞 장에서 살펴봤듯이, 이것은 연계 시장을 보여주고 신규 시장을 평가할 추가적인 기준을 마련케 하는 확장성의 신호이기도 하다. 검증 기간 동안 계획 단계에서 작성한 현지화 프리미엄 분석으로 돌아가 실제의 프리미엄과 예측한 프리미엄을 비교할 수 있다. 에버노트의 인도 시장 진출 사례는 예상과 현실이 항상 일치하는 것은 아님을 보여줬다.

사례 연구

문화적 연결 - 스타TV

스타TV의 전략 및 통찰 담당 부사장 쉬카 사르다나Shikha Sardana에게 인도의 미디어 콘텐츠가 가장 큰 반향을 불러일으킬 것으로 예상했던 글로벌 시장이 어디였냐고 질문한다면, 그녀는 인도인과 파키스탄인이 많고 볼리우드 Bollywood 스타를 만나기 위해 매년 콘서트를 관람하는 영국 시장이 제일 먼저 떠올랐다고 대답할 것이다. 남아프리카공화국은 스타TV의 인도 문화 콘텐츠를 연결할 수 있는 시장 목록에서 한참 아래로 밀려나 있었다.

남아공 시장은 여러 측면에서 스타TV의 여느 시장과는 달랐다. 많은 국가에서 비디오 스트리밍 구독자 수가 급격하게 증가 중이었고, 스타TV의 모기업인 월트 디즈니가 비디오 스트리밍에 전략적으로 집중하고 있었지만, 남아공에서는 스트리밍 보급률이 아주 낮았다. 모바일 시청보다는 TV를 통한 전통적인 방송의 선호도가 더 높았다(반면 스타TV의 초기 시장인 인도에서는 모바일이 가장 인기 있는 매체였다). 남아공에서는 잦은 정전 때문에 사람들이 좋아하는 프로그램을 놓치는 경우가 많아서 스타TV는 프로그램과 영화를 여러 번 재방송하는 방식으로 현지화를 진행해야 했다. 또한 가격 정책도 변경해야 했다. 미국 같은 시장에서는 황금시간대 시청률이 다른 시간대를 크게 능가하지만, 남아공에서는 오후 3~6시 사이가 황금시간대 시청률의 70~80%를 차지했다.

이런 차이점과 8,249킬로미터라는 거리에도 불구하고 스타TV의 콘텐츠는 남아공 시청자들에게 문화적으로 커다란 반향을 불러일으켰다. 남아공인들은 상당수의 인도인들과 마찬가지로 가족과 함께 스타TV의 콘텐츠를 소비했고, 프로그램에 담긴 메시지는 사회의 긍정적인 변화를 주도하는 보다 큰 역할을 담당하려는 남아공 여성들에게 큰 공감대를 형성했다. 남아공에서는 <쿨피 쿠마르 바제왈라Kullfi Kumarr Bajewala('음악가 쿨피 쿠마르')> 같은 프로그램이 선풍적인 인기를 끌었다.

남아공 시장에 진출한 지 3년도 되지 않아 총 50개가 넘는 채널 중 스타TV

의 스타라이프 채널이 3위에 올라설 정도로 문화적 공감대가 강력했다. 이 사례는 특히 흥미롭다. 신규 시장에 진출할 때 현지화가 필요하다는 전형적 사례일 뿐 아니라, 보통은 제품 프리미엄이 높을 것으로 예상하기 때문이다. 제품 프리미엄이 매우 낮았던 이유는 인도의 몇몇 문화 콘텐츠가 남아공 문화의 매우 독특한 부분과 공감대를 형성하며 강력하게 시장으로 침투했기 때문이다.

<hr>

자주 간과하는 것

모멘텀 빌더에서 글로벌 애자일의 역할

시장 진입과 시장 성장을 촉진하기 위해 만든 조직은 글로벌 애자일을 중심에 두어야 한다. 앞 장에서 설명한 것처럼, 신규 시장에서 회사-시장 최적화에 도달하려면 현지화 가설을 테스트하고 핵심 교훈을 바탕으로 반복을 시도할 수 있는 프로세스를 구축하는 것이 중요하다. 고객 개발 마인드셋을 채택하고, 테스트를 수행할 자원과 핵심 교훈을 공유하는 피드백 루프를 결합하는 것이 성공에 가장 중요하다. 시장 진입 단계의 검증은 시장 성장 단계의 최적화/혁신으로 전환된다. 초점은 바뀌지만 마인드셋은 바뀌지 않는다. 이 과정에서 글로벌 클래스 기업은 글로벌하게 적용할 수 있는 단일 시장의 통찰과 모범 사례를 찾기 위해 끊임없이 노력한다.

<hr>

현지화 자원 팀

현지화 자원 팀Localization Resource Team:LRT('현지 팀'이라는 용어와 혼동을 우려하

[그림 12] 현지화 자원 팀 프레임워크

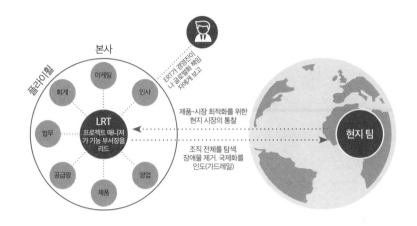

여 이하 약자인 LRT로 표기함 - 편집자)은 다양한 기능 및 부서의 대표로 구성된 다기능 팀cross-functional team이다. 이 팀은 장애물을 제거하고 모범 사례를 공유/구현함으로써 모멘텀을 창출한다. LRT는 현지 팀이 핵심 교훈을 소통하고 현지화를 구현하도록 도움을 주고, 글로벌 조직 전체에서 사용할 수 있는 모범 사례를 취합한다. 위 다이어그램 왼쪽의 큰 원 안에 작은 원들이 있는데, 이것들은 각각 LRT에 속한 사람을 가리킨다. 이들은 보고 체계상 각 부서에 속해 있지만, 다기능 팀과 함께 각 부서를 대표하고 각 전문 분야로 현지 팀을 지원한다.

LRT의 임무는 현지 팀에 지시 사항을 하달하는 것이 아니라 본사와 현지 시장을 연결하는 통로 역할을 하는 것이다. 이슈와 현지화 아이디어를 공유하는 창구이자 보다 많은 시장에 진출할 때 무엇이 효과가 있고 무엇이 효과가 없는지를 누구보다 잘 이해하는 전문가 집단이 될 수 있다. 이 팀은 방향을 설정하거나 의사결정을 내리지는 않는다. 의사결정을 촉진하는 것이 이 팀의 역할이다.

실무적으로 현지 시장에 본사가 가장 잘 해결할 만한 문제가 발생한 경우, 그리고 제품 또는 운영 모델의 특정 측면을 현지화해야 할 경우, 현지 시장의 리더는 LRT를 찾아와 도움을 요청할 수 있다. LRT에 요청하면 관련 작업을 바로 진행할 수 있기에 제품 현지화를 위해 신규 기능을 개발하느라 시간을 낭비하는 일을 줄일 수 있다.

개념적으로 LRT의 구성원은 현지 시장의 리더보다 빠르고 효율적으로 그런 작업을 수행하는 방법을 잘 알고 있을 것이다. LRT가 현지 팀의 부담을 덜어주면 팀원들은 새로운 통찰을 발견하고 견인력을 확보하며 회사-시장 최적화를 달성하는 등 더 중요한 과제에 집중할 수 있다.

LRT가 조기에 구축되면 이 팀은 전면적인 출시를 위한 테스트와 준비 작업을 주도할 수 있다. 출시 후에는 전술적 지원 역할을 수행하고 장애물을 제거함으로써 현지 팀이 회사-시장 최적화를 달성하고 견인력을 확보하는 데 집중할 수 있도록 한다. 일부 조직에서는 이 팀을 '고투마켓' 팀 혹은 '국제화' 팀이라고 부르기도 하지만, 우리는 이 팀의 핵심 기능과 목적을 최대한 잘 설명하기 위해서 의도적으로 '자원resource'이라는 단어를 사용하고자 한다.

유능한 LRT는 피드백 루프를 촉진하여 본사의 핵심 가치를 현지 팀에 전달하고 현지 팀의 핵심 통찰을 본사에 알려줌으로써 문화적 특성을 파악한다. 현지 팀과 정기적으로 소통하면서 본사에 보고하기 때문에 LRT 구성원은 경쟁의 우선순위와 성장을 저해할 수 있는 잠재적 갈등을 누구보다 확실하게 발견할 수 있다.

LRT는 균형 있는 의사결정을 촉진하고 본사와 현지 팀 간의 트레이드 오프와 경쟁의 우선순위를 잘 이해하기 때문에 모멘텀을 창출하는 촉매 역할을 한다. LRT 멤버들은 본사와 현지 팀 사이의 가교이자 완충제 역할을 동시에 수행한다. LRT는 분산이 심화되는 조직을 하나로 묶는 가교이자 접착제 역할을 수행함으로써 서로 다른 팀들이 같은 목표에 집중하도록 한다.

능력 있는 LRT는 문화적 호기심과 문화적 감수성을 적절하게 지닌 인터프리너로 채워져 있다. 그들은 현지화 필요성을 파악할 줄 아는 공감 능력을 갖추고 있을 뿐 아니라 기존 조직 구조의 한계를 뛰어넘어 일을 완수할 수 있는 민첩한 마인드셋과 회복탄력성을 지니고 있다. 이 팀의 멤버들은 경영진의 동의와 참여를 확보해내는 글로벌 성장 이니셔티브의 '영업사원'이고 전도사이며 대변자다. 그리고 글로벌 확장 계획과 관련된 모든 담당자에게 동기를 부여하는 치어리더의 역할을 한다.

LRT 멤버를 구성할 때는 기능적 전문성과 '사내기업가적 스킬intra-preneurial skill', 특히 회사 고유의 사내기업가적 스킬을 잘 살펴봐야 한다. 다시 말해, 애자일 마인드셋을 가지고 여러 부서에 걸친 관료주의를 헤쳐나가는 것도 중요하지만 회사 안에서 구체적으로 이를 실행해나가려면 친밀함을 형성하는 것이 가장 중요하다. 팀원들은 뛰어난 소통 능력, 주요 이해관계자에게 영향을 미칠 수 있는 능력, 효과적인 프로젝트 관리 능력을 갖춰야 한다. 사내에서 관계를 돈독히 하며 신뢰를 쌓고 성공적으로 업무를 수행한 실적을 지니고 있다면 유능한 LRT 멤버가 될 자격이 충분하다.

LRT는 성공적인 확장에 필요한, 회사 차원의 전문성을 제공한다. 이 팀의 모든 멤버가 처음부터 출시 노력에 전념할 필요는 없지만, 그들 모두는 어떻게든 그 노력에 동참해야 한다. 사용 가능한 회사 자원에 따라 공유 자원이 되어 참여하거나 전적으로 전담하는 방법을 활용한다. 실패 가능성을 줄이려면 핵심 기능/부서 모두가 참여해야 한다. 또한 이 팀은 '국경을 넘어 회사가 어떻게 운영되고 있는가'라는 보다 글로벌한 관점을 지니고 있기 때문에 복잡성을 최소화하는 데 기여할 수 있다. LRT는 변경할 수 있는 것과 변경할 수 없는 것에 대해 가드레일을 설정하여 모두가 핵심 가치에 정렬토록 하고 임의적인 고유성을 최소화하면서 현지화 노력을 이끌어가는 가이드가 된다.

산업(업종), 목표 고객(B2B/B2C), 제품(물리적 혹은 디지털)에 따라 LRT에 참여할 부서로는 제품, 엔지니어링, 제조, 영업, 마케팅, 공급망 및 물류, 법무, 회계, 인사 등이 있다. 이 구성원들은 특정 기능 영역에 대해서 단일 연락 창구single point of contact: SPOC가 된다.

어떤 면에서 LRT는 NASA의 우주 탐험을 지휘하는 관제 센터Mission Cotrol와 비슷하다. 관제 센터가 우주로 나간 우주비행사들을 지원하기 위해 존재하듯이, LRT는 현지에 힘을 실어주고 성공의 징후를 기다리며 문제를 해결하는 등 현지 팀을 지원하기 위해 존재한다. 우주 관제 팀이 아폴로 13호 우주비행사들이 가지고 있던 물품만으로 공기 필터를 만드는 방법을 알아냈듯이, LRT 팀원들은 장애물이 발생하면 해결책을 찾기 위해 팔을 걷어붙인다.

LRT 내에서 가장 중요한 역할을 수행하는 사람은 프로젝트 매니저다. 그는 팀의 노력을 이끌고 각 부서의 참여를 조율하며 현지 팀과 경영진 간의 주된 소통 창구 역할을 맡는다. 각 부서가 출시 계획을 제시하면 현지 팀이 그 계획에 근거하여 실행에 들어간다. 4장의 사례 연구에서 살펴본 것처럼, 플렉스포트의 경우 기술 프로그램 매니저가 제품 요구 사항을 수집하고 추적하면서 제품 현지화가 이루어졌는지 확인한다.

본사의 구성원이 현지 팀과 동일한 수준의 세부 지식을 가지고 있을 가능성은 낮기 때문에 LRT는 여러 부서의 협업을 위한 포럼을 구성할 수 있다. 현지 팀이 현지화 프리미엄 분석을 사용하여 현지화를 강조하고 비즈니스 모델 현지화 캔버스 작성 중에 생성된 가설을 검증하며 글로벌 성장 플레이북에 따라 실행에 집중하는 것이 중요하다. 동시에 LRT는 현지 팀과 협력하여 현지화 진행 상황을 추적할 때도 현지화 프리미엄 분석을 사용한다. 하지만 이런 역할은 아주 반복적이기 때문에, 다기능 팀을 구성해 문제를 해결하거나 경영진에게 최신 정보를 업데이트하는 것은 LRT의 업무 범위를 벗어난다는 점에 유의하기 바란다.

경영진의 지원은 LRT의 성공에 아주 중요하다. 회사에 국제화 팀을 만들지 않았거나 국제화 책임자가 없는 상황이라면 타 부문의 임원들로부터 후원을 이끌어내야 한다. 옹호하고 대변해줄 임원급 인사가 있으면 도움이 될 수 있다. 하지만 이런 역할을 맡은 임원은 종종 좋은 질문을 제기하기는 하지만, 다른 업무에 집중하는 경향이 크기 때문에 항상 글로벌 성장 노력을 지지하지는 않는다고 슬랙의 글로벌 제품 확장 책임자였던 캐스린 하임즈는 말한다. 전담 임원의 지원이 중요한데, 가급적이면 여러 임원이 참여하는 것이 좋다.

모든 기업이 이런 수준의 자원이나 경영진의 지원을 받는 것은 아니다. 다행히 슬랙은 글로벌 성장에 초점을 맞춘 2개의 다기능 팀을 구성할 수 있었다. 첫 번째 팀은 전략 설계보다 실행에 중점을 둔다는 LRT의 개념이 반영된 그룹이었다.

두 번째 팀은 슬랙에서 '국제 위원회International Council'라고 불리는 조직이었는데, 제품, 마케팅, 운영을 담당하는 임원들이 참여하는 다기능 그룹이었다. 이들은 전략을 결정하고 자체 LRT에 책임을 부여했다. 이들 임원급 전문가 집단은 시장 진입과 시장 성장에 필요한 체크리스트의 주요 항목 모두에 대해 윤곽을 제시해줬고 실행을 추진하도록 힘을 실어줬다. 가능별 리더들은 이와 같은 핵심 질문을 던졌다. "마케팅 팀은 일본에서 슬랙이 하는 일을 어떻게 설명하길 원하는가?" 그들은 최고 경영진과 이사회에 올라가는 질문을 관리했고 실무 그룹, 즉 LRT와 현지 팀에 위임된 과제도 관리했다.

─────────── **자주 간과하는 것** ───────────

너무 많은 프로세스를 너무 빨리 만들면 성장을 둔화시킬 수 있다

회사가 확장을 꾀할 때 글로벌하게 기능을 수행하고 글로벌 운영을 지원할 목적으로 생각할 수 있는 모든 프로세스를 구축하고 싶은 마음은 자연스러운 것이다. 하지만 캐스린 하임즈는 기업이 자사 규모를 실제보다 더 크다고 착각하는 바람에 별로 필요치 않은 데이터를 확인하기 위해 관료주의를 강화하고 의사결정 단계를 추가하는 실수를 범할 수 있다고 경고한다. 1만 명 규모의 회사와 200명 규모의 회사는 프로세스가 서로 다르다. 전자에는 후자보다 훨씬 더 많은 구조와 프로세스가 필요하다. 이 점을 염두에 두지 않으면 복잡성을 가중시키고 성장을 저해하는 불필요한 프로세스를 구현할 리스크가 있다.

문제가 발생하면 LRT는 전 세계의 현지 팀들을 지원하는 가상의 워룸 war room 역할을 수행할 수 있다. 슬랙의 유럽 진출을 이끌었던 제임스 셰럿이 "큰 일들은 모두 작은 일에서 시작되고, 작은 일들은 모두 사소한 것에서 시작된다"라고 말했듯이, 문제 해결에서 LRT의 역할이 중요하다. 첫째, 현지 팀은 실질적인 출시에 집중하고, 둘째, 현지 팀은 사소한 문제가 나중에 커다란 문제로 심화될 수 있음을 이해하지 못할 수 있기 때문에(현지화 프리미엄의 누적) LRT가 그런 문제를 규명하고 추적하는 것이 중요하다. LRT가 시장 진출에 여러 번 참여한 경험이 있다면 잠재적 문제를 예리하게 파악하여 문제가 커지기 전에 해결할 수 있을 것이다.

또한 LRT 멤버들은 변화의 여지가 없는 영역에 관한 통찰력도 지니고 있다. 그들은 글로벌화 노력의 수호자이고 운영의 복잡성, 핵심 가치 준수 등으로 인해 변경할 수 있는 부분과 변경할 수 없는 부분이 무엇인지 잘 알고 있다. 예를 들어 워크데이는 자신들의 성과지표와 가격 정책을 글로벌 공통으로 설정했기 때문에 현지 팀이 시장에 더 나은 서비스를 제공할 목적으로 변경을 시도한다면 이는 조직의 글로벌 전략에 위배된다. LRT는 이런 현지화 프리미엄을 모니터링하는 기능을 수행한다.

가격을 변경해야 한다면? 현지 시장의 리더가 공식적인 절차를 거쳐 변경을 승인받은 다음 제품 팀부터 마케팅 팀, 회계 팀까지 모두가 함께 변경 사항에 따라 움직이려면 많은 집중력이 필요하다. 이때 LRT가 이를 대신 처리할 수 있다. 새로운 고용 계약서 초안을 작성하려면 현지 로펌을 선택해야 할까? LRT의 법무 담당자는 신규 법인 설립에 관여할 수 있고 현지 법률을 준수하도록 돕는 본사 담당자 역할을 수행할 수 있다. 이외에도 현지 팀이 고객을 보다 잘 이해하고 새로운 영업 채널을 구축하며 현지 시장에 맞게 제품을 조정하는 작업에 집중하지 못하도록 만드는 여러 가지 문제가 존재한다.

LRT를 영구 조직으로 운영해야 하는가를 놓고 여러 의견이 있다. 어떤 상황에서는 출시 전에 팀을 구성한 다음 시장에서 견인력을 확보하면 바로 규모를 축소하는 것이 가장 좋은 계획일 수 있다. 하지만 다른 상황, 특히 여러 국가로 확장을 계획한 경우에는 영구적인 상설 팀으로 운영하는 것이 보다 합리적일 수 있다. 예를 들어 우버는 광범위한 지역에 확장 계획을 추진하고 있었기 때문에 LRT의 지원이 필요한 시장이 매번 많았다. 그래서 LRT를 상설 운영하여 항상 신규 지역 지원을 전담하는 조치가 효과적이라고 생각할 만했다. 하지만 우버의 경우, 각 시장의 출시 담당자들은 일찍이 서로 긴밀한 유대관계를 유지했고, 공식적인 LRT 대신 서로를 코칭하면서 장애물을 극복해나갔다.

영구 조직으로 운영할 계획이 없다면 LRT를 얼마나 오래 유지해야 하는가를 꼭 규정할 필요는 없다. 하지만 현지 팀이 회사-시장 최적화에 도달할 때까지 다양한 수준으로 LRT를 운영하는 것은 전략적으로 가치가 있다. 지속적으로 여러 신규 시장에 출시를 진행한다면, LRT는 조직도에서 상설조직으로 운영하게 될 것이다.

새로운 시장 성장 계획에 어떤 수준의 지원을 제공해야 하는가라는 질문에 대한 또 하나의 핵심 요소는 회사-시장 최적화에 도달하는 과정에서 축적된 현지화 프리미엄의 양이다. 우버의 경우처럼 피벗을 거의 하지 않고 초기 시장의 모델 대부분을 재사용할 수 있다면, 신규 시장에 맞추기 위해서 핵심 모델에서 '표준편차' 이상으로 크게 변경해야 하는 경우보다는 LRT의 지원이 덜 필요할 수 있다.

글로벌 성장 플레이북

글로벌 성장 플레이북은 신규 시장에 성공적으로 출시하고 성장하는 데 필요한 단계를 모두 담은 자원으로서, 시장 진입 및 시장 성장의 모범 사례를 포함하고 있다. 이 플레이북은 LRT와 출시 팀원 모두가 교훈을 참고할 수 있고 실시간으로 업데이트할 수 있는 중앙 집중의 디지털 데이터베이스여야 한다. '시장 진출 플레이북'이라고 하지 않고 '글로벌 성장 플레이북'이라고 부르는 이유는 플레이북의 범위가 신규 시장에 진출하는 것 이상이 돼야 하고 현지 팀이 신규 시장에서 비즈니스를 지속적으로 확장하는 데 도움이 돼야 한다고 생각하기 때문이다.

효과적인 글로벌 성장 플레이북은 협업을 추구하고 시간이 흐름에 따라 역동적으로 업데이트된다. 여러 팀의 의견을 반영해야 하고, 제품과 회사 운영을 최적화하듯이 글로벌 입지가 성숙해짐에 따라 각 시장의 모범 사례와 핵심 교훈을 반영해 모든 요소를 반복 시도하고 최적화해야 한다. 이 플레이북은 현지 팀이 시장에서 견인력을 확보하는 속도를 가속화하고 복잡성을 제한하며 여러 지역에서 동일한 실수를 반복하지 않도록 보장한다.

여러 당사자들이 기여하는 중앙 집중의 플레이북은 모범 사례 공유를 위한 훌륭한 도구가 될 수 있다. 우버는 지역 간 공유 체계를 완벽하게 구현함으로써 모든 지사에서 모범 사례를 참고해 실행할 수 있도록 했다. 경영진의 관점에서 이런 소통 채널은 성과 달성 여부를 파악하고 지리적으로 분산된 그룹들과 함께 회사의 가치를 강화할 수 있는 확실한 기회가 되었다. 이런 벤치마크와 소통 채널이 없었다면 우버는 '그냥 하라Just Do It'라는 자기네 원칙에 따라 한꺼번에 많은 지사를 설립하여 현지화 프리미엄을 엄청나게 키우고 말았을 것이다.

핀터레스트의 성장 및 글로벌 제품 책임자였던 스콧 콜먼은 "시장에서 팀의 사기를 꺾는 가장 쉬운 방법은 그 팀을 시키는 대로만 하는 팀으로 만드는 것이다. 그 팀에 전략에 관한 의견을 제시하고 그 팀과 협력하여 절차와 프로세스를 구축하라. 사람들이 이런 구축 프로세스의 일부가 되면 동참할 가능성이 커진다"라고 말한다. 글로벌 성장 플레이북의 작성과 지속적인 개발에 팀원들을 참여시키는 것은 의견을 수렴하는 훌륭한 채널이 될 수 있는데, 이는 글로벌 클래스 기업에서 나타나는 특징적인 전략이다.

플렉스포트가 처음 두 곳의 글로벌 지사를 설립할 당시에는 공식적인 플레이북이 없었기 때문에 현지 지사에서 직접 확장 프로세스를 개발하고 체계화해야 했다. 또한 플렉스포트의 문화를 일관성 있게 유지하기 위한 공식적인 플레이북도 없었다. 하지만 현지 팀들이 본사를 정기적으로 방문하고 경영진이 각 지역을 방문함으로써 두 지사에 플렉스포트 문화를 정착시킬 수 있었다. 이런 경험을 바탕으로 이 회사는 이제 향상된 플레이북을 갖추게 되었다. 예를 들어 사무실 셋업과 은행 계좌 개설 같은 실무적 팁 말고도, 서로 다른 시장의 복잡성을 심도 있게 파악하여 회사 내 다른 직원들이 접근 가능하도록 전문가 집단을 구성하는 방법 같은 중요한 사항들을 포함하고 있다.

우버에게 글로벌 성장 플레이북은 모든 신규 지역에 대해 출발점이 되었다. 북미 외의 지역에서 근무한 첫 번째 직원이자 우버의 창립자인 샘 겔먼은 출시 팀이 매번 처음부터 다시 시작해야 하는 관행 대신 플레이북에 신규 시장 진출 성공을 위해 알아야 할 사항의 80%를 체계화했다고 말한다. 이를 통해 출시 팀은 나머지 20%를 학습하는 데 집중할 수 있었고, 그 20%의 대부분은 출시 시장과 관련된 것이었다. 샘은 "방글라데시에서 효과가 없었다는 걸 배운 다음, 우리는 그 교훈을 플레이북에 추가했다"라고 설명한다. 어디에서 교훈을 얻었든 우버는 그것을 다른 지역과 공유하여 출시에 도움을 주려고 했다. 플레이북을 관리하는 중앙 집중의 팀(일종의 LRT)을 둠으로써 현장의 의견을 취합하기도 했다. 강력한 중앙 집중의 전문가 집단을 통해 성공률 80%를 달성한 우버는 엄청난 경쟁 우위를 얻었고 그 덕에 신속히 사업을 확장할 수 있었다.

인터프리너가 신규 시장을 개척할 때 행하는 과업과 마찬가지로 이런 플레이북은 어느 정도 유연성이 있어야 하고 언제든 변경 가능해야 한다. 각 시장이 다르기 때문에 성공으로 가는 경로 역시 다를 텐데, 이것이 바로 출시 팀이 발견해야 할 20%에 해당한다. 플레이북을 변경 없이 무조건 지켜야 하는 로드맵이 아니라 애자일 문서로 항상 인식해야 신규 시장에서 견인력을 얻고 규모를 확장하는 데 유용한 도구가 될 수 있다.

우버의 경우처럼 모든 것을 포괄하는 일종의 '복음서'이든, 진행 상황을 측정할 수 있는 중앙 집중식의 단순한 체크리스트이든, 출시 및 성장 전략 문서는 우리가 조사한 많은 기업의 성공에 핵심적인 요소였다.

경고

이런 조직 구조를 설정하면 모멘텀과 확장성을 담보할 수 있지만, 제대로 구현하지 않거나 과도하게 설정한다면 정반대의 효과를 불러일으킬 수 있다. 각 프로세스에 관한 명확한 근거를 마련하고 그 효과를 지속적으로 모니터링하지 않으면, 빠르게 성장하는 조직이 '관료주의Bureaucracy'라는 B급 단어의 공격을 받게 될 것이다.

──────────── **사례 연구** ────────────

신속한 글로벌 확장을 지원하는 구조, 프로세스, 규범 만들기: 슬랙

슬랙은 모든 측면에서 글로벌 성공 사례라 말할 수 있다. 150개 국가에서 1,000만 명 이상의 사용자를 보유하며 비즈니스 커뮤니케이션 개선에 기여하는 이 회사는 초기 계획 및 시장 진입부터 신속한 글로벌 확장 지원에 이르기까지 모든 단계를 돕는 프로세스와 구조를 효과적으로 구축해왔다.

슬랙이 글로벌 성장 지원을 실천했던 방법은 다음과 같다.

• 글로벌 애자일 방법론을 활용하여 핵심 질문을 던지고 답을 찾기 위한 조

사를 수행하라

슬랙 팀은 신규 시장에 진출할 때 다음과 같은 핵심 질문을 자신들에게 던짐으로써 현지화 요소 발견을 유도했다. "X국가에서 지식 노동이란 어떤 모습인가? 어떤 피벗을 해야 할까?" "현지 시장에서 소통이란 무엇인가?" 같은 보다 심층적인 질문은 산업과 비즈니스 모델에 맞게 바꿔야 하는데, 이런 질문들은 현지화 요소를 규명할 수 있는 렌즈를 제공한다.

그런 다음 팀은 글로벌 확장에 초점을 맞춰 현지 직원, 외부 컨설턴트와 함께 조사를 수행했고, 현지를 직접 방문하여 기존 사용자와 잠재 고객을 인터뷰하고 그들이 슬랙을 사용하는 모습을 관찰했다. 일본 시장에 진출할 때 얻은 통찰은 '일과 삶의 균형'이 개인의 정체성에 미치는 영향과 중요성뿐만 아니라 일본 비즈니스 문화의 위계와 격식 속에서 슬랙이 얼마나 자유롭고 투명한 도구인지에 관한 것이었다.

• 적절한 양의 피드백을 수집하고 적절한 사람에게 제품을 제공하라

슬랙 팀은 제품과 관련한 피드백을 수집하고 고객의 요청을 파악하는 메커니즘을 구축했다. 동시에 이런 피드백이 기존 시장에서 얻은 피드백과 다르게 측정되고 분석되도록 했다. 캐스린 하임즈가 설명했듯이, 고객 피드백의 양은 반드시 적절해야 한다. 제품 현지화에 대한 요청의 양은 고객 기반이 큰 시장에서보다 신규 시장에서 적기 마련이라서, 그 적은 요청을 토대로 신규 시장이 확장되는 과정에서 제품 변경이 미칠 영향을 예측할 줄 알아야 한다. 다음으로 중요한 단계는 현지화 요소 발견 및 고객 피드백에서 얻은 정보를 실행에 옮길 수 있는 사람들에게 전달하는 것이다.

• 국제화를 지원하기 위한 다기능 팀을 구축하라

다음으로 슬랙은 이 장의 앞부분에서 언급한 바와 같이 국제화에 초점을 맞춘 두 계층의 다기능 팀을 만들었다. 기능 리더들로 구성된 보다 전략적인 '국제 위원회'와 실행에 중점을 둔 실무 그룹은 각각 경영진의 동참과 지원, 자원 확보, 구현에 이르는 여러 가지 중요한 역할을 담당한다.

• 팀이 구축되지 않은 상태라도 프로세스를 구축하라

슬랙의 일본 진출 초기에는 기업영업 팀의 직원 한 명만이 현지에 파견되었다. 애자일(고객 발굴) 사고방식을 지녔던 이 팀원은 고객 조사에 임했고 일본 시장에 대한 손익 책임이 없음에도 불구하고 본사와의 분기별 비즈니스 점검 회의 등에 참여함으로써 현지 총괄 매니저가 임명되기 전까지 이런 프로세스의 구현이 지연되지 않도록 했다.

슬랙이 가진 가장 큰 이점 중 하나는 자체 플랫폼이었다. 슬랙 팀은 자사 제품을 직접 사용해봄으로써 슬랙 플랫폼이 제공하는 가시성, 투명성, 특히 분산된 가상 인력 간 소통과 관련된 테스트를 수행할 수 있었다.

• 내부 관계 구축을 촉진하라

내부 업무를 수행하는 방법을 잘 알고 동시에 비즈니스 전반에 걸친 관계들을 잘 파악하는 것이 글로벌 확장을 성공시키는 비결이다. 관계 구축은 유기적으로 이루어져야 하지만, 이를 촉진시키기 위한 공식 체계를 마련할 수도 있다. 예를 들어 매월 고객 피드백 세션 같은 정기적인 이벤트를 개최해 사람들을 초대하는 것이 많이 사용하는 방법이다. 이 방법은 가시성과 팀의 역동성을 향상시키는 효과가 있다.

내부 관계 형성을 촉진하기 위해 슬랙은 "세상을 더 작게 만드는 프로세스를 만들자"라는 모토를 사용한다. 이 모토를 구현하기 위한 방법의 하나로 슬랙의 현지 팀들은 '스몰 핸즈 미팅Small Hands Meeting'이라 불리는 모임을 만들었다. '올 핸즈 미팅All Hands Meeting'이 슬랙의 모든 사람을 한데 모으는 데 효과적으로 사용된 반면, 스몰 핸즈 미팅은 지역에서 이루어졌다. 이런 미팅을 통해 본사에서 하향식으로 현지에 정보를 전달하는 체계가 아니라 현지에서 더 많은 대화가 오고갈 수 있는 체계가 만들어졌다. 그 결과, 지역들이 긴밀하게 연결돼 활발하게 모범 사례를 공유했고, 해당 지역에 대한 주인의식과 정체성을 강화할 수 있었다.

· 플레이북을 만들어 유지·관리하고 업데이트하라

플레이북은 슬랙 팀에 중요한 자원이었다. 실제로 팀은 신규 시장에 진출하는 방법에 관한 플레이북과 특정 시장에 대한 상대적 투자에 따라 시장을 유지하는 플레이북을 유지·관리했다. 이런 플레이북으로 모든 질문에 대한 답을 얻을 수 있었으리라고 생각할지 모르지만, 슬랙은 이를 통해 시장에 필요한 투자와 투자수익률ROI을 추정하기 위해 노력했다.

· 출시만 하고 떠나지 마라

마지막으로, 시장 진출에 많은 노력을 기울인 다음에는 파이프라인상 다른 시장 진출을 위해서 해당 시장에 대한 집중도를 낮추는 경향이 있다. 이는 자연스러운 일이지만, 신규 시장에서 규모를 확장하려면 회사-시장 최적화를 달성하는 데 계속 집중해야 한다. 그리고 지속가능한 성장을 위한 팀과 운영 모델을 구축할 수 있도록 지원해야 한다. 캐스린의 말을 인용하자면 "출시만 하고 떠나지 마라." 현지화 프리미엄 분석은 현지 시장에서 성공하려면 무엇이 필요한지, 어떤 자원이 필요한지 등을 경영진에게 이해시킴으로써 지속가능한 성장 경로를 구축하는 데 유용하다.

자주 간과하는 것

변곡점

글로벌 규모로 성장하는 과정에서, 특히 경영진과 이사회 사이에서 글로벌 성장에 관한 마인드셋이 바뀌는 변곡점이 발생한다. 이를 잘 인식하는 것이 중요하다. 시장 진출 초기에는 조직의 많은 이들이 글로벌 확장에 자원과 에너지를 집중할 때 얻을 수 있는 이점이 무엇인지 확실히 알지 못한다. 그들은 기존 시장의 수익이 글로벌 시장에서의 견인력을 왜소하게 만든다는 점을 인식할 것이고 기존 시장에 투입되는 자원에 대한 단기 투자수익률이 신규 시장 진출에 투자하는 것보다 훨씬 높을 것이라고 평가하기 시작할 것이다.

하지만 글로벌 매출이 특정 임계치를 넘으면 상황은 달라진다. 우리가 조사한 바에 따르면, 구체적인 목표치가 없더라도 글로벌 시장 매출이 회사 전체 매출의 30~40%를 차지하게 되면 흐름이 바뀐다. 이 시점에서 경영진과 이사회는 기회의 규모가 크다는 것과 비즈니스에 미치는 영향 또한 크다는 점을 보다 명확하게 인식하면서 글로벌 시장에서의 성장이 중요하다는 점을 깨닫기 시작한다. 이 시기가 되면 성공적인 글로벌 성장을 위한 4가지 약속 중 하나인 자원 정렬이 훨씬 용이해진다. 이 변곡점에 도달하기 전까지 경영진과 이사회의 기대와 그들의 관심을 유지하는 일이 꽤나 어려운데, 이를 위해 인터프리너가 가진 투지(그릿^{grit})와 인내가 필요하다.

다른 변곡점도 있다. 브랜치 메트릭스의 글로벌 확장 및 영업 책임자이자 포트 오브 엔트리 파트너스의 창립자인 램지 프라이어는 글로벌 확장 과정을 소라게가 더 큰 게로 성장하기 위해 정기적으로 기존의 껍데기를 버리는 과정에 비유했다. 시간이 흐름에 따라 자율성 곡선을 따라 자율성이 변화하고, 팀의 규모가 지원 조직보다 더 커지며, 기능 관리자 모델과 총괄 매니저 모델 간에 조직 구조가 바뀌는 등 새로운 껍데기, 즉 지원 구조 및 프로세스가 필요해지는 변곡점이 나타난다.

직무 기능 추

앞에서 언급했듯이, 글로벌 확장 부문은 기존 회사 내에서 특정 위치를 갖지 못하는 일이 다반사다. 중앙 집중의 '글로벌' 담당 부서가 없는 경우가 많고, 글로벌 성장에 초점을 맞춘 팀이 있더라도 팀원들은 자기네가 통제할 수 없는 여러 부서의 이해관계를 극복해야 한다. 글로벌 확장이라는 책임은 성장이나 매출 또는 운영을 담당하는 임원부터 영업, 제품 등의 모든 부서에 이르기까지 미로처럼 얽혀 있기도 하다.

글로벌 성장에 집중하는 팀을 어느 부문에 둬야 하는지, 정답은 없다. 제품 쪽에 둬야 하는지, 아니면 엔지니어링 쪽이나 고객 관리 쪽에 둬야 하는지는 회사의 추진력에 따라 달라진다. 특정 직무 기능의 역동성과 현지화 요구 수준에 따라 운영의 오버헤드를 최적으로 제어하는 것이 중요하고, 어떤 기능을 중앙 집중화하고 또 어떤 기능을 지역화 혹은 현지화할 것인지 관리해가는 것 또한 중요하다.

사실, 회사가 여러 시장에서 시장 성장 단계에 도달하면 글로벌 입지를 지원하기 위해 팀을 어떻게 구성할 것인지를 놓고 중요한 선택을 해야 한다. 새로운 국가에서 비즈니스를 확장하는 과정에서 특정 수준의 성숙도에 도달하면 지원 모델을 변경해야 한다. 이런 변경이 이루어지고 나면 대개 비즈니스 기능, 가용 재무 자원, 인적 자원, 제품 및 산업 유형 등에 따라 현지화, 지역화, 중앙 집중화 중 무엇을 선택할지 결정하는 과정이 이어진다.

시간이 지남에 따라 글로벌 성장 이니셔티브가 성숙하면서 현지화에서 중앙 집중화로 전환될 수 있다. 그렇기에 우리는 이것을 가리켜 '직무 기능 추Job Function Pendulum'라고 부른다. 핵심적으로 이 추는 의사결정 권한의 분산 혹은 중앙 집중화, 본사와 지사 간의 권한별 가이드라인 설정(9장 참고), 운영 규모, 비즈니스를 주도하는 기능에 따라 결정된다. 예를 들어 제품 중심 기업은 제품 의사결정과 자원을 본사의 중앙 집중식 보고 체계에 집중시키는 경향이 있지만, 그보다 덜 핵심적인 기능들은 현지 지사에 두는 것을 더 선호하기도 한다.

아마도 영업처럼 초기에는 일부 기능을 현지화해야 할 경우가 있지만, 예를 들어 제품 개발처럼 다른 기능들은 중앙 집중식으로 유지할 수 있다. 새로운 국가가 차츰 추가됨에 따라 현지화된 기능이 신규 시장에서 일정 수준의 견인력에 도달할 때까지 지역 전체를 관할할 수 있는데, 이

때 해당 국가의 새로운 담당자가 해당 기능의 권한/책임을 넘겨받게 된다. 시간이 흐름에 따라 국가마다 다른 사람이 동일한 기능 영역을 담당하는 것이 불합리해지면 중앙 집중화로 전환이 가능하다. 그러다 결과가 제대로 나오지 않으면 지역화 또는 현지화된 기능으로 재전환하는 것이 합리적일 수 있다. 예를 들어 초기 출시 및 제품-시장 최적화 탐색 단계에서는 속도를 높이기 위해 현지의 관리 지원을 받는 것이 가장 좋지만, 시장 성장 단계에서는 중앙 집중화해야 할 수 있다. 무엇이 좋은가를 평가하려면 비용-편익 분석을 수행해야 하고, 무엇보다 투자수익률을 충분히 고려해야 한다.

핀터레스트와 구글에서 일했던 스콧 콜먼은 이런 전환 과정을 '겹 S자 곡선'으로 설명한다. 알다시피 S자 곡선은 초기 성장이 느리게 이어지다가 갑자기 빠르게 성장한 후 정체기에 이르는 패턴인데, 이런 패턴이 계속되는 것이 겹 S자 곡선이다. S자 곡선의 각 단계마다 적합한 지원 모델이 다르고, 전략에 따라 속도가 결정된다. 벤처 캐피탈로부터 대규모 자금을 조달 받은 회사와, 유기적으로 성장하는 기업은 성장 경로가 아주 다를 수 있다. 전자는 글로벌 기회가 있는지 신속하게 검증하고 그 과정에서 자본을 빠르게 배치하는 데 중점을 둔다. 반면 후자의 경우에는 자원이 제한적이기 때문에 확장에 적합한 대규모 시장을 파악하고 가능한 한 민첩한 방식으로 운영 가능성을 테스트해야 한다.

특정 현지 시장과 회사의 전반적인 글로벌 성장 이니셔티브가 자율성 곡선(4장 참고)에서 어디에 위치하는지는 확장 일정상의 특정 시점에 특정 업무 기능이 추의 어느 지점에 위치해야 하는지를 결정하는 데 중요하다. 출시 후 초기 단계에서는 현지 팀에 자율성을 부여함으로써 학습을 극대화하고 본사의 업무 방식을 고수하는 대신 가장 영향력이 큰 활동에 집중할 수 있게 하는 것이 중요하다(현지화된 기능). 시간이 지남에 따라 현지화 프리미엄을 제한하고 지역 내에서의 통일성을 확보하기 위해서 일부 자율성을 제거하는 것이 합리적일 수 있다(중앙 집중화된 기능). 하지만 확장의 마지막 단계에서는 자율성이 현지 팀의 역량을 강화하는 데 중요한 도구가 된다. 현지 팀이 본사에서 시키는 대로만 할 필요 없이 비즈니스의 상당 부분을 통제할 수 있다고 느끼기 때문이다. 어떤 경우든, 어떤 단계든 언제나 중요하게 고려해야 할 것은 현지 팀에 부여하는 자율성의 정도가 기업 문화와 일치해야 한다는 점이다.

올바른 프로세스와 조직 구조가 시장 진입과 시장 성장 과정에서 긍정적인 모멘텀을 창출하면 글로벌 규모의 조직을 구축할 수 있는 발판이 마련된다. 이런 확고한 프로세스는 빠르게 변화하는 조직을 올바른 방향으로 정렬시켜 움직이게 하는 유연한 원칙들과 조화를 이루어야 한다. 성공적인 글로벌 성장 이니셔티브의 3가지 촉매는 글로벌 클래스 기업을 이루는 중추다(3부 참고).

7장 | 요약

- 조직이 시장 진입에서 시장 성장 단계로 나아갈 때 모멘텀의 원천은 글로벌 규모를 지원하기 위해 구축된 프로세스와 구조다(모멘텀 빌더). 비즈니스에 글로벌 잠재력이 존재하는지 검증하는 것은 초기 시장에서 회사-시장 최적화에 도달하는 것만큼이나 기업의 성패를 좌우하기 때문에 필수적이다.

- 양방향 소통 링크 및 성공적인 글로벌 성장을 위한 4가지 약속은 현지 팀이 기업 문화와 핵심 가치를 내재화하고 본사가 현지 시장으로부터 통찰을 얻어 그에 따른 현지화를 이루는 데 필수적이다.
- 글로벌 확장의 시장 진입 단계(현지화 요소 발견, 비즈니스 모델 현지화 캔버스, 글로벌 성장 피치 덱, 글로벌 애자일 방법론)와 시장 성장 단계(현지화 프리미엄 분석^{LPA}, 현지화 자원 팀^{LRT}, 글로벌 성장 플레이북, 직무 기능 추)를 모두 지원하도록 설계된 여러 모멘텀 빌더가 있다.

7장 | 반성과 실천을 위한 질문

- 모멘텀을 창출하기 위한 프로세스와 구조를 어떻게 만들고 있는가? 이 장에서 논의한 모멘텀 빌더 중 가장 공감하는 것은 무엇인가?
- 조직에서 어떤 국제화를 구현했는가?
- 글로벌 확장 계획을 경영진에게 어떻게 이해시키고 있는가? 경영진의 가시성 확대를 위해 무엇을 하고 있는가?

3부

역량
글로벌 규모 달성을 위한 3개의 기둥

글로벌 클래스 기업은 3가지 중요한 원칙을 기반으로 한다.

모든 기업에 글로벌 규모를 달성하는 데 가장 중요한 요소는 바로 '사람People'이다.

글로벌 마인드로 만들어진 '관리Management' 전략은 분산 조직의

정렬을 가능케 하고 본사로 하여금 조력자 역할을 수행케 한다.

'문화'에 균형감 있게 접근하면 빠르게 성장하는 조직에

북극성과 같은 지향점을 제공할 수 있다.

글로벌 규모 달성을 위한 3개의 기둥

1. **글로벌 클래스 팀 구축**: 최고의 비즈니스 리더라면 누구나 알고 있듯이, 글로벌 성장 이니셔티브뿐만 아니라 회사의 성패를 결정하는 가장 큰 요소는 바로 팀원이다. 8장에서는 기업가 정신이라는 개념을 바탕으로 현지 팀에 요구되는 핵심 특성에 초점을 맞춰 글로벌 규모를 달성하는 데 적합한 팀을 어떻게 구성해야 하는지 자세히 설명한다.

2. **글로벌 클래스 관리 모델**: 글로벌 클래스 리더는 글로벌 규모의 성공이 올바른 마인드셋이나 전략만으로 이루어지는 것이 아니라 효과적인 실행이 뒤따라야 한다는 것을 잘 알고 있다. 9장에서는 책 전반에 걸쳐 논의된 개념을 글로벌 조직의 관리 모델로 통합하고 이를 소통하기 위한 실행 프레임워크를 다룬다.

3. **문화적 균형 잡기**: 인터프리너는 분산 조직에서 기업 문화의 일관성을 유지하려는 노력부터 현지 시장 고유의 규범과 믿음을 탐색하는 것에 이르기까지 글로벌 비즈니스 운영에서 문화가 다른 모든 측면을 압도한다는 사실을 잘 알고 있다. 10장에서는 3가지 유형의 문화가 얼마나 중요한지, 그리고 이 3가지가 지속가능한 균형을 이루는 방법은 무엇인지, 글로벌하게 비즈니스를 확장하는 기업이 염두에 두고 활용해야 할 새로운 문화(커뮤니티 문화)가 무엇인지를 설명한다.

8장

사람
글로벌 클래스 팀 구축하기

캄레시 탈레자^{Kamlesh Talreja}는 이 직무에 맞는 완벽한 후보자였다.

인도에서 자란 캄레시는 뭄바이 대학교를 졸업한 후 타타 컨설팅 서비스^{Tata Consultancy Services}에서 경력을 쌓으며 인도의 비즈니스 문화에 대해 깊이 이해했다. 이미 성공적인 경력을 이루었음에도 그는 자신이 더 많은 것을 원한다는 것을 깨달았고 그 기회가 국경 너머에 있다고 생각했다. 이런 열망을 품은 그는 UC샌디에이고에서 석사 학위를 취득하며 미국 현지 문화를 경험했다.

리얼네트웍스^{RealNetworks}에서 잠깐 근무한 후에 그는 아마존의 시애틀 본사에서 엔지니어링 관리자로 일하게 됐다. 그 후 5년 반 동안 캄레시는 미국의 비즈니스 문화를 보다 잘 이해하게 되었고, 무엇보다 아마존의 내부 업무를 배울 수 있었다.

유통 및 프라임 비디오 사업부의 엔지니어링 관리자로 일하면서 아마존의 문화에 확실히 적응하고, 내부의 여러 부서들이 업무를 처리하는 방식을 학습하며, 리더십과 인재 관리people management의 능력을 연마한 그는 마침내 조직의 리더들로부터 신뢰를 얻으며 탄탄한 평판을 구축할 수 있었다.

인도의 벵갈루루에 위치한 아마존 앱스토어 팀에서 리더 자리가 공석임을 알게 된 캄레시는 거기서 보다 큰 기회를 발견했다. 마침 아마존의 경영진이 글로벌 시장에서 팀을 성공적으로 이끄는 데 필요한 이상적인 균형 조치를 고민하던 차였다.

캄레시는 빠르게 성장하지만 역할이 아직 확고하게 정해지지 않았던 개발 팀을 이끌면서 애자일과 난관 돌파라는 기초적인 경험을 쌓았고, 내부의 장애물을 극복하고 동참과 관심을 얻어내는 데 필요한 회사 지식과, 모국인 인도에서 엔지니어링 팀을 구성하고 관리하기 위한 현지 지식을 갖추고 있었다. 현지 시장에 관한 지식은 젊은 시절부터 쌓은 것만이 아니었다. 그의 표현을 빌리자면 기존의 관계들을 통해 "인도의 현재 상황과 인도가 어떻게 변해왔는지를 지속적으로 주시하며" 쌓은 것이었다. 고국으로 돌아가고 싶었던 그는 결국 모든 요건을 충족했고 그 자리에 임명될 수 있었다.

새로운 역할을 맡은 지 6개월이 지나자 캄레시는 한 가지 문제에 봉착했다. 팀원들이 그에게 반기를 들었던 것이다. 사실은 캄레시가 아니라 아마존의 미국인 중심 정책에 반기를 들었다고 해야 맞다. 팀원들은 본사의 공감과 존중이 부족하다고 생각했다. 본사는 인도 팀에 비현실적인 일정 준수를 요구했고, 미국 기준의 업무 시간에 미팅을 잡는 바람에 인도 팀은 늦은 밤이나 이른 아침에 회의에 참여해야 했다. 또한 인도 팀은 인도 비즈니스 문화에는 어울리지 않는 미국식 소통 스타일의 직설적 특징 때문에 어려움을 호소했다. 결국 이런 문제로 많은 팀원들이 회사를 그만뒀다.

캄레시는 즉각 행동에 나섰다. 그는 인도 비즈니스 문화에 대한 자신의 지식을 활용하여 팀원들과 공감하고 그들의 문제를 이해하려고 노력했다. 또한 그는 시애틀 본사에 있는 자신의 지인들, 특히 평소 친분을 쌓아온 '열렬한 지지자'에게 도움을 요청했다. 인도 팀에 적합한 방향으로 정책이 변화하도록 영향력을 발휘해달라는 요청이었다. 그런 다음, 그는 자신이 현지 문화를 지지하고 본사의 지원을 확보하기 위해 열심히 노력할 것임을 팀원들에게 강조했다.

캄레시는 본사의 팀들과 타협하여 일부 회의는 인도 업무 시간에 일정을 잡도록 했다. 또한 본사와 정기적인 회의를 좀 더 많이 진행함으로써 보다 강력한 소통 프로세스를 구축했다. 이를 통해 그는 인도 팀이 미국 비즈니스 문화에 익숙해지도록 과도할 정도로 보다 자주 소통하고 보다 투명하게 행동하라고 지도했다. 결과적으로 직원들의 사기와 성과가 높아졌고 이직률이 줄었다. 또한 인도 팀과 본사 팀 간에 상호신뢰가 쌓였고 관계가 돈독해졌으며 자율성도 공고해졌다. 3년이 지나자 인도 팀은 새로운 제품 라인에 대한 주도권과 아마존의 가장 중요한 목표 중 하나인 자체 S팀 목표S-Team goal를 부여받을 수 있었다.

캄레시는 신규 시장에서 팀을 구성할 때 대부분의 기업이 추구하는 이상, 즉 회사 지식 및 현지 지식과 일을 완수해내는 리더십 스킬을 겸비한 대표적인 인재다. 캄레시는 글로벌 경험을 통해 인터프리너 마인드셋을 키웠고, 성찰적 리더십 스타일과 조직 상층부에 영향을 미치는 능력을 통해 원격 조직을 효과적으로 이끄는 데 적합한 직능을 갖출 수 있었다. 대부분의 기업들이 글로벌 팀을 구성할 때 캄레시 같은 인재를 확보하기는 어려울 것이다. 대신 캄레시의 스킬을 지닌 글로벌 클래스 팀을 구축하는 데 사용할 수 있는 전략과 프레임워크가 있다.

경영진과의 인터뷰에서 우리는 글로벌 성장에서 가장 중요하고 가장 어려운 측면이 무엇인지 질문했다. 가장 중요하고 가장 어려운 측면 모두 '적절한 인재로 구성된 팀을 구축하는 것'이었다. **이것이 바로 글로벌 클래스 팀 구축이 효과적 글로벌 확장의 첫 번째 기둥인 이유다.**

인터뷰에서 링크드인의 상카르 벤카트라만은 글로벌 확장에서 가장 어려운 부분이 "적시에 적합한 역할에 적합한 인재를 찾는 것"이라고 말했다. 세일즈포스의 최고 채용 책임자인 폴리 섬너Polly Sumner는 "인재 측면의 차별화 요소가 있어야 한다"라고 말하며 팀의 중요성을 강조했다. 적합한 팀을 구성하고 현지 시장에 팀원을 배치하는 일은 상당히 복잡하고 비즈니스의 다른 측면에 영향을 미칠 수 있다. 그래서 현지화 프리미엄 분석LPA에서 조직 프리미엄이 그렇게 큰 부분을 차지하는 것이다.

현지 법률에 따라 퇴직금 같은 고용 조건이 정해지지만, 실제로는 물리적 거리와 문화 및 마인드셋의 차이로 인해 어려움이 발생한다. 멀리 떨어진 곳과 신뢰를 쌓기란 매우 어렵고, 언어와 문화가 중간을 가로막고 있을 때는 더더욱 어렵다.

글로벌 비즈니스의 인간적 측면은 이미 바뀌었다.

전용 운전기사와 판공비 계좌를 보유한 해외 주재원이 새로운 땅을 개척하며 새로운 파트너십 계약을 체결하고 새로운 시장에서 막대한 영향력을 발휘한다는 낭만적인 이미지는 새로운 글로벌 비즈니스 환경이라는 현실과 거리가 먼, 이미 과거의 일이다.

팀이 전 세계에 분산돼 있는 새로운 현실에서 기업들은 현지 시장에 대한 기본 지식을 갖춘 팀원을 보유하는 것이 아주 중요하다는 점을 이해하기 시작했다. 글로벌 클래스 기업은 중앙 집중식 또는 클러스터형 채용 전략이 유능한 인재풀 구성을 제한한다는 사실을 잘 알고 있다.

기업이 현지 팀을 구축할 때 사용하던 기존의 기준이 점점 더 무용해지고 있다. 글로벌라이제이션 파트너스Globalization Partners의 창립자이자 최고 경영자인 니콜 사힌Nicole Sahin은 신규 시장으로 확장 중인 많은 미국 기업들이 직무 능력을 충분히 갖춘 지원자를 뽑기보다는 영어 말하기 능력이 뛰어난 지원자를 선택한다고 지적한다.

새로운 글로벌 인재 시장에서 성공하려면 시장 진입 및 시장 성장 단계를 가속화하는 데 필요한 모든 것을 반영한 새로운 전략이 필요하다. 글로벌 클래스 팀 구축 프레임워크로 들어가 보자.

글로벌 클래스 팀 구축 프레임워크란?

회사마다 고유의 채용 원칙이 있기 마련이다. 예를 들어 링크드인은 3가지 'C'를 갖춘 인재를 채용하고자 한다.

- **연결 능력**Connecting the dots – 자신이 맡은 영역을 충분히 이해하고 파

악하여 여기에서 얻은 모범 사례를 다른 부분에 적용

- **소통 능력**Communication – 타인에 대한 깊은 관심으로 공감하고 시간대와 관계없이 서면이나 구두로 설득력 있게 소통
- **협업 능력**Collaboration – 자신에게 직접적인 권한이 없더라도 타인과 협력하여 영향력을 미침

기업마다 이런 기준이 다를 텐데, 회사가 어떤 채용 원칙을 갖고 있든 간에 글로벌 리더는 글로벌 팀을 구축할 때 고려할 별도의 기준을 세워 놓고 있어야 한다.

글로벌 클래스 팀에는 다음과 같은 특성이 있는데, 우리는 이를 글로벌 클래스 팀 구축 프레임워크라고 부른다.

- **인터프리너 마인드셋**: 3장에서 설명했듯이, 성장 마인드셋, 회사 마인드셋, 문화적 마인드셋을 결합한 것이다.
- **현지 지식**: 현지 문화와 현지의 비즈니스 관행에 대한 이해와 현지 시장에서의 경험을 의미한다.
- **회사 지식**: 기업 문화를 이해하고 따르는 것 그리고 본사와의 신뢰를 나타낸다.
- **분산 조직을 위한 리더십 스킬**: 본사 외부에 분산된 팀을 효과적으로 운영하기 위한 요건이다.

특별히 이 프레임워크의 독특한 측면은 이 기준이 개별 후보자뿐만 아

[그림 13] 글로벌 클래스 팀 빌딩 프레임워크

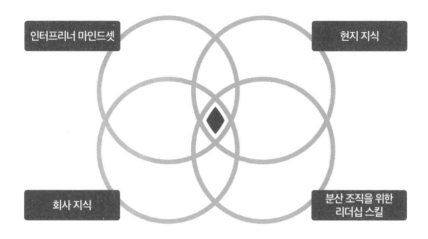

밴다이어그램 정중앙의 '유니콘' 같은 팀원이 없다면, 팀원들 각자의 특성으로 이 밴다이어그램을 채워야 한다. 핵심 가치의 우선순위에 따라 어떤 특성을 강조할지 그리고 트레이드오프를 고려해야 한다.

니라 팀의 응집력을 평가하는 데 사용된다는 점이다. 보다시피 프레임워크의 4가지 카테고리를 모두 충족할 수 있는 사람을 찾기는 쉽지 않지만, 글로벌 클래스의 위치에 도달하려면 모든 카테고리를 충족하는 것이 중요하다. 솔직히 대부분의 기업에 이 모든 기준을 충족하는 사람은 실제로는 존재하지 않는 '유니콘'과 같은 존재일 것이다(하지만 인터프리너가 인재풀에서 더 부각됨에 따라 이런 리더들이 더 많이 등장할 것이다).

캄레시처럼 4가지 카테고리를 모두 아우르는 특성을 지닌 인재를 보유한 기업은 드물다. 그래서 팀원들 각자의 특성으로 모든 카테고리를 충족할 수 있도록 글로벌 클래스 팀을 구성하는 것이 효과적이다.

글로벌 클래스 팀은 현지화 요소와 시장 기회를 파악하고, 고객 개발 프로세스를 지속적으로 반복하면서 회사-시장 최적화에 도달하며, 모멘텀을 구축하고 규모를 달성하기 위한 프로세스와 구조를 구축/활용할 줄 안다. 그리고 본사 및 경영진과 활발히 소통함으로써 이 모든 작업을 수행하는데, 이는 결코 쉽지 않은 작업임이 분명하다.

인터프리너 마인드셋

책 전체에 걸쳐 계속 강조하듯이, 인터프리너는 글로벌 클래스 기업의 비결이다. 애자일 마인드셋은 고객 개발 프로세스를 추진하는 데 유용하고, 회사 마인드셋은 본사와의 소통을 통해 업무를 처리하는 데 도움이 되며, 문화적 마인드셋은 현지 시장을 개척하고 확장하기 위한 현지화 요소를 파악하는 데 유용하다.

인터프리너의 특성은 다음과 같다.

애자일 마인드셋 - 기업가 정신

- **그릿** - 끈기 있고 고집스러우며 모든 수단을 강구하고, 장애물을 극복하며 절대 포기하지 않는다.
- **모호함 포용** - 불확실성에 직면해도 전진한다.
- **실패를 인정하기** - 실패가 과정의 일부임을 잘 알고, 인지된 리스크를 감수한다.
- **문제 해결** - 창의적인 해결책을 지향한다.
- **고객 개발 마인드셋** - 문제 해결을 위해 여러 부서를 넘나들며 일인다역을 수행한다.

3부 | 역량 - 글로벌 규모 달성을 위한 3개의 기둥

회사 마인드셋 - 사내기업가 정신

- **강력한 협업** - 국가 간, 부서 간, 문화 간 협업을 추구함으로써 타인을 통해 동참을 얻어내고 결과를 이끌어낸다.
- **관료주의 극복** - 정해진 프로세스로 기존 조직의 동참을 얻어내는 데 따르는 복잡성을 극복한다.
- **빌더의 사고방식** - 지속적인 영향력을 창출하고, 보다 큰 것을 만들기 위해 꾸준히 블록을 쌓는다.

문화적 마인드셋 - 문화적 인식 능력

- **글로벌한 시각** - 글로벌 시민의 관점으로 모든 곳에서 기회를 찾는다.
- **다양성 및 포용성 중시** - 다양한 관점을 추구한다.
- **편향 억제** - 신념, 가정, 판단을 억제하고 유보한다.
- **문화적 호기심** - 문화를 학습하는 데 개방적이고, 문화 간의 가교가 된다.
- **공감** - 새로운 관점을 수용하고 그에 반응한다.

리추얼의 최고 인사 책임자이자 애플 리테일 사업부의 조직 설계 책임자였던 제니퍼 코닐리어스는 본사와 현지 팀 간에 실험을 허용하는 것이 중요하다고 우리에게 말했다. 이는 유능한 인터프리너가 되기 위한 기업가적 마인드셋과 사내기업가적 스킬을 연마하는 데 핵심 요소다. 우버에서 일했던 에밀 마이클은 "회사 전체에서 문제 해결의 정신을 연마해야 한다"라고 말했다. 이를 위해 적절한 팀을 구성하고 그런 행동을 촉진하기 위한 프로세스와 교육 체계를 수립하는 것이 출발점이다.

이런 인터프리너 스킬은 시장 진입 시에도 중요하지만, 시장 성장 단계에서도 필요하다. 현지 팀은 지속적으로 프로세스를 최적화하고 더 나은 팀이 되기 위해 끊임없이 도전을 반복해야 한다. 이런 인터프리너 스킬은 운영을 최적화하는 데 필요할 뿐만 아니라 시장에서 무엇이 통할지 파악하기 위한 문화적 틀을 마련하는 데에도 필요하다.

고도로 구조화된 비즈니스 문화를 가진 국가에서는 이런 방식으로 사고하는 사람을 찾기까지 시간이 오래 걸릴 수 있다. 플렉스포트의 유럽 비즈니스 창립자이자 유럽 총괄 책임자였던 얀 반 카스테렌은 "팀이 인터프리너 마인드셋을 갖추지 못한다면, 실망스러운 결과를 얻게 될 것이다. 몇몇 국가에서는 그런 마인드셋을 가진 사람을 찾기가 아주 어렵다. 예를 들어 독일에서는 전통적으로 위계적이고 경직된 비즈니스 문화로 인해 적합한 인재를 찾기가 매우 어려울 수 있다"라고 지적한다.

지원자가 올바른 글로벌 마인드셋을 갖추었는지 확인하는 한 가지 방법은 얼마나 글로벌 환경에 '노출'됐는지, 그 증거를 찾는 것이다. 예를 들어 애플의 글로벌 담당 부사장이었던 존 브랜든은 "두꺼운 여권을 가진 사람"에게 관심이 간다고 말했다. 다시 말해, 비즈니스 출장 경험이 많은 사람이 인터프리너가 될 가능성이 높다는 뜻이다.

현지 지식

신규 시장에서 성공하려면 현지 시장에 관한 지식이 필수적인데, 이상적으로는 현지인과 똑같은 수준의 지식이 필요하다. 운영 모델에 변경이 필요한 사항을 규명하고 잠재적인 파트너 및 고객과의 관계를 활용하여 견인력을 확보하는 것은 대부분의 시장 진출 과정에서 꼭 필요한 '원투 펀치'라고 말할 수 있다.

현지 지식에 해당하는 특성은 다음과 같다.

- **현지 비즈니스 경험** - 현지 비즈니스 문화를 현지인 수준으로 이해하고 있다.
- **현지 언어 능력** - 현지 언어와 본사의 언어를 모두 구사한다.
- **현지 네트워크**(인간관계) - 현지 시장의 인플루언서 및 이해관계자 그룹과 긴밀한 관계를 유지한다.
- **현지 문화에 대한 자부심** - 현지 시장에서 가치를 창출하겠다는 열정이 있다.

현지 지식은 신규 시장의 고객과 연결되고, 현지 규제를 극복하며, 솔루션과 운영 모델을 대규모로 수익성 있게 운영할 수 있도록 조정하는 데 절대적으로 필요하다. 현지 지식 특성은 그저 시장을 몇 번 방문한다고 해서 얻어지지 않는다. 현지인이거나 현지에서 근무한 경험이 풍부할 때 얻을 수 있는 지식이다. 상당수의 국가에서 현지와의 관계는 매우 중요한데, 관계를 구축하기까지 몇 년이 소요될 수 있다. 현지 지식은 현지 고객과 직원 모두에게 기업 문화와 가치 제안을 전달하는 데 필요하다.

온라인 교육 플랫폼 에메리투스Emeritus 기업 비즈니스 부문의 아시아 태평양 책임자인 마나스 메인라이Manas Mainrai의 말처럼, 최고의 후보자라면 시장을 정확히 바라보는 시각, 강력한 관계 네트워크, 현지 시장에서의 경험, 관련 전문성을 갖춰야 한다. 시장에 따라 각 요소는 비중이 다를 수 있다. 예를 들어 싱가포르에서는 전문성을 높이 평가하는 반면, 일본에서는 현지 비즈니스 문화상 관계 형성을 가장 중요하게 여긴다. 이런 미묘한 차이를 얼마나 잘 아느냐에 따라 현지 지식의 수준을 파악할 수 있다.

우리의 조사에서 흥미로운 결과 중 하나는 이 카테고리의 마지막 특성인 '현지 문화에 대한 자부심'에서 나타났던 패턴이었다. 아주 보편적이지는 않지만, 빠르게 성장하는 글로벌 기업에서 일하고 싶어 하는 대부분의 비즈니스 전문가들은 고국으로 혁신의 결과물을 가져와 문제를 해결하고 삶을 개선하고자 하는 열망이 있었다. 그들은 글로벌 클래스 기업을 지역사회 개선의 수단으로 생각하고 그 영향력을 가속화하고자 하는 열정을 보였다. 아마존의 캄레시가 대표적인 사람이다.

회사 지식

신규 시장에서 성장하고자 하는 팀은 본사의 자원과 구조를 활용해야 하기 때문에 조직의 관료주의를 극복하여 일을 완수하는 방법(자원 확보, 현지 운영 모델 변경 실시 등)을 잘 아는 것이 중요하다.

회사 지식에 해당하는 특성은 다음과 같다.

- **회사의 가치와 원칙에 대한 정렬** - 핵심 가치와 비전에 동참한다.
- **문화적 적합성** - 현지 팀이 활동하는 여러 가지 환경을 포용한다.

- **내부적으로 일을 처리하는 능력** - 본사에서 근무했거나 본사와 협업한 경험이 있다.
- **신뢰** - 자율을 장려하는 경영진과 이해관계자들로부터 좋은 평판을 쌓는다.

회사 지식 카테고리의 특성은 현지화 요소에 대한 동의와 참여를 얻거나 현지 시장을 위해 추가 자원을 확보하는 등 관련 업무를 완수하는 능력으로 해석할 수 있다.

내부적으로 일을 처리하는 능력은 본사에서 근무한 경험이 있다고 해서 쌓이는 것은 아니지만, 그 근무 경험은 아주 유용하다. 회사 지식은 귀중한 전문성이긴 하지만, 근속기간에 비례하지는 않는다. 회사 지식이 현지 지식이나 인터프리너 정신을 대체할 수는 없다. 다시 말해, 현지 문화를 습득하거나 인터프리너 마인드셋을 함양시키는 것보다 기업 문화를 내재화하도록 가르치는 것이 더 쉽다.

글로벌 클래스 팀 구축 프레임워크에 설명된 각각의 스킬을 갖춘 사람을 고루 채용하면, 현지 지사 운영의 도전을 극복할 수 있는 '균형이 잘 잡힌' 팀을 구성할 수 있다. 그러나 한 가지 특성이 다른 특성들보다 더 중요한 역할을 하고 더 직접적인 영향을 미친다. 바로 '문화적 적합성'이다. 어떤 면에서 볼 때, 인터프리너 마인드셋을 갖추고 있다면 문화적 적합성이 직능 적합성을 대체하기도 한다. 회사 차원에서는 핵심 가치를 수용하지 못하는 '록스타'를 영입하는 것보다 여러 지역에 걸쳐 기업 문화의 연속성을 보장하는 것이 더 중요하다. 개인 차원에서는 회사 가치에 대해 깊은 유대감을 가지면 성공에 필요한 스킬 개발에 열정을 불러일으킬 수 있지만, 반대의 경우라면 열정이 생기기가 쉽지 않다.

문화와 핵심 가치는 기업이 모든 구성원, 특히 경영진에 장려하고자 하는 스킬을 보다 규범화하도록 만든다. 문화와 핵심 가치는 특별히 분산 팀을 위해 설계될 수 있다. 다음은 젠데스크가 직원 개발을 촉진하기 위해 설정한 4가지 지침이다.

- 지식에 접근하여 생산성을 향상한다.
- 팀 간의 협업을 촉진한다.
- 과도할 정도로 소통한다. 새로운 소통 채널을 찾는다.
- 필수적인 작업 절차를 자동화한다.

이런 원칙은 팀원의 잠재성을 평가할 수 있는 필터이고, 회사가 자원을 투자할 프로세스와 구조를 선택하는 데 사용할 수 있다. 또한 이런 지침은 글로벌 입지를 확보하고 현지화 프리미엄(복잡성), 특히 조직 프리미엄을 최소화하려고 노력하는 조직에도 적합하다.

회사 지식과 현지 지식을 모두 갖춘 리더를 찾는 것이 이상적이지만, 여러 사람이 상호 보완하는 팀을 구성하는 것 역시 효과적이다. 애플의 존 브랜든이 말했듯이, 기업 문화에 대해서는 "무엇이 협상 가능하고 무엇이 협상 불가능한지 알 수 있을 만큼 똑똑한 사람"이 필요하다. 현지 문화에 대해서도 마찬가지다.

분산 조직을 위한 리더십 능력

글로벌 성장에 집중하는 팀들은 현지 시장과 본사 사이에서 분산돼 있는 게 일반적이기 때문에 성장 경로의 장애물을 제거함과 동시에 본사와 효과적으로 소통하고 경영진과 교류하면서 영향을 미치기 위한 스킬을 갖추는 것이 중요하다. 이런 스킬 중 많은 것들이 7장에서 설명한 모멘텀 빌더를 통해 해결된다.

분산 조직을 위한 리더십 기량은 다음과 같다.

- **뛰어난 소통 능력** - 현지 팀과 본사 간의 양방향 소통을 촉진한다.
- **자율적 의사결정** - 핵심 가치에 따라 독립적으로 행동한다.
- **조직 상층부에 영향을 미치는 능력** - 다른 사람들을 통해 조직의 변화를 주도한다.
- **높은 진정성** - 자기를 보호하기보다 진실을 중요시한다.
- **성찰적 리더십** - 팀원들의 격차를 이해하고 감성 지능을 발휘해 그 격차를 메운다.
- **장애물 제거** - 방해요소와 장애물을 제거하여 팀이 견인력 확보와 성장에 집중할 수 있게 한다.
- **고신뢰 문화 구축** - 정직, 투명함, 협력을 촉진한다.
- **문화를 고려한 관리** - 현지 문화를 고려하여 '비상 시 관리 방법'을 만든다(9장 참고).
- **파트너십 구축** - 현지 팀 및 본사와 문화적으로 정렬된 강력한 관계를 구축한다.

앞에서 설명한 특성들은 특히 중요하다. 현지 팀은 본사와 멀리 떨어진 곳에서 운영되지만, 본사의 의사결정에 영향을 미치면서도 현지 시장과 비즈니스 문화에 맞게 제품과 운영을 조정/변경할 수 있는 자율성을 부여받아야 한다. 또한 현지 팀은 장애물을 극복할 수 있어야 하고 본사가 글로벌 팀을 지원하려고 마련한 구조와 프로세스를 활용할 수 있어야 한다.

중국에서 애플 현지 팀을 관리하는 존 브랜든의 이야기(4장)에서 강조했듯이, 진정성은 중요한 특성이지만 현지 비즈니스 문화의 특성상 몇몇 상황에서 충돌할 수 있다. 고신뢰 문화를 조정하면 이런 뉘앙스와 극명한 문화적 갈등을 극복하는 데 도움이 될 수 있다.

모든 회사에 아마존의 캄레시처럼 글로벌 클래스 팀 구축 프레임워크 중심의 '다이아몬드' 인재가 있는 것은 아니지만, 지금까지의 가이드를 활용하면 어떤 회사든 프레임워크에 설명된 특성을 모두 갖춘 팀을 구성할 수 있다.

자주 간과하는 것

기능적 전문성과 문화적 전문성 모두 부족할 때

이 2가지 전문성을 모두 갖춘 사람을 찾는 것이 이상적이겠지만, 하나만 갖췄거나 둘 다 가지지 못한 사람을 채용하는 것은 재앙의 원인이 될 수 있다. 핀터레스트와 구글에서 일했던 스콧 콜먼의 말처럼, 해당 직무와 해당 국가에 처음인 사람을 채용하면 글로벌 성장에 불리한 상황에 처하게 된다. 그런 사람은 직무 책임을 이행하는 방법과 현지 시장의 특성에 대해 이해가 부족하기 때문이다. 기능적 전문성과 문화적 전문성이 둘 다 없는 사람을 채용하지 마라. 우버는 출시 팀에 여러 국가를 오가며 근무한 인력을 배치함으로써 이런 리스크를 줄일 수 있었다. 비록 현지에 대한 깊은 지식이 없는 팀원들이 많았지만, 수차례 경험을 통해 신규 시장에서 전략을 실행하는 방법을 그들은 분명히 알고 있었다. 아마존의 사례는 정반대에 해당하는데, 출시 팀에 합류하려면 현지 시장을 현지인 수준으로 이해하고 본사에 근무한 경험이 있어야 하는 경우가 많았다.

현지 팀 리더의 중요성

글로벌 클래스 팀 구축 프레임워크는 성공적인 글로벌 성장 이니셔티브를 구현할 수 있도록 모든 특성을 잘 갖춘 팀을 구성하기 위한 지침이지만, 현지 팀 리더는 여전히 팀의 성공에 중요한 역할을 담당한다.

슬랙의 인사 부문 수석 부사장인 돈 샤리펀은 "리더는 '아일랜드 오피스island office(본사에서 떨어져 있는 지사)'의 핵심 존재다. 리더는 그가 담당하는 시장의 전체 규모보다 더 중요하다. 리더가 잘못되면 문화가 무너지고 비즈니스를 통해 도달해야 할 목표를 달성할 수 없다"라고 말한다.

현지 리더는 본사와 함께 전략을 개발하고 동시에 현지 시장에서의 성공적인 출시를 위해 무엇을 변경해야 하는지를 결정해야 한다. 또한 새로운 기회를 파악하고 본사와 현지 팀이 이런 기회를 중심으로 결집할 수 있도록 영감을 줄 수 있어야 한다. 무엇보다도 본사와 현지 팀 사이의 의사소통 통로이자 가교가 되어 기대치를 설정하고 문화적 차이를 좁히는 역할을 해야 한다. 또한 은행 계좌를 개설한다든지 현지 변호사와 협력하여 모든 것이 합법적으로 운영되는지 확인하는 등 신규 시장에서 회사를 대표하는 얼굴 역할을 하는 사람이어야 한다.

얀 반 카스테렌의 표현처럼, 현지 리더에게 보다 적합한 이미지는 '주방 싱크대'다. 싱크대는 온갖 더러운 설거지거리가 쌓이는 곳이며, 모든 것이 이곳을 통과해 흘러간다.

현지 팀 리더는 지사의 정체성을 확립하고 본사 및 현지 시장과의 관계에서 지사의 존재감과 위치를 정립해야 한다. 아마존에서 근무했던 이선 에반스의 말처럼, 현지 팀 리더는 "문화를 수호하는 사람이자 문화 전도사여야 한다. 현지 시장뿐만 아니라 기업 문화에 맞도록 기꺼이 '재프로그램될 수 있는' 사람을 리더로 채용하는 것"이 중요하다.

한 가지 중요한 사항: 신규 시장 진출의 모호함을 극복하기 위해서 자율적인 기업가 정신으로 '활기차게 움직일 수 있는hustle' 현지 리더를 채용하는 것이 중요하지만, 그 외의 특성도 기업 문화와 균형을 잘 이루어야 한다. 에어비앤비의 미주 마케팅 책임자였던 제니퍼 위엔은 이렇게 말한다. "카우보이가 너무 많으면 안 된다. 카우보이는 단기적 성공을 거둘지는 몰라도 본사와 지사 간의 가교 역할을 하지 못한다. 기업가 정신이 있지만 동시에 회사의 핵심 가치를 내재화하여 의사결정과 전략을 주도할 수 있는 사람이 필요하다." 현지 리더 역시 현지 팀의 일원이기에 3장에서 설명한 회사 마인드셋을 갖춰야 한다.

효과적인 글로벌 클래스 팀 구축 전략

글로벌 클래스 기업은 다음과 같은 4가지 전략으로 글로벌 클래스 팀을 구축한다.

- 회사 지식과 현지 지식 모두를 최대한 갖추도록 한다.
- 인터프리너를 선발하고 육성한다.
- 인재 전략을 분권화한다.
- 성공을 위한 올바른 시스템을 구축한다.

회사 지식과 현지 지식 모두를 최대한 갖춰라

현지 지식과 회사 지식을 모두 갖추는 것은 글로벌 성장 이니셔티브에 가장 큰 영향을 미친다. 현지 팀은 비즈니스를 어떻게 현지화해야 하는지 파악할 수 있는 현지 지식을 갖춰야 하고, 신규 시장에서 활동하기 위해 본사와 신뢰를 구축해야 한다.

글로벌 성장을 추구하는 팀이라면 둘 다 갖춘 '유니콘'을 찾는 것이 가장 이상적이다. 회사에서 리더 역할을 수행한 경험이 있고, 탄탄한 성과와 신뢰를 쌓았으며, 부서 간 관계를 긴밀히 유지하고, 사람 관리 스킬이 뛰어나며, 여러 기능을 폭넓게 이해하고, 비슷한 문화와 비슷한 제품을 가진 회사에서 일하면서 목표 시장에 성공적으로 출시한 경험이 있으며, 회사의 핵심 가치에 잘 적응해 있고, 현지 시장에서 현지인들과 근무한 경험이 있어서 현지 비즈니스 문화를 잘 이해하는 원어민, 그리고 한 지역에 묶여 있지 않고 필요한 곳이라면 어디든 이동할 수 있는 사람……

이면 좋겠지만, 이 모든 조건을 충족하는 사람을 찾는 것은 불가능에 가깝다.

기업의 초기 시장과 목표 시장 간에 문화적 차이가 클수록 현지 지식이 더 많이 필요하다. 또한 모멘텀을 구축하는 구조와 프로세스가 잘 갖춰질수록 회사 지식과 내부 관계의 격차를 보다 많이 메울 수 있다.

회사 경험과 현지 경험 중 하나만 선택하라고 하자 대부분의 경영진은 현지 경험이 더 중요하다고 답했다. 내부 프로세스 문제를 해결하는 방법보다 현지 비즈니스 문화와 목표 고객에 대한 깊은 이해가 더 중요하다. 회사 지식은 프로세스와 체험을 통해 언제든 배울 수 있다.

현지 시장에서 일할 지원자가 글로벌한 전문성이나 경험이 없다면 현지 팀과 본사 간의 강력한 파트너십을 구축하는 데 필수적인 인터프리너 스킬을 갖추지 못할 수 있음을 인식해야 한다.

글로벌 클래스 기업은 현지 팀원이 회사 지식을 충분히 갖추지 못했다고 판단되면 현지 팀원을 본사로 파견하여 몇 개월간 근무하게 하는 전략을 실행함으로써 이를 보완한다. 이것은 현지 팀원과 본사 간의 유대를 강화하는 동시에 회사 지식을 끌어올릴 수 있는 좋은 방법이다.

블라블라카는 신규 시장에 진출하기 전에 현지인을 채용하여 출시 전 시장을 관리케 하고 본사에서 일하도록 조치했다. 이를 통해 이 회사는 2가지 목적을 달성했다. 첫째, 목표 시장의 현지 지식을 갖춘 직원이 제품 및 운영 모델에 영향을 미칠 수 있게 함으로써 보다 쉽게 일을 진행할 수 있었다. 둘째, 현지 직원들이 현지 지식과 잘 어울리는 강력한 회사 지식을 개발할 수 있었다. 회사 지식과 현지 지식을 결합한 상태로 그들을 현지 시장으로 복귀하게 한 조치는 성공을 가져다주었다. 시장에 맞게 제품을 현지화하는 방법뿐만 아니라 본사와 멀리 떨어진 곳에서 업무를 처리하는 방법을 그 직원들이 잘 이해했기 때문이다.

애플에서 근무했던 리추얼의 제니퍼 코닐리어스는 글로벌 확장 준비와 관련해 팀이 제품 및 기타 요소를 계획하는 초기 단계부터 현지의 주요 팀원들이 해당 프로세스에 참여해야 한다고 제안한다.

현지 지식과 회사 지식 모두를 쉽게 갖추려면, 현지 팀원을 실행 단계 때만이 아니라 출시 계획 단계 때부터 참여시키는 것이 좋다. 현지화 요소 발견 과정 중에 지원자 인터뷰를 진행하면서 채용이 시작될 수 있다. 그렇기에 좋은 지원자를 발견했다면 나중에 채용할 것이 아니라 즉시 채용하는 것이 낫다. 그저 다른 일자리를 얻기 전에 잡아두기 위함이 아니다. 좋은 지원자들이 가진 관점은 글로벌 성장 플레이북 작성, 비즈니스 모델 현지화 캔버스 진행, 현지 시장 지원을 위한 도구와 프로세스 구축에 도움이 된다.

플래드에서 효과적으로 사용된 또 다른 전략은 '한 명 파견하고 한 명 채용하는' 방식이었다. 이처럼 본사에서 리더 한 명을 파견하고 현지에서 또 한 명의 리더를 채용하여 '태그 팀tag team(두 리더로 이루어진 팀)'을 구성하는 방법도 있다. 이 방법은 현지 지식과 회사 지식이라는 두 마리 토끼를 쉽게 잡을 수 있고 고위직 직원을 추가로 공급할 수 있다는 장점이 있지만, 의사결정 및 책임 분담과 관련하여 몇 가지 문제가 발생할 수 있다는 점에 유의해야 한다.

인터프리너를 선발하고 육성하라

계속 강조하건대, 인터프리너는 글로벌 성장의 촉매다. 글로벌 클래스 기업은 인터프리너가 될 후보자를 발굴하고, 채용하고, 육성함으로써 글로벌 비즈니스를 탄탄히 구축한다.

우버의 창업자 샘 겔먼은 적합한 팀을 구성하는 방법에 대해 이렇게 말했다. "지원자 본인의 역량보다 높지도 않고 낮지도 않은 프로젝트에 채용하라." 팀원들은 자신에게 주어진 모든 작업을 수행할 수 있어야 하지만, 가장 중요한 것은 매번 본사의 지침과 허가를 받을 필요 없이 스스로 수행할 수 있어야 한다는 점이다. 이런 요구 사항은 인터프리너 능력과 맞닿아 있다.

에어비앤비와 페이스북에서 근무했던 제니퍼 위엔은 글로벌 성장에서 가장 어려운 점은 "시장의 잠재력을 최대한 발휘할 수 있는 길을 안내할 적합한 팀을 확보하는 것"이라고 말했다. "적합한 직능, 정직, 투명성 등의 특성을 갖춘 인재를 확보하는 것이 중요하다. 적합한 팀은 기업 문화를 잘 이해하여 그것으로 소비자들의 공감을 불러일으키도록 해석해내는 핵심 존재다."

인터프리너를 식별하기 위해 기업들은 종종 자체적으로 '인재 원형'을 만들어 보다 빠르게 후보자를 검증하곤 한다. 예를 들어 줌은 실리콘밸리(혹은 '실리콘밸리형' 기업)에서 근무한 후에 본국으로 돌아가 경력을 쌓은 사람을 채용 대상으로 한다. 요즘은 분산 팀과 가상근무로 많이 전환되기 때문에 이런 경력을 보유한 사람들이 많다. 이와 비슷하게 도큐사인은 이전에 자국 시장에서 미국 기업을 대표해 확장 계획을 주도한 경험이 있고 본사와의 가교 역할을 잘 할 줄 아는 사람을 찾는다. 다시 말해, 도큐사인은 어떤 역할로 성장시키기 위해 사람을 채용하는 것이 아니라, 그 역할이 그 사람 자체로 성장한 경험이 있는 사람을 채용한다.

몇몇 기업은 목표 고객과 마찬가지로 현지 리더의 원형을 고수하려는, 보다 규범적인 방식을 취한다. 곤살로 베가조는 경력을 쌓고 최고의 경영대학원에 들어가 차즈키의 신규 시장 개척에 도움이 될 경험을 쌓고자 하는 젊은 직장인을 채용 대상으로 삼았다. 우버의 경우, 미국의 명문 경영대학원을 졸업하고 분석과 숫자에 몰입할 역량을 지닌 20대 후반의 전직 베인Bain 컨설턴트가 원형이었다. 우버가 의도적으로 베인 컨설턴트에 초점을 맞춘 이유는 그들이 맥킨지 컨설턴트보다 '더 치열하다grittier'고 봤기 때문이다. 베인 컨설턴트의 치열함이 기업 문화와 잘 어울릴 뿐만 아니라 직접적인 피드백을 들어도 기분 나빠하지 않고 수용할 수 있는 능력이 있다고 생각했기 때문이다.

일본에는 연공서열(위계) 문화가 있기 때문에 일본에 본사를 둔 기업이라면 글로벌에서 실패할 가능성이 있다. 보상, 지위, 승진은 회사에 오래 근무하고 사내 네트워크가 탄탄한 사람에게 주어지는데, 이런 기준은 앞에서 설명한 '유능한 글로벌 리더의 능력'과는 같은 점이 전혀 없다. 일본 운영 모델의 또 다른 복잡성은 직원들을 3년마다 직무순환을 하도록 해 제너럴리스트 육성에 초점을 맞춘다는 점이다. 제너럴리스트에게는 분명 긍정적 특성이 있긴 하지만, 기능 영역에 대한 기초가 약하고 능력에 따라 경력을 발전시키지 못한다는 약점을 지니고 있다. 그렇기에 현지 지식을 우선하지 않는 상황이라면(즉, 회사 지식을 더 우선시하는 경우라면-옮긴어) 엉뚱한 리더를 핵심 역할에 배치할 수 있다.

반면 글로벌 클래스 기업은 연공서열보다 인터프리너 마인드셋을 우선시한다. 적합한 후보자가 회사에서 오래 근무하지 않았거나 경력이 길지 않았을 수도 있다. 글로벌 진출 초기에 라틴아메리카에서 고객 기반을 구축하려고 노력했던 줌의 어느 어카운트 매니저 이야기가 가장 좋은 사례일 것이다. 그는 이 지역의 주요 잠재 고객 리스트를 직접 작성해 경영진의 승인을 받은 후 줌의 기업고객 기반 구축에 나섰다. 고위직 직원일수록 본사에서 충분한 자원을 마음대로 사용하는 데 익숙해져 있기 때문에 현지 리더 역할로 적합하지 않은 경우가 많다. 현지 리더는 적은 자원으로 많은 일을 수행해야 하고, 늘 안전지대 끄트머리나 그 바깥에 있기 때문에 민첩한 마인드셋을 갖는 것이 아주 중요하다.

팀을 구성할 때는 팀을 전체적으로 바라보고 각 성장 단계에 가장 적합한 팀은 어떤 팀이어야 하는지 파악하는 것이 중요하다. 그리고 그 팀에서 핵심적인 역할을 수행할 적합한 인재를 찾아야 한다. 인큐베이터이자 창업회사인 로켓 인터넷Rocket Internet의 글로벌 매니징 디렉터였던 매즈 포홀트는 "보통 회사의 어떤 부분이든 다 수행할 수 있는 사람을 찾으려는 경향이 있지만, 사실 적합한 인재 선발이란 축구팀 선수 선발과 비슷하다. 우리는 모든 것을 잘하는 사람을 원하지 않는다. 최고의 공격수, 최고의 골키퍼, 최고의 수비수를 원한다"라고 말한다.

인재 전략을 분권화하라

기존 기업들은 대부분 특정 지역에 인력 전체를 배치하는 데 중점을 두고 '인재 클러스터'를 구축한다. 예를 들어 회사에 소프트웨어 엔지니어링 자원이 필요하다면, 인도의 실리콘밸리로 알려진 벵갈루루에 대규모 '개발 센터'를 설립하여 인재를 채용하는 식이다. 하지만 글로벌 클래스 기업은 다른 길을 택한다.

글로벌 클래스 기업은 최근 가속화되는 분산 근무를 거부하기는커녕 오히려 이런 변화를 기회로 보고 있다. 이들 기업은 분산 팀 구축을 전적으로 수용한다.

글로벌 클래스 기업은 인재가 있는 곳이면 어디에서든 채용한다. 그들은 인재를 본사 한 곳에 집중시키지 않으며, 특정 지역에 특정 스킬이 풍부하다고 해서 그곳에 인재를 집중시킬 필요가 없음을 잘 알고 있다. 전 세계 어디에서나 인재를 발굴하고 합류시킬 수 있다는 것이 얼마나 자유로운 것인지를 그들은 깨달았다. 글로벌 클래스 기업은 지리적으로 구속받지 않기 때문에 선진국과 신흥 시장을 막론하고 전 세계 지식 노동자의 성장을 십분 활용하여 최고의 인재를 찾을 수 있다. 글로벌 클래스 기업은 이렇게 팀원들이 지닌 모국의 현지 지식을 활용하여 해당 시장을 잘 이해할 수 있기에 보다 수월하게 그 시장에 진출할 수 있다.

게다가 글로벌 클래스 기업은 상호 연결성을 강화하고 '사일로'를 피하기 위해 기업 문화를 잘 아는, 다양성 높은 팀을 구성하는 것이 중요하다고 생각한다. 다양성 높은 팀은 문제를 바라보는 다양한 시각을 바탕으로 혁신을 이룰 수 있고, 특히 현지 팀이 본사만큼이나 큰 영향력을 행사하는 양방향 혁신으로 이어질 수 있다. 인력의 다양성을 높이면 기업 문화 역시 다양해질 수 있다. 블라인드의 김겸은 다양성을 인정하면 자기 인식 수준이 높아진다고 말한다. 다양한 배경의 사람들은 필연적으로 서로 다른 경험, 관심사, 스킬을 가지고 있기 때문에 이전의 조직에서 부족했던 부분을 채우는 데 도움을 줄 수 있다. 그는 팀을 구성할 때 글로벌 클래스 마인드셋을 활용하면 무엇이 효과를 발휘하는지 보다 잘 파악할 수 있고 문화적 차이에 대한 감수성을 높일 수 있다고 덧붙인다.

성공을 위한 올바른 시스템을 구축하라

적합한 팀이 구성되면 글로벌 클래스 기업은 모멘텀을 창출하고 규모를 지원하는 프로세스와 구조를 제공하여 인재가 활동할 수 있게 해준다.

이런 지원은 다양한 형태로 제공될 수 있다. 쏘트웍스는 글로벌 우선 조직으로 설계되었다. 리더십의 핵심 원칙과 직원 평가는 이런 관점에 정렬돼 있다. 구체적으로 말하면, 회사는 특정 사무실에서 근무하는 직원의 20%가 자국 밖에서 근무하는 것을 목표로 한다. 특히 쏘트웍스는 다른 나라에서 프로젝트 과제를 수행하도록 직원들을 파견함으로써 글로벌 경험을 쌓게 한다. 그 직원들은 다문화 팀과 함께 새로운 국가로 들어가 '기지'를 구축해 현지에서 리더를 발굴하는 등 지사 설립을 주도하는 역할을 담당한다. 1~2년 후, 이들은 각자의 사무실로 복귀하여 다른 과제를 수행하게 된다.

이런 시스템을 구축할 때, 본사는 모든 시장을 공평한 시각으로 바라봐야 한다. 관계가 존재하는 조직이기에 몇몇 시장은 현지 리더에 대한 평판과 회사 내부 사정에 관하여 다른 시장보다 더 큰 목소리를 낼 수 있다. 글로벌 클래스 기업의 본사는 특정 시장(본사가 위치한 시장도 포함)에 대한 편견을 없애서 모든 현지 팀을 동등한 위치에 놓는 시스템을 만들기 위해 노력한다.

=== 자주 간과하는 것 ===

현지 자원의 질에 투자하라

지식 노동자의 노동 가치가 값싼 시대는 빠르게 저물고 있다. 지불한 만큼의 노동력을 얻는다는 사실을 깨달아야 한다. 신규 시장에 진출할 때, 생활비가 높은 곳에 본사가 있다고 해서 체재비와 임금 절감에 너무 얽매이지는 마라. 현지 인건비를 과도하게 지출할 필요는 없지만, 비용을 최소화하려고 노력하는 것보다 경쟁력 있는 보상을 제공하는 편이 훨씬 낫다. 이것은 직원에게 적용되지만, 변호사와 같은 서비스 제공업체에도 적용된다. 훌륭한 변호사에게 프리미엄을 지불하는 것에는 그만한 가치가 있다.

=== 사례 연구 ===

인터프리너의 회복탄력성, 슬랙

한 국가에만 있든 여러 국가에 있든, 모든 비즈니스의 핵심은 한 가지다. 바로 사람이다. 여기에서 사람이란 직원의 생산성에 국한된 것이 아니라 직원에 수반되는 모든 것을 뜻한다. 이런 맥락에서 볼 때, 모든 인터프리너, 특히 자국을 떠나 일하는 인터프리너가 갖춰야 할 가장 중요한 특성은 '회복탄력성 resilience'이다. 글로벌 클래스 기업은 이를 잘 알고 있기에 신규 시장에서 비즈니스를 확장하는 과정에서 발생하는 장애물을 잘 극복할 수 있는 인재, 즉 회복탄력성을 갖춘 인재를 찾는다. 동시에 글로벌 클래스 기업은 신규 시장에서 비즈니스 확장을 주도하는 사람들이 기계적인 존재가 아니라 기존의 관계(가족이나 친분 관계 혹은 사내 인맥 - 옮긴이)와 개인적 요구를 가진 사람들이라는 점, 비즈니스를 성장시키기 위해 본사를 떠나 일하는 팀원들의 조직 생활과 개인 생활을 모두 지원해야 한다는 점을 잘 알고 있다.

슬랙의 EMEA 지역 내 첫 직원이자 이 지역 책임자였던 제임스 셰럿이 증명했듯이, 팀을 구성하고 관리하고 견인력을 확보하며 회사 - 시장 최적화를 달성하는 것은 쉽지 않은 일이다. 실패해도 극복할 수 있는 치열함이 필요하다. 하지만 개인의 회복탄력성 역시 필요하다.

제임스는 북미에 뿌리내린 삶의 터전을 뒤로하고 유럽으로 이주했는데, 풍경과 라이프스타일의 변화가 그에게만 영향을 미친 것은 아니었다.

팀원들 중 몇몇은 회사의 글로벌 성장에 동참하기 위해 자신의 삶을 정리하고 가족과 떨어져 지낸다는 점을 명심하라. 거주지 마련이나 건강보험 같은 실무적인 사항도 고려해야 하지만, 관련된 사람들(직원 본인과 그의 가족 모두)의 정신 건강에도 신경 써야 한다. 새로운 국가에서 회사 - 시장 최적화를 달성하는 것만으로도 충분히 어렵지만, 익숙한 곳에서 멀리 떨어져 문화적 충격까지 겪으면 문제는 더욱 복잡해진다.

제임스의 아내와 어린 자녀들은 그와 함께 이주했지만, 고국에서 멀리 떨어져 지내는 것이 즐겁지만은 않았다. 제임스의 아버지가 건강이 좋지 않았던 적이 있었는데, 그때 제임스는 타국에서 슬랙의 지역 전략을 수립하는 동시에 아버지 건강보험에 관한 계획도 세워야 했다. 외국에 거주하던 중 그의 양아버지가 돌아가셨을 때도 그는 비슷한 심적 고통을 받았다.

제임스는 이렇게 지적한다. "우리는 모두 인간이다. 가족과 관련한 일들이 항상 마음에 걸리기 마련이다. 누구도 회사의 글로벌 확장 계획에 참여했다는 것을 묘비에 새기고 싶지는 않을 것이다."

핵심은 현지 시장, 특히 집에서 멀리 떨어져 있는 현지 팀을 지원하고 개인과 팀 전체가 성공할 수 있도록 회복탄력성을 키울 수 있는 환경을 조성하는 데 도움을 줘야 한다는 것이다. 현지 팀이 회복탄력성을 갖추는 게 중요한 이유는 만약 그게 없다면 실패 후에 집중력이 흩어지고 사기가 저하돼 팀 전체의 모멘텀이 잘못된 방향으로 흐를 수 있기 때문이다. 또한 힘든 상황을 팀 내의 유대감 향상의 기회로 삼을 수 없게 된다.

글로벌 클래스 기업은 적합한 인재를 적합한 역할에 배치하고 그 인재가 성공에 필요한 구조, 도구, 마인드셋을 갖출 수 있도록 올바른 채용 프레임워크를 가지고 있다.

적합한 (인터프리너) 팀이 구성되고 나면, 조직은 시장 진입 및 시장 성장 단계에 걸쳐 분산 팀을 관리함으로써 비즈니스 현지화라는 복잡성을 극복해나갈 수 있어야 한다. 다음 장에서 설명하는 '글로벌 클래스 관리 모델'은 그 방법에 관한 올바른 프레임이다.

8장 ┃ 요약

• 성공적인 글로벌 성장 이니셔티브의 가장 중요한 요소는 바로 사람이며, 인터프리너 마인드셋, 분산 조직을 위한 리더십 능력, 현지 지식 및 회사 지식

을 갖춘 사람들로 팀을 구성해야 한다. 이 중 현지 지식과 회사 지식 모두를 잘 갖추는 것이 가장 중요하다.

• 한 사람이 모든 특성을 잘 갖춘 경우는 아주 드물기 때문에 글로벌 클래스 팀 구축 프레임워크는 팀원들 각자의 특성으로 모든 카테고리를 충족할 수 있도록 팀을 구축하는 데 도움이 된다.

• 글로벌 클래스 기업은 글로벌 클래스 팀을 구축하기 위해서 회사 지식과 현지 지식을 모두 갖출 것을 장려하고, 인터프리너를 선발하고 육성하며, 인재 전략을 분권화하고, 성공을 위한 올바른 시스템을 구축한다.

8장 | 반성과 실천을 위한 질문

• 현지 팀이 회사 지식과 현지 지식을 모두 갖추도록 하고 있는가?

• 팀 구축의 4가지 카테고리에 모두 부합하는 다이아몬드/유니콘 인재를 어떻게 규명하고 어떻게 육성하고 있는가?

• 회사 지식이 없는 팀원들에게 어떻게 기업 문화를 불어넣고 있는가?

9장

관리
글로벌 클래스 관리 모델

"핵심은 국경 없이 아이디어를 교환할 수 있는 환경을 조성하는 것이다"라고 세일즈포스의 최고 채용 책임자^{Chief Adoption of Officer}인 폴리 섬너는 말한다. "이것은 내부 소통과 고객과의 소통도 마찬가지다."

세일즈포스의 글로벌 클래스 리더들은 회사의 최우선 가치인 '신뢰' 구축에서 효과적인 양방향 소통의 중요성을 잘 알고 있다. 문화를 고려해 관리 시스템을 구축하면 현지 팀의 일원이든 본사의 일원이든 모두가 동등한 위치에서 양방향 혁신을 이룰 수 있다는 것도 잘 안다. 글로벌 클래스 기업은 분산 근무가 확산되고 디지털로 원격에서 일하는 직원이 증가함에 따라 본사라는 말의 전통적 정의가 과거의 것임을 잘 알고 있다.

이런 변화에 대응하려면 본사의 역할이 권한과 통제권을 중앙 집중화한 결합체가 아니라 연결된 팀들의 연합을 지원하는 조력자로 바뀌어야 한다. 세일즈포스는 글로벌 클래스 마인드셋을 '디지털 본사^{Digital HQ}'라는 형태로 체계화했다. '가상 본사'를 구현하는 개념은 모멘텀을 촉진하는 신념, 규범, 프로세스의 형태로 나타난다(7장 참고). 가치, 문화, 구조를 통해 세일즈포스는 신속하게 대처하고 조직의 가장자리(즉 현지 시장)로 혁신을 확산시킬 수 있다.

세일즈포스가 글로벌 입지를 강화하는 데 주력하기 시작하면서 경영진은 현지 시장 수준의 혁신이 회사의 두 번째 가치인 '고객 성공Customer Success'의 핵심이기 때문에 현지 시장의 목소리를 본사로 전달해야 할 필요를 느꼈다. 현지 시장의 목소리를 확대하기 위해 세일즈포스는 '문화 대사Cultural Ambassador' 프로그램을 만들어서 전체 리더들에게 본사와 현지 시장 간의 경계를 없애는 데 협조할 것을 요청했다.

세일즈포스의 리더들은 주요 국가에 배치돼 본사와의 가교 역할을 수행했다. 이것은 앞 장에서 설명한 '팀 구축을 위한 글로벌 클래스 마인드셋(특히 회사 지식과 현지 지식을 모두 갖추기)'과 매우 일치한다.

일본의 문화 대사로 임명된 사람은 어렸을 때 일본에 살았기 때문에 언어와 문화적 격차를 해소할 만한 능력을 지닌 미국인 임원이었다. 그녀의 도움으로 본사의 엔지니어링 팀은 일본 고객의 요구를 보다 깊이 이해할 수 있었고 언어와 문화적 격차를 좁힐 수 있었다.

2008년에 세일즈포스는 알렉스 데이언Alex Dayon이 이끄는 프랑스 소프트웨어 기업 인스트라넷Instranet을 인수했다. 알렉스와 폴리는 자리를 맞바꿨다. 알렉스는 샌프란시스코로 자리를 옮겨 세일즈포스의 제품 개발팀을 이끌었고, 폴리는 프랑스 문화 대사의 역할을 맡았다. 그녀는 프랑스에서 새로 구성된 영업 및 성공 팀과 함께 일했다. 폴리는 세일즈포스 본사 내부의 지식과 영업 및 고객 성공을 위한 세일즈포스만의 방식을 결합함으로써 프랑스 비즈니스의 성장을 가속화했다.

한편 알렉스는 샌프란시스코에 위치한 세일즈포스의 엔지니어링 팀, 서비스 제공 팀, 마케팅 팀에 글로벌적인 관점과 통찰을 제공함으로써 회사의 세 번째 가치인 '혁신Innovation'에 기여했다.

세일즈포스의 프랑스 고객은 1만 2,000킬로미터 이상 떨어진 샌프란시스코의 고객과 동일한 수준의 접근 가능성 및 친숙함을 누림으로써 성공을 보장받았다.

기업이 끊임없이 변화하는 고객 수요를 충족시키기 위한 최적의 속도로 운영하려면 본사와 현지 시장 간의 가교 역할이 무엇보다 중요하다. 또한 대규모로 운영하되 추가적인 현지화로 인해 복잡성이 유발되지 않도록 해야 한다.

세일즈포스의 사례로 알 수 있듯이, 글로벌 규모의 효과적 관리란 본사가 제시하는 핵심 가치와 현지 시장의 요구 간의 균형을 유지하고, 피드백 루트와 투명성을 바탕으로 양방향 소통 및 혁신 체계를 구축하며, 현지 시장의 모든 직원과 고객이 회사를 글로벌하게 개선하도록 권한을 부여하는 것이라 말할 수 있다.

글로벌 클래스 기업은 글로벌 마인드셋을 지닌 인터프리너들로 강력한 팀을 구축하는 것 외에, 현지 시장과 본사의 영향력 간의 균형을 적절히 유지하면서 글로벌 규모를 지원하고 현지 문화를 인지하는 관리 모델을 효과적으로 구현한다.

그렇기 때문에 효과적인 글로벌 확장의 두 번째 기둥은 글로벌 성장을 촉진하

는 관리 시스템인 '글로벌 클래스 관리Global Class Management:GCM 모델'을 구현하는 것이다.

글로벌 애자일이라는 맥락에서 관리란?

애자일 방법론이 글로벌 조직 전체에서 성공하려면, 회사 경영진이 지속적인 테스트와 실패, 기존 계획에서 벗어난 피벗을 반복 허용하는 환경을 조성해야 한다. 규범과 의사결정권(본사와 현지 팀 간의 의사결정 권한 구분)은 합의하되, 현지 문화의 고유성, 현지 시장의 요구, 글로벌 성장 이니셔티브 단계에 따른 자율성을 고려해 어느 정도 유연하게 접근하는 것이 좋다.

너무 복잡하지 않으면서도 효과적으로 현지화하고 모멘텀을 창출하려면 균형 있는 관리 방식이 필요하다. 그렇기에 분산된 글로벌 팀을 관리하려면 본사의 가시성과 영향력을 유지시키면서 현지 팀에 동기를 부여하고 권한을 부여하는 모델이 필요하다. 이런 관리 모델을 효과적으로 구현하는 것은 회사-시장 최적화에 도달하고 글로벌 규모를 달성하도록 만드는 촉매다.

가교 구축하기 - 글로벌 클래스 관리 모델(GCM 모델)

2장을 비롯해 책 전체에서 우리는 글로벌 클래스 마인드셋의 중요성을 살펴봤다. 앞으로 논의할 관리 모델을 통해 우리는 이런 글로벌 클래스 마인드셋을 운영에 적용하고 리더십 원칙과 전략을 글로벌하게 실행 가능한 프로세스로 전환하는 방법을 살펴볼 것이다.

가교(다리)라는 비유는 글로벌 클래스 기업이 글로벌 입지를 잘 관리하기 위한 세부적 방법과 정신을 가장 함축적으로 표현한다. 본사와 현지 지사 사이에는 문화적 격차와 지리적 격차가 존재한다. 글로벌 클래스 기업은 글로벌 성장을 진행하면서 브랜드와 타 국가의 고객 사이, 본사 팀과 현지 팀 사이, 기업 문화와 현지 문화 사이 등 문자 그대로 가교를 놓는다.

이런 가교를 설치할 때 애자일은 글로벌 클래스 기업의 본사와 현지 팀 간의 공용어이고, 7장에서 설명한 강력한 소통 채널(피드백 루프)과 현지화 자원 팀LRT 및 글로벌 성장 플레이북과 같은 프로세스를 활용한다. 애자일은 언어적, 문화적 차이를 뛰어넘어 모든 당사자를 공동의 목표와 프로세스로 연결한다.

이 그림처럼, 육지를 연결하는 현수교를 상상해보라. 왼쪽 땅은 점점

[그림 14] 글로벌 클래스 리더십 모델

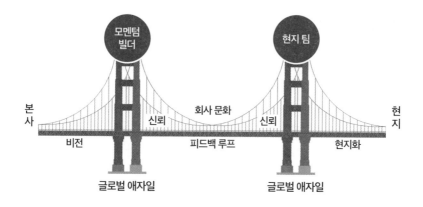

분산/가상화되는 글로벌 조직을 지원하는 본사에 해당하고, 오른쪽 땅은 현지 시장과 현지 고객을 의미한다. 이 그림에는 2개의 타워, 케이블, 도로가 있다. 각각 어떤 의미일까?

타워

왼쪽 타워는 본사가 현지 팀을 지원하고 모멘텀을 창출하기 위해 수립하는 구조와 프로세스(모멘텀 빌더)를 나타낸다. 7장에서 설명한 것처럼, 시장 진입 시 제품-시장 최적화 달성과 시장 성장 시 회사-시장 최적화 및 규모 달성을 가속화하는 도구 중에서 글로벌 성장 플레이북과 현지화 지원 팀이 모멘텀 빌더에 해당한다. 두 타워를 연결하는 케이블의 힘은 해당 시장을 위한 현지화 계획의 효과에 직접적으로 영향을 미친다.

오른쪽 타워는 현지 시장에 서비스를 제공하는 팀(해당 시장 내, 지역 혹은 본사의 팀)을 나타낸다. 이 팀의 현지 지식은 본사(왼쪽 타워)의 자원과 결합돼 성장 계획 및 현지화의 구현을 주도한다. 현지 시장 지식의 힘은 회사-시장 최적화에 도달하는 능력과 성장 계획의 효과에 직접적으로 영향을 미친다.

왼쪽과 오른쪽 타워를 세우는 시멘트 기초라 할 수 있는 글로벌 애자일 방법론은 회사-시장 최적화와 규모에 도달할 수 있도록 지원한다. 타워 아래 철탑의 깊이는 애자일이 조직의 문화, 프로세스, 규범에 얼마나 깊이 뿌리내리고 있는지를 가리킨다. 애자일의 기반이 깊을수록 조직은 글로벌 규모를 달성하는 데 더 효과적이다. 많은 구조와 피드백 루프를 구축할 수 있지만, 글로벌 맥락에서 애자일 방법론의 중요성을 근본적으

3부 | 역량 - 글로벌 규모 달성을 위한 3개의 기둥

로 이해하고 동의하지 못한다면 실패 가능성이 높아진다.

실제 구조물과 마찬가지로, 한쪽 타워가 너무 약하면 다리를 지탱할 수 없다. 그렇기에 비즈니스를 효과적으로 현지화할 수 있는 강력한 현지 팀(오른쪽 타워)을 구축하는 것이 중요하다. 본사는 충분한 자원을 투입하여 핵심 가치에 정렬된 구조(왼쪽 타워)를 구축하고 양측 간에 강력한 소통과 협업의 구조(도로)를 조성해야 한다. 이 모든 일들이 애자일과 같은 공통의 업무 원칙에 정렬돼야 글로벌 성장 노력을 지원할 수 있다. 세일즈포스에서는 신뢰가 첫 번째 가치이고 고객 서비스가 두 번째 가치이기 때문에 회사의 의사결정 기준은 수익성보다 이 2가지 핵심 가치에 정렬되도록 설정되었다. 현지 지사는 리스크가 더 높기 때문에 강력한 핵심 가치를 확립하는 것이 무엇보다 중요하다. 중요한 결정을 내릴 때 문제가 발생하면, 직원들은 핵심 가치와 수익성이 교차하는 지점에서 해결책을 찾도록 교육 받았다. 세일즈포스의 직원 성공 전략 및 인사 분석 담당 부사장인 어니스트 응Ernest Ng은 "세계 여러 지역에 고객이 퍼져 있다면, 일관된 문화와 업무 방식을 갖추는 것이 무엇보다 필요하다"라고 말한다.

도로

이 모델에서 도로는 본사와 현지 팀 간의 협업이 이루어지고 업무가 수행되는 곳을 뜻한다.

본사(왼쪽 타워)와 연결되는 왼쪽 도로는 회사 비전과 핵심 가치를 의미한다. 본사와 현지 팀에 속한 모든 구성원은 회사 비전을 충실히 이해하고 모든 비즈니스 활동 시 '북극성'으로 삼아야 한다. 본사는 비전을 수립하고 현지 팀이 비전의 중대성과 원칙을 잘 이해하고 내재화하도록 할 책임이 있다.

줌의 에이브 스미스는 이렇게 말했다. "바쁘고 스트레스가 많은 시기에는 명확한 비전과 핵심 원칙이 사람들을 하나로 만든다." 강력한 핵심 가치는 성찰적 리더십을 키우는 비옥한 환경을 조성한다. 자선 활동을 강조하는 줌의 핵심 가치에 근거해 최고 경영자인 에릭 위안은 팬데믹 기간에 수백만 명의 학생들이 수업에 참여할 수 있도록 무료 계정을 제공했다. 그는 20년 후 자신이 지금 하는 이 일이 얼마나 올바른 결정이라고 느낄지를 상상했다고 한다.

또한 글로벌 가치와 현지 가치가 다를 수 있고 이를 적극적으로 관리해야 한다는 점을 인식해야 한다. 그렇기에 글로벌 클래스 기업은 핵심 가치를 보편화하는 것을 중요시한다. 기존 기업들은 흔히 이런 보편화 과정을 무시하는데, 1장에서 언급했듯이 이것은 글로벌 비즈니스가 실패하는 10가지 이유 중 하나다.

오른쪽 타워와 오른쪽 땅 사이의 도로는 현지 시장에서 회사-시장 최적화를 위해 수행하는 현지화(현지화 프리미엄 분석)를 뜻한다. 이 도로가 현지 팀의 활동을 지원한다.

양쪽 타워 사이의 도로는 본사와 현지 팀 간에 발생하는 양방향 소통과 해석을 뜻한다. 본사에서 현지 팀으로 핵심 목표를 전달하고 회사 비전을 해석해주며, 현지 팀에서 본사로 현지화 프로세스 관련 결과와 통찰을 전달하는 것이 바로 이 도로다. 여기에서 '해석'은 본사와 현지 팀 간의 언어 및 문화적 차이와 서로 다른 관점을 탐색하는 작업을 포함한다.

효과적인 피드백 루프를 통해 촉진되는 소통과 해석은 투명성을 제고하고 시장 진입 및 시장 성장 단계를 가속화한다. 이런 루프는 본사와 현지 팀을 연결하는 여러 지점에 위치한다. 피드백 루프는 체계적인 방식으로 문제를 해결하는 데 도움이 되고, 정기적인 소통을 기반으로 신뢰를 구축하는 효과적인 도구다. 본사와 현지 지사 간의 강력한 소통 체계의 필요성에 대해 핀터레스트의 성장 및 글로벌 제품 개발 책임자였던 스콧 콜먼은 현지 팀이 "핵심에 접근하지 못하면 열매를 맺지 못하고 죽을 것"이라고 말한다. 공식화된 피드백 루프는 이런 양방향 소통을 효과적으로 촉진할 수 있다.

이 모델에서 도로는 권한과 책임이 만나는 곳이기에 특히 중요하다. 지속적인 소통과 해석에 대한 권한과 책임은 본사와 현지 팀이 공유해야 하므로 소통은 양방향으로 이루어져야 한다. 이 점은 매우 중요하다. 본사는 신규 시장에서 얻은 핵심 교훈과 진행 상황을 파악해야 하고 현지 팀은 확장을 위해서 본사가 제시하는 방향, 자원, 피드백이 필요하기 때문이다. 또한 양측이 구축한 피드백 루프(즉 도로)는 현지화 작업이 이루어지고 복잡성이 생성되는 곳이기 때문에 적극적으로 모니터링해야 한다.

이런 협업의 목표는 신규 시장을 위한 검증된 모델, 시장 진입 단계 중의 제품-시장 최적화, 시장 성장 단계 중의 회사-시장 최적화로 이어지는 모멘텀과 규모를 확보하는 것이다. 이 과정에서 본사는 기업 문화를 현지 시장에서 공감을 얻을 수 있는 모습으로 해석해주고, 현지 팀은 현지 시장의 요구를 충족하는 데 필요한 변경 사항을 본사에 전달한다.

사용된 단어뿐만 아니라 수립된 프로세스도 해석해야 한다. 예를 들어 보고 문화가 강한 몇몇 아시아 국가에서는 상부에 전달할 공식 보고서를 작성하는 데 많은 시간과 노력을 쏟는다. 그런 보고서를 세부적으로 검토한들 이런 소통 체계는 회사-시장 최적화에 도달하여 새로운 국가로 확장한다는 핵심 목표에 집중하지 못하게 한다. 이것이 바로 관리 프리미엄의 원인이 된다. 미국에 본사를 둔 기업이 다른 문화권의 시장으로 진출한다면 이렇게 서로 다른 소통 스타일과 비즈니스 문화 사이에서 중간 지점을 잘 찾아야 한다. 균형을 이루기 위한 체계의 깊이와 범위는 조직의 성장 단계에 따라 달라진다. 캐스린 하임즈가 7장의 사례 연구에서 권장했듯이, 현지 팀이 회사-시장 최적화를 달성하는 데 방해가되는 장애물과 불필요한 관료주의에 발목을 잡히지 않으려면 최소한으로 시작한 다음 성장 단계에 따라 공식적 구조를 구축해가야 한다. 효과적인 소통은 본사의 지원 체계를 유지하는 데에도 핵심이 된다.

체그의 크리스티나 리는 이런 지원 체계를 유지하는 것이 성공의 핵심이라고 지적한다. 그녀는 신규 시장에서 비즈니스를 확장하려는 현지 팀을 지원하기 위해 업무 시간의 약 10~15%를 본사와의 소통 유지에 할애하고 있다. 이는 전 세계에 흩어져 있는 전체 조직을 지원할 때도 마찬가지다. 분산 조직에 적합하도록 소통 체계를 조정하지 않는 것은 글로벌 확장을 꿈꾸는 기업을 실패로 이끄는 실수 중 하나다.

소통은 명확하고 간결해야 한다. 젠데스크에는 200명 이상의 고위 리더가 있는데, 각자가 어떤 렌즈로 메시지를 읽느냐에 따라 다르게 해석할 수 있다. 그렇기에 이 회사는 소통에 상당한 노력을 기울이고 경영진 전체가 하나로 정렬됨으로써 나머지 6,000명 이상의 직원들을 공동 목표에 참여시킨다. 제임스 셔럿의 말에 따르면, 슬랙은 구성원들을 공동 목표에 집중시키기 위해 공유되는 정보의 양을 조정하고 가장 중요한 것에 초점을 맞추는 '요약과 간결화'를 강조하고 있다.

────────── **자주 간과하는 것** ──────────

시차를 극복하라

글로벌 조직의 시차 문제를 해결하는 것은 쉽지 않은 일이다. 전 세계에 흩어져 있는 팀원들을 한 번에 모을 수 있는 시간을 잡는다는 것은 그 자체로 어려운 일이고, 현지 지사와 본사 경영진 모두에게 피로를 가중시키는 일이다. 회의 일정과 참여 팀 조정을 통해 수용 가능한 방법을 찾아보라. 마이크로소프트의 한 사업부는 지역뿐만 아니라 시간대에 따라 현지 지사들을 설치했다. 슬랙은 7장의 사례 연구에서 언급한 것처럼 본사에 의존하지 않고 인근 지역의 현지 팀원들이 모여 모범 사례를 공유하는 '스몰 핸즈 미팅' 시스템을 통해 시차 문제를 해결했다.

케이블

다리(가교)를 지탱하는 수평 케이블은 기업 문화를 뜻한다. 타워(모멘텀 빌더와 현지 팀)는 케이블(기업 문화)을 지탱하고, 케이블은 도로를 지탱한다. 케이블처럼 문화는 모든 것을 하나로 묶고 관리 모델의 다른 요소들을 지탱한다. 케이블(기업 문화)이 강하지 않거나 끊어지면 다리(관리 모델)은 무너진다. 타코마 내로스 브리지Tacoma Narrows Bridge 붕괴 사건을 떠올려보라. 강풍이 불면, 즉 문제가 발생하면 약한 케이블이 끊어져 재앙을 초래할 수 있다. 다시 한번 강조하지만, 강력하고 일관된 기업 문화가 없으면 모델 전체는 붕괴하고 만다.

샌프란시스코 금문교와 같은 유명한 현수교에는 메인 케이블을 도로쪽으로 연결하기 위한 작은 수직 케이블들이 있다. 이런 작은 케이블들은 '신뢰'를 의미한다. 신뢰는 강력한 문화가 강력하게 확장된 모습이고, 그렇기에 성공적인 글로벌 성장을 위한 4가지 약속 중 하나다. 수평 케이블(기업 문화)과 도로를 연결하는 수직 케이블(신뢰)을 보면 알 수 있듯이, 신뢰는 도로의 각 지점을 지탱한다. '문화 케이블(수평 케이블)'은 모델의 모든 부분을 관통하는 하나의 케이블이지만, '신뢰 케이블(수직 케이블)'은 교량 전체에 설치된다.

현지 리더는 실행 팀을 신뢰해야 하고, 현지 팀은 출시 노력을 지원하는 현지화 지원 팀을 신뢰해야 한다. 신뢰의 한 지점(수직 케이블 하나)이 끊어지면 다리 전체가 불안정해져서 다른 수직 케이블들이 끊어지고 그러다 결국 붕괴로 이어질 수 있다. 강력한 피드백 루프뿐만 아니라 여러 가지 관계 구축 활동들은 신뢰를 쌓고 핵심 가치 내재화에 도움을 주며 나아가 현지 팀이 기업 문화에 적응할 수 있게 해준다.

에어비앤비 임원이었던 제니퍼 위엔과의 대화에서 알 수 있듯이, 물리적 거리가 멀수록 신뢰를 쌓기가 더 어렵기 때문에 각자의 사일로에 갇힐 수 있다. 현지 팀과 분산 팀 직원들 사이는 물론, 본사와의 연결고리를 형성하는 것이 중요하다. UC버클리 하스 경영대학원 교수 댄 히멜스타인은 "사람들은 자기가 좋아하고 존경하는 사람과 함께 일하고 싶어 한다. 이것은 보편적인 현상이다"라고 말한다. 기업 문화를 조성하는 구조와 함께 신뢰는 연결의 기반이 된다.

현수교의 수평 케이블과 도로를 연결하는 수직 케이블처럼, 신뢰 관계는 본사와 지사 사이, 지사 내부 등 조직 전체에 존재해야 한다.

현지 시장 리더와 현지 직원 간의 신뢰 관계도 아주 중요하다. 지사의 위치에 따라 투명성과 신뢰를 얼마나 중요시하느냐가 다를 수 있다. 투명성과 신뢰가 현지 시장에 제대로 자리 잡을 수 있도록 적합한 현지 리더를 채용하는 것이 중요하다. 탄탄한 신뢰 관계는 협업과 공유를 촉진하므로 문제를 활발히 드러내 해결할 수 있다. 4장의 플렉스포트 사례 연구에서 자세히 설명했듯이, 최고 운영 책임자 산 맨더스와 유럽 총괄 책임자 얀 반 카스테렌 사이의 강한 신뢰는 플렉스포트가 유럽 시장에 성공적으로 진출하고, 제품-시장 최적화와 회사-시장 최적화를 달성하는 데 촉매 역할을 했다.

기존의 관계나 성과로 인해 현지 시장마다 신뢰 수준이 다를 수 있다는 점도 이해해야 한다. 이런 차이는 권력의 역학관계에 영향을 미쳐서 본사와의 유대관계가 끈끈한 사람이나 많은 성과를 내는 사람이 목소리를 크게 낼 가능성이 있다. 이런 현상이 맹목적인 의사결정이나 자원 할당으로 이어지지 않도록 잘 모니터링해야 한다.

다리의 강도는 본사와 현지 이해관계자 간의 약속으로 결정된다. 여기에는 투명한 양방향 소통, 본사가 구축한 구조와 프로세스 활용, 기업 문화 유지 및 신뢰 구축(다리의 수평, 수직 케이블), 시장 현지화 등에 대한 약속이 포함된다.

본사와 현지 시장 간의 가교 구축

성공적인 글로벌 성장을 위한 4가지 약속은 글로벌 확장 프로세스를 시작할 때, 본사와 현지 시장 모두 핵심 운영 원칙에 따라 행동하도록, 즉 핵심 운영 원칙에 정렬하도록 이끈다. 이런 약속을 지원한다면 상호 신뢰를 구축하고 현지 팀에 기업 문화를 교육할 수 있으며 동시에 비전과 자원에 대한 정렬 여부를 확인할 수 있다. 이로써 본사는 기존의 지시 및 통제 관리 전략에서 발생하는 문제를 없앨 수 있고 성공을 위한 기반을 제공하는 조력자로 역할을 바꿀 수 있다.

글로벌 클래스 관리^{GCM} 모델 전체(가교 모델)는 본사와 현지 팀 모두 4가지 약속을 준수한다는 전제 위에 구축된다. 예를 들어 본사가 지사에 적절한 수준의 자율을 부여하고 지사는 본사와 활발히 소통하려고 노력한다면 상호 신뢰가 형성된다. 소통을 통해 성과지표를 명확하게 인식시킨다면, 목표가 달성될 가능성이 높아진다. 현지 시장의 장애물과 현지화 요소에 관해 소통을 활발히 한다면 신규 시장에서의 입지를 강화시킬 수 있다. 글로벌 애자일 방법론을 통해 현지화와 복잡성의 균형을 유지한다면 회사-시장 최적화를 달성할 수 있다. 자원 정렬에 노력을 기울이면 성장을 가속화하는 효과가 발생한다. 글로벌 클래스 마인드셋은 본사와 현지 팀 간의 가교 역할을 촉진하고, 이런 마인드셋을 통해 본사는 현지 팀 위에 군림하는 지시 및 통제의 존재가 아니라 조력자이자 지원자가 되는 것이 가장 효과적인 역할임을 이해할 수 있다.

본사가 조력자 역할을 수용하고 기업 문화와 현지 문화 간의 차이를 인식하며 그에 따른 관리 스타일을 채택하는 것이 글로벌 조직을 성공적으로 관리하는 핵심 동력이다.

본사의 새로운 역할

관리의 역할이 달라지면서 글로벌 클래스 기업의 본사와 현지 팀 간의 역학관계 또한 달라졌다. 기존 기업들의 본사는 행군 명령을 내리는 장군처럼 현지 팀을 지휘 통제하는 전략을 유지해오고 있다. 글로벌 클래스 기업은 현지 팀이 단순한 실행 조직 그 이상의 존재임을 잘 알고 있고, 경영자들은 계획과 전략 수립에 현지 팀의 참여를 유도하고 권한을 부여해야 한다는 점도 잘 알고 있다.

1장에서 언급했듯이, 분산 근무의 가속화로 인해 본사라는 개념이 완전히 바뀌었다. 이제 본사는 지리적인 개념과는 분리되었다. 본사는 회사의 전체 권력 구조가 물리적으로 위치한 하나의 건물이나 캠퍼스가 더 이상 아니다. 회사 경영진을 포함해 모든 직급의 구성원들은 세계 어느 곳에서든 분산 근무와 가상 근무 방식으로 일한다. 인력이 분산될수록 소통이 어려워지지만, 본사라는 물리적 공간에서 일하지 않는 구성원들에게는 특히 공평한 처사일 수 있다.

2장에서 설명한 것처럼 실제로 이런 트렌드는 본사의 역할을 현지 팀이 주도하는 현지화의 조력자이자 지원자로 보다 쉽게 전환해준다. 원격지에 있는 현지 팀원들에게만 더 활발히 소통하고 본사의 의사결정에 기여해야 한다는 의무감을 강조할 수는 없다. 본사는 여전히 비전과 핵심 가치를 설정하지만(GCM 모델의 왼쪽 도로), 장애물을 제거하고 현지 팀이 최고의 성과를 유지하도록 관찰하고 통찰을 제공하는 코치 역할을 더 많이 해야 한다. 본사는 적합한 자리에 적합한 인터프리너를 채용해야 하지만, 자율이라는 지렛대를 잘 이용할 줄 아는 '청지기Steward'가 돼야 한다.

문화를 고려한 관리

신규 글로벌 시장에 진출하고 규모를 확장하는 과정에서 문화를 고려하여 관리해야 하고, 관리 방법은 현지 시장의 규범을 충분히 감안해야 한다. 헬로사인의 드롭박스 사업부 최고 운영 책임자였던 휘트니 벅은 글로벌 클래스 기업에서는 본사가 더 이상 한 지역에 위치한 단일 건물 같은 존재가 아니라고 말하며, 초기 시장의 운영과 기능을 공식적으로 본사와 분리시킬 때 본질적으로 훨씬 더 글로벌한 관리 전략을 보유하게 된다고 강조한다. 관리 모델이 보다 분산된 모델로 전환되고 있기 때문에 문화를 더 많이 고려해야 한다.

4가지 약속 중 세 번째 약속인 신뢰와 자율성은 문화를 고려하는 관리 마인드셋과 일치한다. 이런 마인드셋의 핵심 목적은 현지 팀이 시장의 특성을 이해할 때 그 가치를 인정하고 강조하는 것이다. 이를 위해 신뢰를 구축하고 자율성을 부여하는 것이 가장 좋은 방법이다. 현지 지식은 성공적인 현지화의 핵심이다. 현지 팀에 자율성을 부여하면 현지 팀의 역량을 강화할 뿐만 아니라 현지화 계획도 보다 원활하게 추진할 수 있다. 또한 신뢰를 구축하고 자율성을 높이면 본사는 현지의 재량이 본사의 지시 및 통제와 균형을 이룰 수 있도록 조력자이자 지원자의 역할을 더 많이 담당하게 된다. 본사의 인터프리너는 관리의 모범 사례를 현지의 모범 사례로 '번역'하는 등 문화를 고려한 관리의 청지기가 돼야 한다.

이 개념에는 팀이 직면한 상황 그리고 관련된 사람에 따라 관리 방법을 달리하는 '비상 계획적contingency 접근 방식'이 포함돼 있다. 예를 들어 성장기에 있는 기존의 고성과 팀은 성과가 저조한 신생 팀과는 다르게 관리돼야 한다. 문화를 고려한 관리는 이런 비상 계획적 접근 방식을 기반으로 하고 여러 문화적 요소를 통합한다.

전반적인 관리 기법은 현지 스타일에 맞아야 한다. 네덜란드나 덴마크 같은 몇몇 유럽 국가에서는 문제를 직접 지적하는 피드백이 일반적이지만 일본에서는 직원들이 서면 피드백에 더 익숙하다. 문화마다 친숙해하는 특정 비즈니스 구조가 다르다. 라틴아메리카의 여러 국가 직원들은 실리콘밸리의 수평 조직 구조보다는 위계적 관리 구조에 더 익숙하다.

본사 중심적 경향은 유럽, 아프리카, 중동 등 서로 다른 세 지역을 중앙 집중식 관리 마인드에 따라 EMEA라는 하나의 그룹으로 묶는 것처럼 문화를 무시한 결정을 내릴 때 여실히 드러난다. 글로벌 클래스 기업의 문화를 고려한 관리 스타일은 다양한 지역을 동일하다고 간주하여 하나로 묶지 않는 것이고, 현지의 특성을 고려하는 기업 문화와 조직 구조를 구축하는 것이다. 심코프의 최고 경영자였던 클라우스 홀세는 이전 회사에서 일본 팀과 함께 일했던 경험을 우리에게 이야기했다. 클라우스는 본사가 원하는 프로젝트 완료 방식에 동의하지 않는 현지 총괄 관리자^{GM}와 일해야 했는데, 체면과 권위를 중시하는 일본 비즈니스 문화의 핵심 원칙 때문에 현지 GM은 본사를 대표하는 클라우스와 공개적으로 논쟁을 벌이지는 못했다. 클라우스는 자신이 우려를 표명하면 현지 GM이 아주 공개적인 방식으로 문제를 드러내 해결할 것이라고 생각했다. 하지만 클라우스가 문제를 해결했는지 확인하기 위해 일본을 방문했을 때는 안타깝게도 문제가 더 악화돼 있었다.

본사와 공개적으로 다른 의견을 제시하는 것이 현지 비즈니스 문화에 반하는 것이었기에 현지 팀은 GM의 지시에 따라 자신들의 의견이 본사의 의견보다 낫다는 것을 증명하기 위해서 일부러 상황을 악화시켰던 것이다. 본사의 고위 경영진이 이런 비즈니스 문화를 이해하지 못해 현지 시장 경험이 풍부한 GM은 해고되고 말았다.

그 후에 젊은 현지 GM이 새로 영입되었는데, 그는 클라우스에게 이런 문화적 역학관계를 설명하고 문화적으로 수용 가능한 해결책을 제시했다. 본사와 현지 GM이 함께 최선의 전략과 계획을 수립하고, 현지 GM은 현지 팀이 해당 과제를 완수하도록 한 다음, 본사의 임원이 현지를 방문해 그 결과를 평가하는 방식을 채택하기로 했던 것이다. 이 방식은 잘 작동됐다. 이 사례의 교훈은 본사 시장(보통은 자국 시장)에서 잘 활용되는 관리 모델이라고 해서 전 세계에 보편적으로 적용할 수는 없다는 것이다.

이 사례는 전략(성공적인 글로벌 성장을 위한 4가지 약속)에 정렬되고 글로벌 클래스 관리 스타일을 현지화할 수 있는 적합한 인재(두 문화 간의 '통역자가 될 수 있는 인터프리너)를 채용할 때 얻을 수 있는 이점을 보여준다.

글로벌 클래스 기업은 본사와 현지 지사 간 역할, 책임, 의사결정 권한의 효과적인 구분을 통해 문화를 고려한 관리 마인드셋을 구체화한다.

의사결정 권한

글로벌 관리 전략의 기본 요소 중 하나는 의사결정이 이루어지는 프로세스다. 현지 팀이 독립적으로 내릴 수 있는 결정, 본사와 합의해야 하는 결정, 그리고 본사의 지시와 통제를 받아야 하는 결정은 무엇일까?

중앙 집중화를 통해 현지화 프리미엄을 최소화하는 것부터 분권화를 통해 회사-시장 최적화를 달성하는 것, 장애물을 제거하고 큰 그림을 볼 수 있는 전문성을 확보하는 것, 현지 팀에 권한을 부여하는 것에 이르기까지 특정 결정 권한을 누구에게 맡기느냐라는 문제에는 각기 논리적 근거가 있다.

가격 책정, 성과 리뷰 절차, 마케팅 캠페인을 누가 결정해야 하는지를 규정할 수는 없다. 각 회사가 무엇이 최선인지 고민해야 한다. 중요한 점은 이 문제에 정면으로 부딪쳐야 한다는 것이다. 우리는 우리의 조사 결과에서 '결정권' 혹은 '결정 권한'이라는 단어로 묶이는 이야기가 반복적으로 언급되는 걸 볼 수 있었다. 의사결정이 어디에서 누구에 의해 이루어지든 간에 투명성을 확보하는 것은 강력한 소통, 신뢰 및 참여를 촉진하기 때문에 중요하다.

의사결정 권한 계획을 수립하면 불투명했던 프로세스를 투명하게 만들 수 있다. 이런 계획은 핵심 가치에 체계를 부여하고 본사와 현지 팀 모두가 언제 주도하고 언제 협의해야 하는지 쉽게 알려준다.

4가지 약속 중 하나인 신뢰와 자율성은 글로벌 성장의 여러 가지 측면에

서 중요하다. 특히 의사결정을 위임할 때 필요하다. 권한 위임Empowerment
은 의사결정 권한을 현지로 확대하는 과정에서 발생하는 부산물이고, 글
로벌 애자일 마인드셋에 부합하는 실패를 기꺼이 수용한다는 본사의 의
지와 맞물려 있다. 신뢰는 권한 위임의 핵심이고, 현지 팀의 의미와 목적
의식을 명확히 하는 것 역시 마찬가지다. 무엇보다도 권한 위임은 본사
가 지시 및 통제 방식을 버리고 조력자 내지는 지원자 역할을 맡게 되면
서 생기는 부산물이기도 하다. 그러나 현지 팀의 참여가 완전한 자율에
서 비롯되는 것은 아니다. 본사에서 의사결정의 경계를 설정해두더라도
누가 무엇을 결정할지 명확하지 않은 경우가 생기기 마련인데, 이때 유
동적으로 움직일 수 있는 재량이 주어지면 사람들은 권한을 부여받는다
고 느끼는 경향이 있다.

　의사결정 과정에서 본사와 현지 팀은 글로벌 클래스 관리 모델(다리)
의 여러 지점에서 만나게 된다. 회사의 성장 단계 및 현지 시장 진출의
성숙도에 따라 본사 쪽에 가까운 결정을 내릴지 아니면 현지 시장에 가
까운 결정을 내릴지가 가려진다. 시장의 단계(진입, 성장, 성숙 단계)와 기
업 문화 등 요인에 따라 도로를 왔다 갔다 하며 의사결정 권한을 조정해
야 하고, 그 결과는 4장에서 설명한 자율성 곡선을 따라야 한다.

　본사가 매번 의사결정을 내리면 현지화의 효율이 떨어질 수 있고, 현
지 팀에 너무 많은 의사결정 권한을 주면 복잡성이 끝도 없이 발생할 수
있다. 권한 배분의 균형 감각이 필요하다. 기업은 본사 방식을 무조건 강
조하기보다 현지의 업무 방식을 참고해야 한다. 동시에 본사의 글로벌
관점에서 벗어나지 않도록 가드레일을 설정해야 한다.

의사결정 권한의 추

'직무 기능 추'처럼 의사결정 권한에도 추가 존재한다. 의사결정 권한을 어디에 줄지, 그 추를 움직이는 것은 전략적 결정이고 시간에 지남에 따라 달라진다.

비즈니스의 여러 측면에 대해 현지 팀에 다양한 수준의 자율성을 부여할 수 있다. 사전에 정해진 정답은 없다. 우버와 애플은 비즈니스 확장 초기에 글로벌 관리 측면에서 완전히 반대되는 모습을 보였다. 우버는 현지 지사에 거의 완전한 자율성을 부여한 반면, 애플은 중앙 집중화된 통제 구조를 유지했다. 이 2가지 방식 모두가 효과를 나타낼 수 있다. 하지만 스콧 콜먼의 말을 기억하기 바란다. "본사가 현지 팀에 무엇을 할지 일일이 지시하면 권한 위임은 기대할 수 없다."

아마존의 유럽 홈 혁신 프로그램의 제품 개발 디렉터였던 호세 차파 Hose Chapa가 지적했듯이, 어떤 내부 팀이 인풋을 수집해 아웃풋을 만들고, 이 아웃풋이 다른 팀의 인풋이 되는 복잡한 네트워크가 대부분의 기업 내에 존재한다. 즉, 기업 내 조직은 서로 연결돼 있고 정보는 유기적으로 흐른다. 중앙 집중적 모니터링 체계나 프로세스가 없으면 관료주의, 복잡성, 사일로 조직이 문제를 일으킨다. 규모가 필요한 부분은 중앙 집중화하는 게 중요하다. 7장에서 설명한 것처럼, 이는 모멘텀을 구축하기 위해 설계된 프로세스와 구조 중 의사결정 권한에 적용된다.

앞서 언급했듯이, 여러 지역에 진출한 회사가 다른 지역보다 특정 시장을 선호하고 본사와의 신뢰 관계로 인해 선호 시장의 현지 팀이 더 큰 목소리를 내는 것이 일반적이다. 그렇기에 의사결정 권한 중 일부를 중앙 집중화하면 현지 시장끼리의 경쟁의 장을 공평하게 만들 수 있다.

동시에 "문제에서 멀어질수록 해결책은 멍청해진다"라는 멜트워터 Meltwater의 최고 경영자이자 창립자인 요른 리세겐Jorn Lyseggen의 말처럼, 본사는 현지 팀보다 문제에서 멀리 떨어져 있는 경우가 대부분이라, 그 해결의 책임과 권한을 현지 시장으로 이전해야 하는 경우도 발생한다. 특히 현지 시장에서의 확장을 위해 변경 사항을 결정할 때 더 그렇다.

강조하건대, 본사는 지휘자가 아니라 조력자가 돼야 한다. 싱가포르에 본사를 둔 닌자 밴의 최고 경영자이자 공동 창립자인 창 웬 라이는 "본사는 컨트롤 타워가 아니라 회사 운영을 돕는 지하 케이블 같은 존재다"라고 말한다.

의사결정 권한 배분하기

책임의 배분은 산업, 고객 기반, 목표 시장, 성장 단계에 따라 다르다. 우리의 조사로 얻은 통찰을 바탕으로 한 가지 당부하고 싶은 것은 통제권과 의사결정 권한은 기업 문화와 핵심 가치에 의해 그리고 그에 부합되도록 배분되어야 한다는 것이다. 그리고 이런 의사결정 권한은 조직 전체에 투명하게 전달되고 공개돼야 한다.

지금까지 문화의 중요성에 대해 여러 번 강조했다. 문화가 어떤 요소로 구성돼 있든, 문화는 글로벌 입지를 관리하는 방법의 원동력이고 또 그래야만 한다.

자율을 허용하면 모멘텀이 생기고 사기 또한 높아질 수 있다. 현지화 자원 팀과 같은 적절한 지원 체계가 있는 한, 목표로 하는 운영 영역에 자율성을 부여하면 초기 현지 팀의 참여와 헌신에 산소 같은 역할을 하는 '즉각적 성과Quick Win'를 창출할 수 있다.

리추얼의 최고 인사 책임자이자 애플 리테일 사업부의 조직 설계 책임자였던 제니퍼 코닐리어스에는 "팀에 보다 중요한 결정을 보다 자주 위임할수록 학습 효과가 커지고 장기적으로 참여도가 높아진다"라고 말한다. 앞서 인용한 티파니 스티븐슨의 말처럼, "자율성은 초기뿐만 아니라 장기간에 걸쳐 규모를 확장할 수 있게끔" 한다. 자율성이 현지 팀에 완전한 자유를 보장하지는 않지만, 본사가 세부 사항에 얽매이는 바람에 회사 전체의 전략적 계획에 집중하지 못하는 문제를 방지할 수 있다.

본사는 현지 팀이 자율성을 수용하고 활용하도록 만들기 위해 문화적 규범과 싸워야 할 수도 있다. 앞 장에서 설명한 특성을 지닌 현지 리더를 채용하면 다행히 이런 문제를 완화할 수 있겠지만, 몇몇 문화는 본질적으로 속도에 저항하는 모습을 보인다.

일본에서는 의사결정이 그룹 단위로 이루어지는 경우가 많다. 일본에서 현지 팀을 관리한다면, 현지 팀이 본사의 지침이나 승인 없이 스스로 의사결정 내리기를 꺼린다는 것을 유념할 필요가 있다. 이런 문화적 규범은 모멘텀을 창출하기 위해 정렬과 복잡성 관리가 중요한 시장 성장 단계에는 조직에 도움을 줄 수 있지만, 시장 진입 단계에는 이 마인드셋이 모멘텀을 약화시킬 수 있다. 이런 현지의 문화적 상황들을 극복하려면 본사는 자율성 발휘의 중요성을 강조해야 하고 실수가 있더라도 현지 경영진이 주인의식을 가지고 지지를 표명해야 한다.

핀터레스트와 구글에서 일했던 스콧 콜먼이 던진 "어느 정도의 통제력을 어떻게 확보할 수 있을까?"라는 질문에 이렇게 답할 수 있다. 현지 지사에 자율성을 부여하는 것이 통제력을 확보하는 방법이라고. 본사는 핵심 가치를 명확하게 설명하고 국제화 및 통일성에 관한 가드레일을 제시함으로써 통제력의 균형을 맞출 수 있다.

균형을 잘 잡는 것이 중요하다. 지시와 통제라는 본사 중심적 관점을 고수한다면 효과적인 현지화를 방해하게 된다. 마찬가지로 현지 지사에 지나치게 자유를 주면 현지 지사는 회사가 관리와 확장이 어려운 수많은 이질적인 모델을 관리하도록 압박을 가하게 될 것이다. 기업은 본사 방식을 고수하지 말고 현지의 업무방식을 권장해야 하지만, 동시에 본사와의 연속성(통일성)을 보장하는 보호장치를 마련해야 한다.

―――― 사례 연구 ――――

경영진의 친숙성 편향, 마이크로소프트

현지화 프리미엄 분석 사례 연구에서 언급한 친숙성 편향은 시장 선택뿐만 아니라 관리에도 영향을 미칠 수 있다. 특히 전 세계에 분산된 팀을 관리할 때 더욱 그렇다. 마이크로소프트의 인텔리전트 커뮤니케이션 부문의 부사장이었던 스콧 반 블리트Scott van Vliet가 바로 좋은 사례다.

워싱턴주 레드먼드에 위치한 마이크로소프트 본사에서 근무했던 스콧은 EMEA 및 APAC 지역뿐만 아니라 캐나다 밴쿠버에서 불과 240킬로미터 떨어진 곳의 팀도 관리했다. 가상 팀을 관리하던 중에 스콧은 분산 팀 관리에서 대면 시간face time과 리더와의 대화가 중요하다는 사실을 깨달았다. 현지 팀은 본사의 경영진과 동일한 수준의 가시성을 갖지 못하기 때문이다.

그는 본사와 원격 팀 간에 존재하는 문제, 즉 회사 운영 및 의사결정에 대한 비대칭적인 가시성을 바로잡는 가장 좋은 방법은 서로 동등한 입장이 되도록 하고 공정한 환경을 조성하는 것임을 깨달았다. 스콧은 포용의 문화를 구축함으로써 이 문제를 해결했다. 또한 그는 다른 대륙에 위치한 현지 팀을 방문하는 데 상당한 시간을 할애함으로써 원격 팀들과 충분히 대면하는 등 흔치 않는 노력을 기울였다.

문제는 하나뿐이었다. 전 세계에 흩어져 있는 팀을 신경 쓰느라 바로 코앞에 있는 밴쿠버 팀을 소홀히 했던 것이다. 신규 시장에 진출하는 기업은 본사와 얼마나 근접한 곳인지를 지나칠 정도로 중시하지만, 팀을 관리할 때는 그 반대가 되는 경우가 종종 있다. 스콧의 경우처럼, 지리적·문화적·언어적으로 가까운 지역의 분산 팀에는 팀 목표를 달성하는 데 많은 자원과 지침이 필요치 않다고 생각하는 경향이 있다. 하지만 그렇지 않다.

스콧은 "근접할수록 안이하게 생각하거나 고유의 특성을 무시할 가능성이 크다"라고 고백한다. 캐나다 밴쿠버 사무실이 본사에서 너무 가까웠기 때문에 그는 다른 곳을 분기에 한 번 방문하면서도 밴쿠버 사무실 방문을 건너뛰고 말았다. 고유의 특성을 무시하고 특별한 존재로 여기지 않은 탓에 스콧과 밴쿠버 팀은 소원해졌다. 같은 언어를 사용하고 지리적으로 가까운 지역이었지만, 본사와 밴쿠버 팀 사이에는 큰 차이가 있었다.

노력 끝에 스콧은 상황을 바로잡고 밴쿠버 팀을 정상 궤도에 올려놓을 수 있었다. 그는 그런 팀에게도 지구 반 바퀴 떨어진 곳과 같은 관심과 지침이 필요하다는 사실을 절대 잊지 않을 것이다.

글로벌 클래스 관리의 모범 사례

"산은 높고 황제는 멀리 있다"라는 중국 속담이 있다. 글로벌 조직을 관리하는 것은 어렵다. 그저 먼 거리와 시차 때문만은 아니다. 다국적 조직을 효과적으로 관리하려면, 관리의 복잡성에 따라 가장 적합한 스킬과 관리 원칙이 필요하다.

다음은 글로벌 클래스 기업에서 일하는 유능한 관리자가 국경을 넘어 강력한 가교를 구축하고 유지하기 위해 사용하는 10가지 모범 사례다.

- 비전 및 핵심 가치 정렬
- 문화를 고려한 관리
- 현지와 복잡성 간의 균형 맞추기
- 인터프리너로 구성된 팀 구축
- 효과적인 소통
- 자율성과 속도 간의 균형 맞추기
- 투명성과 신뢰
- 현지에 대한 권한 위임
- 우선순위 선정 및 집중
- 장애물 제거

비전 및 핵심 가치 정렬

어떤 관리 상황이라 해도 중요하지만, 글로벌 조직을 관리할 때는 물리적 거리와 문화적 차이를 극복해야 하기에 비전 및 핵심 가치의 정렬이

3부 | 역량 - 글로벌 규모 달성을 위한 3개의 기둥

무엇보다 중요하다. 관리자는 핵심 가치를 지속적으로 강조하고 이를 의사결정의 기준으로 삼아야 한다. 리더십 원칙을 명확히 수립하면 여러 국적의 직원들이 적합한 행동이 무엇인지 이해하고 바람직한 습관을 형성하는 데 도움이 된다.

─── **자주 간과하는 것** ───

일선 관리자는 기업 문화의 진정한 동력이다

일선 관리자는 기업 문화를 해석하는 가장 중요한 사람임을 명심하라. 핵심 가치 정렬은 임원급은 물론이고 모든 직급의 구성원을 채용할 때 반드시 고려해야 하고, 하위 관리자들은 문화를 소통하고 준수하는 데 필요한 지원을 받아야 한다.

문화를 고려한 관리

이 장의 앞부분에서 설명했듯이, 문화를 고려한 관리는 인터프리너 마인드셋에 뿌리를 둔 관리 스타일이다. 문화를 고려한 관리를 통해 리더는 문화적 차이와 분위기를 파악함으로써 문화를 존중할 수 있는 방법과 더 나은 결과를 이끌어내는 방법을 탐색할 수 있다. 공감은 이 관리 스타일의 핵심이다. 이는 자신감 넘치는 미국 기업이 들어와서 무엇이든 본사 방식으로만 일을 처리하겠다고 고집하는 전통적인 이미지와 완전히 대조적이다. 예를 들어 월마트는 직원들에게 친절과 웃음을 강조하는 바람에 독일 고객들을 불편하게 만들었다. 문화를 고려한 관리의 핵심 요소는 문화 지능과 감성 지능이 교차하는 지점, 즉 문화적 인식 능력에서 찾을 수 있다. 문화적 인식 능력은 리더십을 발휘하면서 동시에 공감과 이해를 바탕으로 문화적 차이를 탐색할 수 있는 능력을 의미한다. 이런 관리 스타일을 통해 조직 프리미엄을 줄일 수 있다.

현지화와 복잡성 간의 균형 맞추기

여러 장에 걸쳐 논의했듯이, 신규 시장에 구현된 현지화와 그로 인해 발생하는 복잡성 사이에 균형을 맞추는 것은 글로벌 애자일의 초석이자 글로벌 클래스 기업이 갖춰야 할 스킬이다. 둘 사이의 균형을 맞추지 못하면 여러 국가에서 비즈니스를 운영하며 여러 모델을 관리해야 하는 어려운 상황이 많이 발생하기에 모멘텀 창출과 규모 확장을 저해한다.

인터프리너로 구성된 팀 구축

앞 장에서 설명한 것처럼, 팀 구축은 글로벌하게 확장하는 기업이 직면하는 가장 어려운 과제다. 유능한 팀은 글로벌 클래스 팀 구축 프레임워크에 따라, 경력보다는 특성과 기업 문화와의 적합성에 기초해 인재를 채용한다. 팀을 잘못 구성한 기업은 글로벌 성장 전략 실행에 실패하고 그 과정에서 엄청난 시간과 비용을 소모하는 경우가 많다는 점을 명심하라.

효과적인 소통

소통은 성공의 촉매가 될 수 있고 실패를 초래하는 장애물이 될 수도 있다. 따라서 소통과 명확성은 4가지 약속 중 하나이고, 글로벌 클래스 관리 모델의 핵심 기능이다. 국내 조직에서도 마찬가지이지만, 글로벌 조직에서는 언어 번역뿐만 아니라 '문화 번역'이라는 추가적인 허들이 있기 때문에 더 그렇다. 유능한 인터프리너적 리더가 효과적인 소통을 촉진할 수 있다. 효과적인 소통의 중요성을 잘 알고 있는 센드버드의 공동 창립자이자 최고 경영자인 김동신은 출신이 다양한 팀원들의 이해도를 높이기 위해서 중요 메시지를 영어와 한국어로 두 번 전달한다.

--- **사례 연구** ---

분산 팀 관리, 애플

피드백 루프가 구축되고 나면 리더는 글로벌 클래스 팀 구축 프레임워크의 오른쪽에 해당하는 회사 지식과 리더십 스킬을 쌓는 것이 중요하다.

현지에서 현지 팀을 이끌든 멀리 떨어진 곳에서 팀원을 감독하든, 회사 지식은 본사와의 통로 역할을 수행하는 데, 자원을 확보하고 동참을 이끌어내는 데, 업무 수행을 위해 관료주의를 극복하는 데, 현지 시장에서의 확장을 위해 변경 사항을 전달하는 데 매우 중요하다.

그다음으로 중요한 요소는 글로벌 클래스 팀 구축 프레임워크에 나열된 리더십 스킬들이다. 이 목록에서 맨 위에 적힌 리더십 스킬, 즉 '효과적인 소통'보다 더 중요한 것은 없다. 이 스킬은 분산 팀을 활용하고 높은 목표를 달성하도록 권한을 부여하는 가장 중요한 도구 중 하나다.

본사와 지사 모두에서 리더십은 소통의 분위기를 조성한다. 명확한 메시지와 함께 유능한 관리자가 올바른 소통 분위기를 잘 조성하는 또 다른 방법은

'얼굴을 보이는 것'이다. 애플의 글로벌 담당 부사장이었던 존 브랜든은 글로벌 시장 진출을 감독하면서 다양한 가상 채널을 통해 분산 팀들과 소통을 촉진했지만, 대면 소통도 활발히 했다. 존의 전략에는 다음과 같은 4가지 직접 대면 방법이 있었는데, 이 방법을 통해 그는 연간 1,000억 달러 이상의 매출을 창출하는 글로벌 조직을 운영할 수 있었다.

1. 분기별 방문 – 존의 말처럼 "신발에 진흙을 묻히는 것"이 중요하다. 그는 분기마다 주요 시장 모두를 직접 방문하기 위해 노력했다.

2. 팀 주도의 비즈니스 리뷰 – 그는 영업재무 팀의 직원을 대동하여 현지 팀에 최신 정보를 제공했고, 총괄 관리자GM뿐만 아니라 현지 팀원 모두가 그 자리에 참석하도록 함으로써 관계를 돈독히 할 수 있었다.

3. 연례 직원 전체 회의 – 그는 전체 조직이 함께 모일 때 최고 경영진의 주요 메시지가 중간에 왜곡되지 않고 직접 전달되는지 확인했다.

4. GM과의 주간 일대일 미팅 – 존은 모든 GM과 매주 정해진 시간에 회의를 진행했다. 어떤 시간대에 있든지 매주 동일한 시간에 회의를 진행함으로써 존과 GM들은 일정상의 혼란을 없앨 수 있었다. 이런 정기적인 미팅에서 GM이 비즈니스 운영상 도움을 요청하는 의제를 논의함으로써 그는 현지 지사의 문제를 깊이 파악할 수 있었고, 조언과 함께 정보를 투명하게 제공하여 그들과 신뢰를 구축할 수 있었다.

이런 강력한 소통은 다음과 같은 몇 가지 생산적인 성과로 이어졌다.

• 존은 각 시장의 문화와 회사의 핵심 가치가 일치하는지 확인할 수 있었다.

• 현지 팀에 자신이 중요하고 가치 있는 존재라는 인식을 심어주었다.

　　　　　3부 | 역량 - 글로벌 규모 달성을 위한 3개의 기둥

- 직원들에게 "우리가 어떻게 생각하고 행동할 것인지"를 상기시켰다.
- 도전과 장애물을 예고하는 징후를 파악할 수 있었다.
- 시장에서 무슨 일이 일어나고 있는지 본사에 알려주고, GM의 직속 직원들과 직접 소통할 수 있었다.

디지털 도구는 분산 인력을 참여시키는 데 도움이 되지만, 물리적으로 대면하는 것이 여전히 글로벌 입지를 강화하는 효과적인 관리 전략이다. 글로벌 클래스 기업은 디지털 도구를 효과적으로 활용하여 분산 팀을 연결하고 참여시키지만, 현지 팀이 회사 지식을 습득하고 본사가 현지 지식을 학습할 때 여전히 대면 상호작용의 가치가 크다. 가상 팀 혹은 분산 팀이 성공하도록 지원하는 효과적인 기술적 도구들이 많지만, 그래도 몇몇 업무는 직접 대면을 통해 이루어져야 한다.

전 세계에 분산 팀들을 운영하면 본사와 가까운 시간대에 있는 직원들이 회사 경영진과 소통할 기회를 더 많이 확보할 수 있다. 그리고 본사에 근무하는 것이 현지 지사에 근무하는 것보다 직원 입장에서는 여러모로 유리하다는 점을 늘 염두에 둬야 한다. 비즈니스 문화의 차이와 위계를 강조하는 분위기라면 이런 격차를 더욱 크게 만들 수 있다. 비비노의 창립자이자 최고 경영자였던 하이니 자카리아센^{Heini Zachariassen}은 글로벌 리더십 팀과 현지 팀 간의 페이스타임(화상회의)을 활발히 운영함으로써 분산된 직원들이 본사 리더와 직접 소통할 수 있게 한다.

앞의 애플 사례에서 언급한 정기적인 만남은 조직의 모든 계층, 즉 현지화 자원 팀LRT과 현지 리더 간, 현지 팀의 직원들 간에 모두 적용된다. 화상회의든 대면 미팅이든 모든 계층에서 소통 채널과 피드백 루프가 활성화되도록 노력해야 한다.

자율성과 속도 간의 균형 맞추기

이 장에서 계속 강조하듯, 본사와 지사 간의 균형을 맞추기 위한 주요 요소 중 하나는 자율성이다. 우리는 경영진과의 인터뷰에서 이 주제에 관해 다양한 반응을 접했다. 현지 지사에서 일한 경험이 있는 임원들은 좀 더 많은 자율성을 원하는 경향이 있는 반면, 본사에서 글로벌 진출 관련 업무만을 담당했던 임원들은 자율성이 그리 많을 필요가 없다는 반응을 보였다.

그럼에도 불구하고, 그들은 모두 자율성이 지원 프로세스를 통해 선제적으로 관리해야 하는 중요한 요소라는 데 동의했다. 실제로 통제와 직접적으로 상관관계가 있는 자율성은 4장에서 설명한 자율성 곡선 개념을 통해 알 수 있듯이 글로벌 성장 단계에 따라 변화할 수 있다. 현지 팀에 '어느 정도의 자율성을 용인할 것인가?'란 질문에 답하려면 '현지 지사가 무엇을 추진할 수 있는가?'란 질문에 먼저 답해야 한다.

자율성과 관련된 요소는 실행 속도다. 둘은 정비례한다. 본사에서 더 많은 자율성을 부여할수록 현지 팀은 본사와 현지 팀 간에 조율이 원활하지 않아 소통이 단절되지 않는 한 현지 시장의 역학관계에 좀 더 빠르게 대응할 수 있다.

투명성과 신뢰

의사결정 방법과 근거를 투명하게 공개하면 현지 팀의 의견이 없는 경우라 해도 본사와 현지 지사 간의 신뢰가 형성될 수 있다. 효과적인 소통은 이를 가능케 하는 주요 수단이다. 조직 전반의 신뢰 지점을 통해 운영 및 고투마켓 전략(현지화 프리미엄 분석의 2가지 요소)을 효과적으로 구현할 수 있고, 고객 참여와 현지 시장에서의 브랜드 이미지를 촉진시킬 수 있다.

현지에 대한 권한 위임

신뢰와 자율성에서 비롯된 권한 위임은 팀이 행동을 취하고 성과를 달성하도록 이끈다. 관리의 실무적 관점에서 볼 때, 권한 위임은 동기 부여에서 시작된다. 에런은 자신의 저서 《젊은 전문가를 위한 관리 가이드The Young Professional's Guide to Managing》에서 "동기 부여의 핵심은 믿음에서 나온다…… 일반적으로 동기 부여는 의외의 원천에서 비롯된다. 반면 권한 위임은 스스로 일어난다. 자신이 하는 일을 깊이 믿을 때 자율성이 발전한다"라고 말한다. "자율성이 커진다는 것은 사람들에게 성취할 수 있는 힘과 권한을 부여한다는 의미다."

이런 맥락에서 그는 직원의 내적 동기를 자율성 확대로 전환하기 위해 다음과 같은 공식을 제시한다. (1) 직원이 영향력을 발휘하도록 독려하라. (2) 그러면 직원들의 참여도가 높아진다. (3) 이런 참여는 성취감으로 이어지고 (4) 성취감은 자율적인 권한 위임으로 이어진다. (5) 권한 위임이 선순환하면서 더 많은 자기 주도적 영향력을 발휘하게 된다.

우선순위 선정 및 집중

자원은 한정되고 해야 할 일은 많기 때문에 가장 영향력 있는 분야에 현지 팀의 노력을 집중하는 것이 중요하다. 우선순위 선정 및 집중은 이를 용이하게 하고 성공 가능성이 가장 높은 경로를 제공하기에 글로벌 클래스 마인드셋의 핵심 원칙으로 강조된다(2장 참고). 앞에서 설명한 전략들과 마찬가지로, 강력한 계획과 공식적인 소통, 글로벌 성장 플레이북과 같은 도구는 팀이 집중해야 할 분야를 만들고 상기시켜 준다. 현지 팀은 현지화 자원 팀의 도움을 받아 자원 정렬이라는 약속을 준수함으로써 주요 집중 분야에 전념하고 가드레일을 설정해야 한다.

장애물 제거

에런이 자신의 저서 《젊은 전문가를 위한 관리 가이드》에서 강조했듯이, 관리자의 역할 중 자주 간과하는 것은 장애물 제거라는 역할이다. 비전 수립이나 동기 부여 등의 역할에는 훨씬 많은 시간을 할애하면서 장애물 제거에는 그렇지 않은 것이 현실이다. 장애물 제거는 최고의 관리자가 지닌 비결이라 할 수 있다. 장애물을 제거하면 팀의 집중력을 유지시킬 수 있고 모멘텀이 창출되며, 직무 만족도가 높아지고(궁극적으로 유지율retention이 높아지고) 역경을 극복하는 데 도움이 된다. 피드백 루프는 장애물을 발견하고 장애물이 어떻게 제거되고 있는지 등 상황을 알려주는 가장 효과적인 도구 중 하나다.

글로벌 비즈니스에서 이런 장애물은 본사의 관료주의(지역의 자율성을 저해하는 프로세스), 적절한 자원의 부족, 현 운영 모델이 처한 문화적 갈등

등 다양한 형태로 나타날 수 있다.

적합한 팀을 구성하면 유능한 관리자는 팀이 마음껏 성과를 창출하도록 옆으로 비켜서야 한다는 점을 잘 알고 있다. 운영상의 문제를 제거하면 조직이 잠재력을 발휘할 수 있다. 이는 본사가 지시와 통제의 독재자가 아니라 조력자이자 지원자라는 글로벌 클래스 마인드셋과 일치한다.

글로벌 클래스 관리 모델의 목표는 글로벌 애자일의 토대 위에 구축된 시장 진입 단계 때 효과적으로 현지화하고, 시장 성장 및 성숙 단계 때 효과적으로 모멘텀을 창출하고 규모 확대를 촉진하며, 동시에 그 과정에서 복잡성을 제어하는 것이다.

글로벌 클래스 기업은 본사와 현지 시장 간의 강력한 가교 역할을 하는 글로벌 클래스 관리 모델을 사용하고 이 장에서 설명한 관리의 모범 사례를 효과적으로 참고한다. 그럼으로써 강력한 소통 및 피드백 구조를 개발하고 현지화 프리미엄을 제어하며 모멘텀을 창출하고, 무엇보다 자율성, 신뢰, 방향 설정, 기업 문화 및 핵심 가치 유지와 같은 핵심 원칙들의 균형을 맞추면서 성과와 규모 확대를 촉진한다.

효과적인 현지화는 신규 시장에서 회사-시장 최적화를 달성하게 만든다. 효과적인 팀 구성은 회사-시장 최적화를 성공적으로 달성할 수 있는 적합한 팀을 배치시킨다. 효과적인 관리는 팀에 권한을 위임함으로써 회사-시장 최적화를 더욱 높인다. 마지막으로 회사-시장 최적화의 최종 촉진제이자 이 모든 요소와 회사를 하나로 묶는 기둥이 있다. 바로 문화다.

- 글로벌 클래스 기업은 본사와 현지 팀 간의 가교 역할을 하는 관리 모델(글로벌 클래스 관리 모델, GCM 모델)을 활용하여 시장 진입, 시장 성장, 시장 성숙 등 글로벌 확장의 각 단계를 촉진한다.

- 의사결정 권한의 공유는 본사와 현지 팀 간의 균형을 나타내는 중요한 지표이고 각자의 역할을 결정한다.

- 글로벌 클래스 기업은 분산된 글로벌 조직을 관리하는 데 도움이 되는 10가지 모범 사례를 통해 가교를 구축한다: 현지와 복잡성 간의 균형 맞추기, 인터프리너로 구성된 팀 구축, 효과적인 소통, 자율성과 속도 간 균형 맞추기, 투명성과 신뢰, 현지에 대한 권한 위임, 우선순위 선정 및 집중, 장애물 제거

9장 | 반성과 실천을 위한 질문

1. 본사와 현지 팀 간의 의사결정 권한을 어떻게 관리하고 있는가? 그리고 의사결정 권한을 어떻게 배분하고 있는가?

2. 조직 전체에 걸쳐 신뢰 지점을 어떻게 구축했는가?

3. 가장 공감이 가는 관리 모범 사례는 무엇인가? 개선해야 할 것은 무엇인가? 가장 잘하는 것은 무엇인가?

10장

문화
문화와 지역사회 연결하기

도큐사인은 미국에서 비즈니스를 검증하고 규모를 확장한 후 전자 서명 플랫폼이라는 가치 제안이 여러 시장에서 주목을 끌면서 국경을 초월한 반향을 불러일으키자 글로벌 시장으로 눈을 돌렸다.

하지만 일본은 원래부터 서명을 인정하지 않는 사회였기 때문에 전 세계에 수기 서명을 중단하도록 설득해야 하는 도큐사인의 입장으로서는 어려움을 겪을 수밖에 없었다. 일본은 수 세기 동안 '한코はんこ'라 불리는, 개인별 도장을 찍는 방식을 유지해왔다.

도큐사인은 이런 복잡성을 극복해야 하는 문제뿐만 아니라 일본 사회의 독특한 문화적 규범도 극복해야 했다. 일본은 현지 문화의 독특함을 보여주는 좋은 사례로서, 경제적으로 성숙한 일본 시장에 진출하려는 기업은 다른 곳보다 더 많은 현지화 작업을 거쳐야 한다. 많은 기업의 현지화가 조직, 관리, 인프라, 영업, 마케팅 프리미엄에 중점을 두는 편이지만, 도큐사인의 일본 현지화는 제품 프리미엄이 중심이 되었다.

만약 도큐사인이 기존의 마인드셋(본사 방식)을 고수했다면 전자 서명을 미래의 방식으로 포지셔닝했을 것이고, 변화가 필요한 구식 시스템의 관성을 극복하기 위한 문화적 접근 방식보다는 혁신을 우선하는 접근 방식을 취했을 것이다. 하지만 도큐사인은 많은 비즈니스 리더들이 '비논리적'이라고 생각할 수 있는 일을 해냈다. 회장이자 최고 경영자인 키스 크라흐는 일본의 도장 제조업체인 샤치하타와 협력하여 도장의 디지털 버전을 만들기로 결정했다. 디지털 제품을 보유한 기업이 왜 도장 제조업체와 협력하는 데 기꺼이 비용을 지출했을까? 일본과의 비즈니스 경험이 풍부했고, 인터프리너인 키스가 문화적 신뢰를 쌓고 시장의 거래 방식을 존중하는 것이 중요하다는 사실을 잘 알고 있었기 때문이다.

두 업체 간의 거래는 문화적 유대감을 바탕으로 성사되었다. 영어를 거의 못하는 샤치하타의 최고 의사결정자와 저녁 식사를 하고 술을 함께 마신 후, 양측은 호텔로 돌아오는 택시 안에서 노래방에 가기로 의기투합했다. 도큐사인 사람들은 큐 사카모토의 세계적인 명곡 〈스키야키〉를 불렀고, 샤치하타는 토니 베넷Tony Bennett의 노래 〈I left my heart in San Francisco〉를 부르면서 양측의 파트너십은 더욱 공고해졌다(여기서 '노래방 스킬'의 현지화가 얼마나 중요한지가 증명됐다).

결과는 분명했고 즉각적이었다. 일본은 단기간에 도큐사인의 핵심 글로벌 시장 중 하나가 되었다. 일본 정부가 인구 고령화로 인한 노동력 감소에 대응하고 효율을 높이기 위해서 '종이와의 전쟁'을 포함한 디지털 혁신 계획을 추진하면서, 도큐사인은 문화적 감수성 덕에 성장을 지속할 수 있는 유리한 위치를 선점했던 것이다.

많은 비즈니스 리더들은 기업 문화가 글로벌 성장 이니셔티브와 그 이후에 회사의 모든 구성원을 이끄는 비결이라는 데 동의할 것이다. **그렇기에 효과적인 글로벌 확장을 위한 세 번째 요소이자 가장 중요한 요소는 바로 '문화적 균형 감각'이다.**

우리가 조사한 수백 개의 기업들은 제품, 목표 시장, 글로벌 성장 경로상의 차이가 많았지만, 예외 없이 모두가 문화의 힘을 믿었다. 모든 기업에는 강력하고 독특한 기업 문화가 있었고, 그 기업 문화는 글로벌 성공을 향한 조직의 여정을 안내했다. 문화는 말 그대로 이 책 구석구석에 스며들어 있다. 사실 이 책의 전체 내용을 한 단어로 요약하라면 '문화'라고 말할 수 있다.

그들은 모두 기업 문화를 전 세계의 모든 직원이 이해할 수 있는 핵심 가치와 원칙으로 구체화했다. 그들은 핵심 가치를 매번 강조함으로써 모든 계층에 내재화되도록 했다. 문화는 공용어 역할을 함으로써 본사와 현지 팀 간에 '통역'이 필요 없을 정도로 서로를 소통하게 한다.

문화가 중요한 이유

인터프리너는 각자의 방식으로 문화의 중요성을 강조했다.

젠데스크의 공공 정책 및 소셜 임팩트 담당 부사장이었던 티파니 앱친스키Tiffany Apczynski는 "문화적 적합성이 기술적 적합성보다 우선한다"라고 말했고, 도큐사인에서 일했던 히로 로드리게스는 "법적 문제는 변호사를 고용해 해결할 수 있지만, 문화적 문제는 그럴 수 없다"라고 설명했다. 현대 경영학의 아버지라 불리는 피터 드러커Peter Drucker는 "문화는 아침식사로 전략을 먹는다"라는 유명한 말을 남겼다.

애플의 임원이었던 존 브랜든은 문화적 인식 능력을 통해 회사의 핵심 가치, 현지 문화, 비즈니스의 우선순위를 고려하면 "무엇이 중요하고 무엇이 중요하지 않은지 알 수 있다"라고 말하며 문화의 중요성을 강조했다. 각자 표현은 조금씩 다르지만 모두가 문화의 중요성을 이야기하고 있다. **효과적인 글로벌 성장은 문화에서 시작하여 문화에서 끝을 맺는다.**

기업 문화는 조직 내부의 모든 것에 영향을 미친다. 기업 문화는 회사의 제품, 브랜드, 직원 행동, 비즈니스 운영 방식으로 구체화된다. 그렇기 때문에 기업 문화는 글로벌 클래스 관리 모델(GCM 모델)의 처음과 끝을 관통하고, 모멘텀 빌더와 현지 팀이라는 두 타워 사이의 '수평 현수 케이블'이 되어 다리 전체를 지탱하는 역할을 한다.

기업 문화는 신규 시장에서 회사-시장 최적화에 도달하기 위해 현지화를 구현하는 수준, 현지 팀을 구성하고 의사결정의 가드레일을 만드는 방법을 결정한다. 강력한 기업 문화가 조직 전반을 지탱하지 못하면 다리가 무너지듯 글로벌 확장을 위한 모든 노력이 물거품이 될 것이다.

현지 시장의 문화도 마찬가지다. 현지 문화는 고객과 소통하는 방법, 고객의 관심을 끄는 요소, 구매 의사결정 방식 등 모든 것에 영향이 미친다. 현지 문화는 관습과 전통, 음식, 법률, 습관, 마인드셋 등 다양한 방식으로 드러난다. 쏘트웍스의 북미 지역 최고 경영자인 크리스 머피는 "언어는 문화와 규범의 표현"이라고 말하면서, 어휘, 문장 형식, 억양을 살피면 현지인들의 사고 과정, 가치관, 문화를 들여다볼 수 있다고 설명한다.

"문화는 역동적이다." 에어비앤비 미주 및 아태 지역 마케팅 책임자였던 제니퍼 위엔은 문화는 한 번에 익힐 수 있는 정적인 것이 아니라며 이렇게 강조했다. 글로벌 클래스 기업은 지속적인 정렬을 위해서 기업 문화와 현지 문화를 연구한다.

아시아에서 비즈니스를 확장한 경험이 풍부한 트로이 멀론은 예전에 한국에 거주하며 비즈니스를 시작한 적이 있는데, 최근에도 한국에서 현지화 요소 발견 작업을 진행한 바 있다. 그는 과거의 경험을 통해 한국 시장을 잘 알긴 했지만, 5년이란 시간이 지났기 때문에 현지 문화와 시장의 역학관계가 어떻게 변했는지 파악할 필요가 있었다고 설명했다. 그리고 인터프리너가 가져야 할 마인드셋에 대해 이렇게 말했다.

"회사-시장 최적화를 성공적으로 달성하고 글로벌 조직을 구축하려면 다양한 유형의 문화를 이해하고 균형 감각을 가져야 한다."

문화와 관련한 고지 사항

문화와 관련한 많은 사람들의 광범위한 연구가 이미 있기 때문에 비록 우리가 문화 전문가는 아니지만, 자체 조사를 통해 글로벌 비즈니스 운영과 현지화에 문화가 얼마나 중요한지 여러 번 확인했다. 따라서 문화와 관련된 논의는 심층 분석을 위한 것이 아니고, 글로벌 조직 운영이라는 맥락에서 문화라는 주제에 접근할 때 유용한 프레임을 제공하는 것이 목적이다. 우리는 문화에 대한 다양한 관점과 감수성이 있음을 잘 알고 있다. 그러므로 (1) 문화의 중요성은 아무리 강조해도 지나치지 않고 (2) 생각, 의견, 경험의 다양성은 글로벌 클래스 기업이 글로벌 규모로 성장하는 데 필수적인 '산소'라고 믿는다는 2가지 요점 외에 특정 사고방식을 규정하려는 의도는 전혀 없다. 이 장을 통해 문화라는 주제를 어떻게 생각할지, 그 통찰과 프레임을 얻기 바란다.

문화의 3가지 층

기업은 초기 시장과 그 시장의 문화를 잘 알고 있다. 비록 동의는 하지 않더라도 각종 법규나 고객의 태도, 신념 등을 잘 이해하고 있다. 그렇기에 물론 쉽지는 않지만 회사-시장 최적화를 달성하기 위한 도약을 보다 간단하게 이룰 수 있다.

익숙하지 않은 층을 추가하려면 기존의 가정을 버리고 다른 기준점을 찾아야 한다. 글로벌 시장으로의 확장이 바로 이런 경우다. 문화는 모든 단계에서 중요하다. 그러나 기업이 시장 성장 단계로 들어설 때, 즉 현지 시장에서 성장함에 따라 제품-시장 최적화를 넘어 회사-시장 최적화로 나아가고 대규모로 여러 국가의 운영을 지원할 구조를 구축해야 할 때 그 중요성은 더욱 커진다.

글로벌하게 성장할 때 서로 공존하고 균형을 이루어야 하는 문화의 3가지 층은 다음과 같다.

- **현지 시장 문화** - 특정 국가 혹은 특정 지역의 현지인들이 공유하는 신념, 행동, 규범

[그림 15] **문화의 3가지 층**

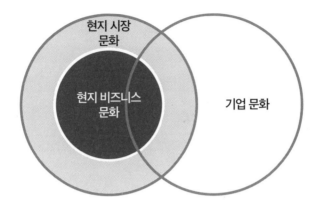

- **현지 비즈니스 문화** - 비즈니스 수행 방식과 현지 팀의 운영 방식에 영향을 미치는 특정 국가 혹은 특정 지역이 공유하는 신념, 행동, 규범. 현지 비즈니스 문화는 현지 시장 문화라는 전체집합에 속하는 부분집합
- **기업 문화** - 구성원이 소통하고 의사결정을 내리며 전략을 수립/실행하는 방법을 가이드하는, 조직 내에 공유된 신념, 행동, 규범

이 장에서 우리는 이 3가지 층과 함께 최근에 중요하게 떠오르는 네 번째 층을 살펴볼 것이다. 이 3가지 층의 균형을 어떻게 맞춰야 하는지, 기업 문화를 현지 시장에 어떻게 맞출 수 있는지 알아보자.

현지 시장 문화가 충돌할 때

현지 시장 문화는 현지인들이 사고하고 행동하며 의사결정을 내리는 방식에 영향을 미치는 핵심 동인이다. 또한 비즈니스가 신규 시장에서 견인력을 확보하고 회사-시장 최적화를 추구할 때 비즈니스 모델에 적용해야 하는 대부분의 변경 사항을 필요로 하는 강력한 엔진이다. 이 변경 사항들은 특히 마케팅, 영업, 제품 프리미엄 등 모든 유형의 현지화 프리미엄을 발생시킨다. 현지 시장 문화는 한 국가의 사회 제도에 강력한 영향을 미치기 때문에, 관리 프리미엄에 영향을 미치는 해당 국가의 법과 규제를 어느 정도 주도한다고도 말할 수 있다.

글로벌 클래스 기업은 구매 결정이 어떻게 이루어지는지, 의사결정 기준은 무엇인지, 고객이 얻는 가장 중요한 이득은 무엇인지, 시장의 목표 고객과 관련된 제품 사용 사례와 그들의 습관은 무엇인지 파악하려고 노력한다. 이런 정보를 탐색하는 과정에서 현지 문화와, 그것이 회사가 진출한 다른 시장과 어떻게 다른지 그 통찰을 얻을 수 있다. 예를 들어 7장에서 언급한 것처럼 '신선한 공기'를 마신다는 개념은 일본과 한국에서 매우 다르다.

글로벌 클래스 기업은 현지 시장 문화와 현지인들에게 중요한 것을 파악하는 데 많은 시간을 할애한다. 비즈니스 운영 방식과 기존 및 잠재 고객과의 소통 방식을 통해 현지 시장 문화를 존중하는 모습을 보여주면 브랜드와 현지의 관계를 구축하기가 아주 용이해진다.

현지화 요소 발견 과정에서처럼 직접 시장을 방문하여 일반인들과 교류하는 활동을 통해 현지 생활이 실제로 어떤지를 풍부하게 살펴볼 수 있다. 8장에서 설명했듯이, 현지 시장 문화의 뉘앙스를 이해하려면 팀 내에 현지 지식을 갖춘 전문 인력을 보유해야 한다.

글로벌 클래스 기업은 시장의 행동을 주도하는 현지 트렌드와 정부의 개입을 특히 주의 깊게 관찰함으로써 기회를 포착한다. 도큐사인이 인력의 고령화와 '제로 페이퍼' 정책 같은 기업의 디지털 전환을 일본 시장 진출의 촉매로 삼았던 방법을 떠올려보라. 첫째는 현지 시장 문화의 변화, 둘째는 비즈니스 문화의 변화였다.

몇몇 글로벌 클래스 기업은 브랜드에 개성을 부여하고 제품을 문화적 시대정신에 통합하는 방법을 찾음으로써 현지 시장 문화와의 소통 과정에서 한 걸음 앞서 나간다. 하이네켄은 베트남의 도시인들이 시골에 거주하는 친척에게 맥주를 선물하는 문화 풍습을 만듦으로써 베트남의 가장 큰 명절인 '뗏Têt(음력 설)'과 맥주를 서로 연결시켰다. 이 풍습이 뿌리 깊게 자리 잡으면서 베트남인들은 하이네켄을 자신들의 것으로 수용했고 이 네덜란드 브랜드에 '켄Ken'이라는 별명을 붙이기까지 했다.

─ 사례 연구 ─

야구 연습장에서 문화 이해하기, 댄 히멜슈타인

UC버클리 하스 경영대학원의 글로벌 비즈니스 교수이자 학부 담당 학장이었던 댄 히멜슈타인은 1980년대 후반에 일본으로 파견돼 반도체 유통 스타트업의 영업 책임자로서 기업가 경력을 시작했다. 전직 야구 선수이기도 했던 그는 도쿄 신주쿠 지역에 살면서 24시간 운영되는 야구 연습장을 자주 찾아 마음의 위안을 얻었다. 그의 일과는 업무 후 저녁식사, 술자리, 노래방으로 이어지는 일정이었다. 그는 어느새 새벽 3시가 되면 야간 근무를 마친 접객 혹은 요식업 종사자들과 함께 야구 연습장에서 배트를 휘두르고 있었다. 그곳에서 그는 유일한 외국인이었다.

처음엔 그럴 것 같지 않아 보였지만, 댄은 회의실보다 야구 연습장에서 일본 비즈니스 문화를 더 많이 배울 수 있었다. 댄은 짧은 일본어와 손짓 발짓으로 일본인의 문화에 더 깊이 빠져들 수 있었고, 특정 업무 상황에서 저지른 실수에 대해 피드백도 받을 수 있었다. 그는 현지인들로부터 상황에 맞는 비즈니스 에티켓이 무엇인지 배웠고, 실수를 줄이는 방법에 관한 조언뿐만 아니라 비즈니스 문화 차이로 발생한 몇 가지 문제를 해결하는 데 도움을 받았다.

그가 야구 연습장에서 알게 된 한 가지 사실은 일본 임원들 중 상당수가 제2차 세계대전에 참전했다는 것이었다. 그들은 감정적인 상처로 인해 미국에 적대감을 품고 있었고, 그래서인지 종종 냉담한 태도를 보이기도 했다. 이를 깨달은 댄은 자신의 행동을 살필 수 있었고 몇 가지 상황에 대한 독특한 관점을 이해할 수 있었으며 일본 경영진을 대상으로 한 영업 능력을 향상시킬 수 있었다.

B2B 영업 상황에서 레버리지가 적거나 경쟁사와 비슷한 위치에 있을 때 문화적 호기심과 전문성은 유용한 차별화 요소다. 차이를 만드는 것은 관계, 비언어적 뉘앙스, 문화에 대한 통찰력 같은 소프트 스킬이다. 사람들은 자신이 좋아하고 존경하는 사람과, 유능한 인터프리너처럼 문화에 깊은 관심을 가진 사람들과 함께 일하기를 원한다.

댄은 이렇게 말한다. "최고 경영자들과 효과적으로 협력하려면 일반인들과 대화하는 것이 중요하다."

현지 비즈니스 문화가 충돌할 때

현지 시장 문화와 현지인들의 신념과 마인드셋이 표출된 것이 바로 현지 비즈니스 문화다. 비즈니스가 수행되는 독특한 방식은 현지에서 입지를 구축하려는 기업에는 도전이자 기회다. 현지 비즈니스 문화는 의사결정과 전략을 주도하고 팀원들이 서로 간에 그리고 고객과 상호작용하는 방식을 결정한다.

여러 국가에서 비즈니스를 수행하는 방식에는 사소하고 관습적인 것부터 광범위하고 마인드셋과 관련된 것까지 다양하게 존재한다. 프로세스마다 사소한 차이가 있을 수 있고, 핵심 가치와 크게 충돌하는 것이 있을 수 있다. 현지에서 비즈니스가 이루어지는 방식을 잘 이해하면 주요 이해관계자들과 관계를 구축하는 데 도움이 되고, 문화적 감수성을 외부에 보여줌으로써 현지 인재를 채용하기가 용이할 수 있다.

문화적 차이의 예는 무수히 많다. 유럽 일부 지역에서는 직원들 각자의 급여가 공개되는 것이 일반적이지만, 미국에서는 그렇지 않다. 터키에는 8개 가문이 여러 시장을 지배하는 독특한 위계질서가 있는데, 한 가문에서 인정을 받으면 전체 비즈니스 커뮤니티에서 인정 받는 경우가 많다. 앞서 쏘트웍스의 사례에서 언급한 바와 같이, 중국에서는 향후 거래를 위한 비즈니스 관계에 투자한다는 의미로 최종 청구서에는 대금을 지불하지 않는 것이 관례다. 한국에서는 면접 때 "몇 살인가요?" "언제 졸업했습니까?" "결혼은 했나요?" 등의 질문을 지원자에게 할 수 있지만, 미국에서는 적절치 않은 질문들이다.

일부 아시아 국가에서는 서구의 비즈니스 문화보다 양심을 좀 더 중요하게 여긴다. 센드버드의 김동신은 비즈니스 문화에서 큰 차이는 지역의 주요 작물에서 잘 드러난다고 설득력 있게 말한다. 아시아에서는 쌀이 주요 작물인데, 쌀은 재배하기가 쉽지 않고 수확량을 늘리려면 많은 노동력이 필요하다. 서양의 주요 작물인 밀은 재배가 쉽고 별다른 신경을 쓰지 않아도 저절로 잘 자란다. 아시아에서는 근무 시간이 길고 프로세스가 체계적이며, 디테일을 중요시하고 협업과 사회적 인식을 요구하며 완벽함을 목표로 한다. 얼마 전까지만 해도 주 6일 오전 9시부터 밤 9시까지 일하는 것이 드문 일이 아니었다. 시간 엄수를 중요시하고, 윗사람이나 타 부서가 찾으면 곧바로 응해야 한다는 것이 비즈니스 문화였기 때문이다. 이는 미국의 유동적인 업무 일정과는 아주 다르다. 만약 아시아의 업무 방식을 미국인들에게 적용한다면 '빅 브러더Big Brother'라고 느낄 것이다. 말하자면 조지 오웰의 소설 《1984》처럼 모든 것을 감시하는 억압적인 국가의 폭정을 떠올릴 것이다.

아시아에는 집단주의 문화가 보다 많이 존재한다. 이는 경영진이 다른 구성원들로부터 어떤 의사결정자로 인식될지 염려하는 한국의 비즈니스 문화에서 찾아볼 수 있다. 한국에서는 새로운 인사 정책이나 계획을 추진하고자 할 때 임원부터 말단 직원에 이르는 모든 구성원에게 세부 사항에 관해 질문함으로써 가능한 한 많은 예외 사항을 검토하곤 한다. 조화로운 관계 유지를 위해 공정성과 형평성을 중요시하기 때문이다. 알다시피 이런 과정은 시간이 꽤 걸린다.

김동신은 미국에서 보다 큰 규모의 센드버드 팀을 구축하면서 미국의 비즈니스 문화가 매우 다르다는 사실을 발견했다. 미국의 비즈니스 문화는 전문성, 결과, 속도를 강조한다. 리더가 결정을 내리기 전에 여러 가지 사항을 숙고하느라 시간을 소요한다면 미국 직원들은 리더를 우유부단한 사람으로 인식할 것이다. 이외에도 비즈니스 문화의 차이가 많이 존재한다. 미국에서는 직원이 성과를 내지 못하면 해고가 당연하게 받아들여진다. 반면 한국 문화에서는 같은 이유로 직원을 해고하는 경우가 거의 없고, 회사와 직원이 서로 '체면을 유지하며' 헤어지기 위해서는 상호 합의가 필요하다.

회의에는 시장 나름의 규범과 의식이 있다. 아시아에서 근무한 경험이 있는 여러 비즈니스 전문가들은 출장을 갈 때 상대방에게 줄 작은 선물을 준비한다든지, 꼭 두 손으로 명함을 건넨다든지 등의 관습에 익숙하다. 글로벌 고객을 방문할 때 샌프란시스코 기라델리^{Ghirardelli} 초콜릿이 가득한 여행 가방을 들고 가는 것도 그런 관습 때문이다. 이러한 관습을 따름으로써 현지 문화를 잘 이해하고 시장에 헌신한다는 점을 현지 고객에게 전달할 수 있고 비즈니스 관계를 강화할 수 있다.

─────── **자주 간과하는 것** ───────

관계 구축 전략에 왕도는 없다

비즈니스 관계를 구축하는 효과적인 접근 방식은 지역과 국가마다 다르다. 유럽 일부 지역에서는 비즈니스에 바로 착수하는 경향이 있지만, 일부 라틴아메리카 국가에서는 개인적인 정보를 공유하고 '서로를 알아가는' 대화로 관계를 시작하는 경우가 많다. 5장에서 언급한 도큐사인과 도이치텔레콤의 파트너십 사례에서 볼 수 있듯, 겉으로는 공식적인 미팅을 통해 관계가 형성되고 거래가 이루어지는 것처럼 보일지 몰라도, 실제로는 사무실 밖에서의 모임으로 보다 심도 있는 비즈니스가 진행되고 관계가 구축된다는 점을 유의해야 한다.

시장을 선택하고 팀을 구성해 향후 결과를 예측할 때 근무 시간이 국가마다 크게 다를 수 있다는 점을 유념해야 한다. 아마존에서 근무했던 이선 에반스는 지역마다 다른 비즈니스 문화가 서로 다른 가치와 직업윤리를 강조한다는 사실을 깨달았다. 미국에 기반을 둔 아마존의 문화에서는 일주일 내내 일하는 것을 '성스러운 탐험holy quest'이라 말할 수 있지만, 몇몇 국가에서는 구성원 모두 오후 5시에 퇴근하는 문화가 있다. 이런 비즈니스 문화의 차이로 인해 본사와 현지 팀 사이에 커다란 갈등이 발생할 수 있다. 많은 미국 직원들에게 업무는 자신의 정체성과 자부심이며 우선적인 것이다. 하지만 이런 생각이 현지 비즈니스 문화와 항상 일치하는 것은 아니기 때문에 기업 문화에 맞는 글로벌 팀을 구축하기가 더 어렵다. 반면 스칸디나비아에서는 일과 개인생활 사이의 균형을 유지하는 것이 현지 문화의 핵심이다.

알토 벤처스Alto Ventures의 매니징 파트너인 김한도 이렇게 지적한다. "이런 유형의 문화적 차이는 일상적 업무 수행방식에서도 나타나는데, 리더는 이런 문화적 차이를 인식하여 내부 소통 체계와 업무 일정을 존중해야 한다. 이 점이 중요하다. 글로벌 인력을 관리할 때만 그런 게 아니다. 현지 팀들이 몇 개의 지역에 분포한 경우에도 어려움이 발생한다. 예를 들어 한국에서는 회사에서 늦게까지 일하다 퇴근하여 집에서 가족과 시간을 보내는 것으로 하루 일과를 마무리한다. 하지만 미국에서는 직원이 상대적으로 일찍 퇴근해 가족과 시간을 보내고 저녁 늦게 집에서 남은 업무를 하는 경우가 많다. 대중교통이 밤늦게까지 운행하지 않기 때문에 그런 방식으로 일을 하는 것이다. 한국 직원들이 보기에 미국 직원들이 업무에 헌신적이지 않은 것처럼 보이겠지만, 실제로는 똑같이 헌신적이다. 각자의 문화적 맥락에서 각자의 일정으로 일할 뿐이다.

이선은 앞 장에서 설명한 글로벌 클래스 관리 모델(GCM 모델)을 언급하며 현지 비즈니스 문화와 기업 문화가 정렬되지 않으면 글로벌 구조 전체를 지탱하는 케이블(기업 문화 및 신뢰 지점)이 약해진다고 설명한다. 또한 이런 업무 문화의 차이는 당장 드러나지 않는 경우가 많아서 문제를 해결하기 어려운 2년 차에 가서야 나타날 수도 있다고 경고한다.

상사와 경영진은 각기 다른 비즈니스 문화에서 여러 가지 역할을 수행한다. 슬랙의 돈 샤리펀은 현지 비즈니스 문화를 고려할 때 경영진의 방문이 인도 직원들에게 얼마나 두려운 일일 수 있는지를 경험을 통해 배웠다. 돈은 현지 시장에서 활동하면 신뢰를 얻을 수 있고, 이런 비즈니스 문화가 있는 현지 지사를 방문하려면 그전에 관계와 친밀감을 쌓는 것이 중요하다는 사실도 배웠다.

제니퍼 코닐리어스는 중국에서 애플의 소매점 사업을 확장시킬 당시 미국과 달리 중국에서 피드백이 어떻게 공유되는지 직접 목격했다. 그녀는 '체면 차리기'와 상사 보호라는 문화적 규범이 피드백 프로세스에 영향을 미친다는 사실을 파악했다. 체면을 중시하는 문화 때문에 직원들은 위계가 지배하는 조직에서 자신의 진짜 의견을 숨겨야 하는 경우가 많았던 것이다.

중국의 비즈니스 문화에는 특정 결정에 대한 '회색 영역'이 존재하지 않는다. 계획을 바로 실행하는 것과 권위자의 의견에 복종하는 것이 우선시된다. 마찬가지로 직원들이 피드백을 공유하고 목소리를 높이며 '권한을 위임 받았다'라고 느끼게 하는 것은 미국에서나 통할 문화이고, 직원의 '참여'라는 개념도 몇몇 비즈니스 문화에서는 제대로 받아들여지지 못한다.

직원 참여도를 조사하기 위해 애플은 중국 직원들에게 익명으로 설문지를 완성하도록 했다. 조사 결과 참여도와 만족도는 높았는데, 이것은 이직률이 높은 현실과는 맞지 않는 결과였다. 피드백과 관련된 현지 비즈니스 문화가 이율배반적인 결과가 나온 이유였다. 팀 리더들은 직원들에게 설문조사가 익명으로 이루어진다고 설명했지만, 직원들은 아무리 익명이라 해도 부정적인 피드백을 공유하는 것을 찜찜하게 여겼다. '친구나 가족에게 애플 입사를 추천할 의향이 있는가'라는 질문에 직원들은 진실을 말하기보다 상사를 보호할 목적으로 '항상 그렇다'라고 대답했다. 이 문제를 해결하기 위해 제니퍼 팀은 피드백 공유를 주저하는 현지 비즈니스 문화의 이런 요소를 극복하고 직원 유지율을 높이기 위해 행복과 관련한 다양한 유형의 질문을 던지기로 했다. 제니퍼는 글로벌 시장에서 성공하려면 회사가 현지 문화의 특이성을 인정하면서도 직원들이 회사 가치에 정렬되도록 균형과 프로세스를 구축해야 한다는 사실을 깨달았다.

직함

지역별로 직함^{Job Title}이 다르면 의사결정 권한과 역할에 혼선이 발생할 수 있다. 직함은 신규 시장에서 관계를 구축하는 데 매우 중요한 요소다. 일부 문화권에서는 직함을 올바르게 사용하는 것을 매우 중요시했다. 그래서 우리는 어느 고객사의 현지 지사가 본국의 승인을 받아 실리콘밸리에서 사용되는 직함에 잘 맞게 직함을 변경하도록 돕기도 했다. 현지 팀에서 직원을 채용할 때 적절한 직함 체계를 갖추지 못하면 적합한 지원자를 유치하기가 어렵다.

예를 들어 총괄 관리자^{GM}라는 직함은 상당수 아시아 국가에서 매우 중요하다. 이 직함을 들으면 이해하기가 쉽고 해당 직책을 맡은 사람의 권위를 바로 파악할 수 있다. 현지 비즈니스 환경에서 활동하는 사람들이 직함을 보고 그 직책의 역할, 책임, 결정 권한을 이해하지 못한다면 문제가 발생할 수 있다. 사람들이 팀 내의 직함을 최대한 간단하고 쉽게 이해할 수 있게 하라.

게다가 매우 전통적인 비즈니스 문화에서는 실리콘밸리의 몇몇 회사가 사용하는 '수석 에반젤리스트^{chief evangelist}' 같은 직함을 이해하지 못한다. 너무 독창적인 직함은 피하는 것이 좋다. 일본에서는 '모난 돌이 정 맞는다'와 같은 뜻으로 '구부러진 못'이라는 말이 있는데, 눈에 띄는 것보다 문화에 적절히 순응하는 것을 더 중요하게 여긴다는 뜻이다.

기업 문화가 충돌할 때

기업 문화에 통달했다란 말은 주로 새로운 현지(시장/비즈니스) 문화에서 회사의 핵심 가치와 원칙을 유지할 방법을 찾아낼 수 있다는 뜻이다. 회사와 리더가 자신이 아닌 다른 무언가가 되려고 해서는 안 되고 항상 진정성 있고 신뢰할 수 있으며 솔직해야 한다는 말은 옳지만, 현지 시장에 맞게 기업 문화의 몇몇 요소를 변화시켜야 할 것이다. 현지에 적응할 때는 의사결정과 행동에서 어느 정도의 일관성과 연속성을 준수하도록 강력한 기반을 유지하는 것이 중요하다. 기업 문화는 이에 필요한 명확한 기준점이 된다.

라쿠텐의 슬로건은 "속도, 속도, 속도"다. 플래드의 슬로건은 "함께 배우고 성장한다"이다. 체그는 "크게 꿈꾸고 토론하며 결정하고 실행한다"이고, 줌은 "커뮤니티, 고객, 회사, 팀원, 자기 자신"이 슬로건이다. 이렇듯 각 회사의 핵심 가치는 서로 다르지만, 이 원칙은 전 세계에 퍼져 있는 현지 지사들에 북극성 역할을 한다. 핵심 가치는 내부 및 외부를 향한 조직의 모든 노력을 한 방향으로 이끈다.

기업 문화는 구성원들의 노력을 안내하고 집중시키며 하나로 묶는다. 기업 문화는 정책 수립 시 절대 타협할 수 없는 것과 회사 DNA의 핵심을 구성하는 요소를 포함한다. 핵심 가치와 함께 목표를 설정하는 데 지침이 되고, 성공의 의미가 무엇인지 판단하는 기준이 된다. 기업 문화는 신뢰를 구축하는 정체성을 구성원들에게 부여하기도 한다. 기업 문화에 진정성을 담으려면 비즈니스가 문화를 이끌어야 하고, 직원들은 그 문화를 준수하고 그 문화에 따라 행동해야 한다. "유연성만으로는 충분하지 않다. 강력한 문화와 원칙이 필수적이다"라고 몰로코의 창립자이자 최고 경영자인 안익진은 말한다.

2018년은 몰로코에 중요한 전환점이 된 해였다. 하와이에 본사를 둔 몰로코는 조직이 글로벌로 확장되면서 아시아 태평양 및 미국이라는 2개의 다른 팀과 2개의 다른 문화를 갖게 되었다. 회사는 런던에 지역 본부를 두고 유럽에 새로 진출하기 직전이었다. 그리고 독일, 이탈리아, 러시아 등 서로 다른 문화와 언어를 사용하는 다양한 국가 출신의 사람들과 협력해야 했기 때문에 런던 본부의 인력 다양성이 더욱 커질 수밖에 없었다. 이는 상당히 도전적인 상황이었는데, 초기 시장(하와이)에서 한국인 인재로 비즈니스를 키워야 하는 한국 기업 몰로코에는 특히나 어려운 상황이었을 것이다. 다양성이 글로벌 시장에서 규모 확대를 가능케 한다는 점을 인식하는 것이 중요하다.

안익진은 문화를 통합하는 데 신경을 쓰지 않는다면 제3의 문화가 생겨나 조직 프리미엄과 내부 갈등이 커질 가능성이 높다는 것을 깨달았다. 그는 글로벌 기업을 만드는 데 사람과 문화가 가장 중요하다는 사실을 정확히 간파했고, 때로는 조직을 혼란에 빠뜨릴 수도 있는 유연성을 부여하는 동시에 공통의 문화와 단순한 원칙을 바탕으로 다양성 높은 팀을 하나로 묶어야 한다는 점을 깨달았다. 보편적인 매력을 지닌 기업 문화와 핵심 가치를 통해 팀은 이런 공통 기반에서 비롯된 공통점을 찾을 수 있다. 그리고 경영진은 이를 통해 현지 팀을 신뢰하고 유연성을 부여하며 현지화된 전략을 실행하도록 할 수 있다. 안익진은 다양한 관점과 다양한 업무 방식을 불편해하지 않았고 오히려 그걸 기회로 삼음으로써 그런 다양한 관점이 다른 시장의 성장을 촉진할 수 있도록 했다.

기업 문화의 핵심 가치는 여러 가지로 지침의 역할을 한다. 직원들에게 타인을 대하는 방법을 알려주고 무엇이 중요한가를 강조해주며, 직원들이 얼마나 일을 잘 수행하는지 알려주고 동료 직원과 회사 전체와의 연결고리를 제공하며, 정체성, 신뢰감, 진정한 의미를 부여한다. 또한 가치를 공유함으로써 고객과의 연결을 촉진할 수 있다.

어려운 결정을 내려야 할 때 기업 문화와 핵심 가치를 첫 번째 필터로 사용하면 스트레스가 가중되는 상황에서 명확성을 확보할 수 있다. 이 것이 바로 현지화 프리미엄 분석 프로세스의 2단계다. 또한 실패 및 학습을 용인하는 영역과 절대 타협해서는 안 되는 영역을 결정하는 기준이기도 하다.

기업 문화와 핵심 가치는 국경을 넘어 사람들을 하나로 묶는 통합된 정체성을 부여하기 때문에 분산 팀 구조에서는 점점 더 중요해지고 있다. 또한 대면 상호작용이 제한적이라 해도 팀 내의 사회적 유대감을 형성하는 데 중요한 구심점이고, 분산된 위치에서 일하더라도 여전히 하나의 힘이라는 느낌을 강화하는 원동력이다.

3가지 문화 유형(현지 시장 문화, 현지 비즈니스 문화, 기업 문화)을 모두 깊이 이해하면, 현지 시장을 탐색하는 방법을 찾아내고 프로세스와 안전장치를 사용해 회사 가치와 충돌되는 문화적 경향을 제한함으로써 문제를 사전에 예방할 수 있다.

현지 시장 경험이 부족한 본사 팀이 시간과 비용을 낭비하고 그 과정에서 기회까지 놓치는 경우가 없도록 현지 비즈니스 수행 방식을 잘 아는 사람을 팀에 두는 이유는 바로 문화적 차이 때문이다.

문화적 충돌을 피하는 전략

기업 문화가 현지 시장 및 현지 비즈니스 문화와 충돌하는 경우가 종종 발생한다. 애플의 존 브랜든은 재무 부정을 저지른 많은 직원을 해고함으로써 기업 문화를 우선했다. 이것은 미국 사람들에겐 어떤 문화를 우선해야 할지 명확하게 결정할 수 있는 상황이지만, 어떤 현지인들에게는 모호할 수 있다. 중국의 현지 비즈니스 문화처럼 상사를 보호하는 것을 중요시한다면 그렇다.

메타맵의 아프리카 확장 책임자인 클라우디아 마카드리스토가 지적하듯, 나이지리아의 비즈니스 문화는 몇몇 동아프리카 국가보다 더 대립적이라서 두 지역(나이지리아와 다른 동아프리카 국가)에 분산된 팀들에는 서로를 이해하려는 기반과 각자에게 맞춤화된 의식적인 소통 노력이 필요하다. 이런 유형의 문화적 갈등은 정기적으로 발생할 수 있기 때문에 회사는 서로 다른 문화 사이에 다리를 놓는 방법을 찾아야 한다.

의사결정 구조 내에서 문화와 핵심 가치를 고려하는 것은 현지 시장 문화 또는 기업 문화를 우선하는 문제에서 유연성이 있는 부분과 그렇지 못한 부분을 파악할 수 있는 효과적인 방법이다. 얀 반 카스테렌은 "가치는 대화를 촉발해야 한다"라고 말한다. 또한 패트리온의 티파니 스티븐슨은 "팀 내에서 가치를 시험대에 올리는 의사결정에는 어떤 것이 있는가?"라고 질문한다.

글로벌 클래스 기업은 갈등이 발생하기 전에 이를 완화하고 현지 문화와 기업 문화 간의 갈등을 조정하려고 다양한 전략을 활용하는데, 이런 전략은 빠르게 성장하는 글로벌 조직에 다음과 같은 도움이 된다.

- 핵심 가치의 보편화
- 적합한 팀 구성
- 문화를 고려한 관리의 실천
- 문화의 통합

핵심 가치의 보편화

대부분의 기업은 핵심 가치를 수립할 때 직원, 파트너, 고객 등 주요 이해관계자와의 관계를 고려한다. 최근에는 환경과 사회에 미치는 영향도 기업의 핵심 가치에 반영되고 있다.

글로벌 클래스 기업이 수립한 핵심 가치와 기존 기업의 핵심 가치 간의 큰 차이점은 바로 범위다. 기존 기업 대부분은 고객 유형과 영향력의 효과가 초기 시장(자국 시장)에 국한돼 있는 반면, 글로벌 클래스 기업은 전 세계 고객을 대상으로 한다.

자유와 같은 개념은 월마트의 '개인에 대한 존중'과 같은 핵심 가치로 미국 고객에게 어필할 수 있다. 하지만 이 핵심 가치는 집단을 중요시하는 많은 아시아 문화권에서는 충돌을 일으킬 수 있다.

기업의 핵심 가치가 초기 시장에 지나치게 특화돼 있으면 타 시장의 이해관계자들로부터 공감을 얻지 못하여 고객과의 소통이 줄어들고 현지 직원들의 권한도 제한된다. 이는 회사-시장 최적화 달성을 방해한다. 앞서 소개한 라쿠텐의 핵심 가치를 일본인이 아닌 고객들도 쉽게 이해할 수 있었다면 유럽 지사 직원들의 사기 저하와 관련된 여러 가지 문제를 미연에 방지할 수 있었을 것이다.

현지 비즈니스 문화의 차이로 인해 핵심 가치와 전략에 대한 해석이 달라질 수 있다. 아마존의 핵심 가치 중에서 이해하기 어려운 '많이 옳아야 한다Are right, A lot'란 핵심 가치는 다양한 관점을 확보하고 정확히 판단하기 위해 노력함으로써 올바른 결정을 내리는 것이 리더의 의무라는 뜻이다. 인도에서는 권위를 존중하는 문화가 강하기 때문에 현지 직원들은 이 핵심 가치를 '상사는 옳으니 의문을 제기하지 마라'라는 의미로 해석했다. 핵심 가치가 현지 시장과 비즈니스 문화에 따라 어떻게 해석되는지 확인하는 것이 중요하다.

글로벌 클래스 기업은 전 세계 사람들이 공감할 수 있는 보편적인 핵심 가치를 수립하고 수호한다. 핵심 가치를 보편화하면 최고의 인재를 유치하고 국경을 초월해 전 세계 고객과 더욱 활발하게 소통할 수 있다.

애자일 마인드셋은 기업과 현지 문화 간의 적절한 균형을 찾기 위해 반복적인 노력을 기울이는 조직에도 적용된다. 이것이 특별히 중요한 이유는 로켓닷챗의 창립자이자 최고 경영자인 가브리엘 엥겔의 말처럼 "회사 가치는 창조하는 것이 아니라 발견되는 것이어야" 하기 때문이다. 글로벌 입지를 구축하려는 글로벌 클래스 기업은 이를 본질적으로 이해하고 있다. 우리는 기업이 규모를 확장함에 따라, 점점 더 글로벌해지는 운영에 따라, 핵심 가치의 요소가 어떻게 변화하는지 목격했다. 예를 들어 플렉스포트는 '격차 메우기Fill the Gap'를 핵심 가치로 설정하여 직원들이 관료주의적인 프로세스의 방해 없이 문제를 빠르게 해결함으로써 성장할 수 있도록 지원했다. 하지만 회사가 여러 시장으로 확장하면서 이 핵심 가치로 인해 현지 팀이 본사와의 조율 없이 자체적으로 운영 방식을 결정하는 바람에 복잡성을 가중시킬 위험이 있었다. 결국 플렉스포트는 이 핵심 가치가 초기 시장에서 비즈니스 모델을 검증하는 데엔 유용했지만 글로벌 규모 확장 단계에서는 변경돼야 한다고 판단했다.

링크드인은 미션과 비전을 전 세계 모든 사람이 이해하고 공감할 수 있을 정도로 단순하게 만들었다. 모두가 내재화하고 정확히 표현할 수 있을 정도로 단순한 이 핵심 메시지는 전 세계 모든 사람들을 위한 경제적 기회 창출에 관한 것이었다. 센드버드의 최고 경영자이자 공동 창립자인 김동신은 52가지 리더십 원칙을 작은 책자로 인쇄하여 모든 팀원에게 배포한 적이 있다고 고백했다. 안타깝게도 이렇게 포괄적인 내용을 모두 이해하기란 상당히 어렵다. 신중을 기해 상세하게 만들었지만 이 내용은 기억하기도 힘들고 다른 사람들에게 전달하기도 불가능하다. 이런 문제를 간파한 이상희 총괄 매니저(초기 입사자)는 핵심 가치 수립 프로세스를 통해 다양성과 포용을 지지하는 '글로벌 시민의식', 취약점을 포함해 자신의 모든 것을 업무에 쏟는 것의 중요성, 다양한 배경을 가진 새로운 팀원들이 글로벌 성장이라는 공동의 목표를 위해 함께 일할 때 필요한 투명하고 개방적인 문화 조성 등 보편성과 호소력을 지닌 핵심 가치 7개로 압축했다.

한국에서는 여럿이 함께 모여 논의하는 것이 혼자 고민할 때보다 낫다는 비즈니스 문화가 존재한다. 이런 개념이 보편적이지는 않지만 '협업'

이라는 맥락으로 재구성하면 글로벌 직원들로부터 동의를 더 많이 얻어 낼 수 있다. 겸손과 같이 한국 비즈니스 문화에서는 당연한 것으로 여겨 지는 것들이 미국을 비롯한 글로벌 시장에서는 일반적이지 않다. 겸손 외에도 이런 경우는 많이 있다. 김동신은 센드버드에서 문제를 다른 사 람에게 전가하지 말고 자신이 주도적으로 문제를 해결한다는 개념인 '벅 스톱스 히어buck stops here'를 모든 직원이 수용하길 원했지만, 이 개념과 이런 표현은 미국인들에게만 익숙했기 때문에 이 마인드셋과 핵심 가치 를 다른 방법으로 설명해야 했다.

궁극적인 목표는 핵심 가치를 보편화하거나 최소한 보편적으로 이해 할 수 있는 방식으로 설명하는 것이다. 센드버드의 경우, 팀원들은 자신 과 자신이 관리하는 팀의 성과를 책임질 뿐만 아니라 팀과 회사가 성공 하지 못하면 진정한 성공이 아니라는 점을 이해하면서 동료와 자신이 속 한 조직으로 책임을 확장하는, 달성하기 어려운 수준의 리더십인 '레벨 5 의 리더십'을 갖추게 되었다.

이런 단순성과 보편성은 비즈니스의 성공과 신규 시장 진출로 바로 이 어졌다. 이것이 바로 한동안 링크드인이 중국에서 허용된 유일한 외국 소셜 미디어 플랫폼이었던 이유 중 하나다.

핵심 가치를 보편화하기 어려울 때의 최선책은 유럽에서 라쿠텐이 그 랬던 것처럼 기업 문화와 현지 시장 문화를 연결하는 것이다. 현지 문화 를 파악하려는 노력 외에도 현지 팀에 익숙한 원칙에 따라 현지 지사를 운영하려는 노력은 직원들의 동참을 얻는 데 효과적일 수 있다. 슬랙은 예의courtesy, 장인정신craftsmanship, 공감empathy, 장난스러움playfulness이라는 핵심 가치를 현지 문화와 연결하기 위해 노력했다. '장인정신'은 양질의 작업을 중시하는 일본인들의 공감을 불러일으켰다. 경청을 통해 이해하려는 노력인 '공감'은 일본인들의 이해를 얻기가 어려웠다. 비즈니스 환경에서 자신의 감정을 솔직하게 드러내지 않는 분위기 때문이었다. 모든 핵심 가치를 유지하려고 애쓰기보다 현지에 맞는 핵심 가치를 활용하는 것이 더 나은 경우가 많다.

제니퍼 코닐리어스의 말처럼 "보편적인 핵심 가치는 국경을 초월할 수 있는 경험의 평등을 창조"한다. 그녀는 "핵심 가치를 아는 것으로 그쳐서는 안 된다. 어떻게 세분화하여 조직 내 메커니즘의 일부로 사용할지 목적의식을 가지고 생각해야 한다"라고 말한다. 모든 직원, 특히 현지 팀원들이 공감하는 핵심 가치가 내재화되면 기업 문화는 차별화 요소이자 성장의 원동력이 될 수 있다. 지원 프로세스와 규범이 마련돼 있다면 더욱 그렇다. 보편화된 핵심 가치는 본사와 현지 지사 간의 '우리 VS. 그들'이라는 사고방식을 무너뜨림으로써 현지 시장의 동참을 이끌어낸다.

적합한 팀 구성

3가지 유형의 문화가 균형을 이루는 가장 좋은 방법은 적합한 인재를 채용하는 것이다. 자신의 역할 중 하나가 문화 간의 격차를 해소하는 것임을 잘 아는 인터프리너는 글로벌 성장 이니셔티브에 매우 중요하다. 그들은 현지화와 커뮤니티의 참여에도 누구보다 역량을 발휘한다. 또한 현지 팀원들은 현지 시장에 기업 문화를 전파하는 청지기 역할을 수행하기 때문에 현지 팀원들을 기업 문화 및 핵심 가치에 정렬하도록 만드는 것이 아주 중요하다.

문화적 적합성은 채용 과정에서 지원자를 평가하는 가장 중요한 기준 중 하나여야 한다. 문화적 적합성만이 유일한 기준이 돼서는 안 되지만, 인터프리너 마인드셋과 현지 지식을 갖춘 사람이 문화적 적합성까지 충족한다면 현지 시장에서 긍정적인 영향력을 발휘할 가능성이 훨씬 더 높다. 적합한 인재를 확보하는 것은 회사 전체의 문화적 일관성을 유지하기 위한 핵심 요소다.

적합하지 않은 사람을 채용하면 치명적인 결과를 초래할 수 있다. 플렉스포트의 얀은 "전통적인 산업을 공략하는 비즈니스로 신규 시장에 진입하는 것은 상당히 위험하다. 전통적인 마인드셋을 가진 사람을 현지 리더로 채용할 가능성이 높기 때문이다. 회사의 비전과 핵심 가치에 200% 동의하고 현지에 적용해 발전시킬 만한 사람이 현지 리더여야 한다"라고 말했다. 8장에서 언급한 얀의 비유를 빌리자면, 이렇게 균형 잡힌 마인드셋이 '싱크대를 깨끗하게 유지'시킨다.

신규 시장에서 기업 문화를 올바르게 정착시키려면 회사의 가치를 이해하고 동의하는 인재를 채용해야 한다. 현지 시장 지식과 현지 근무 경험은 풍부하지만 기업 문화를 이해하지 못하는 사람은 핵심 가치에 부합하지 않을 수 있기 때문에 만약 그런 사람을 채용한다면 조직 프리미엄이 누적될 위험이 있다. 반면 기업 문화를 잘 이해하지만 현지 비즈니스 문화나 현지 시장 문화를 잘 알지 못하는 사람을 채용한다면 회사-시장 최적화 달성에 기여하지 못할 뿐만 아니라 현지 팀 환경에 적응하는 데 실패할 수 있다. 2가지 경우 모두 글로벌 성장 이니셔티브의 실패 가능성을 높이고 만다.

글로벌 클래스 팀 구축 프레임워크에 부합하는 특성, 특히 인터프리너 스킬을 갖춘 사람을 채용하면 글로벌 확장 경쟁에서 우위를 점할 수 있다.

문화를 고려한 관리의 실천

앞 장에서 설명한 '문화를 고려한 관리 마인드셋'은 3가지 유형의 문화가 충돌할 때 균형을 잡는 데 아주 효과적이다. 의사결정을 내릴 때 문화적 맥락을 고려하는 '비상 계획적 접근 방식'은 본사와 다른 현지 비즈니스 문화를 가진 현지 팀 내에서 리더가 참여와 자율성 확대를 촉진하는 데 중요하다.

글로벌 클래스 마인드셋 역시 이 과정에 영향을 미친다. 지시와 통제의 리더십 스타일은 현지 팀에 대한 조력자이자 지원자라는 본사의 역할과는 어울리지 않는다. 문화적으로 깨어 있는 경영진은 본사가 현지 팀 및 현지 문화를 지원하고 현지의 관습, 소통 스타일, 피드백 관행을 잘 반영하도록 이끈다.

문화의 통합

3가지 문화 유형 간의 균형을 맞추는 가장 효과적인 방법은 그 문화들을 통합하는 것이다. '80:20 원칙'이 하나의 가이드가 될 수 있다. 핵심 가치를 포함하여 80%는 동일하게 유지해야 하지만, 나머지 20%는 현지 시장에 맞게 바꿀 수 있다.

문화를 통합하기 위한 구체적인 단계는 무엇일까? 아마존에서 일했던 이선 에반스는 다음과 같은 실용적인 방법을 제안한다.

- 직원들을 여러 지사에 근무하도록 함으로써 본사와 자국 외에서 글로벌 경험을 쌓을 수 있게 장려하라.
- 각 지사에서 발생하는 일에 관해 유기적으로 소통하라. 이것이 '우리 VS. 그들이라는 역학관계에서 벗어날 수 있는 좋은 방법'이다.
- 직원들이 상사에게 절대 하지 않을 말을 할 수 있는 '대사ambassador' 역할을 특정 직원에게 맡김으로써 보다 현실적인 피드백을 이끌어내라.
- 공식적인 교육으로 회사의 핵심 가치와 문화적 차이를 설명하라.
- 직원들을 몇 주 동안 다른 지사에서 근무하도록 하는 '마이크로 무브micro-move'를 장려하라. 직원들은 이런 경험을 인생의 커다란 변화로 생각하며 부담을 느끼지 않게 되고, 무언가를 배울 수 있는 모험으로 받아들인다.
- 문화에 관해 토론하고 문화를 분석하기 위해 무엇을 해야 하는지 스스로에게 물어보라.

이 실용적인 방법들 말고 문화적 통합을 위한 보다 상위의 전략 3가지가 있다. 스몰 피드백 루프 활용, 현지 문화 행사 지원, 다양성 존중이다.

'스몰 피드백 루프' 활용

피드백 루프를 통해 본사와 현지 팀원들은 문화 충돌을 파악하고 이를 정면으로 해결할 수 있다. 또한 이런 피드백 루프는 양방향 학습과 혁신을 위한 채널이 됨으로써 본사는 현지 지사의 문화적 모범 사례를 가져와 모든 글로벌 조직에 적용할 수 있고 개별 직원들은 서로를 통해 배울 수 있다.

이런 피드백 루프로 본사와 현지 팀을 연결해야 할 뿐만 아니라, 이 루프가 현지 팀 내부에서도 잘 작동케 하여 각 지사가 기업 문화와 현지 비즈니스 문화를 통합하도록 해야 한다. 이런 '스몰 피드백 루프'는 본사 혹은 타 지역에서 온 직원과 현지 직원들을 연결하는 좋은 방법이 될 수 있다. 또한 스몰 피드백 루프는 현지 팀이 현지 지식과 회사 지식의 균형을 유지하도록 하고 글로벌 성장 이니셔티브에 처음부터 영향을 미치도록 하는 효과적인 도구로 사용할 수 있다.

현지 문화 행사 지원

핵심 가치를 바꾸지 않더라도 현지 팀이 지역 커뮤니티에서 중요한 행사를 열도록 지원하는 것은 현지 팀의 역량을 강화하는 데 유용하다. 슬랙은 매년 회사 창립일을 기념하는 축하 행사를 별도로 개최하지만, 더블린의 현지 팀이 자체적으로 크리스마스 파티를 열도록 허용했다. 본사의 일정에는 없는 행사였지만 현지 문화에서 중요하게 여기는 행사였기 때문이다. 기업 문화와 충돌하지 않는 한, 현지 팀은 회사의 입지에 현지 문화 요소를 더할 수 있도록 보다 많은 자유를 가져야 한다. 이럴 때 직원들의 헌신과 참여도가 높아진다.

다양성 존중

분산 팀 간에 문화적 규범을 공유할 방법을 찾는다면 문화의 균형을 맞출 수 있고 신뢰와 동료애를 높일 수 있으며 관계 형성을 촉진할 수 있다. 현지 팀의 직원이 해당 시장의 문화 행사를 글로벌 팀과 공유하는 것만으로도 유대감을 형성할 수 있다. 넷앱NetApp의 부사장인 로리 하몬Lori Harmon은 여러 지사의 전통을 소개하는 '현지 문화 활동 및 인식 제고' 캠페인을 진행했다. 10월이 되면 독일 현지 팀과 함께 가상 옥토버페스트Oktoberfest 이벤트를 개최하여 축제에 관한 배경 지식을 공유하고 모두가 맥주를 즐겼다. 프로스트prost(독일어로 '건배'라는 뜻-옮긴이)! 로쿠처럼 회사 캘린더에 각국의 공휴일을 표시하는 간단한 조치로도 문화적 인식을 높일 수 있다. 10X 이노베이션 랩10X Innovation Lab에서는 공휴일이 되면 각 현지 팀원들이 자신의 나라에서 해당 공휴일을 어떻게 기념하는지를 공유한다. 이를 통해 4대륙에 퍼져 일하는 직원들이 서로를 배우고 이해할 수 있다.

쏘트웍스의 북미 지역 최고 경영자인 크리스 머피가 정확히 짚었듯이, 빠르게 성장하는 글로벌 기업은 기본적으로 다문화적인 경향이 있다. 그 기업들은 잠재 시장의 문화를 테스트하고 학습하며, 초기 시장에 진출할 때부터 인력의 다양성을 수용하고 적응할 수 있도록 조직을 보다 기동성 있게 구축한다. 글로벌 클래스 기업이 신규 시장에 맞게 제품을 조정하는 데 능하고 데이터 중심의, 테스트 기반의 접근 방식을 통해 언제든 전환할 줄 알기 때문에 다양성에 대한 개방성은 비즈니스를 글로벌하게 확장하는 메커니즘에도 적용된다. 또한 다양성이 새로운 아이디어를 개발하는 데 얼마나 도움이 되는지 그들은 잘 알고 있다.

현지 문화를 존경하는 것은 강력한 차별화 요소다

"음식은 글로벌 비즈니스에서 사람을 연결하고 다리를 놓는 역할을 한다"라고 UC버클리 하스 경영대학원의 댄 히멜스타인은 말한다. 문화적인 호기심이 많은 인터프리너인 댄은 새로운 기술을 학습하고 진출 시장에 대한 문화적 통찰을 키우기 위해 부단히 노력했다. 그는 대만 고객과 식사 중에 젓가락으로 땅콩을 집어보라는 소리를 들었다는 일화를 말하며, 그것이 향후에 장기적 비즈니스 관계를 구축하는 데 어떻게 도움이 되었는지를 이야기했다. "잠재 고객에게 제공하는 서비스의 95%는 경쟁사의 것과 동일하지만, 차이를 만드는 것은 문화적 이해와 관련된 5%다." 인터프리너에게 내재된 이런 수준의 문화적 인식은 핵심적인 차별화 요소다.

커뮤니티 문화의 부상

분산돼 있던 세계는 서로 연결되고 있다. 점점 더 많은 사람들에게 국가라는 정체성은 중요한 위치를 차지하지 않는다. 최근 몇몇 국가에서 민족주의가 커지고 있지만, 국경을 초월한 연결이 보다 강화되면서 '세계 시민의식'도 보다 빠르게 부상하고 있다. 공유 가치와 공통 관심사는 국경을 초월한다. 그렇기 때문에 공통 관심사를 통해 사람들을 연결시키고 보다 많은 채널을 제공하는 커뮤니케이션 및 소셜 미디어 플랫폼

덕에 국경을 초월해 수많은 소규모 커뮤니티가 만들어지는 새로운 유형의 문화가 부상하고 있다. 우리는 이것을 '커뮤니티 문화Community Culture'라 부른다.

이를 제대로 인식한 에어비앤비는 이 틈새 그룹을 타깃팅하고 국경을 초월한 커뮤니티 패러다임을 활용하여 시장 진입과 조직 구조 구축의 도구로 삼았다. 구체적으로 에어비앤비는 지역 단위가 아니라 마인드셋을 기반으로 목표 고객 그룹을 생성하고 이를 '부족tribe'이라고 부른다. 이 분석 구조는 고객 원형과 틈새시장 식별에 보다 중점을 둔다. 어떻게 보면 이런 방법이 시장 진입 초기에 더 실용적이다. 목표 고객이 누구이고 그들에게 마케팅 메시지를 어떻게 전달해야 하는지 훨씬 명확한 경로를 제시하기 때문이다. 에어비앤비의 고객 그룹 설정은 인구통계에 기반한 세그멘테이션segmentation(세분화)이 아니라 국경을 초월한 신념이나 마인드셋을 기반으로 한다.

이 프레임워크는 문화적 격차를 어느 정도 해소하기도 한다. 이 프레임워크에서 문화적 패러다임은 언어와 현지 관습이 아니라 취미나 열정을 통해 결속된 그룹의 공통 언어와 신념을 기반으로 한다. 운동 플랫폼인 펠로톤 인터랙티브Peloton Interactive는 건강과 웰빙에 관한 공통 관심사를 중심으로 국경을 초월한 커뮤니티를 구축함으로써 전 세계 커뮤니티 회원들에게 어필할 수 있는 일련의 신념, 어휘, 문화적 규범을 개발했다.

초기 시장에서 이미 제품을 사용하는 고객 원형을 파악했다면, 새로운 국가에서 동일한 원형의 고객에게 메시지를 번역해 전달하는 작업이 보다 용이해진다. 이것은 스토리텔링을 좋아하는 인간의 심리를 보다 밀접하게 활용하는 전략이다. 제니퍼 위엔에 따르면, 에이비앤비는 마라톤 선수들을 대상으로 초기에 큰 호응을 얻었다. 에어비앤비는 달리기와 모험에 대한 열정을 공유하는 이들의 행동을 통해 고객과 연결될 수 있었고 에어비앤비가 그들을 이해한다는 사실을 고객들이 수긍할 수 있도록 했다.

에어비앤비가 시장 진입과 시장 성장을 위해 전술적(실무적) 차원에서 수행하는 모든 활동은 비즈니스 전반에 스며들었고 커뮤니티 문화라는 개념을 뒷받침하고 있다. '누구나 어디에서나 소속감을 느낄 수 있는 세상을 만든다Create a world where anyone can belong anywhere'는 에이비앤비의 미션 역시 국경을 초월한 글로벌 커뮤니티라는 개념을 기반으로 하고, 에어비앤비의 핵심 가치를 보편화하는 역할을 한다. 우리는 '글로벌 클래스 운동'을 통해 글로벌 마인드를 갖춘 전 세계의 사람들을 연결하는, 인터프리너와 글로벌 클래스 기업이라는 개념을 중심으로 한 커뮤니티 문화를 구축하고자 노력 중이다.

커뮤니티에 관한 이런 프레임워크는 기업이 현지 시장과 국경을 초월한 인적 네트워크를 항상 염두에 둬야 하는 '문화를 고려한 글로벌 비즈니스'라는 개념을 구체화한다. 또한 이 개념은 '세계 시민 의식'에 대한 기업의 헌신을 촉진한다. 이 마인드셋은 인터프리너 마인드셋의 핵심 원칙, 즉 글로벌 마인드와 문화적 감수성과도 잘 부합한다.

하지만 그렇다고 해서 커뮤니티 문화를 우선하려고 현지 시장 문화를 무시해서는 안 된다. 현지 시장 문화는 여전히 매우 중요하다. 글로벌 클래스 기업은 현지 문화를 이해하는 것이 현지 시장과 현지인들에 대한 헌신을 보여준다는 점을 잘 알고 있지만, 국경을 초월하는 인간의 조건을 무시하지는 않는다. 커뮤니티 문화와 현지 시장 문화 사이에서 균형을 잘 이루어야 한다. 2장에서 언급했듯이, 글로벌 클래스 기업은 전 세계 어디에서나 직원과 고객에게 일관된 경험을 제공하려고 노력한다.

핀터레스트와 구글에서 일했던 스콧 콜먼은 문화의 지역적 특성과 글로벌적 특성이 모두 중요하다는 의미로 "사람들은 다 똑같지만 취향은 다르다"라고 간결하게 지적한다. 따라서 목표는 각자의 선천적인 인간성과 연결된 다음에 각자의 고유한 취향에 맞는 메시지를 개별적으로 전달하는 것이다. 이를 위해 현지 문화와 현지인들이 선택한, 국경을 초월한 커뮤니티 문화가 통합된 '개인 문화Individual's Culture'라는 개념이 필요하다.

이런 맥락에서 글로벌 클래스 기업은 개인, 지역, 공통 관심사를 가진 커뮤니티에 이르는 다양한 층의 문화를 이해하고 각 층을 연결할 수 있는 방법을 찾는다. 물론 이 방법을 찾는 것은 어려운 과제다.

커뮤니티 문화에 대한 노력은 다양한 형태로 나타난다. 글로벌 클래스 기업은 고객 기반 외에 커뮤니티 참여와 지속가능성도 이런 마인드셋에 포함된다는 점을 잘 알고 있다. 고객에게 제품이나 서비스를 제공하는 것뿐만 아니라 커뮤니티와 소통할 수 있는 방법을 찾는 것은 플레이북에서 중요한 부분이다. 많은 글로벌 클래스 기업들이 이를 잘 알고 비즈니스 수행 방식에 반영하고 있다. 젠데스크가 '젠데스크 이웃 재단'을 통해 자신들이 진출한 시장의 문제를 해결하는 것이 대표적인 예다.

마지막으로, 이런 커뮤니티 문화를 고려한다는 것은 운영 측면에서 실무적인 의미가 있다. 순전히 국경을 기준으로 비즈니스를 운영하면 현지화의 부담이 커지고 복잡성과 '임의적인 고유성'이 발목을 잡을 수 있다. 국경을 초월한 커뮤니티를 발견하면 고투마켓 요소(마케팅, 영업, 제품 프리미엄)를 조정하는 작업의 확장성이 커져서 효율이 향상된다. 이러한 '국경 초월'의 접근 방식은 연계 시장이라는 개념을 실현시킴으로써 한 시장에서 현지화를 수행하면 여러 시장에서 모멘텀을 창출할 수 있게 한다(6장 참고).

에어비앤비가 아태 지역에서 거둔 강력한 견인력을 통해 입증한 것처럼, 궁극적으로 현지 시장 참여를 이끌어내는 가장 좋은 방법은 제니퍼 위엔의 조언을 받아들이는 것이다. 즉, 신규 시장 사람들의 인간성에 집중하고, 브랜드와 그 인간성 사이에 존재하는 공통점을 연결하고 소통할 수 있는 방법을 찾는 것이다. 이를 위해 가장 기본적인 방법은 시간을 들여 그들의 문화와 그들에게 무엇이 중요한지 이해하는 것이다. 비즈니스를 운영하고 기존 및 잠재 고객과 소통하는 방식을 통해 현지 문화를 존중하는 모습을 보여라. 그런 다음, 국경을 초월한 커뮤니티를 타깃팅함으로써 글로벌 규모를 창출할 방법을 찾아보라.

이렇게 새로운 유형의 문화(커뮤니티 문화-옮긴이)가 부상함에 따라 글로벌 규모 달성을 가속화하려는 기업에서 인터프리너의 역할은 더욱 중요해지고 있다. 인터프리너가 발휘하는 문화적 마인드셋, 공감, 문화적 호기심, 커뮤니티 마인드는 글로벌 클래스 기업이 이 새로운 커뮤니티 문화를 활용하고 국경을 초월한 관계를 구축할 수 있도록 기여한다.

인터프리너로 팀을 구성하고, 전 세계에 분산 팀을 관리할 가교를 구축하고, 기업 문화와 현지 문화 간의 균형을 세심하게 유지하는 것은 글로벌 클래스 기업이 현지화를 진행하고, 현지 커뮤니티와 연결하고, 규모를 확대해 회사-시장 최적화를 달성하는 데 필요하다. 이것이 바로 효과적인 글로벌 확장을 위한 3개의 기둥이다. 글로벌 애자일 방법론, 효과적인 현지화, 복잡성 관리와 함께 기업을 글로벌 클래스로 자리 잡게 만드는 차별화 요소다.

10장 | 요약

- 신규 시장에서 성공적으로 회사-시장 최적화를 달성하고 글로벌 규모로 확장하려면 3가지 유형의 문화를 잘 이해하고 의식적으로 관리해야 한다. 바로 현지 시장 문화, 현지 비즈니스 문화, 기업 문화다.

- 이들 문화가 충돌하면 글로벌 클래스 기업은 다음과 같은 전략을 사용해 균형을 유지하고 회사-시장 최적화를 달성한다.

  a. 핵심 가치 보편화-전 세계 고객이 공감할 수 있는 핵심 가치를 수립한다.

  b. 적합한 팀 구성-문화적 적합도가 높은 인터프리너를 채용한다.

  c. 문화를 고려한 관리의 실천-비상 계획적 접근 방식을 사용해 현지 팀을 지원하고 권한을 위임한다.

  d. 문화의 통합-피드백 루프 활용, 현지 문화 행사 지원, 다양성 존중을 통해 문화(기업 문화와 현지 문화)의 균형을 맞추고 공유한다.

- 국경을 초월해 새로운 유형의 문화인 커뮤니티 문화가 등장하고 있기에 기업은 새로운 방식으로 문화를 바라봐야 한다.

1. 기업 문화와 현지 문화 간의 충돌을 경험한 적이 있는가? 어떻게 해결하고 균형을 잡았는가? 현지 팀의 성공을 위한 환경을 어떻게 조성하고 있는가?

2. 글로벌 고객(직원 및 고객)에게 어필하기 위해 회사의 핵심 가치를 어떻게 보편화했는가?

3. 글로벌하게 비즈니스를 성장시키기 위해 새롭게 떠오른 '국경 초월'의 커뮤니티 문화를 어떻게 활용하고 있는가?

11장

결론
글로벌 클래스 기업,
인터프리너 그리고 당신

세계에서 가장 빠르게 성장하는 기업, 즉 글로벌 클래스 기업이 글로벌 시장에서 어떻게 견인력을 확보하고 규모를 확장하는지 살펴보는 여정의 막바지에 다다랐다. 우리의 통찰과 프레임워크를 통해 인터프리너로서 다음 여정의 목적지로 향하는 준비를 보다 철저히 했기를 바란다.

우리는 지금까지 여러 대륙, 산업, 성장 단계를 넘나들며 여정을 함께했다. 그 과정에서 새로운 비즈니스 시대를 선도하는 글로벌 클래스 기업의 마인드셋과 기업 성공의 촉매 역할을 수행하는 인터프리너에 대해 배웠다(1부). 글로벌 클래스 기업이 글로벌 성장 이니셔티브를 지원하기 위해 지켜야 할 약속, 고투마켓 및 운영 전략을 현지화하기 위해 글로벌 버전의 애자일 방법을 활용하는 것의 중요성, 복잡성을 관리하고 조직 구조를 만들어가는 것이 어떻게 회사-시장 최적화를 달성하는 데 필요한지 살펴봤다(2부). 마지막으로 성장을 뒷받침하는 핵심 기둥인 효과적인 팀 구축, 현지 팀에 권한을 위임하는 관리 모델, 글로벌 규모에 따른 문화의 균형 전략을 알아봤다(3부). 그 과정에서 성공적인 글로벌 조직을 구축하고 관리하는 방법에 관한 플레이북을 살펴봤다. 이제 이를 적용해 여러분의 조직을 글로벌 클래스 수준으로 끌어올릴 차례다.

우리에게 그 과정은 흥미진진한 여정이었다. 이 주제를 명확히 설명하는 책이 없었기 때문에 우리는 용기를 내야 했고 가장 성공적인 기업들이 새로운 국가에 진출하여 글로벌 규모로 운영한 비결이 무엇인지, 그 해답을 찾기 위한 탐구에 나섰다. 탐구 과정에서 우리는 많은 이야기를 들었고 영감을 얻었다. 그 기업들의 유사점과 각 기업이 취한 다양한 성장 경로에 흥미를 느꼈다.

세계에서 가장 성공적인 기업에서 일하는 수백 명의 리더들이 우리를 반갑게 환대해준 것은 정말로 황홀한 경험이었다. 솔직히 놀랐다. 우리는 그들의 뛰어난 통찰과 글로벌 클래스의 메시지를 전파하도록 지속적인 지원을 아끼지 않은 점에 깊이 감사한다.

각자의 역할에 따라 글로벌 클래스로 나아가는 여정이 외롭고 답답하기도 할 것이다. 특히 신규 지사를 처음 개설하는 직원이라면 더욱 그럴 것이다. 우리의 인터뷰에 응한 인터프리너들은 현지 시장에서든 본사에서든 한정된 자원을 확보하고자 애썼고, 회사 경영진에게 신규 시장의 차이점과 기회를 이해시키려고 노력했으며, 기업 문화와 핵심 가치를 양방향으로 끊임없이 소통해야 했다.

이런 어려움에도 불구하고 인터뷰에 응한 리더들은 진정한 인터프리너라면 응당 그러하듯 성공을 이어갔다. 그런 모든 노력을 일로 생각하지 않았고, 적어도 그 과정에서 문화를 넘나들며 새로운 것을 배워야 한다는 소명이 있었기에 그럴 만한 가치가 있다고 믿었다.

그들은 우리가 그들에게 줄 수 있는 것보다 훨씬 더 많은 것을 우리와 공유하고 있지만, 우리는 그들이 좋은 회사에 있고 이것은 시작에 불과하다는 것을 그들에게 알려주고 싶다. 그들은 관계를 구축하고 사회를 발전시키는 데 글로벌 비즈니스가 어떤 역할을 할 수 있는지 알고 싶어 하는 전문가 그룹에 길을 밝혀주는 선구자다. 기업이나 소비자들에게 제품을 판매하든, 물리적 혹은 디지털 제품의 형태로 솔루션을 제공하든, 글로벌 규모의 성공적 비즈니스를 구축할 때 핵심은 결국 사람이다. 사람들을 연결시켜 문제를 해결함으로써 더 나은 세상을 만들도록 도움을 주는 것이다.

이 책을 쓰는 과정에서 우리는 새로운 개념을 고안했고 다른 개념을 참고했으며, 서로 관련이 없는 단편적인 상황을 끌어모으기보다 실질적인 프레임워크를 만들고 보편적인 교훈을 이끌어내려고 했다. 그렇게 함으로써 우리는 이런 교훈이 실무에 적용 가능하도록 했고, 특히 글로벌 성장 이니셔티브를 승인하고 지원해야 하는 '비非 인터프리너'도 받아들일 수 있게 했다.

우리가 제시한 것들이 실행 가능하기를 바란다. 우리의 의도는 본사 직원, 현지 직원, 풍부한 글로벌 경험을 지닌 사람, 글로벌 경력을 꿈꾸는 사람 등 글로벌 비즈니스에 관심을 가진 모든 이에게 도움이 되는 통찰을 제공하는 것이었다. 균형 있는 시각을 제시하려는 우리의 노력이 제대로 통했기를 바란다.

세계에 퍼져 있는 여러 조직을 살펴본 결과, 우리는 많은 사람들이 성공적인 글로벌 확장에 필요한 마인드셋을 정확히 파악하지 못한다는 사실을 발견했다. 그래서 우리는 문화적 호기심, 글로벌 마인드셋, 공감이라는 3가지 특성을 합해 공식 명칭을 붙이고 싶었다. 그것이 바로 인터프리너다.

우리는 기업이 자신들의 업무 방식을 알리는 방식을 재구성하고 재설정하기를 바란다. 우리는 향후 인터프리너 마인드셋과 문화적 고려가 보다 보편화되고 조직의 성공에 더욱 중요해질 것이라고 믿는다.

지훈, 수진, 지영의 이야기에 각각 공감한 분들에게 우리는 다음과 같은 메시지를 전하고 싶다.

세상의 모든 '지훈'에게……

이 책이 지금까지의 노고에 대한 격려가 되길, 그리고 회사의 글로벌 성장 이니셔티브를 다음 단계로 끌어올리는 데 필요한 정렬과 자원 확보의 동기를 부여하길 바란다. 이 플레이북을 통해 귀사의 글로벌 성장 여정에 함께하기를 기대한다.

세상의 모든 '수진'에게……

이 책이 내면에 잠재돼 있던 인터프리너를 깨우고 글로벌 커리어를 쌓는 다음 단계로 나아가는 데 도움이 되었기를 바란다. 앞으로 흥미진진한 길이 펼쳐질 것이다. 이 책을 통해 여러분이 글로벌 성장의 촉매가 되는 방법을 알려주는 어휘와 전략, 성공에 필요한 툴킷을 갖췄으리라고 우리는 확신한다.

세상의 모든 '지영'에게……

여러 장애물과 관료주의적 관행이 여러분을 가로막는다 해도 이 책에 담
긴 프레임워크를 통해 조직에 긍정적인 영향을 미치는 방법을 명확하게
파악하길 바란다. 탄력적으로 대응하라. 우리는 조직을 글로벌 클래스
수준으로 전환하려는 여러분의 노력을 지지한다.

모두를 위해……

글로벌 클래스의 메시지를 전파하라. 여러분과 같은 인터프리너가 더
많이 탄생하도록 돕기 바란다. 세상에는 더 많은 인터프리너가 필요하
다. 우리의 목표는 글로벌 비즈니스를 '혼자만의' 경험이 아니라 '함께하
는' 경험으로 만드는 것이다.

www.GlobalGlassBook.com에서 제공하는 자료(이 책에서 다룬 프
레임워크를 포함함)를 꼭 참고하기 바란다. 여러분의 조직을 글로벌 클래
스로 도약시키는 데 도움을 받고 싶다면 이메일hello@globalclasscompany.com
로 문의하라. 현재 어떤 경력 단계에 있든 간에, 이 책의 메시지가 여러
분이 글로벌 경력을 쌓고 글로벌 클래스 기업의 촉매가 되도록 영감을
주기를 기대한다.

요컨대, 먼저 배우고 이해하려고 노력하면 그 어떤 것도 낯설지 않다.

이 책을 써온 지난 2년을 되돌아보면서 우리는 글로벌 비즈니스가 독특한 변곡점 위에 서 있다는 것을 보다 확신하게 되었다. 우리 시대에 가장 성공적으로 기업을 확장시킨 비즈니스 리더들과 글로벌 성장 여정 초기에 빠르게 성장 중인 기업의 리더들과 이야기를 나누면서 우리는 이 책에서 제시한 여러 원칙이 미래의 글로벌 클래스 기업이 가져야 할 마인드셋과 전략임을 확인했다.

지금은 흥미로운 시대다

분산 근무의 가속화는 인터넷의 시작과 닷컴 붐에서 시작된 소프트웨어 중심의 비즈니스 출현과 같은 패러다임의 변화다. 글로벌 클래스 기업은 글로벌 인력을 활용하고, 어디에서나 최고의 인재를 찾으며, 그 인재들의 다양한 의견을 통해 글로벌 고객 기반과 연결되는 방법을 배우고 있다. 기술의 도입으로 새로운 형태의 교육에 접근할 수 있게 됐다는 것은 지식 노동자 커뮤니티가 어디에서나 꽃을 피울 수 있음을 의미한다.

　글로벌 인재 풀의 확대가 글로벌 클래스 기업에 혜택을 주는 것이 확실한데, 우리는 이런 변화가 경제를 더욱 발전시키고 글로벌 커뮤니티에 참여하려는 사람들에게 성취감을 주는 데 도움이 될 거라는 점을 특별히 기대하고 있다. 우리는 신흥 국가들이 모바일 우선 기술 및 핀테크 솔루션을 도입하여 선진국의 기존 인프라를 뛰어넘는 시스템을 구현하는 과정을 목격하고 있다. 이런 과정이 사회를 개선하고 성숙 경제에 존재하는 부정적인 고착화를 미연에 방지하는 데 기여하길 기대한다. 신흥 경제 국가의 비즈니스 리더들은 처음부터 보다 나은 솔루션을 구축할 수 있는 유연함을 갖추고 있다.

그 규모는 어마어마하다. 기업들은 웬만한 국가의 GDP를 초과할 만큼의 규모에 도달하고 있다. 10억 명이 넘는 사람들을 연결하고 정체성을 공유하며 커뮤니티 문화를 형성하는 플랫폼들이 존재한다. 공통적인 열정을 바탕으로 연결된, 국경을 넘나드는 사람들의 출현은 커뮤니티를 증가시켰다. 커뮤니티를 통해 사람들은 국경과 갈등을 초월하여 공동의 목적을 설정하고, 지역에 갇히기보다는 자신이 원하는 삶을 위해 노력하는 새로운 방법을 찾고 있다.

글로벌 클래스 기업과 인터프리너의 부상

이 책에 소개된 기업들 중 상당수는 수년 전부터 존재해왔지만, 글로벌 클래스 기업이란 개념의 초기 단계에 해당하기에 글로벌 클래스가 미칠 영향은 이제야 막 가시화되기 시작했다. 글로벌이 새로운 애자일이 되었고 글로벌 성장에 관한 기업들의 관점은 변화할 것이다. 그리고 곧 새로운 기업들이 이 책의 원칙을 애자일 방법론처럼 보편적으로 적용하는 모습을 보게 될 것이다. 그런 기업들은 창업 1일 차부터 이런 원칙들을 전사적으로 수용하고 채택함으로써 애자일에 글로벌의 '맛'을 가미하고 문화를 고려한 관리를 실천할 것이다.

책 전체에서 볼 수 있듯이, 모든 것은 문화에서 시작하여 문화에서 끝난다. 기업 문화, 현지 시장 문화, 현지 비즈니스 문화, 심지어 새롭게 떠오르는 커뮤니티 문화가 그렇다. 공감과 현지화 그리고 비즈니스가 사회를 개선하고 사회와 통합될 필요성(파괴적 혁신에 대한 새로운 관점)이라는 주제는 모두 핵심 신조다. 글로벌 클래스 기업이 분산된 인력 및 고객 기반과 연결할 방법을 모색함에 따라 소통 등 글로벌 성장을 위한 4가지 약속의 중요성은 점점 더 커질 것이다.

이런 변화와 기회는 팀 차원을 넘어 개인에게도 영향을 미친다. 이 책을 쓰면서 가장 흥미로웠던 부분은 오랫동안 활동해왔지만 아직 인정받지 못하거나 부각되지 않았거나 혹은 찬사를 받지 못한 독창적인 비즈니스 리더들을 발견한 것이었다. 이들 인터프리너는 자신이 몸담은 회사의 글로벌 성장 및 글로벌 클래스로의 도약뿐만 아니라, 기업이 고객에게 제공하는 가치를 통해 사회에 긍정적인 변화를 일으키도록 촉매 같은 역할을 한다. 이들을 소개하게 되어 영광이다. 이 책을 통해 세계와 여러 지역에 영향력을 발휘하는 더 많은 인터프리너가 탄생하길 기대한다.

조각들이 제자리를 찾아간다

우리 앞에 놓인 기회를 활용할 수 있는 도구가 개발되고 있다. 마케팅, 운영, 유통, 물류, 교육을 위한 플랫폼이 구축 중이다. 직원들이 어디에서나 일할 수 있고 기업이 글로벌 인재 풀을 활용할 수 있는 기술과 프로세스가 이미 등장했다.

위계 구조가 도전받기 시작했다. 실리콘밸리의 노련한 임원이자 세일즈포스 최고 채용 책임자인 폴리 섬너는 이렇게 지적한다. "사람들이 가상 도구를 통해 연결되면 누가 부자이고 누가 가난한지 알 수 없고, 가상 배경이나 뒷벽 때문에 다른 사람들이 사는 방이나 집이 얼마나 멋진지 알 수 없다. 보다 평등해졌다. 이럴 때 중요한 것은 어떻게 생각하고, 어떻게 들으며, 어떻게 소통하는가다."

앞서 논의한 네 번째 유형의 문화인 '국경을 초월한 커뮤니티 문화'는 글로벌 클래스 기업이 국경을 초월해 고객 기반을 신속하게 구축하는 데 효과적인 촉매가 될 수 있다.

다음으로 필요한 요소는 글로벌 규모에 영향력을 발휘할 수 있는 프레임워크와 마인드셋이다. 우리가 고안한 프레임워크가 단순히 목표를 달성하거나 지표를 극대화하길 원하는 경영진에게만 도움이 되는 것은 아니다. 지역기업이 지역사회를 고려한 미션을 완수함으로써 긍정적 영향을 미치는 데에도 도움이 되기를 바란다.

글로벌 애자일의 기반인 현지화와 복잡성 간의 균형, 모멘텀을 창출하고 규모 확장을 가속화하는 데 사용할 수 있는 구조와 프로세스는 공동의 이익을 위한 힘으로도 사용될 수 있다.

글로벌 클래스 기업의 역할

이런 모든 긍정적 트렌드에도 불구하고 우리는 여러 국가가 분열을 조장해 통합의 힘을 꺾으려 한다는 사실을 잘 알고 있다. 민족주의와 '우리 VS. 그들' 사고방식은 기술이 무너뜨린 장벽을 다시 쌓아올리고 있다.

이에 대응하기 위해 글로벌 클래스 기업은 국경을 초월해 사람들을 하나로 묶을 수 있다. 세계적인 고객 기반과 분산 인력은 이런 부정적인 물결에 맞서 싸우며 국가의 통제보다 더 큰 집단적 힘을 발휘할 수 있다.

글로벌 클래스 기업의 의무는 글로벌 경제, 커뮤니티, 개인을 지원하고 힘을 실어주는 것이다. 그들은 문화를 고려한 혁신을 통해 그들이 속한 현지 경제를 발전시킬 수 있다. 분산 업무에 헌신함으로써 부와 지식에 대한 접근 가능성을 고루 배분할 수 있다. 이것은 이익을 나눠준다는 의미가 아니라 글로벌 마인드셋을 가지고 고객 및 직원이 거주하고 일하는 현지 사회에 회사가 미치는 재무적 영향을 확산한다는 의미다.

마크 베니오프는 2019년 〈뉴욕타임스〉 오피니언 칼럼에 이렇게 썼다. "이익과 목적은 함께 가야 하며, 비즈니스는 변화를 위한 가장 위대한 플랫폼이 될 수 있다."

비즈니스와 거래를 뛰어넘어 글로벌 클래스 기업은 지역사회와 지속적인 관계를 형성하고 긍정적인 영향을 미칠 수 있다. 그렇게 할 수 있는 기업은 커뮤니티를 만들 뿐만 아니라 커뮤니티의 일원이 되기도 한다. 글로벌 클래스 기업과 이를 이끄는 인터프리너 모두는 문화를 의식하는 마인드셋을 장착한 롤모델이 돼야 한다.

글로벌 클래스 운동은 이미 시작되었다

변화는 이미 진행 중이다. 우리는 글로벌 클래스 기업이 이미 지역사회에서 어떤 역할을 수행하는지 목격하고 있다. 국경을 넘어 공감대를 형성하는 글로벌 덕목은 핵심 가치를 강화하고 격차를 해소하며 사람들을 하나로 모으고 있다. 이제 비즈니스는 고객과 소통하고 직원에게 삶의 목적과 생계수단을 제공하는 것을 뛰어넘어 하나의 사회를 형성하고 있다. 글로벌 클래스 기업은 사회를 더 나은 방향으로 변화시킬 능력이 충분하다.

글로벌 클래스 기업마다 사회와 관계를 형성하고 기여하는 방식이 각기 다르고, 조직의 DNA에 맞는 분야를 선택하고 강한 영향을 미칠 영역에 집중한다. 프레지의 공동 창립자이자 회장인 피터 알바이의 말처럼 "기여자 마인드셋이 회사 전체에 퍼져 있는 것"이 중요하다. 그렇기 때문에 그는 어떤 대가를 치르더라도 세금을 회피하려고 애쓰기보다는 이익을 창출하는 지역의 경제와 고객을 돕기 위해 세금 납부를 적극 지지한다.

젠데스크는 다양한 배경을 가진 인재를 채용하기 위해 소외된 지역사회의 인재를 채용하는 것을 목표로 삼고 있고, '젠데스크 이웃 재단'과 같은 지역사회 영향력 프로그램community impact program을 운영 중이다. 줌의 창립자이자 최고 경영자인 에릭 위안은 팬데믹 때 교사와 학교 당국이 원격수업 방법을 고심하는 동안 전 세계 수백만 명의 학생들에게 자기네 서비스를 무료로 제공했다. 세일즈포스의 평등 임금 및 다양성 계획은 모든 기업이 글로벌 비즈니스 세계에서 어떻게 운영해야 하는지에 관한 청사진을 보여준다.

아마존은 최근 "성공과 규모는 광범위한 책임을 수반한다Success and Scale bring broad responsibility"는 새로운 리더십 원칙을 추가했다. 이런 핵심 가치의 변화를 발표하며 아마존은 이렇게 언급했다. "우리는 거대하고 전 세계에 영향을 미치지만 완벽과는 거리가 멀다. 우리는 겸손해야 하고 우리 행동의 간접적 영향까지도 고려해야 한다. 지역사회, 세계 전체, 미래 세대는 우리가 매일 더 나아지길 원한다."

콜롬비아에서 설립된 온라인 비즈니스 교육 플랫폼 플라치는 라틴아메리카 전역에서 중류층으로 성장 중인 300만 명 이상의 사람들에게 경력의 세계를 열어주고 있다. 에어비앤비는 소속감을 미션으로 삼고 개개인의 고유한 관점과 커뮤니티의 개방성을 전 세계 곳곳에 공유하도록 장려한다.

이런 글로벌 클래스 기업이라고 해서 항상 완벽한 것은 아니지만, 그들은 인류에 기여할 기회가 있음을 인식하고 사회에 긍정적인 역할을 수행하고자 한다. 이들 기업은 지역사회 수준에서 사람들을 하나로 모으는 데 그치지 않고 글로벌 커뮤니티로서 우리를 하나로 모을 수 있다.

결론과 행동 개시

글로벌 클래스라는 개념은 인터프리너를 통한 개인 수준, 기업 수준, 지역 및 글로벌 커뮤니티 수준에 모두 적용된다.

우리는 글로벌 클래스 기업과 인터프리너를 육성하는 데 열정을 쏟고 있다. 그리고 모든 대륙의 글로벌 커뮤니티와 협력하여 지역사회 마인드를 가진 조직을 지원하도록 지역경제를 발전시키고자 한다.

우리는 모든 비즈니스와 모든 리더들이 자신들의 영역 너머를 바라보기를, 그리고 사회가 자신들에게 부여한 역할을 발휘하기를 촉구한다. 글로벌 규모의 조직을 운영하는 경영진이든, 신규 시장에서 비즈니스를 시작하는 기업가이든, 글로벌 경력을 쌓고자 하는 직장인이나 학생이든, 글로벌 클래스 및 인터프리너 마인드셋을 지침으로 삼으면 글로벌 규모의 성공을 구가하고 긍정적 영향을 미칠 수 있는 기회가 생길 것이다.

여러분 조직의 글로벌 성장을 돕기 위한 여러 가지 도구를 활용하라 (자세한 내용은 www.GlobalClassBook.com 참고). 이 책에서 소개한 프레임워크와 자료들은 여러분의 글로벌 확장 여정을 돕기 위한 것이다.

모든 것은 문화에서 시작하고 문화에서 끝난다는 것을 기억하라. 문화를 항상 의식하라. 민감하게 반응하라. 문화를 열심히 배우고 공유하고 축하하라. 기업 문화는 고객, 직원, 커뮤니티의 참여를 유도하는 요소다. 현지 문화에 대한 인정과 수용은 견인력 확보와 규모 확장으로 이어진다.

인터프리너 커뮤니티의 일원이 되길 바란다. 다른 인터프리너들과 함께하라. 모범 사례를 공유하라. 글로벌 마인드셋을 가진 인터프리너 그룹이 아직은 작지만 점점 커지고 있다. 글로벌 비즈니스를 혼자만의 경험이 아니라 함께하는 경험으로 만들기 위해 노력하라.

우리는 인터프리너라는 모자를 쓰고 글로벌 클래스 자원이라 쓰인 가방을 메고 임무 수행을 위해 길을 떠난다. 함께하겠는가?

책 앞부분에 인용한, 여행에 관한 마크 트웨인의 명언을 글로벌 클래스 관점으로 각색하면 다음과 같다.

"글로벌 클래스 커뮤니티에 참여하는 것은 선입견, 편견, 편협한 사고 방식에 치명적이다. 글로벌 규모는 문화적 호기심, 사고와 경험의 다양성을 통해서 달성할 수 있는 것이다. 본사 방식에 집착한다면 달성할 수 있는 것은 아무것도 없다."

감사의 말

이 책은 글로벌 비즈니스 확장을 혼자만의 고독한 경험이 아닌 '함께하는' 경험으로 만들고자 하는 우리가 추구한 결과물이다. 이 책은 두 명의 저자가 앉아서 고민한 결과물이 아니라, 반복적인 숱한 질문과 요청의 과정에서 우리를 안내하고 지원해준 많은 지지자들과의 공동 노력을 통해 탄생한 결과물이다. 그들이 없었다면 이 책은 아주 달라졌을 것이다 (그것도 좋지 않은 방향으로). 기업가로서의 경력에 관한 이야기와 각자의 통찰을 공유하는 것부터 책의 전략/포지셔닝/서술 아이디어에 이르기까지 많은 이들이 이 책에 기여했다. 팬데믹 초기에 시작하여 2년여에 걸친 프로젝트는 수많은 시간의 조사와 집필, 지속적인 반복 작업을 거쳐 마침내 결실을 맺을 수 있었다.

초기의 아이디어부터 책으로 출간되기까지 전체 출판 과정에서 우리에게 훌륭한 멘토가 돼준 두 사람이 있다. 조나스 코플러Jonas Koffler는 책 제안서 작성부터 출판사와의 계약 체결, 끝없는 질문에 대한 대답, 최근의 어려움에 관한 상담 등에 이르기까지 여러 방면으로 이 책의 홍보대사가 돼주었다. 그의 지속적인 격려 덕분에 글로벌 클래스에 관한 책과 플랫폼을 좀 더 개선할 수 있는 동기를 얻었다. 그는 처음엔 에이전트로 시작했지만, 출판 과정에서 조언자, 마케팅 컨설턴트, 편집자가 되었고 친구 관계로 발전되었다.

패트릭 블라스코비츠Patrick Vlaskovits가 이 책이 아이디어에서 시작하여

452

완성된 형태로 발전하는 과정에서 각각의 마일스톤을 달성하도록 기꺼이 인맥을 공유하고 도와주지 않았다면 이 책은 결코 탄생하지 못했을 것이다. 무엇보다도 두 번이나 베스트셀러를 성공적으로 출간한 사람으로서 그가 우리에게 건넨 조언들은 우리로 하여금 중요한 것에 집중하도록 했다. 그는 우리가 본인의 발자취를 따르는 데 최선을 다하도록 우리에게 힘을 실어주었다.

벤벨라Benbella 팀에 감사를 전한다. 이들은 이 책의 이상적인 파트너이자 가장 큰 지지자가 되어 책에 담긴 개념을 전 세계에 알리려는 우리의 목표를 도왔다. 이런 책을 내려면 교훈을 얻으면서 수차례 반복 실행하고 빠르게 방향을 전환할 줄 아는 팀이 필요하다. 매트 홀트Matt Holt는 우리와 우리의 아이디어를 믿어주었고, 항상 '약간의' 변화를 제시하고자 했으며, 새로운 아이디어가 떠오를 때 유연하게 대처하는 등 이 책의 엄청난 지지자가 돼주었다. 매트가 보여준 저자와의 애자일한 협업 방식은 아주 드물고, 이에 우리는 깊이 감사한다. 케이티 딕먼Katie Dickman은 원고를 꼼꼼히 검토함으로써 우리의 메시지가 보다 폭넓은 독자에게 공감을 불러일으키게 해주었고, 우리의 글을 한 단계 더 발전하도록 도왔다(리디아 초이Lydia Choi에게도 감사드린다). 교열을 해준 주디 겔먼 마이어스Judy Gelman Myers에게 특별한 감사 말씀을 드린다. 주디가 원고를 매끄럽게 다듬고 수많은 실수를 바로잡지 않았다면 우리의 아이디어를 효과적으로 전달할 수 없었을 것이다. 브리짓 피어슨Brigid Pearson은 독자의 시선을 사로잡아 독자가 읽어보고 싶게끔 상징적인 표지 디자인을 해주었고 우리와 함께 여러 번 반복작업을 해줬다. 이에 감사를 표한다.

이 책의 본문 디자인(특히 도표)을 담당한 제시카 릭Jessika Rieck은 우리의 아이디어와 프레임워크가 명확하게 전달되는 데 중요한 역할을 수행했고, 우리의 아이디어가 페이지마다 돋보이도록 해주었다. 말로리 하이드Mallory Hyde는 우리가 말하는 것의 가치를 독자들이 알아보고 직접 읽어보고 싶게 만들었다. 말로리의 노력으로 이 책의 메시지가 세상에 더 많이 알려질 것이다.

10X 이노베이션 랩의 직원들에게 감사한다. 그들은 우리 조직을 글로벌 클래스로 만들기 위해 노력했다. 특히 이 책을 집필하는 모든 단계에 함께해주었고, 글로벌 인터프리너 커뮤니티를 구축해 글로벌 성장을 함께 경험하려는 우리의 미션을 지지해준 조-앤 로퀠라노-크루스Jo-Anne Loquellano-Cruz, 빅터 바르보사Victor Barbosa, 크리스탈 페이스 네리Crystal Faith Neri에게 감사드린다.

이 책의 서문에서 언급했듯이, 우리는 이 책에 자세히 설명한 개념과 프레임워크를 개발하는 과정에서 50여 개국 300명 이상의 사람들을 인터뷰했다(대부분 비대면으로). 세계에서 가장 빠르게 성장하는 기업을 확장시키느라 바쁜 일정 속에서도 시간을 내 이 책에 참여해준 모든 인터프리너에게 진심으로 감사드린다. 이들의 아이디어, 이야기, 교훈, 모범 사례 덕에 이 책이 귀중한 지침서가 될 수 있었다. 다른 사람들이 어렵게 글로벌 비즈니스를 다시 배울 필요가 없도록 도와준 이들의 열정에 감사한다. 이들은 글로벌 클래스 기업의 촉매이고, 이들의 노력은 차세대 글로벌 비즈니스 리더들에게 귀감이 될 것이다.

특히 조사 과정의 많은 부분에서 조언하고 지지해주었으며 현재도 여전히 큰 힘이 돼주는 핵심 인터프리너 그룹에 감사 말씀을 전한다. 에이브 스미스, 제니퍼 위엔, 트로이 멀론, 엘리스 루빈, 얀 반 카스테렌, 캐스린 하임즈, 존 브랜든, 폴 윌리엄슨, 제니퍼 코닐리어스, 창 웬 라이, 티파니 스티븐슨, 잭 키치케 Zach Kitschke, 폴리 섬너, 스콧 콜먼, 제임스 셰럿, 크리스티나 리, 프레디 베가 Freddy Vega, 클라우디아 마카드리스토, 하이니 자카리아센, 프레데리크 마젤라, 가브리엘 엥겔, 무하메드 모 일디림, 댄 히멜스타인, 상카르 벤카트라만, 이선 에반스, 크리스 머피, 대니얼 설리번. 이 책의 홍보대사가 되어 전 세계에 우리의 메시지를 알리려고 노력한 여러분께 진심으로 감사드린다.

앞서가는 애자일 사상가들에게도 특별한 감사 인사를 전한다: 스티브 블랭크, 알렉산더 오스터왈더, 에릭 리스는 우리에게 도전적인 질문을 던지며 현명한 통찰을 공유해주었다. 그리고 글로벌 맥락에서 애자일이란 주제와 글로벌 클래스 개념을 조화시키는 방법에 대해 맞춤한 조언을 해주었다.

에런: 힘든 시기를 겪을 때 나오는 소리가 동일하다는 것은 현재의 상황을 혼자만 겪는 것은 아니라는 뜻이다. 그렇기에 가르치는 것이 아주 중요하다. 그리고 이런 점이 이 책을 만드는 과정에서 여러 이야기와 통찰을 전달해주고 피드백을 해준 많은 분들에게 감사하는 이유이기도 하다. 그들의 노력이 없었다면 이 책은 결코 쓰이지 못했을 것이다.

우리만 겪는 어려움이 아닐 거라는 생각은 UC버클리 하스 경영대학원에서 가르치는 나에게 활력을 불어넣어주었고, 가르치는 일을 하는 많은 이들에게도 자극이 되었다. 자신의 생생한 경험을 공유함으로써 나에게 가르침을 선사하고 다른 사람들을 도울 수 있는 기회를 포착한 모든 '선생님(공식적, 비공식적 모두)'에게 감사드린다.

클라우스 베하게에게 이 책을 출판하기까지 정말 힘든 여정이었다고 말하고 싶다. 끊임없는 브레인스토밍과 반복 작업으로 개념들을 더욱 풍부하게 만들 방법을 찾아주고, 보기 쉬운 그래픽으로 프레임워크에 생동감을 불어넣어준 것에 대해 깊이 감사한다. 클라우스가 인터프리너 네트워크를 잘 관리해준 덕에 이 책은 진정 글로벌 클래스의 책이 되었다.

평생 변함없이 지원과 격려를 아끼지 않으신 부모님께 감사드린다. 어릴 때부터 글로벌 마인드를 심어준 어머니, 돈 선데이^{Dawn Sunday}에게 감사의 말씀을 전한다. 어렸을 때 여행사에서 브로셔를 정리하며 세계에는 탐험할 곳이 넘쳐나고 다양한 관점을 지닌 수많은 사람들을 만날 수 있다는 걸 깨달았던 기억이 난다. 창의적인 방법으로 나에게 교훈을 주었고, 내가 오랫동안 안전지대를 벗어나도록 부드럽게 이끌어준 것에 감사드린다.

아버지, 제리 맥대니얼^{Jerry McDaniel}은 세계에서 가장 뛰어난 사람들이 성공할 수 있었던 숨은 이야기를 들려주었다. 내 경력에 도움이 되는 방법을 늘 찾아주어 감사한다. 동생 마크 맥대니얼^{Marc McDaniel}은 새로 개발한 요리로 내게 항상 영감을 주었고 타인을 돕고자 하는 열린 마음이 무엇인지 알려주었다. 음식을 통해 사람들에게 기쁨을 선사하는 동생의 성공과 자신만의 길을 개척하는 모습이 대견하고 자랑스럽다. 대모인 질 웨이크먼^{Jill Wakeman}은 누구보다 대모 역할을 진지하게 받아들이고 나를 친밀하게 대해주었다. 공감의 중요성과 모두의 평등을 위해 싸워야 할 필요성을 가르쳐준 것에 감사한다. 내 딸 퀸Quinn과 셰이Shay는 내가 존재해야 하는 이유를 알려주었고 매일 나에게 나름의 교훈을 선사하고 있다. 두 딸의 성장을 지켜보는 것은 내 인생의 기쁨 중 하나가 되었다.

마지막으로, 가장 중요한 존재인 아내 레오나 마Leona Ma가 내게 던진 질문과 더 나은 글을 쓰라고 했던 도전이 없었더라면 이 책은 이만큼 잘 나오지 못했을 것이다. 우리가 처음 만난 날부터 아내는 항상 진정한 모습 그대로다. 나는 날마다 아내를 점점 사랑한다. 나는 우리가 함께 만들어가는 삶을 사랑한다. 아내는 우리 딸들에게 놀라운 본보기가 돼주고, 딸들이 열망할 수 있는 많은 것을 선사한다.

클라우스: 경력은 원래 일정하거나 선형적인 것이 아니다. 경력이라는 여정에서 늘 새로운 영향을 수용하고 개인적인 변화가 일어나도록 하라. 변화는 상쾌한 것이고 삶에 활력을 불어넣어주며 성장의 촉매가 될 수 있다. 나는 경력 전환을 위해 먼 거리를 이동하면서 이를 피부와 몸, 영혼을 통해 느꼈다. 그렇기 때문에 실리콘밸리의 정문 앞에 서서 학생, 비즈니스 리더, 정책 입안자들을 맞이하며 기업가 정신과 혁신을 전파하는 것을 좋아한다. 이 책을 통해 입증됐듯이, 형성적 경험은 마인드셋의 유연성을 키우고 타인에 대한 공감을 높이며 주변 커뮤니티에 영향력을 발휘하도록 영감을 준다. 이 책의 인터뷰 대상자들은 이런 마인드셋을 잘 보여주었고, 각자가 어렵게 얻은 교훈과 인생 경험, 글로벌 비즈니스 조언을 공유해주었다. 이들의 도움이 없었다면 바로 이 책이 탄생하지 못했을 것이다.

에런 맥대니얼과 거의 2년 동안 긴밀하게 협업하면서 나는 그의 놀라운 직업윤리와 열정적 헌신으로부터 깊은 통찰을 얻었다. 그와 함께한 여정은 이 프로젝트가 세계적으로 인정받는 비즈니스 서적이 되는 데 밑거름이 되었다. 초기 아이디어를 문학적 예술과 아름다운 내러티브로 승화시키는 그의 능력 덕에 이 책을 함께 출판할 수 있어서 기쁘다.

책을 쓰는 과정에서 나를 도와준 많은 이들에게 깊은 감사를 표한다. 무엇보다도 삶이 나에게 내 개인적 발전을 가로막고 다른 방향으로 나아가게 만들 수도 있는 어려운 커브볼을 던졌을 때 나를 지지해준 사람들이 가장 먼저 떠오른다. 내 동생이 세상을 떠났을 때 놀라운 공감과 이해를 보여준 닐스 브룩Niels Brock 대학교의 안야 에스킬드센Anya Eskildsen 총장과 막스 요하니손Max Johannison 교수에게 감사 드린다. 동생이 세상을 떠난 후 숨을 고르고 재충전이 필요했을 때 기꺼이 캘리포니아에서 함께 지내자며 나를 초대한 친구 케이시 암스트롱Casey Armstrong에게도 특별히 감사를 표한다. 인생이 항상 아름다운 것은 아니지만 올바른 사람과 올바른 커뮤니티가 있으면 계속 앞으로 나아갈 힘과 영감을 얻을 수 있다. 그리고 나를 품어주었고 사랑에는 국경이 없음을 보여준 호세 라모스Jose Ramos, 실바 아란다Silva Aranda, 하비에라 라모스Javiera Ramos, 세바스티안 라모스Sebastian Ramos 등 칠레의 가족에게도 사랑과 감사 인사를 보낸다. 문화는 사람들을 분열시키는 것이 아니라 연결시켜야 한다.

덴마크의 멋진 가족은 비록 8,850킬로미터나 떨어져 있지만 항상 가까이 있는 듯한 편안함을 느끼게 해준다. 어머니 안네 뵈르메Anne Børme는 내 삶의 결정을 포용해주었고 세계를 돌아다니며 활동하는 나의 라이프

스타일을 지지해주었다. 항상 나에게 집이 있음을 알려준 아버지와 새 어머니 카르스텐 베하게Karsten Wehage와 페르닐레 헨리크센Pernille Henriksen 에게 감사드린다. 형제 안데르스 베하게Anders Wehage, 안드레아스 뵈르메 라르센Andreas Børme Larsen, 피터 헨리크센Peter Henriksen, 그리고 나는 서로 다른 가족 배경을 가졌지만, 기쁠 때나 슬플 때나 함께하며 형제애의 진정한 의미를 서로에게 보여줬다. 이에 깊이 감사하고 늘 소중하게 생각한다. 다른 사람들을 돕고자 하는 공감과 열정을 통해 진정한 친절이 무엇인지 보여준 할머니 헤르타 줄리아 뵈르메Herta Julia Børme에게 감사 인사를 전한다.

마지막으로 아름다운 아내의 가족에게 감사의 인사를 전하고 싶다. 장모님 유웬 세토Yu-wen Szeto, 장인어른 친 세토Chin Szeto는 나를 가족으로 받아주었을 뿐만 아니라 새롭고 아름다운 문화를 가르쳐주었다. 힘과 사랑, 연민으로 매일 나를 놀라게 하는 아내 제시카 세토 베하게Jessica Szeto Wehage는 우리 가족의 기초가 돼주고 멋진 두 아들 케이든Cayden과 오스틴Austin에게 모범이 되고 있다. 깊은 고마움을 전한다.

이 책을 쓰는 과정에서 우리는 300명이 넘는 리더들과 인터뷰를 진행했다. 자신의 시간과 통찰을 아낌없이 내어준 그분들께 감사의 말씀을 전한다. 이들 인터프리너가 있었기에 이 책과 이 책에 담긴 '글로벌 기업 구축을 위한 포괄적인 플레이북'이 탄생할 수 있었다.

오래전에 A사의 해외 진출 전략에 관해 컨설팅을 진행한 적이 있다. 외국 기업이 법적으로 국내에서 제조 활동을 하는 것이 허용되기 시작하자 "가만히 있을 수 없다. 우리도 밖으로 나가자"는 취지로 시작된 프로젝트였다. 3개월간 팀원들과 함께 진출 가능한 국가들을 총망라한 다음, 각국의 경제 상황, 시장 리스크와 규모, 고객의 성향 등을 분석했다. 이런저런 이유로 구소련에 속해 있던 모 국가를 가장 적합한 해외 진출국으로 선정했고 클라이언트로부터 "잘했다"는 인정을 받으며 프로젝트를 끝냈다.

그러나 문제는 그다음이었다. 프로젝트의 범위는 최적의 진출 가능 국가를 선정하는 것에 국한되었기에, 실제로 그 나라에 어떤 방법과 어떤 절차로 진출해야 하는지는 클라이언트가 결정해야 할 몫이었다. 지사 설립과 현지인 채용, 현지 시장 조사, 규제 파악 및 분석 등을 막막해하던 A사 담당자는 나에게 여러 번 전화를 걸어 문의를 해왔지만, 내 전문성 밖의 주제이기도 했고 실행 방안을 참고할 만한 자료를 찾을 수도 없었기에 나는 그에게 총론적인 조언밖에 할 수 없었다. 게다가 예산의 한계로 인해 현지 방문 없이 국내에서 수집할 수 있는 자료만을 바탕으로 진행한 프로젝트였고 개인적으로도 한 번도 방문해본 적 없는 국가였기에 내게 현지 지식이 있을 리 만무했다.

몇 년 후, 어느 모임에서 우연히 그를 만났고 안부를 겸해 그 프로젝트의 후속 상황을 물었다. 우여곡절 끝에 추진은 됐지만, 원래 목표로 했던 '현지 공장 건설'까지는 이르지 못하고 그 국가에 자기네 제품을 수출하는 선에서 마무리했다는 대답이 돌아왔다. 서로 민망한 마음에 차 한잔 제대로 마시지 못하고 헤어진 기억이 있다.

그때 만약 이 책이 있었다면 어땠을까? 번역을 하면서 몇 번이고 아쉬움이 떠올랐다. 국내 고객만을 기반으로 성장한 '내수 기업'의 입장에서 글로벌 진출은 창업만큼이나 막막하고 지난한 과제일 터! 이제껏 경험해왔던 모든 것을 부정하고 맨땅에 헤딩하듯 고통을 감내해야 하는 두려운 일일 터! 그 담당자가 이 책을 쥐고 있었더라면 글로벌 진출이라는 안갯속 항해에서도 용기 있게 돛을 펼칠 수 있었을 거라는 생각이 번역하는 동안 내 머리를 떠나지 않았다.

이 책에는 스타트업과 중견 벤처기업들이 내수 시장을 벗어나 '글로벌 클래스'로 올라서기 위한 조언들이 주로 담겨 있지만, 나는 수십 년간 내수기업으로 자리매김해온 전통 기업들에게 오히려 유용한 가이드라고 생각한다. 물론 대부분의 전통 기업들은 해외 지사 몇 곳을 두고 있기는 하다. 그러나 내막을 들여다보면 그저 제품 수출이나 서비스 등 제한된 기능을 담당하는 지사이거나, 말이 '지사장'이지 지사장 혼자 사무실을 지키는 '연락 사무소' 성격의 단순한 형태를 띤 곳임을 알 수 있다. 이 책이 지향하는 '글로벌 클래스 기업', 즉 현지 문화의 특성과 현지 고객의 니즈를 파악하고, 현지화의 필요성과 현지화 요소를 본사 측과 긴밀하게 소통하며, 그에 따라 제품과 서비스를 그곳 시장에 맞게 주도적으로 현지화하는 기업은 의외로 적다.

알다시피 내수 시장의 한계는 명확하다. 시장 규모도 그렇고 고객 기반 역시 제한돼 있다. 내수 고객만을 대상으로 한다면 제품과 서비스를 혁신할 동기도 얻지 못한다. '어차피 잘 팔리는데 군이 왜 혁신을?' 그러나 법적 보호를 더 이상 받지 못하게 된 A사의 경우처럼 외국기업들이 국내로 밀고 들어오면 어떨까? 지구상 어디에서든 실시간으로 정보를 주고받는 초연결사회에서 언제든 경쟁사 제품과 서비스로 옮겨갈 준비가 되어 있는 고객들이 참신한 가치에 눈을 뜬다면 어떨까? 이런 리스크를 글로벌화라는 적극적인 방법으로 사전에 예방할 수 있다고 알려준다는 점이 이 책의 미덕 중 하나라고 본다.

아직 진정한 의미에서 글로벌화하지 못한 채 대부분의 수익을 국내에 의존하는 내수기업들의 비전 선언문에 '글로벌 Top'이라는 문구가 들어 있는 것을 볼 때마다 안타까운 마음이 드는 건 어쩔 수 없다. 해외 지사망이 빈약하고 단순 수출에 그치는 기업이라면 '제품 현지화를 통한 해외 매출 확대'가 현실적인 비전일 텐데 말이다. 하지만 그것이 현지화라는 개념을 잘 모르고 글로벌 진출을 위한 제대로 된 방법과 노하우를 모르는 데서 기인하는 사고의 한계라는 생각을 하면 웃음기가 사라지곤 한다.

이 책은 '인터프리너Interpreneur' 역할의 중요성을 시종일관 강조한다. 국제적international이라는 뜻의 '인터inter'와 비즈니스 혁신가의 마인드셋을 가진 '프리너preneur'를 합친 이 단어는 글로벌 비즈니스 기회를 인식하고, 글로벌 확장을 위해 팀을 결집하며, 조직이 글로벌 클래스 마인드셋을 채택하고 유지하는 데 기여하는 비즈니스 전문가를 뜻한다. 인사 컨설턴트로서 나는 결국 모든 것은 '사람'에 달려 있음을 이 책을 통해 다시 한번 확인할 수 있었다. 단순하게 영어를 잘하고 외국에서 공부한 경험이 있다고 해서 인터프리너라고 말할 수 없다. '글로벌 클래스 마인드셋'을 갖춘 인터프리너의 육성과 유치가 진정한 의미의 글로벌화를 완성하는 데 중요하다는 점이 이 책이 주는 가장 큰 교훈 중 하나다.

코로나라는 길고 긴 터널이 이제 끝났다. 지금까지의 움츠림은 글로벌을 향해 더 큰 도약을 기하기 위함이었다. 이 책이 그 도약의 기폭제가 될 것이다.

2023년 8월

유정식